U0500438

本书受湖南省高校创新平台开放基金项目
"协同创新战略与专利制度发展研究"（13K009）资助

刘 强 ◎ 著

XIETONG CHUANGXIN ZHANLÜE
YU ZHUANLI ZHIDU FAZHAN

协同创新战略与专利制度发展

知识产权出版社

全国百佳图书出版单位

图书在版编目（CIP）数据

协同创新战略与专利制度发展/刘强著. —北京：知识产权出版社，2018.4
ISBN 978-7-5130-5462-1

Ⅰ.①协⋯　Ⅱ.①刘⋯　Ⅲ.①创新管理—研究 ②专利制度—研究　Ⅳ.①F273.1
②G306.3

中国版本图书馆 CIP 数据核字（2018）第 045301 号

内容提要

协同创新是由多个创新主体高度规范、统一整合而成的一个复合主体进行技术创新和再创新的新型合作创新模式。协同创新战略与专利制度围绕着交易成本问题形成紧密的互动，使得专利制度性质等理论问题，技术开发合同、专利权共有、职务发明权属、高校科技成果转化等专利创造问题，专利权用尽售后限制、专利使用权出资、专利权质押融资、创业板上市公司专利权评价报告等专利运用问题，3D 打印专利侵权，云计算等网络化技术专利侵权判定、等同侵权判定、专利侵权损害赔偿的数额认定和归责原则等专利保护问题呈现新的特点，并值得深入研究。

责任编辑：纪萍萍　韩婷婷　　　　　　　责任校对：潘凤越
封面设计：SUN工作室　韩建文　　　　　责任出版：刘译文

协同创新战略与专利制度发展

刘强　著

出版发行：知识产权出版社 有限责任公司　　　网　　址：http://www.ipph.cn
社　　址：北京市海淀区气象路 50 号院　　　　邮　　编：100081
责编电话：010-82000860 转 8359　　　　　　　责编邮箱：46816202@qq.com
发行电话：010-82000860 转 8101/8102　　　　　发行传真：010-82000893/82005070/82000270
印　　刷：三河市国英印务有限公司　　　　　　经　　销：各大网上书店、新华书店及相关专业书店
开　　本：720mm×1000mm　1/16　　　　　　　　印　　张：19.75
版　　次：2018 年 4 月第 1 版　　　　　　　　　印　　次：2018 年 4 月第 1 次印刷
字　　数：336 千字　　　　　　　　　　　　　　定　　价：79.00 元
ISBN 978-7-5130-5462-1

出版权专有　侵权必究
如有印装质量问题，本社负责调换。

作者简介

刘强，湖南长沙人，中南大学法学院教授，法学博士，博士研究生导师。

学术兼职：中南大学知识产权研究院研究员，湖南省法学会民商法学研究会常务理事兼副秘书长，湖南省法学会知识产权法学研究会常务理事兼副秘书长，复旦大学知识产权研究中心特聘研究员，入选国家知识产权局专利信息师资人才，受聘担任湖南省工业领域知识产权专家咨询组成员、柳州市人民政府专利特派员。

主讲课程：讲授《知识产权法》《国际知识产权法》《专利法》《创新创业与专利法》《专利信息检索与利用》《商法》等课程。

科研课题：主持完成国家社会科学基金一般项目"3D打印知识产权法律问题研究"、司法部国家法治与法学理论研究项目、湖南省哲学社会科学基金一般项目、中国法学会部级法学研究项目，主持湖南省教育科学规划资助课题等部省级课题。

学术论文：在《法商研究》《法学评论》《知识产权》《北方法学》《电子知识产权》《科技与法律》《中南大学学报（社会科学版）》《湖南大学学报（社会科学版）》《武汉体育学院学报》等核心刊物发表论文50余篇。

学术专著：出版专著《3D打印与知识产权法》《机会主义行为与知识产权制度研究——新制度经济学的视角》《交易成本视野下的专利强制许可》《奥林匹克知识产权保护》和译著《胜诉》等。

所获奖励：第十二届湖南省哲学社会科学优秀成果二等奖（主要成员）、第十一届中国法学会中国法学青年论坛二等奖。

学术活动：2016年4月发起召开3D打印知识产权国际研讨会，并获得《中国知识产权报》《检察日报》等媒体广泛报道。

内容提要

　　协同创新是由多个创新主体高度规范、统一整合而成的一个复合主体进行技术创新与再创新的新型合作创新模式。各个创新主体之间深度合作、资源互补、风险共担、利益共享，最终达到节约创新活动的交易成本、提高创新效率和创新能力，实现科技成果有效研发和转化的目标。产学研协同创新已经成为企业获取竞争优势的重要途径。专利产学研协作模式承载着企业核心竞争力，受到了前所未有的关注。但是，目前国内外研究存在割裂协同创新与具体专利制度关系、缺少交易成本视野下研究协同创新与专利关系问题、重视静态单一保护而忽视动态专利流转与运营管理、缺乏综合研究专利制度与协同创新关系衔接等缺陷，故有必要进一步深入研究，以期对协同创新与专利发展提供有益探索。

　　协同创新战略与专利制度围绕着交易成本问题形成紧密的互动。根据协同主体关联程度不同，可以分为准封闭式创新、半封闭式创新、半开放式创新和开放式创新。协同创新的特点在于能够实现创新主体的多元化、创新主体贡献的多样性、创新主体利益诉求的多重化。协同创新存在协同研发、研发与生产相分离、专利合作联盟、企业内部各个部门之间的协同创新等模式，均同专利制度存在对应关系。协同创新与交易成本存在密切的互动关系。一方面，专利制度便利了交易活动，降低了创新活动的交易成本，从而促进了协同创新；另一方面，专利制度可能产生"缺位""越位"或者"错位"问题。在专利制度发展过程中，应当充分发挥其节约交易成本的作用，防止制度缺失和专利权滥用等问题导致协同效应的发挥受到阻碍。

　　在协同创新战略的背景下，专利制度的价值取向和制度目标将更为重视调整不同研发主体之间的合作关系。当前，研发主体主要是具有营利目的的企业，即使对于非营利主体的高等学校和科研机构，也必须尊重和维护其经

济利益诉求，它们均具有商事主体的性质。专利法属于民法的特别法，但同时具有商法的属性与价值取向。仅根据民法的原则难以推动专利法的有效发展，将出现效率原则体现不足、交易制度滞后和纠纷解决机制僵化等问题。专利制度在起源上与商法类似并且遵循商法的若干原则，包括促进交易便捷、保证营业利润和维护交易安全等方面。在专利制度改革取向上应当采取与商法相协调的态度，在限制司法介入、注重身份立法、协调任意性和强制性规范、吸收商法发展趋势和加强纠纷解决机制灵活性等方面进行改革。

协同创新技术成果主要来源于合作技术开发活动。技术开发以订立技术开发合同为起点，其相关法律问题体现为技术开发合同问题。在协同创新战略下，技术开发的高收益伴随着达成协议谈判的高成本和履行过程的高风险，因此控制交易成本和规避风险是保障技术开发效益的主要途径。参与技术开发各主体有明确可以参照适用的法律规范来确定权利义务关系非常重要，而现有法律规范主要在技术成果权属、风险责任承担、法定解除权的行使三方面存在缺陷。完善技术开发相关法律规定，有利于提高参与技术开发各主体间的协同性，提高效益，促进科技成果转化。

专利权共有是产学研协同创新中关于技术成果权利归属的重要制度安排。创新主体之间基于合作开发、委托开发以及职务发明形成了较为稳固并具有人合性的共有关系，其专利权应当定位为共同共有而非按份共有。专利权共有制度的价值在于解决专利流转过程中的交易成本问题，但也有必要应对可能出现的"公地悲剧""反公地悲剧"以及决策成本和负外部性等问题。专利共有权分为共益权与自益权，包括自行实施权、许可他人实施权和共有权益转让权等内容。专利共有人需要承担维持专利有效、应对专利无效宣告请求、提起侵权诉讼等义务，同时不得约定部分共有人独享许可费，共有人内部的限制性约定也不得对抗善意第三人。通过专利权共有制度的完善，可以实现协同创新激励技术成果开发和转化的目标。

协同创新的重要形式是企业内部各个部门和人员之间的协同，特别是研发人员与企业中的市场、法律、生产等部门和资源的协同，共同完成职务发明创造并进行实施。我国职务发明权属制度恪守"雇主优先"的模式使其在运行中遭遇诸多困境，主要表现为适用范围过于宽泛、权属约定契约化不足以及奖酬制度落实备受诟病。为此，新近立法动向对此进行了较为一致的有力回应，但理论界却一直存在三种不同的破解路径。基于理性的模式分析和现实的制度选择，赋予职务发明人专利申请权和建立职务发明共有制的重构模式面临困难；而适当调整现行职务发明权属制度既具有内在合理性，在实践角度也具有相当优势，理应得到认可。可通过合理界定适用范围、完善权利归属契约化以及加强奖酬制度的落实，来破解职务发明权属制度的运行困境，从而实现雇员和雇主利益的平衡。

实施协同创新战略要充分发挥高校在科技研发和成果转化方面的作用。应当以《促进科技成果转化法》修改为契机，破除高校科技成果转化中的体制机制障碍。政府部门有必要赋予高校对于科技成果充分的处置权，并且允许高校制定灵活的规章制度规定科研人员在科技成果转化以后所享有的收益比例。以此充分调动高校及其科技人员对于科技成果转化的积极性，促进高校与企业、科研院所开展协同创新活动。

协同创新战略与专利转让制度具有紧密联系。专利转让问题多存在于专利转让合同。专利转让过程中有专利转让合同生效、合同解除以及权利义务等方面存在专利权一权数卖、专利无权处分、专利产品质量、合同解除救济、转让有偿性的法律推定、禁止反言等问题，产生了机会主义行为威胁，在提高了交易成本的同时破坏了协同创新关系。通过坚持诚实信用原则、提升合同完备性、发挥中介机构作用以及促进交易为原则开展司法审判，可以应对协同创新中存在的专利转让问题。

协同创新战略实施过程中，技术开发者与实施者之间必须进行密切的协作。如何在维护专利权人利益的同时，兼顾实施者的商业预期显得尤为重要。专利权用尽原则是对专利权排他性的一种重要限制。专利权用尽售后限制的法律争议主要表现为专利产品销售时所附限制性条件能否阻却专利权用尽，由此存在专利权的绝对用尽和相对用尽两种不同模式。应当借鉴合同法上的所有权保留制度，建立专利权用尽框架下的"专利权保留"规则。基于专利权用尽售后限制的理论，内在限制论排除了"专利权保留"，而默示许可论则更为符合专利权用尽中的当事人意思自治。

为使协同创新成果得到有效转化，研发单位可能会以专利权出资设立新企业进行制造销售的方法并获得经济回报。专利使用权出资是指以专利使用权向公司出资入股的行为，其实质是专利使用权资本化的过程。以专利使用

权出资，有利于克服部分法人不能经商的障碍、降低投资风险、充分发挥专利价值。应当从法律层面明确专利使用权出资，允许排他性许可出资，规定专利使用权期限的最低标准，并规定专利权失效或者被无效宣告后专利权人的法律责任。

协同创新过程需要持续有效的资金支持，利用专利权进行质押融资是实现研发企业与金融机构协同创新的重要法律形式，对于促进中小企业，尤其是科技型中小企业的研发活动具有非常重要的作用。专利权融资担保在金融危机爆发以来获得良好发展，同时也为金融机构拓展业务提供了契机。我国专利权担保融资出现了新的发展趋势：法律体系不断完善，融资担保规模显著扩大，政府积极主导的角色不断加强。但是，专利权融资担保仍然面临诸多限制。专利权质押客体和质押方式需要扩展，专利权担保在直接融资领域也要得到有效利用，而专利权质权实现后的法律问题应得到更多关注。

上市公司是协同创新的重要组织载体，能够集合多种资源从事协同创新研发和实施活动。在上市公司，尤其是创业板上市公司运作过程中，应对专利权创造、保护状况进行客观有效的评价。创业板市场公开的专利信息因具有对上市公司创新能力的评价作用，成为影响投资者股市行为的重要参数。现阶段创业板上市公司在主要无形财产中披露的专利信息，多数为实用新型和外观设计专利。鉴于这两类专利无须经实质审查即可授权，可以运用专利权评价报告制度对其进行较为权威的评价。构建创业板上市公司专利权评价报告披露制度将提升专利信息的客观性和全面性，降低投资者对上市公司创新能力的误判，有效减少创业板市场虚构创新能力并损害投资者利益现象的发生。

涉及3D打印的产品研发活动，已经从仅限于专业性生产企业或者研发机构的"封闭式"创新，发展到社会公众广泛参与的"开放式"创新，是协同创新的重要表现形式。3D打印技术对于产品设计、制造和销售方式产生了变革作用，然而也可能引发较高的专利侵权风险。根据现有的专利侵权构成要件，3D打印侵权产品和传播3D打印模型文档的行为难以构成直接侵权或间接侵权，专利权人所设计的技术措施也没有明确的法律依据给予保护，网络经营者提供或者分享侵权产品设计的行为也不能得到侵权豁免。因此，有必要取消专利侵权行为的生产经营目的要件，建立并拓展间接侵权制度，构建专利领域的"避风港"规则，并对专利权人采取的技术措施给予合理保护。

协同创新战略不仅体现在技术研发过程中，也体现在技术实施过程中。以云计算为代表的技术网络化趋势对于专利侵权判定规则及其适用是新的挑战。网络化技术实施过程中的分离式侵权行为和跨境侵权行为均难以根据现有规则被认定为落入专利保护范围，并由被告承担侵权责任。方法专利举证责任倒置规则也难以在网络化技术专利侵权诉讼中为权利人带来有效的救济。专利权人获得司法救济的法律障碍在制度设计时未能有效预见和应对，导致维权难度较传统技术领域显著增大。因此，必须克服专利侵权判定中的形式主义，以实质性侵权作为判定侵权行为成立的价值取向，以期克服由于网络化技术发展而带来的利益平衡格局遭到破坏的状况，实现专利制度的价值和目标。

在协同创新战略实施过程中，针对技术含量较高的协同创新成果，应当在专利等同侵权判定方面给予倾斜保护。对等同侵权司法判决案例进行实证分析，可以为该原则的适用提供新的思路和视野。通过对已经生效的案例进行分类，分别从等同侵权案件时间、地区、法院审级、专利主体、类型、技术特征覆盖程度等角度进行实证分析，发现等同原则在司法实践当中存在缺乏判定等同侵权具体的操作标准、法官自由裁量权过大、未对专利类型进行适当区分等问题。对于等同原则的适用，需要通过采取正确识别技术特征和选取判定方法，从严掌握该原则的适用，对该原则的适用对象进行适当区分，将覆盖技术特征的多寡作为适用标准等措施来进行完善。

协同创新战略实施过程中，会出现涉及数值范围的选择发明等同侵权判定问题。在"科力远公司与爱蓝天公司专利侵权纠纷案"中，专利所要求保护的技术方案是涉及数值范围的选择发明。由于传统的捐献原则存在局限性，等同侵权的适用出现不合理的扩张现象。应当根据该案再审判决意见，构建"明确限定原则"，对此类发明适用等同原则的适用范围作出限制，有效平衡当事人之间的利益关系。

协同创新成果获得专利权后，需要得到有效保护才能激励进一步的创新活动。实践调查研究表明，随着专利侵权案件数量的增加，《专利法》第65条所规定的赔偿数额确定方法得到了广泛的运用。但是由于该条款的模糊性规定，在实务操作中存在一定的困难。通过对采集到的法院案例进行统计学

分析，指出我国目前的赔偿数额的确定方法存在问题，因此有必要通过制度变革，促进《专利法》得到更好的应用，以保护权利人的合法权益。

协同创新所取得的技术成果要得到有效的专利保护，需要对我国专利侵权损害赔偿责任的归责原则进行重构，从而重点制裁侵权高价值专利的行为。目前我国专利侵权损害赔偿归责制度采用无过错责任原则，有必要转变为过错责任原则，并对具有过错的行为模式进行类型化处理。在侵权人无过错的情况下应当赋予权利人请求返还不当得利的权利。侵权人的过错程度对于损害赔偿数额应当具有重要影响。这种制度改进在专利侵权损害赔偿领域既贯彻了民法的一般原则，又体现了专利保护特殊性的要求，充分利用了 TRIPS 协定所带来的灵活性并借鉴其他国家专利立法经验，这也是解决我国目前损害赔偿领域无过错原则适用中诸多问题的有效途径。

目　录

绪　论

文献综述

生产社会化革新导致生产技术高度集成化与碎片化，而创新也出现了融合性的趋势。单一主体创新不能实现有效的创新，开放式、融合式、协同式技术创新模式逐渐成为创新的主流趋势。互联网的发展，产品生产链的延长，技术的碎片化、资源的高度集约化导致的创新资源集成化和行为主体协同化已经成为国家创新的趋势。2013年《中共中央关于全面深化改革若干重大问题的决定》中指出：深化科技体制改革，建立产学研协同创新机制，强化企业在技术创新中的主体地位，发挥大型企业创新骨干作用，激发中小企业创新活力，推进应用型技术研发机构市场化、企业化改革，建设国家创新体系。这是从国家层面就构建高效有序的协同创新体系提出的行动指南。习近平总书记在十九大报告中也指出："深化科技体制改革，建立以企业为主体、市场为导向、产学研深度融合的技术创新体系，加强对中小企业创新的支持，促进科技成果转化"，进一步为产学研协同发展指明了方向。作为支撑企业市场主体实现有效竞争优势的知识产权，尤其是专利技术，也必须应对市场变化，从国家发展战略出发，构建和运行具有自身特色的协同创新发展体制机制。

一、协同创新综述

（一）协同创新界定

协同创新作为目前解决科学技术发展问题与经济社会生产力发展问题的关键环节，无论是国内还是国外都对其有了一定的研究。

（1）国外学者Haken认为协同创新是在新产品开发、制造和销售的资源共享以及协作运营等领域，由大量子系统以复杂方式相互作用构成的复合系统。在一定条件下，子系统间通过非线性作用产生协同现象和协同效应，使系统形成有一定功能的空间时间或时空的自组织结构。[1] Carliss Baldwin 等认为一个开放式的协同创新项目涉及一些贡献者，他们分享生成设计的工作并

---

[1] Haken H. Synergetic：Cooperative phenomena in multi-component systems，Stuttgart：B. G. Teubner，1973：9-21.

公开透露他们个人与集体设计工作的成果供他人使用。即参加者在创新设计上合作，同时合作垄断创新成果的合作模式。❶ Fusfeld 等认为合作创新是两个以上的企业为实现共同研发目标，分别投入创新资源而形成"合作契约安排"的创新活动组织形式。❷

（2）国内学者张展认为协同创新是创新资源和要素的有效汇聚，通过突破创新主体间的壁垒，充分释放彼此间的人才、资本、信息、技术等创新要素活力而实现深度合作。❸ 解学梅认为协同创新的本质是企业与政府、科研机构、大学、中介机构和用户等不同的合作伙伴，为实现创新增值而开展的一种跨界整合。❹ 张学文认为协同创新是以知识增值为核心，以企业、高校科研院所、政府、教育部门为创新主体的，系统优化各个主体要素的过程。❺ 陈劲认为协同创新是以产学研为核心，以参与和支持主体为辅助的多元协同创新网络，通过行为的协同和资源的整合在更大范围内实现创新的效益。❻ 胡恩华认为协同创新是指集群创新企业与群外环境之间既相互竞争、制约，又相互协同、受益，通过复杂的非线性相互作用产生企业自身无法实现的整体协同效应的过程。❼ 蒋庆哲认为协同创新是指围绕创新的目标，以多元主体协同互动为基础，多种创新因素积极协助，互相补充，配合协作的创新行为。❽

（二）协同创新的模式

纵观已有的文献，不同的学者从不同的角度出发所得出的协同创新的模式也不同。总的来说，现有协同创新的研究主要集中于管理学的视角。其中有代表性的学者对协同创新模式的分类主要有：

（1）对国外协同创新模式的研究主要集中在管理学的角度。如解学梅在

---

❶ Baldwin C, von Hippel E. Modeling a paradigm shift: from producer innovation to user and open collaborative innovation, Organization Science, 2014, 22 (6): 1403.

❷ Fusfeld H I, Haklich C S. Cooperative R&D for competitors, Harvard Business Review, 1985, 14 (11): 60-76.

❸ 张展：《协同创新模式研究综述》，载《沈阳大学学报（社会科学版）》2015 年第 6 期。

❹ 解学梅、刘丝雨：《协同创新模式对协同效应与创新绩效的影响机理》，载《管理科学》2015 年第 2 期。

❺ 张学文、陈劲：《面向创新型国家的产学研协同创新：知识边界与路劲研究》，经济科学出版社 2014 年版，第 65、67 页。

❻ 陈劲：《协同创新与国家科研能力建设》，载《科学学研究》2011 年第 12 期。

❼ 胡恩华：《企业集群创新行为理论与实证研究基于复杂系统适应理论视角》，科学出版社 2007 年版，第 81 页。

❽ 蒋庆哲：《服务国家重大战略需求有效退静产学研协同创新》，载《中国高等教育》2013 年第 3 期。

研究国外协同创新理论时认为国外协同创新的主要模式包括研发协同、创新外包、专利许可或技术转让、双元协同创新模式等。❶ Ettlie 从技术创新和组织结构创新两个维度来规范区分协同创新的模式理论。❷

（2）国内学者主要从中国的实际出发，按要素多少区分协同创新模式。解学梅以资源基础观、企业交易成本理论、系统理论、知识基础观四大理论为出发点，提出了"战略联盟模式""专利合作模式""研发外包模式""要素转移模式"四种类型的协同创新模式。❸ 熊励等基于实践途径的视角将协同创新的模式分为内部协同创新模式和外部协同创新模式。其中，外部协同创新又可以分为横向协同创新与纵向协同创新两种。❹ 曲洪建等按企业内部参与协同创新要素的数量，将企业内部协同创新模式分为两要素、三要素和多要素模式。❺ 张茹秀基于产品服务化视角，将供应商制造商协同创新模式分为成本共担与收益共享两种模式。❻ 张展等认为协同创新模式包括内部协同模式与外部协同模式两种基础模式，以及内外结合的多要素衍生模式。❼

（三）协同创新的要素

关于协同创新的要素国外学者没有如国内学者一样就具体的构成要素做详细区分。国外学者着眼于宏观层面的协同创新，国内学者则更关注于企业的具体资源与制度的构建，从微观层面分析协同创新的构成要素。

（1）国外主要围绕与企业有关的核心要素与支撑要素从不同视角分析影响企业跨界协同创新的要素。如解学梅认为国外协同创新的要素包括：地理接近性、信任、沟通、机制环境。❽ RBRHI 等指出政府相关政策有利于推动企业的协同创新活动。❾ KRNgIH. ViI 等指出，宏观环境对跨界协同创新具有

---

❶　解学梅、方良秀：《国外协同创新研究述评与展望》，载《研究与发展管理》2015 年第 4 期。

❷　Ettlie JE，Taking Charge of Manufacturing：How Com-parries are Combining Technical and Organizatioal Innovation to Compete Successfully，San Francisco：Jossey Bass，1988：45—60.

❸　解学梅、刘丝雨：《协同创新模式对协同效应与创新绩效的影响机理》，载《管理科学》2015 年第 2 期。

❹　熊励、孙友霞、蒋定福、刘文：《协同创新文献综述——基于实践途径视角》，载《科技管理研究》2011 年第 14 期。

❺　曲洪建、拓中：《协同创新模式研究综述与展望》，载《工业技术经济》2013 年第 7 期。

❻　张茹秀：《产品服务化的供应商与制造商协同创新模式》，载《厦门理工学院学报》2014 年第 2 期。

❼　张展、张洪娟：《协同创新模式研究综述》，载《沈阳大学学报（社会科学版）》2015 年第 6 期。

❽　解学梅、方良秀：《国外协同创新研究述评与展望》，载《研究与发展管理》2015 年第 4 期。

❾　Thorgren S，Wincent J，Ortqvist D. Designing interorganizational networks for innovation：An empiricalexamination of network configuration，formation and governance，Research policy，2004，33（10）：1477-1492.

重要影响。❶

（2）国内学者则更加关注于具体的协作要素在企业协同创新中的作用。钱雨等认为，协同资源、协同能力、协同效应、协同机制及协同环境是协同创新的要素。❷ 郑刚等认为，技术、战略、组织、文化、制度、市场等是协同创新的关键要素。❸ 陈波认为，政府机构、企业集团、高等院校、研究机构和目标用户是协同创新的要素。❹

二、协同创新与专利发展的关系

（一）专利制度对协同创新的支撑作用

专利制度的创新能够有效地克服企业之间的交易成本问题，促进企业之间，尤其是企业、高校、政府等市场参与主体之间更加快捷、高效地实现资源共享、优势互补，能够极大地节约各主体之间创新协作的成本投入。冯晓青认为，知识产权制度与技术创新之间具有十分密切的关系。企业技术创新成果的价值需要通过知识产权制度来实现，知识产权作用于技术创新全过程，专利的保护强度对技术创新、自主创新具有重要支撑作用。❺ 赵志强认为，知识产权制度下的创新动力机制、创新激励机制、利益平衡机制和技术扩散机制，为技术创新活动提供了有力保障。❻ 丁甜甜认为，以法治理论和协同创新为理论依据，以法治为经纬实现制度化的知识创造协同、组织管理协同、政策法规协同、地理空间协同，是推进经济社会发展的重要路径。❼ 毛宁等认为，专利制度的完善对产学研联盟在建设、运行管理等方面，克服主体责任

---

❶ Zeng S X, Xie X M, Tam C M. Relationship between cooperation networks and innovation performance of SMEs, Technovation, 2010, 30（3）：181~194.

❷ 钱雨、吴冠霖、孙新波、赵浩彤：《产学研协同创新成员协同行为构成要素及关系研究》，载《科技进步与对策》2015 年第 16 期。

❸ 郑刚、梁欣如：《全面协同：创新致胜之道——技术与非技术要素全面协同机制研究》，载《科学学研究》2006 年 S1 期。

❹ 陈波：《政产学研用协同创新的内涵、构成要素及其功能定位》，载《科技创新与生产力》2014 年第 1 期。

❺ 冯晓青：《知识产权制度与技术创新之内在联系研究——以两者内在协同机制、模仿和知识产权保护强度为考察视角》，载《时代法学》2013 年第 2 期。

❻ 赵志强：《知识产权制度与企业技术创新的内在协同关系研究》，载《河南商业高等专科学校学报》2014 年第 1 期。

❼ 丁甜甜：《国家创新驱动战略与企业专利战略协同机制的法治化研究》，载《中共山西省直机关党校学报》2015 年第 2 期。

不明、协同不够，校企互补、沟通、信任、凝聚力不足，知识共享、成员贡献差异等问题，具有极其重要的支撑意义。❶ 楚旋等认为，构建包括政策引导及法律保障机制、风险投资机制、利益分配机制、信息沟通机制、评价机制等在内的专利协同创新机制，能够有效地促进协同创新战略的发展与完善，实现高校与产业集群的协同创新。❷

（二）协同创新对专利制度的指导与完善作用

协同创新战略是党和国家在新时期，针对国家发展的客观问题，在"中国制造"上升到"中国智造"的国家发展机遇期，从实践角度提出的，有效解决国家创新问题的战略。协同创新是整个国家创新体系建设的关键。技术的革新、资源的投入、经济活动交易成本的减少都是该战略要考虑的因素。以高校、企业、政府等为代表的参与主体，在克服机会主义行为，实现资源与优势互补等方面面临诸多挑战。如何有效实现从技术创新到经济创新，是企业、高校、政府等主体，实现激励，克服信息不对称，应当坚持理性协同创新的战略路径。吴磊认为，协同创新战略引领电子信息产业技术创新，推动专利法的修订完善，促进专利成果的转化与利用。专利制度变革均显著提升了中国电子信息产业创新效率，节约了企业交易成本。❸ 彭本红等认为，企业协同创新行为是一个不断学习、模仿、试验的过程，其演化存在着多样性和复杂性，而机会主义行为是最主要的障碍。企业需要以协同创新战略的宏观架构，平衡多方创新思路，有效解决部门权利不清晰、管理不明确、监督缺失等专利体制机制问题。❹ 袁剑锋等认为，在协同创新战略背景下，各网络主体必须针对新的市场环境，以协同创新的理念，指导与构建合理高效的专利制度环境，进而为产学研的有效运行提供制度保障。❺ 郭永辉等认为，设计链协同创新中的知识产权运营与管理，存在知识产权所具有的专属性、排他性和地域性等特征与设计链协同创新中的知识共享性、协同合作性以及合作

❶ 毛宁、胡令：《产学研联盟协同创新中的法律机制缺陷及思考》，载《信息化建设》2016 年第 4 期。

❷ 楚旋、郑超：《协同视域下高校与产业集群协同创新的机制分析》，载《重庆高教研究》2015 年第 3 期。

❸ 吴磊在：《专利制度变革与企业创新》，载《统计与决策》2016 年第 11 期。

❹ 彭本红、周叶：《企业协同创新中机会主义行为的动态博弈与防范对策》，载《管理评论》2008 年第 9 期。

❺ 袁剑锋、许治、翟铖：《中国产学研合作网络权重结构特征及演化研究》，载《科学学与科学技术管理》2017 年第 2 期。

的无地域性所产生的矛盾。协同创新可以更加有效地构建一种约束机制、利益调节机制，为知识产权的发展铺平制度道路。❶

三、协同创新战略在具体专利制度中的体现

（一）协同创新战略与专利的创造

专利创造是适用专利制度的基础，只有符合专利法规定的智力成果才能被授予专利权，并受到专利法的有效保护。因此，企业如何构建和适用完善、高效的专利创造制度就显得尤为重要。法律具有可预测性，可以有效地指引人们的行为。为了促进企业、高校等主体从事研发的积极性，就必须构建以协同创新战略与专利共有、职务发明归属、高校专利处置权、专利技术开发等制度为内容的协同发展体系。袁林等认为，组织创新氛围对企业专利创造能力具有正向影响。企业以协同组织学习能力为基础，积极构建创新氛围来提升企业专利创造能力，已经成为其实现自身发展的重要途径。技术的革新、人才的引进、管理模式的创新、体制机制的改革等已经成为企业在协同创新背景下不断提升自身专利创造能力的重要砝码。❷ 李玉璧等认为，协同创新中知识产权共享不但存在于知识产权人之间，也体现在公共利益的享有者中。其核心内容是对知识产品所产生的利益冲突进行调整、协调、平衡、维护各种利益主体间的利益平衡，从而达到有效配置权利和义务的目的。❸ 李伟等认为，协同创新背景下明晰的产权归属是协同创新组织，创造积极性的有效保障。协同创新知识产权成果的归属问题，是各主体间利益分配的前提，关系到协同创新组织的长远及可持续发展。❹ 王进富等认为，知识产权归属是企业选择产学研协同创新路径的重要依据，企业参与产学研后，创新能力的提升与占有知识产权而获得的市场超额收益，最终决定产学研协同创新的路径选

---

❶ 郭永辉、郭会梅：《设计链协同创新与知识产权的矛盾探析》，载《科技进步与对策》2011年第5期。

❷ 袁林、谭文、邵云飞：《组织创新氛围对企业专利创造能力的影响机理研究》，载《科技管理研究》2015年第9期。

❸ 李玉璧、周永梅：《协同创新战略中的知识产权共享及利益分配问题研究》，载《开发研究》2013年第4期。

❹ 李伟、董玉鹏：《协同创新过程中知识产权归属原则——从契约走向章程》，载《科学学研究》2014年第7期。

择与路径演进成正相关关系。❶ 付晔等认为，在产学研知识链中，专利创造的知识流动具有极强的隐蔽性，企业在产学研的协同创新中主动吸收、整合，进行知识的再创新，最终将知识应用于市场生产，提高产品的市场竞争力并获得超额市场收益。❷

传统的专利制度采用封闭模式加以保护。若专利权人已经获得技术，其他市场参与主体想要利用该专利必须事先取得授权，这种模式增加了市场主体之间的交易成本，不利于技术再创新。而协同创新背景下的专利制度需要开放式保护，各项专利技术、研发力量等因素实现市场化的自由组合，以达到最优效益。专利权的共享及合理利益分配，能够符合专利权利益在新的时代背景下公平正义的分配要求。《专利法》第15条允许当事人之间对专利权利的行使问题进行意思自治，在当事人之间没有约定时，以共有制度来划分双方的权利义务。一方可以单独实施或者以普通许可方式许可他人实施该专利，收取的使用费应当在共有人之间进行分配。该规定遵从传统的契约模式，将当事人双方法定为完全平等的主体，忽视了主体之间客观存在的差异性，该规定不能有效解决主体之间存在的客观差异及其导致的分配不公及权属不明问题。以协同创新组织内部章程的形式固化知识产权归属的创新产权归属模式，能有效解决协同创新组织在专利权约定不明时的权属问题。当现有专利技术不能再为企业提高竞争力做贡献时，企业就会构建下一轮的产学研知识链。在生产、研发、销售等产品市场经济环节，日益精细化、专业化的背景下，单一的主体已经难以胜任激烈的市场竞争，多主体之间的协同就成为市场的必然选择。在产学研协同创新模式下，因为技术专利所产生的问题涉及面较广，如高校专利的自主处置权问题、合作技术再开发问题等，必须有完善的解决方式，才能有效地激励专利创造。

（二）协同创新战略与专利的运用

协同创新战略背景下，对专利运用问题已经进行了一定程度的研究，这为我国的专利制度发展提供了有效的理论探索经验。现有的研究主要集中于以下方面。

---

❶ 王进富、兰岚：《产学研协同创新路径研究——基于知识产权归属视角》，载《科技管理研究》2013年第21期。

❷ 付晔、欧阳国桢：《基于知识链的产学研合作中知识产权问题研究》，载《科技管理研究》2014年第11期。

（1）专利权人实施权。骆严等认为我国应重新构建"拜杜规则"，以解决财政性科技投入所形成的 R&D 成果的知识产权归属与管理问题。从主体协同、利益取向协同、资金链协同三个层面构建协同主体间的知识产权利益协同机制。优化利用专利与创新战略之间的合力优势，充分实现专利的有效运用。❶ 秦龙秋认为合作开发是高校、科研机构普遍采取的合作方式。在高校和科研机构具有技术资源而缺乏技术成果转化机会，而企业需要科技成果研发新产品、提高经济效益的矛盾下，双方采取合作方式是共赢的选择。但是专利法的独占性使用条款往往成为制约专利运用的主要障碍。❷

（2）专利权用尽售后限制。张冬等认为专利权用尽售后原则与私权公权化发展相适应，呈现扩大化的趋势。发达国家和地区基于优势地位，利用该规则侵害自主创新技术的问题必须受到格外的关注。我们需要充分利用 WTO—TRIPS 协定的弹性条款，完善我国新专利法权利用尽原则适用范围扩大化的立法解释和司法实施，以保障我国协同创新中的技术专利化的战略需求。❸ 武善学认为，我国专利法虽然承认专利权用尽，但是在"是否适用于方法专利、部分实施专利的产品与方法以及善意购买人的转售行为"等具体制度上并未作出明确规定。因此，必须在专利法中明确专利权用尽原则包括国内用尽和国际用尽、售后限制条款并不能排除专利权用尽原则的适用、专利权用尽原则的适用范围从专利产品扩大到专利方法、从完全实施到部分实施专利的产品与方法专利。❹ 万琦认为专利权用尽原则的售后限制主要来源于"首次销售理论"与"默示许可理论"。从法理上来说，二者是产品所有权与所涉及专利权之间的冲突。从法经济学角度来说，虽然专利权人售出专利产品之后获得了报酬，但是其对于购买者的使用或转售同样具有重要利益。在协同创新的产学研协作机制中，我国应尽快接受售后限制理论以完善我国的专利制度。❺

（3）专利使用权出资。张玲等对专利使用权出资已经达成了共识。但是

---

❶ 骆严、焦洪涛：《面向协同创新的我国"拜杜规则"再设计》，载《科学学与科学技术管理》2014 年第 4 期。

❷ 秦龙秋：《浅析专利独占使用条款在合作开发合同中的问题》，载《中国高新技术企业》2016 年第 16 期。

❸ 张冬、范桂荣：《评述专利权用尽原则适用范围的发展问题》，载《学术交流》2010 年第 9 期。

❹ 武善学：《美国专利权用尽原则的最新发展及其启示》，载《中国发明与专利》2017 年第 8 期。

❺ 万琦：《欧美专利权用尽原则售后限制的比较研究》，载《知识产权》2010 年第 4 期。

国家层面却没有相应的法律规范，地方立法则有较为成功的实例。从法律体系的完整性与实用性方面上看，应将专利使用权出资的客体限定为独占许可使用权，而排他、普通许可使用权不宜进行出资。将专利使用权出资的主体限定为发明专利权人，被许可人以及实用新型、外观设计专利权人不宜进行出资。❶ 李品娜认为，专利使用权具有法律规定的出资财产要件，能够作为出资使用。但是主体必须具备民事行为能力，出资的专利使用权必须权利来源合法、产权明晰、具有合法可行的未来收益，并办理相关的出资手续。❷

（4）专利权担保融资。王政贵等认为，知识产权质押融资是实施知识产权战略和应对全球金融危机经济冲击的重要政策工具。政府应当推动试点，给予资金、贴息等政策支持，以促进银企科技创新和金融创新，探索知识产权担保的创新模式和知识产权质权实现的创新方式，引进知识产权保险机制化解融资风险。❸ 张婷等认为，拓展知识产权质押融资，对提高知识产权使用效率，帮助中小企业解决融资难题，助推企业技术创新，加快推进创新驱动发展战略实施具有重要意义。必须制定统一、完备的法律法规，建立具有广泛认可性的知识产权价值评估机制，完善融资风险补偿长效机制，加强知识产权交易平台机制建设。❹ 聂洪涛认为，知识产权担保融资具有强烈的政府主导性。政府扮演着政策制定、环境优化、风险化解以及服务提供等不同角色。积极推进知识产权担保融资，实施国家知识产权发展战略，当代政府责无旁贷。❺

（5）专利转让法律问题。刘自钦认为，在网络信息革命和专业分工的社会经济背景下，基于互联网交易平台、专利证券化和期货交易为导向的创新型专利转让模式，信息安全、网络技术规则、技术中介服务规则是必须解决的难题。专利转化与技术创新、管理、运用的协调是实现新技术经济有效运作的关键。❻ 刘歆洁等认为，专利许可和专利转让已经成为科技成果转让的重要途径。产学研协同创新中的专利转让必须深刻认识到"转让和许可合同中的文字记载的权利范围""专利权与市场占有""重复授权"等问题，注意交

---

❶ 张玲、王果：《论专利使用权出资的制度构建》，载《知识产权》2015 年第 11 期。
❷ 李品娜：《专利使用权出资探讨》，载《湖北科技学院学报》2014 年第 4 期。
❸ 王政贵、徐珍、张可鹏：《促进科技创新目标下的知识产权担保融资及其法律问题》，载《行政与法》2010 年第 8 期。
❹ 张婷、肖晶：《知识产权质押融资：实践、障碍与机制优化》，载《南方金融》2017 年第 2 期。
❺ 聂洪涛：《知识产权担保融资中的政府角色分析》，载《科技进步与对策》2014 年第 24 期。
❻ 刘自钦：《网络环境中专利转化方式的革新及法制完善》，载《郑州航空工业管理学院学报》2014 年第 2 期。

易信息的完整性以及提高交易合同的规范性。❶

（三）协同创新战略与专利保护

专利保护是权利人保护自身权益的重要制度构建。目前关于专利保护的研究主要集中在以下几方面：

（1）3D 打印技术专利侵权。刘鑫等认为，3D 打印技术对专利侵权认定、专利直接与间接侵权制度、3D 打印电子文件可专利性等问题都有着巨大影响。在新的产学研协同创新环境下，必须完善专利直接侵权条款、构建专利间接侵权制度、设立《数字专利法》、促进技术进步和商业模式革新等，并就3D 打印技术所面临的问题，尽快建立和完善相关法律及政策体系，以期更好地促进专利保护。❷

（2）专利等同侵权。张广良认为，在创新协同发展的环境下，应当适度从严把握等同侵权原则的适用条件，合理确定等同侵权原则的适用范围，明确将符合特定条件的等同物排除在专利权的保护范围之外，严格限定"手段、功能、效果"的认定条件，防止等同侵权原则的过度适用，防止不适当地扩张专利权保护范围，损害公共利益。❸ 张兆永认为，专利等同侵权原则的适用，可以有效保护专利权人合法权利、防范和制止隐蔽侵权行为。必须明确"等同"包括对技术特征可以进行拆分与组合、适用"三要素"判断法、明确等同替换构成侵权等措施进行完善。❹

（3）专利侵权损害赔偿责任。目前我国专利侵权损害赔偿归责制度采用无过错责任原则，有必要转变为过错责任原则。这种制度改进在专利侵权损害赔偿领域贯彻了民法的一般原则，体现了专利保护特殊性的要求。徐家力等认为与债权请求权相对应的赔偿损失，应采用过错责任原则。专利侵权的赔偿损失责任并没有表现出不同于其他民事权利的特殊性，因此仍应将过错责任原则作为一般归责原则。❺ 王双厚等认为，在目前法律没有规定知识产权侵权适用无过错的情况下，适用侵权的一般归责原则即过错责任原则，是符

❶ 刘歆洁、刘冬梅：《专利许可和转让中值得注意的若干问题》，载《合肥工业大学学报（社会科学版）》2015 年第 1 期。

❷ 刘鑫、余翔：《3D 打印技术对专利实施的潜在挑战与对策思考》，载《科技进步与对策》2015 年第 10 期。

❸ 张广良：《论我国专利等同侵权原则的适用及限制》，载《知识产权》2009 年第 5 期。

❹ 张兆永：《论我国专利等同侵权判定规则的完善》，载《河南科技学院学报》2015 年第 11 期。

❺ 徐家力、张军强：《知识产权赔偿损失责任归责原则研究》，载《法学杂志》2017 年第 7 期。

合现有立法目的的，并且该原则得到了司法实务的有效检验。❶

（四）协同创新战略与专利管理

企业要实现专利经济效益，就必须构建完善的专利管理运营机制。其不仅是专利的静态防御，更是专为实现专利效益，全方位立体动态的市场化运营管理机制。唯有如此，才能最大可能地强化专利的竞争优势，真正保障协同创新战略促进企业创新发展。刘海波等认为，官产学研合作向深层次、紧密性、实体化方向发展，呈现出多形式、多方位、多层次、多元化特征，企业必须加强知识产权宏观管理，构建适应市场的动态专利管理机制。❷菅利荣等认为，复杂产品研制具有周期较长、成本较高、产品设计过程复杂、跨学科交叉及融合等特征，在研制过程中需要企业、高校、科研院所等众多机构协同创新，众多产学研协同创新的复杂性导致了专利管理的复杂性。因此必须加强复杂产品协同创新专利管理工作。❸

小结

纵观国内外有关协同创新与专利发展的研究，协同创新在管理学领域已经受到充分的关注，但是专利制度的研究则集中于具体制度本身的构建。该类研究可以为后续的协同创新结合专利发展研究提供良好的理论基础。但是已有的研究割裂二者之间的关联点，对协同创新与专利发展的交易成本问题认识还不够，对专利的商业化管理与运营的研究也较少。因此现阶段协同创新与专利发展的研究重点应在于解决二者之间的衔接问题、专利商业化管理与运营、充分认识协同创新与专利发展的交易成本问题等领域。

（一）目前分别研究协同创新与具体专利制度的较多

目前无论是国内还是国外，对协同创新的内涵、模式、绩效等方面的研究较多。现有的文献大量集中于协同创新本身的认识与理解上，关注专利制度本身在市场经济运行中的问题，多数从宏观角度出发，尤其是结合专利法第四次修改的背景，对专利制度的有关问题研究较为充分。同时，对专利制

---

❶ 王双厚、张学敏：《知识产权侵权的归责原则》，载《中国发明与专利》2009年第7期。

❷ 刘海波、李黎明：《官产学研合作创新与知识产权管理的研究》，载《科技促进发展》2012年第7期。

❸ 菅利荣、张瑜、于茜子：《复杂产品协同创新专利管理研究——以客机协同研制为例》，载《科技进步与对策》2015年第14期。

度与协同创新问题的研究，更多的是从专利制度变革本身出发，以单纯的研发主体为保护对象，重点解决专利创造与运行中的问题。针对专利具体制度与协同创新的时代背景研究较少。总体而言，目前协同创新与专利制度的研究主要是分学科的研究，即协同创新的研究主要集中于管理学的范畴。而在知识产权领域，关于协同创新的研究较少；专利制度的研究则主要关注于专利制度本身的时代变革，没有与协同创新的背景相结合。

（二）综合研究专利制度与协同创新之间的衔接问题较少

协同创新已经成为企业创新商业运营模式的一种重要途径。其不仅解决了企业技术创新难的困境，而且可以解决高校发明专利转化率低的难题。目前对企业的协同创新与专利发展问题的已有研究，都是割裂二者之间的内在联系。对协同创新的研究忽视企业专利发展问题，对企业的专利问题研究则忽视协同创新这个大的市场环境，导致了二者之间的互动缺乏相应的制度或者政策上的支持。如产学研协同创新下企业与高校职务发明人员的薪酬问题、发明专利的归属权问题等，都没有得到深入的研究与相应的解决。

（三）忽视动态的专利流转与运营管理

协同创新以开放式创新为企业的创新模式。企业、高校、政府等多方主体作为参与方，共同发力促进专利以创新的方式发展，进而实现专利的经济效益与社会效益。但是，目前已有的研究，还未突破过去专利法保护静态单一权利主体的模式，仅仅注重权利的防御式拥有，而将企业所拥有的市场运营模式、高校所具有的研发优势、政府所具有的管理职能三方割裂，严重阻碍专利技术社会效益的实现。在新的市场经济环境，开放式创新需要，共享经济成为主流的当下，静态单一的专利保护模式已经不能适应企业发展的需要，必须注重动态保护下的市场化专利管理与运营研究。

（四）交易成本视野下研究协同创新与专利的较少

交易成本作为新制度经济学最为核心的理论基础，协同创新与专利制度的研究也必须以其为支撑。但是，目前对于协同创新和专利制度的研究，都没有重点研究其交易成本问题，即便略有涉及也是浅尝辄止。这就造成目前协同创新与专利制度发展的研究缺乏理论支撑，产学研的协同创新战略在实际的运行过程中出现衔接不畅的问题。

第一篇　基础理论篇

第一章

协同创新战略与专利制度互动问题

习近平总书记在党的十九大报告中指出,"为加快建设创新型国家要深化科技体制改革,建立以企业为主体、市场为导向、产学研深度融合的技术创新体系,加强对于中小企业创新的支持,促进科技成功转化"。❶ 由此可见,协同创新战略势必从顶层设计层面引领中国未来技术创新走向。而实际上,我国专利制度和创新战略都起步较晚,因此有必要研究协同创新战略与专利制度之间的关系,以探索我国专利制度降低交易成本、促进创新的具体路径,这将有助于协同创新战略的实施,从而破解我国创新型战略实施不到位的难题,逐步使我国真正成为专利强国和创新型国家。事实上,协同创新战略与专利制度围绕着交易成本问题形成紧密的联系和影响,因此可以此为手段实现两者的有机融合和相互促进。

一、协同创新战略与专利制度互动的理论分析

(一) 协同创新战略辨析

协同创新以协同制造和开放式创新为基础,开放式创新使得越来越多的社会主体参与到创新活动中来。例如,3D 打印技术的出现使得开放式创新更加具有可行性。❷ 在专利领域,协同创新对于各类主体是开放的,这些主体又以企业、大学、科研机构为主。

协同创新的理论基础最初来源于德国物理学家哈肯 20 世纪 70 年代在《社会协同学》一书中创立的协同理论。协同理论注重大量子系统组成复合系统而产生协同现象和协同效应。近年来,社会分工不断细化,某些个体凭借

---

❶ 习近平:《决胜全面建成小康社会,夺取新时代中国特色社会主义伟大胜利——在中国共产党第十九次全国代表大会上的报告》,人民出版社 2017 年版。

❷ 刘强:《3D 打印与知识产权法》,知识产权出版社 2017 年版,第 11 页。

自身的人才、技术等资源进行重大复杂的科技创新往往要付出巨大的创新活动交易成本。❶ 为了节约创新活动交易成本，协同创新被正式提出，这正是协同理论与合作创新相结合的结果。❷

协同创新是由多个创新主体高度规范、统一整合而成的一个复合主体进行创新和技术再创新的新型合作创新模式，各个创新主体之间资源互补、风险共担、利益共享、深度合作，最终达到节约创新活动的交易成本、提高创新效率和创新能力，实现科技成果的研发和转化的目标。协同创新在组织上由国家意志或者重大创新需求引导和安排，参与者包括企业、大学、研究机构等研发主体和政府部门、金融机构、中介机构等政策或者服务供给者；❸ 在行为方面包括协作开展产业技术创新和科技成果产业化活动；在优势方面可以发挥各自的能力，形成资源共享、优势互补的协同效应；❹ 在效果上可以展开大跨度的整合❺，实现深度合作，❻ 完成重大项目的研究和开发，推动技术创新和产业化。

根据协同主体关联程度不同，可以分为准封闭式创新、半封闭式创新、半开放式创新和开放式创新。（1）准封闭式创新是指研发单位内部各个部门和研发人员之间的协同，单位可以集中所需资源开展研发工作。（2）半封闭式创新是多个研发单位之间具有创新活动以外的合作关系，尤其是有相互投资或者控制的关联关系。由于单位属于独立法人，仍然需要打破单位之间的壁垒与障碍进行研发。（3）半开放式创新是研发单位之间仅具有创新活动范围内的业务联系，并无其他关联关系，它们之间能够形成比较稳定的研发合作关系。（4）开放式创新参与主体则不再限于研发单位，而是将消费者也纳入其中进行产品设计等研发活动，从而实现研发活动主体范围的最大限度扩张，也有利于汇集最为广泛的智力资源。以 3D 打印为代表的开源社区就能够为消费者参与设计提供良好的平台。

---

❶ 交易成本（Transaction Costs）又称交易费用，是由诺贝尔经济学奖得主罗纳德·科斯所提出，指当事人双方进行交易，在达成协议、履行协议及监督协议时所产生的各种相关的成本。当交易成本为零时，经济资源的初始分配不会影响其通过交易实现配置效益的最大化。

❷ 值得注意的是，这种结合并不是思想直接应用到实践的简单结合，而是讲求协同效应的复合结合。

❸ 陈劲、阳银娟：《协同创新的理论基础与内涵》，载《科学学研究》2012 年第 2 期。

❹ 解学梅、方良秀：《国外协同创新研究述评与展望》，载《研究与发展管理》2015 年第 4 期。

❺ 陈劲、阳银娟：《协同创新的理论基础与内涵》，载《科学学研究》2012 年第 2 期。

❻ 张丽娜、谭章禄：《协同创新与知识产权的冲突分析》，载《科技管理研究》2013 年第 6 期。

（二）协同创新的优势

协同创新与专利制度都是围绕技术性智力成果展开的。协同创新本质上就是一种专利创新的过程❶；而专利制度保护技术创新成果，同时鼓励创新和推动创新推广和应用。如果依据创新的方式，创新的形式又可以分为独立创新和合作创新。协同创新相对于传统的独立创新的优势在于能够实现研发资源的优化配置，尤其是通过打破创新主体间的壁垒，协同创新使人才、资金、专业技术、信息等创新资源有效汇聚，实现创新主体间的深度合作、收益共享、风险共担。协同创新存在以下三个方面的特点。

第一，能够实现创新主体的多元化。协同创新把高校、科研院所、企业等原本各自独立单位通过开放系统联系在一起，交互形成具有一定的知识资源优势的知识共同体，结成稳固的产学研知识链，发挥"1+1>2"的协同效应。❷ 在协同创新过程中，还可以充分发挥政府部门、金融机构、中介机构等公共政策和服务提供者的专长，实现协同效应的更优产出。

第二，创新主体的贡献具有多样性。一方面，大学和科研机构作为知识生产组织，拥有丰富的知识资源和强大的研究开发能力。企业作为经济生产组织，拥有丰富的产业化市场经验和资金。另一方面，不同主体在研发和生产等创新活动的各个阶段的贡献和能力不同。协同创新对于资源的整合作用体现于，高校和科研机构为企业提供实际生产活动中所需的技术，企业为高校和科研机构提供充足的研究经费，并且使高校和科研机构研发的新技术能够更快地市场化。❸

第三，创新主体的利益诉求多样化。高校较为重视科技成果的原始创新，并尽早通过学术论文将成果向社会进行公布，从而体现其科研人员的学术水平，而不太重视开拓市场和经济利益，对于获得专利保护的诉求并不强烈。科研院所比较重视具有实用性的产品和工艺方法的开发，并期望通过技术转让获得经济回报，比较不重视学术论文发表等精神性利益，获得专利保护的需求比较强。企业出于营利目的，只重视能够直接应用的技术及其所产生的市场利益，获得专利保护的诉求最为强烈，对于因发表论文而丧失专利新颖

❶ 张丽娜、谭章禄：《协同创新与知识产权的冲突分析》，载《科技管理研究》2013 年第 6 期。
❷ 付晔、欧阳国桢：《基于知识链的产学研合作中知识产权问题研究》，载《科技管理研究》2014 年第 11 期。
❸ 苏平、覃学：《科研协同创新中的专利利益平衡研究》，载《重庆理工大学学报（社会科学版）》2015 年第 11 期。

协同创新战略 与 专利制度发展

性等影响专利保护的问题尤为重视。

（三）协同创新与专利制度相结合的典型模式

首先，内部型协同——研发单位内部各个部门之间的协同创新。研发人员与企业之间存在一定的雇用关系，企业承担主要的物质生产条件、创新产生的风险，研发人员主要承担新技术、新产品的研发工作，专利权人、职务发明完成人具有获得奖励和合理报酬的权利。开放式创新则要求企业在知识产权管理战略中采用专利共享战略，对于技术先进但较难推广，很难在市场上得到普遍认可的专利技术可以对相关行业予以开放，形成"专利共用"，实现专有性与开放性之间的平衡。❶ 这里主要涉及职务发明权利归属及奖酬法律制度。

其次，外部型协同——研发主体之间可以实现协同创新。在合作研发中，企业、大学、科研机构等具有一定研发力量的主体共同参与技术的研发工作，充分利用各自的优势、特点和创新资源，实现资源互补、成本共担，最终共同分享协同研发所取得的收益。这里主要涉及合作开发过程中的成果权属和收益分配法律制度，以及专利权共有法律制度。

最后，复合型协同——研发主体与生产销售主体之间也可以实现协同创新。在委托开发的模式下，由于企业依靠现有的技术还不足以投入生产，而并没有相应的技术研发条件，这时企业将主要承担生产和销售产品的角色，而将技术研发工作完全交给协同创新的其他主体，如大学、科研机构等。这里主要涉及委托开发过程中的成果权属和收益分配法律制度，以及专利权共有法律制度。此外，一些持有专利权的主体签订合作协议，在特定范围内实行专利许可或转让、质押等技术转移形式，诸如"专利池"、专利联盟等，充分发挥协同创新在降低交易成本中的作用。❷ 这里则主要涉及专利转让、许可及质押法律制度，也包括专利侵权行为认定及损害赔偿问题。

（四）围绕交易成本的协同创新与专利制度相互影响

交易成本是新制度经济学中最基本的概念。古典经济学认为，经济人的行为是完全理性的，经济人是追求自身利益最大化的。与古典经济学不同，新制度经济学认为，人是有限理性的，并且人都具有为自己谋取最大利益的

---

❶ 陈劲、阳银娟：《协同创新的理论基础与内涵》，载《科学学研究》2012年第2期。

❷ 解学梅、方良秀：《国外协同创新研究述评与展望》，载《研究与发展管理》2015年第4期。

·20·

机会主义行为倾向。基于人的有限理性，信息不对称、缺乏信任、资产专用性等都增加了人们交易活动所付出的交易成本，也在一定程度上促成了人们的机会主义行为。❶ 在协同创新领域，专利制度通过交易成本这一关键因素实现对创新活动的促进作用，也存在部分领域推升交易成本从而阻碍协同创新的潜在风险。

1. 协同创新与交易成本存在密切的互动关系

一方面，协同创新战略实施有助于减少多个主体合作创新时产生的交易成本。从政策供给层面，协同创新起初是作为一种社会创新模式而出现的。随着协同创新的实践运用，人们发现由于参与协同创新主体各有自己的目标和利益追求，加上协同创新外部人员的机会主义行为，自发的协同创新往往造成较高交易成本，导致创新效率不高。这时协同创新开始上升到国家战略，由国家、政府主导协同创新的形成和发展。❷ 从协同效应层面，协同创新所产生的专利池在谈判许可方面能够节约交易成本，免去实施者分别与多个专利权人协商所耗费的时间和其他费用。❸

另一方面，由于协同创新涉及的研发主体数量和种类较多，因此会产生比单独创新更高的交易成本。在前述准封闭式创新、半封闭式创新、半开放式创新和开放式创新四种协同创新模式中，为达成合作关系已支付的交易成本依次降低，而在实施创新活动中可能需要付出的交易成本依次提高。在协同创新过程中，由于存在多个利益相互影响又相互冲突的创新主体，实施的又是复杂度和集成度较高的创新活动，围绕着智力成果及其所产生利益实施的机会主义行为风险增加，从而导致该领域的交易成本比单个主体交易成本高，甚至有可能与单个主体内部的不同人员和部门之间研发活动的交易成本相互叠加，形成更为复杂的交易关系，进一步提升交易成本。

2. 专利制度减少和消除交易成本

专利制度是一个体系性概念，可以保护协同创新所产生的技术成果并促

---

❶ 刘强、金陈力：《机会主义行为与知识产权默示许可研究》，载《知识产权》2014 年第 7 期。

❷ 2008 年，欧盟正式建立欧盟创新技术研究所（EIT，European Institute of Innovation and Technology）。我国也于 2012 年明确提出"实施创新驱动发展战略，形成有中国特色的产学研协同创新体系"，并启动"2011 计划"，到现在建立了一系列协同创新中心。唐震、汪洁、王洪亮：《EIT 产学研协同创新平台运行机制案例研究》，载《科学学研究》2015 年第 1 期。

❸ Michael A. Heller, Rebecca S. Eisenberg. Can Patents Deter Innovation? The Anticommons in Biomedical Research, Science, 1998, 280 (5364): 698-701.

进其流转。一方面，通过专利制度，可以利用法律、行政和经济手段保护发明创造专利权，鼓励发明创造活动，促进科技进步与创新和经济发展。由此可见，所有围绕专利创造、运用、保护、管理，调整专利关系的法律制度都包含在专利制度的范畴内。❶ 传统上，关于专利制度本质的理论学说则有自然权利说、报酬说、契约说、产业政策说等，❷ 但是新从制度经济学角度上看，专利制度的核心价值在于减少或消除智力成果领域的交易成本。在协同创新领域，地理距离、主体间信任及沟通等因素均会涉及交易成本问题，并且决定系统创新效果，因此专利制度在交易成本问题上的作用将决定其对创新活动能否起到促进作用，以及能发挥促进作用的程度。

另一方面，"搭便车""敲竹杠""道德风险"等专利领域的典型机会主义行为在协同创新领域更易发生，也更难防范。这损害了研发单位参与协同创新的积极性，增加了相对弱势一方的交易成本。长期来看，专利权相对强势的一方受诉讼活动和资源的有限性制约，其为防止合作方退出等情形而需要付出的交易成本也会增多。为更好地实现专利制度的价值目标，应当尽可能地避免或减少人们的机会主义行为，不断降低从事专利交易活动的交易成本。

尽管存在交易成本和机会主义行为威胁，但是由于协同创新在技术发展中的必要性日益凸显，所产生的协同效应逐步显现，使之成为高科技时代科技创新活动的主导模式。另外，协同创新活动中各主体之间所进行的沟通和增进的信任可以有效降低它们在特定范围内的创新风险和交易成本。❸ 在成本与利润的博弈中，更多人愿意去承担谈判、协商而产生的交易成本，形成深度和长期的专利合作，协同创新给人们带来的创新效率提高产生的经济效益远大于形成协同创新模式所需的交易成本。其中，专利权归属制度、专利权运用制度、专利权保护制度等起到了一定的支撑和保障作用。

但是，由于存在法律的滞后性和人的有限理性，专利制度仍然有不适应

---

❶ 形式意义上的专利制度是我国的《专利法》，该法是专利制度的核心。此外，实质意义上的专利法还包括合同法、反不正当竞争法、科学技术进步法、促进科技成果转化法，以及各种有关专利确认和保护的行政法规、规章等。

❷ 吴汉东：《法哲学家对知识产权法的哲学解读》，载《法商研究》2003 年第 5 期。

❸ Jifke Sol，Pieter J. Beers，Arjen E. J. Wals，Social learning in regional innovation networks：trust，commitment and reframing as emergent properties of interaction，Journal of Cleaner Production，2013，49：35-43.

协同创新战略发展的部分，比如对专利权共有的规定和对协同创新合作协议缺乏从协同创新视角的考量，导致不利于协同创新成果权利归属和利益分配的明确。为进一步配合协同创新战略的实施，降低专利交易活动的交易成本，专利制度应当充分发挥自身节约协同创新各主体交易成本的作用，及时剔除和弥补不适应协同创新战略的部分，同时防止专利权的滥用，降低协同创新带来的风险。

二、我国现有专利制度对协同创新战略实施的影响

专利制度对协同创新战略的具体影响需要从两方面来看：一方面，专利制度便利了交易活动，降低了创新活动的交易成本，从而促进了协同创新。另一方面，专利制度如果产生"缺位""越位"或者"错位"，将起到推升交易成本的反作用，导致协同效应的发挥受到阻碍。

（一）积极方面

首先，明确专利创造的权利归属。界定协同创新过程中的专利权归属，有利于协同创新主体明确研发投入产生的权利预期，从而消除权利边界模糊性带来的交易成本和机会主义风险，防止协同创新联盟因为过于频繁的利益纠纷而瓦解。专利制度法律关系的要件之一就是专利权，其归属是影响利益分配的重要因素。企业的技术创新模式从以往的封闭式逐渐到开放式创新，在企业的技术力量有限的情况下，往往还需要外部研发力量的支持。❶ 经过企业、大学、科研机构等共同研发、资源互补、专利许可或转让，协同创新所产生的技术成果应由参与研发工作的各个主体共享。因此，专利制度不仅要界定专利权人与竞争对手之间的权利边界，防止侵权行为产生，而且要在协同创新主体内部进行权利归属的划分，从而反映各主体在研发和转化中对于利益产生所做的贡献，同时降低确权成本。专利权归属制度和职务发明制度有助于厘清合作研发、委托研发等情形下产生专利权的归属和实施运用后的

---

❶　研究表明，在企业创新领域，大部分产品不是来源于企业专门的研发团队和核心技术力量，而是来源于所有员工随意的新想法和顾客的创意。王圆圆：《企业创新：从封闭到开放》，载《管理学家》2008 年第 2 期。

利益分配，一定程度上降低了各主体因谈判、分配利益等产生的交易成本。❶
职务发明奖酬制度还激励了企业内部研发人员的创新积极性，对协同创新战略的实施提供了最基本的支撑作用。

其次，明确专利运用合同的法律适用。专利权最显著的特点就是专利权人具有对其创新成果一定期限内的独占权，因此，专利权人可以实施专利技术生产和销售新产品，或者许可他人实施、转让专利权收取许可费或转让费。❷专利制度对协同创新各主体的激励作用是形成合作投资—协同创新—回报—再创新良性循环的根本因素。通过专利交易，可以实现研发资源向更有效率的主体流动，并且弥补独立研发或者单纯模仿造成的能力不足，实现协同创新目标。❸考虑到专利权的客体无形性、价值变动性、效力推定性和效益间接性等因素，其流转时的交易成本比有形财产更高。协同创新成果比单独创新更为复杂，产业链更长，进行市场流转的难度会更大，更须注意克服交易成本的问题。在专利权人与他人达成的专利转让、专利许可、专利质押，乃至较为新型的专利信托、专利托管、专利权投资入股协议中，立法者和司法者对合同的效力、合同的履行、合同的解除条件等一系列问题进行合理的解释和适用，促成当事人达成并履行协议，从而实现减少交易成本并促进协同效应发挥的作用。由此，除了可以让专利权人弥补因创新而付出的研发成本外，还可以对协同创新的各个主体重视科技研发、对技术创新进行加大资金投入力度、增强协同创新的战略意识、进行技术再创新等起到明显的激励作用。

再次，强化专利权保护的作用。协同创新所创造的专利权市场价值普遍较高，因此遭遇竞争对手侵权的可能性也更大。由于人的有限理性，以及机会主义行为倾向，可以实施各种仿冒、"搭便车"、破坏竞争等专利权侵权行为，这就要求专利权作为一种独占性权利必须获得强有力的保障。协同创新战略的根本保障是专利权的保护制度，对"搭便车"、仿冒专利等专利侵权行

❶ 例如，《专利法》第 8 条规定，合作研发、委托研发下的专利权属于完成或者共同完成的主体，第 15 条规定在专利权共有情况下专利权的行使首先根据约定，没有约定情形下，共有人可以单独实施，也可以许可他人实施，但需要在共有人之间分配收益；除了上面两种情形外，行使专利申请权和专利权实行"全体一致决"原则；《专利法》第 6 条、第 16 条则规定了职务发明权属和奖酬制度。

❷ 冯晓青：《知识产权制度与技术创新之内在联系研究——以两者内在协同机制、模仿和知识产权保护强度为考察视角》，载《时代法学》2013 年第 2 期。

❸ 洪银兴等：《产学研协同创新研究》，人民出版社 2015 年版，第 290 页。

为的制裁能起到重要利益保障作用。● 对专利权的保护手段则主要包括行政手段、司法手段、经济手段，通过司法手段和行政手段遏制对专利的"搭便车"等机会主义行为是保护协同创新技术成果最主要的手段。在专利等同侵权认定、侵权损害赔偿数额等领域，对于技术和经济价值较大的协同创新成果应当给予倾斜保护。例如，对于职务发明给予的专利侵权损害赔偿便高于非职务发明。●

最后，专利制度价值的平衡作用。专利权的保护客体具有公共产品的属性，它不仅关系到专利权人的个人利益，也关系到社会公共利益。● 协同创新战略倡导优势互补、资源共享、成本共担、风险共享，同时协同创新各主体之间、协同创新联盟内外之间具有竞争与合作的矛盾。在新制度经济学的视野下，每个人都有为自己谋取最大利益的倾向，为此不惜实施各种机会主义行为，从而推升了交易成本。协同创新主体为了避免自己成为研发伙伴机会主义行为的受害者，在共享知识、协同开发方面会倾向于采用更为不合作或者虚假合作态度，导致协同创新很难延续下去。专利制度能够限制机会主义行为，为平衡个体利益与群体利益、私人利益与公共利益提供制度保障。例如，职务发明报酬中的合理性原则即试图平衡单位与发明人在发明创造中的贡献、负担、风险等因素，使得后者能够得到较为充分的经济回报，并调动两者的研发积极性。● 要防止协同创新中单个主体的个体理性行为造成创新联盟的集体非理性，或者创新联盟的小群体理性带来整个社会的集体非理性行为。

（二）阻碍作用

1. 专利制度的"缺位"

专利交易法律规范可以起到免除当事人个别谈判负担、补充当事人契约不完善、防止当事人谈判地位过度不平衡等方面的作用，从而节约交易成本。

---

❶ 袁峰嵘、杜霈：《我国实现创新驱动发展战略的路径分析》，载《改革与战略》2014 年第 9 期。

❷ 根据对 1993—2013 年专利侵权案件损害赔偿数额的统计，职务发明专利案件平均判决赔偿金额为 119608 元，而非职务发明为 81571 元，前者高出近一半。刘强、沈立华、马德帅：《我国专利侵权损害赔偿数额实证研究》，载《武陵学刊》2014 年第 5 期。

❸ 刘友华：《我国知识产权公益诉讼制度之构建——从知识产权公益诉讼"第一案"谈起》，载《知识产权》2007 年第 2 期。

❹ 刘强、徐芃：《职务发明奖酬合理性原则研究——以日本专利法为借鉴》，载《中南大学学报（社会科学版）》2017 年第 5 期。

在制定法律规则时，应当在公平合理的基础上提取当事人交易习惯中的最大公约数，从而促进协同创新各主体之间以较低成本达成并履行交易，实现各自利益。法律规范的缺位，使得立法者损失了利用法律规范帮助创新主体节约交易成本的机会，从而难以实现促进协同创新的作用。此外还会诱发部分主体的机会主义行为，加入不合理的交易条件，并推高对方当事人为避免受害而付出的额外交易成本。

首先，专利权分配机制的缺失。交易成本会随着合同当事人的增多和交易内容的复杂化而增加。例如，协同创新形成的专利权共有虽然在专利权归属制度中有了基本的规定，但并没有对协同创新下专利权共有的性质特别是实施和许可相关规定进行明确，也没有采取措施预防和降低专利权共有的风险。❶ 最高人民法院司法解释与专利法在专利形成不同阶段有关权利行使的规定存在冲突，导致法律适用相互矛盾。❷ 依据新制度经济学的研究，专利权共有下的交易成本包括谈判成本、决策成本等，协同创新模式则加重了谈判成本的负担，专利权共有的风险也随之增大。在共有权实施或许可他人实施技术时，对利益的分配并不合理，可能与所做出的贡献并不相当。在许可他人实施或者转让时，由于实施或者转让的对象可能与协同创新合作某一方存在竞争关系，则可能会影响协同创新合作协议的延续。而且，由于我国规定专利权转让必须"全体一致决"，因此如果专利权的转让影响到自身利益，则可能会由于行使否决权（hold out）而导致转让不成功。因此，依靠现有的专利权共有规定并不足以降低协同创新模式下的决策等交易成本。

其次，协同创新不完备合同的规制缺失。协同创新合作协议主要表现为委托开发协议、合作开发协议、职务发明报酬协议、专利权许可或转让合同等，由于协同创新各主体订立合作协议时对预期所能达到的协同效应以及经济效益难以准确地预见和评估，形成一系列难以克服的交易成本问题，导致这些合作协议具有一定的不完备性。有学者认为，产学研合作合同不完备有

---

❶ 蒋逊明、朱雪忠：《专利权共有的风险及其防范对策研究》，载《研究与发展管理》2006 年第 1 期。

❷ 依据 2004 年《最高人民法院关于审理技术合同纠纷案件适用法律若干问题的解释》第 20 条，基于合作开发关系的技术秘密共有人"均有不经对方同意而自己使用或者以普通使用许可的方式许可他人使用技术秘密，并独占由此所获利益的权利。"而《专利法》第 15 条规定，共有专利权人可以对外发放非独占许可，但需要在全体共有人之间分配收取的许可费。

其合理性。❶ 还有学者指出，契约不完备和信息不对称都是引发产学研知识链中的知识产权冲突的因素，需要予以规制。❷ 此外，还有学者认为，应当提高协同创新当事人合同的完备性以解决协同创新与知识产权的冲突。❸ 协同创新合作协议本是当事人意思自治的表现，之所以要在专利制度中提高协同创新合作协议的完备性，有以下几方面的原因：其一，协同创新需要更加深度、相互之间高度信任的合作，相对完备的合作协议有利于促进相互信任，减少日后的风险和纠纷，从而起到降低交易成本的作用。但也要考虑到达成更为完备的技术合同需要支付更高的交易谈判成本，因此创新主体要对此加以衡量；其二，协同创新各主体可能存在竞争关系，不完备的合作协议和人的机会主义行为倾向会使得相互之间出现道德风险，甚至对协同创新中涉及的重要技术信息向竞争对手泄露等；其三，协同创新各主体之间并不是势均力敌，存在信息不对称、经济实力和技术力量的差距。协同主体中的一方往往在合作协议谈判中占据优势，在合同变更时自行决定等都可能会损害相对弱势一方的利益。我国专利制度，无论是《专利法》，还是《合同法》的有关规定，从协同创新角度对合作协议的不完备性予以补充还不够充分，法律规定的缺失导致失去了抑制协同创新中不完备契约风险的机会。

再次，专利权利益分配规定的缺失。协同创新战略中，各主体为了研发集成度较高，并且比较复杂的新技术才实现彼此之间的协同合作，技术成果实施后极有可能会产生较大的经济效益。除专利权属本身的分配机制有欠缺以外，有关专利权实施后产生的利益分配问题也是最常见的纠纷之一。其一，协同创新主体之间的利益分配机制不完善。例如，技术标准专利许可中的合理非歧视原则和职务发明奖酬数额的影响因素一直较为模糊，需要通过立法规范或者司法案例加以明确。关于合作研发、委托研发、职务发明等情形下的利益分配制度如果长期处于法律空白，会导致当事人意思自治的空间获得扩张，不利于保护协同创新中相对弱势一方的权益以实现利益平衡的价值目标。其二，在专利侵权诉讼中，有关专利等同侵权和专利侵权损害赔偿并未针对协同创新成果加以倾斜，加之侵权诉讼中各协同主体的利益诉讼不同，

❶　陈震：《专利共有制度的法经济学分析——兼议专利法修改对自主创新的影响》，载《科技管理研究》2008 年第 9 期。

❷　付晔、欧阳国桢：《基于知识链的产学研合作中知识产权问题研究》，载《科技管理研究》2014 年第 11 期。

❸　张丽娜、谭章禄：《协同创新与知识产权的冲突分析》，载《科技管理研究》2013 年第 6 期。

使得专利权得到有效维护和充分赔偿的可能性会降低，不利于协同创新主体更进一步投入研发活动。

最后，协同创新纠纷解决机制的缺失。纠纷解决成本也是协同创新主体之间交易成本的重要构成部分，纠纷解决失当将危及协同创新绩效乃至协同关系的持续。目前我国专利权纠纷的解决机制是，以司法途径和行政处理为主，调解、仲裁等为辅。目前，我国专利诉讼程序存在循环诉讼、平行诉讼等问题，导致协同创新成果专利维权较为困难。协同创新产生的各主体之间的纠纷与一般的专利权纠纷不同，往往存在举证难、周期长、成本高、效果差等一系列难题。❶ 协同创新具有复杂主体、诉求各异的情况，则更是不利于纠纷的即时解决，凸显传统纠纷解决方式的弊端，妨碍协同创新主体将主要资源用于研发活动本身。

2. 专利制度的"越位""错位"

一方面，专利权的过度保护产生法律制度"越位"问题。专利权保护过强会增大权利被滥用的风险，如果在法律制度层面通过权利限制规则来加以平衡将危害协同创新主体中的诚信方。❷ 协同创新的模式中，无论是共同研发还是专利合作联盟，相互之间进行专利许可或转让，让渡自己的专利或者获得他人的专利授权，可以实现资源互补、降低交易成本。但是，个别主体为谋取自身利益最大化而实施机会主义行为，通过附加许可条件或者制定知识产权政策不适当地扩充自身的权利范围，实施各种限制性竞争行为，排斥竞争对手，破坏竞争性市场秩序。这不利于协同创新的利益平衡。❸ 目前，我国专利法仅规定使用者需要获得专利权人许可，但是没有规制专利权滥用的法律条文，客观上会对专利权滥用行为起到推波助澜的作用。

另一方面，专利权益分配规则不合理，会导致协同创新成果效益不能优

---

❶ 张武军、翟艳红：《协同创新中的知识产权保护问题研究》，载《科技进步与对策》2012年第22期。

❷ 英国知识产权委员会在《知识产权与发展政策相结合》报告中指出，有的发达国家的研究报告证实，知识产权制度导致了一定的公用悲剧，即公共资源由于没有相应的使用规范而被滥用，并且具有阻碍竞争的效果。更为关键的是，由于大多数发展中国家的竞争调节机制不如发达国家完善，因此更容易受到不良知识产权制度的损害。资料来源 http://www.iprcommison.org. 访问日期：2017年1月18日。

❸ 除了《反垄断法》第55条外，《对外贸易法》《合同法》《反不正当竞争法》等，都是一些零散的原则性规定，不具有实际的可操作性。韩其峰：《专利池许可的反垄断法规制》，中国政法大学出版社2013年版，第120页。

化配置，产生权益"错位"问题。其一，我国专利法延续民法强调实质公平的理念，并未考虑协同创新主体的商业利益保护方面的特殊需求，因此对于专利交易规定了过多的限制性条件，例如不允许专利权质押的让与担保约定❶，而部分符合商事化改革要求的规定还受到质疑。❷ 其二，对于开放式创新活动，消费者参与创作而创新程度较低的智力成果难以得到专利保护。专利授权的"三性"要求导致部分3D打印领域的产品创新不能达到授权标准，因此微小创新活动得不到有效激励，而这部分正是开放式创新活动成果的主要内容。❸ 其三，协同创新各主体既有深度协同、合作共享，又有相互竞争、谋取自身利益最大化，其产生的纠纷和风险主要包括仿冒危险、"公地悲剧""反公地悲剧"等❹，导致部分当事人受到损害，不能实现协同创新整合各种创新资源、促进技术创新的目的，甚至导致协同创新失去吸引力进而破裂。考虑到协同创新中不同主体获益阶段和途径不同，传统的"公地悲剧""反公地悲剧"对于部分主体而言也许并不会带来实质性损害，因为他们可以通过其他途径获得收益。因此，协同创新中还存在"单向公地悲剧""单向反公地悲剧"现象，❺ 专利权利益分配规则要减少此类悲剧对部分当事人造成的损害，并进而损及协同创新的效益。

三、协同创新战略实施对专利制度完善的引导性作用

协同创新战略所形成的产学研合作联盟，对高校专利技术转化、提高企业转化实施效益以及促进技术再创新等具有重要作用。为了保障协同创新战略的实施，降低各主体交易活动的成本，专利制度的发展应当适应协同创新

---

❶ 《物权法》第211条规定，质权人在债务履行期届满前，不得与出质人约定债务人不履行到期债务时质押财产归债权人所有。其立法目的是保护弱势的质押人，但是也限制了商事主体之间的意思自治空间。

❷ 有学者主张从民法一般原理的角度废除或者修改该条款，并要求认定当事人之间关于"专利许可费不得返还"的特别协议也失去效力，该观点值得商榷。李扬：《专利权无效后实施费等可否作为不当得利处理》，载《知识产权》2010年第3期。

❸ 刘强、罗凯中：《3D打印背景下的专利制度变革研究》，载《中南大学学报（社会科学版）》2015年第5期。

❹ 陈之荣、王智源、王辉：《知识产权共有问题研究》，载《知识产权》2013年第12期。

❺ 在专利权共有中，部分专利共有人已通过自行实施专利权获得经济回报，如果仍然能够自由地颁发许可并收取费用，将激励其没有限制地许可他人实施。尽管这会造成专利产品市场资源的过度消耗，并产生公地悲剧，但是该结果对于不具备自行实施能力的共有人造成的损害更为严重，故称为"单方公地悲剧"。"单方反公地悲剧"也是类似的道理。

模式。

(一) 专利制度的"补漏"

1. 明确协同创新协议的关系合同属性

协同创新过程中订立的技术开发合同具有关系契约的属性,尽管此类关系不如夫妻等家庭关系紧密,但也是协议达成和履行的基础和保障。因此,不能简单地类推适用有形财产的权益分配模式。

较为典型的例子是对于专利权共有性质的界定。大多数学者认为,专利权共有属于准共有。❶ 可是专利法对于协同创新所形成的专利权共有是按份共有还是共同共有并没有明确。因此,为了减少协同创新内部成员日后要付出为解决纠纷增加的交易成本,首先要明确专利权共有的性质。❷ 在按份共有中,资合性质强于人合性质。而在共同共有中,人合性强于资合性。❸ 可以赋予专利共有人同意权和优先购买权保持专利共有关系的相对封闭性,同时保障其他共有人分割并转让专利权财产份额的相对自由性。

基于技术合同的关系契约属性,法院应当保持当事人之间的信任关系和交易主体的相对封闭性,有效地降低协同创新各主体的交易成本,避免当事人已经支付的交易成本付诸东流。为提高创新效率,同时弥补法定原则的不足,对专利权共有的性质、实施和许可、转让仍然实行当事人约定优先原则。❹ 此外,要实行合理的补偿标准,坚持收益与贡献相当原则,避免职务发明人、共有专利权人在获取利益方面显失公平;同时要鼓励专利的实施,促进技术再创新。

2. 对协同创新不完备合同进行规制

由于协同创新的对象是技术较为复杂、经济效益和回报较高的专利产品或者工艺方法等,合作协议如果能够尽可能的完备,具有降低协同创新交易成本的作用。这就需要在保证当事人意思自治空间的前提下,适当在某些重要的交易条件上进行制度设定。在法律适用时,要考虑到专利权交易合同的

---

❶ 杨立新:《共有权研究》,高等教育出版社 2003 年版,第 316 页。

❷ 有学者认为,一般社会关系中,应该实行专利权的按份共有;只有在存在夫妻等特殊关系下,实行共同共有。罗士俐:《法经济学视角下的专利权共有类型推定规则》,载《重庆科技学院学报(社会科学版)》2011 年第 12 期。

❸ 陈震:《专利共有制度的法经济学分析——兼议专利法修改对自主创新的影响》,载《科技管理研究》2008 年第 9 期。

❹ 王瑞龙:《知识产权共有的约定优先原则》,载《政法论丛》2014 年第 5 期。

关系合同属性。由于存在信息不对称等因素，当事人为了达成合同，必然要付出比有形财产更高的交易成本并形成一定的信任关系。在裁判过程中，法院一方面应当促成当事人合同达成，并且对于解除合同等问题要慎重对待，给予当事人更多的补救机会；另一方面，如果双方信任关系确已破裂，应当解除合同并要求过错方承担合同风险或者赔偿对方的经济损失。因此，可以维护协同创新中守约方的利益，从而促进协同创新活动顺利开展。

此外，还需要注意以下方面。首先，需要严格限制合同的随意变更。当事人一方主张合同变更则必须就变更部分支付合理对价，维护其他协同方的合法权益和预期。❶ 限制合同当事人主张合同目的不能实现并任意接触合同的权利。其次，明确协同创新主体及其所属人员对知晓的协同创新合作人的重要技术信息、商业机密在职和离职后的保密义务，以及违约后应承担的相应法律责任。此外，对于消极履行协同创新合作协议行为应予以制裁。在诉讼过程中，可以实行举证责任倒置的证明责任，应当由被告承担证明自己不存在"消极履行"的行为，以实现规制机会主义行为的法律目标。❷ 最后，应当明确合作开发、委托开发等合同解除中不可抗力因素的适用方法，并且对于情势变更等理由给予合理支持。

3. 完善协同创新利益分配机制

为降低各主体因利益分配、收益管理、监督、谈判等付出的交易成本，探索建立合理完整的协同创新利益分配机制显得尤为重要。首先，专利权的共有人许可他人实施的，应当履行向其他共有人分配合理收益的义务；专利权共有人自行实施专利技术的，其他共有人享有对收益情况的知情权。❸ 其次，坚持收益与贡献相当原则，包括单独实施和许可他人实施等收益分配。单独实施的，虽然专利法没有强制规定必须向其他共有人分配收益，但是运用共有的专利权生产销售，其中必定有其他共有人的贡献。与许可他人实施付出谈判成本不同，单独实施还付出了生产成本并承担商业风险，单独实施的专利共有人的收益比例最大，可以分配给其他共有人与他们实际贡献相当的收益比例。最后，在专利侵权等同原则适用和专利侵权损害赔偿认定方面，

---

❶　刘强、张文思：《知识产权合同中的机会主义行为及法律规制》，载《重庆工商大学学报（社会科学版）》2014 年第 2 期。

❷　刘强、张文思：《知识产权合同中的机会主义行为及法律规制》，载《重庆工商大学学报（社会科学版）》2014 年第 2 期。

❸　谢惠加：《产学研协同创新联盟的知识产权利益分享机制研究》，载《学术研究》2014 年第 7 期。

应当对由多个协同创新主体共有的专利权给予倾斜保护,充分保障各协同主体的经济利益。

4. 建立协同创新纠纷的新型解决机制

协同创新纠纷的解决应当以维持双方合作关系、降低双方交易成本为基本原则,避免因诉讼行为导致协同关系破裂。首先,针对涉及协同创新专利权的诉讼,应当允许各协同方自行提起诉讼或者应对侵权诉讼,保证其诉讼权利。应当通过尝试引导协同创新各主体尽可能地采取谈判协商、仲裁、人民调解等多元化纠纷解决方式。其次,参照欧盟 EIT 协同创新平台的经验,加强协同创新联盟内部通过专利政策等机制解决纠纷。可以尝试加强协同创新专利合作联盟协同化,定期磋商、建立专利池、加强社区化。❶ 最后,建立协同创新纠纷预防和风险防控机制。❷ 通过信用评级等手段强化各协同方的诚信意识和守约意识,从而预防和减少纠纷,并且为协同各方达成协议提供可靠的信用信息。

(二)防止专利权的"滥用"及"错位"

1. 对专利权"滥用"的规制

协同创新模式下,专利权的垄断主要表现为在专利许可协议中加入固定性价格条款,搭售其他专利技术或者产品等,规制专利权的垄断需要根据具体行为采取有效可行的规制措施。❸ 为规制专利权的垄断,可以在专利法增加专利权滥用抗辩制度。在反垄断法中,可以在一定条件下豁免反竞争性协议的规定和禁止滥用市场支配性地位的具体法律规定。有学者制订的民法典知识产权篇建议稿也提出设立防止权利滥用条款❹,因此我国应当在专利法中规定防止专利权滥用的一般性条款,为法官在司法中对此加以适用提供法律依据。

2. 对专利制度"错位"的应对

为防止权利归属和利益分配的"错位",应采取三个方面的措施。一是给

---

❶ 唐震、汪洁、王洪亮:《EIT 产学研协同创新平台运行机制案例研究》,载《科学学研究》2015 年第 1 期。

❷ 程亮:《论产学研合作中的知识产权纠纷及解决》,载《科技管理研究》2012 年第 6 期。

❸ 欧盟采取的模式比较灵活,适应了不同情形下专利权垄断的规制;而美国则偏向市场经济,都值得我国借鉴。黄进喜、朱崇实:《美国反托拉斯法中的经济学理论发展及启示》,载《厦门大学学报(哲学社会科学版)》2010 年第 3 期;韩其峰:《高科技时代专利池许可的反垄断法规制研究》,载《工业技术创新》2014 年第 4 期。

❹ 该建议稿第 46 条:权利人行使知识产权应当符合法律和当事人的约定,不得滥用知识产权,损害他人利益或者公共利益。

予协同创新主体在专利权交易方面更大的意思自治空间，从而使得当事人节约交易成本、发现交易价值的努力得到认可。二是对开放式创新所产生的微小发明提供专利保护，从而提高消费者参与协同创新的积极性。三是要避免发生"单向公地悲剧"和"单向反公地悲剧"。因此，有必要根据协同创新主体在创新成果开发与实施不同阶段的贡献和已经获得利益确定其收益份额，同时合理分担风险。因此，可以降低协同创新向外部进行专利谈判、许可或转让的交易成本，进一步增强协同创新形成的协同效应。

此外，为改变专利制度"重保护、轻许可"的问题，还可以推广开放专利措施，引入"当然许可"制度。专利当然许可制度是通过专利资源共享促进专利实施和运用、技术再创新的重要途径，指的是专利权人通过主动向专利行政部门申请，经公告，只要支付相应费用，任何人都可以使用其专利的制度。❶ 虽然包括 TRIPS 在内的知识产权国际协议并没有明文规定专利的当然许可制度，但是在英国等国家已经进行了专利当然许可制度的实践。❷ 美国 IBM 一次性向社会开放了 500 个专利，推动了协同创新的发展。❸ 在制度层面可以通过收取专利年费，提供专利共享平台及数据库等方式促进权利人开放许可专利。

小结

围绕着降低交易成本这一价值目标，协同创新战略与专利制度是相互促进、相互依存的。在专利制度发展中，为了促进协同创新目标的实现，要注意在专利创造、运用和保护过程中维护当事人的信任关系和投入的交易成本，注重对"搭便车"、仿冒专利、利用自身优势随意变更合作协议等机会主义行为的规制，同时避免专利权人利用制度漏洞滥用自身的专利权，破坏良好的市场竞争秩序，还要防止出现"公地悲剧""反公地悲剧"等现象，促进协同效应更好地发挥。

---

❶ 李文江：《我国专利当然许可制度分析——兼评〈专利法（修订草案送审稿）〉第 82、83、84 条》，载《知识产权》2016 年第 6 期。我国也在 2015 年 12 月公布的《专利法修订草案（送审稿）》中将专利当然许可制度纳入我国《专利法》，参见《专利法修订草案（送审稿）》第 82 条、第 83 条、第 84 条。

❷ 曹源：《论专利当然许可》，载《私法》2017 年第 1 期。

❸ 《开放专利推动协同创新》，《每周电脑报》2005 年 3 月 7 日。

第二章

协同创新战略与专利制度性质

在协同创新战略背景下，专利制度的价值取向和制度目标将更为重视调整不同研发主体之间的合作关系。当前，研发主体主要是具有营利目的的企业，即使对于非营利主体的高等学校和科研机构，也必须尊重和维护其经济利益诉求，它们均具有商事主体的性质。知识产权制度，尤其是专利制度，从价值取向、权利体系和基本原则来说均符合民法理论，因此民法和知识产权法专家普遍将专利法作为民法特别法加以对待，将专利权作为普通的民事权利加以调整。尽管对于知识产权属于财产权、人身权抑或特殊权利还存在争议，但是其调整对象和调整手段无不属于一般民法所辖范围。这样的观点在 2002 年民法典知识产权篇起草时得到广泛的承认，并且学者无一例外地将知识产权法作为民法典的特别规定加以处理，只是在单独制定知识产权法典和制定民法一般规定加单行立法方面存在分歧。但是，知识产权法（专利法）与同属于民法特别法的商法之间的关系尚未厘清，导致忽视了专利法应当具有的商法属性，而仅在民法框架内研究专利法的发展显得过于僵化。与此同时，由于专利法与商法在发展路径方面来说均已经出现现代化的趋势，因此必须通过考察其商法性质来探求其本质属性，而不是简单地利用普通民法原则加以套用，以免出现难以适应立法和司法发展需求的情况。

一、将专利权归入普通民事权利的缺陷

民法是专利制度的母法，专利权属于民法权利体系。根据《民法总则》第 123 条的规定，发明、实用新型及外观设计等专利法保护对象均为民事权利的客体。❶专利权的属性与民法的财产权无异，民法诸多原则可以毫无疑义

---

❶ 根据该条规定，民事主体依法享有知识产权。知识产权是权利人依法就下列客体享有的专有的权利：（一）作品；（二）发明、实用新型、外观设计；（三）商标；（四）地理标志；（五）商业秘密；（六）集成电路布图设计；（七）植物新品种；（八）法律规定的其他客体。

地适用于专利制度。即使认为专利制度有其显著的特殊性，并且应当与民法保持适当距离的学者，也不否认民法原则在多数情况下可以对专利制度的立法和司法起到基础性的指导作用。在多数情况下，专利保护适用民法一般原则❶。但是，专利法也具有区别于民法一般原则的鲜明个性，因此不能完全纳入民法（典）来进行规定。其他国家在民法典中纳入知识产权法的，例如意大利、荷兰和俄罗斯民法典等国家的立法实践，均只能在条款上进行汇编，而不能在实质上有效地进行整合。如果采用立法体系，不能适应知识产权法在综合性、开放性和时代性等方面的特点❷。我们应当看到，在许多重要场合，知识产权保护不适用于一般民法原则，例如法国著作权继承制度和专利权合同交易制度等可以作为例证❸，上述制度中知识产权法均有特别规定，并且在立法体例上也并没有直接纳入民法典来进行规定。事实上，将专利法直接归入一般民法或者作为民法的特别法所出现的不统一和不协调，与商法和民法之间的关系处理有相同或者类似之处。由此可见，专利制度立法在遵循民法最为根本的若干原则基础上，要充分体现其与商法的共通之处，从而破解现行专利制度立法的困惑与难题。对于简单地以民法基本原则作为专利制度的立法理念和依据所存在的问题必须进行剖析，以扭转其在立法方向和目标上存在的偏差。

（一）专利制度改革时效率原则体现不足

公平和效率均为法律的基本价值，但是不同的法律制度在二者之间的优先次序上有所倾向和取舍。作为一般私法的民法的首要价值取向是注重公平，在公平原则与其他法律原则或者法律利益相互冲突时，民法首先考虑的是公平原则，即采用公平优先兼顾效率和其他原则。将专利制度归入民法，首先是对于专利权进行立法确认时伦理性要求考虑较多❹，殊不知效率性是知识产权获得正当性的积极要件，而伦理性要求只是其消极要件。而目前在专利权利类型进行立法或者司法确认时对于效率性原则贯彻较少，使得专利促进科技创新和经济效益提升的价值难以得到有效发挥。部分学者认为，由于专利

---

❶ 郑成思：《民法草案与知识产权篇的专家建议稿》，载《政法论坛（中国政法大学学报）》，2003 年第 1 期。

❷ 吴汉东：《知识产权立法体例与民法典编纂》，载《中国法学》2003 年第 1 期。

❸ 郑成思：《民法草案与知识产权篇的专家建议稿》，载《政法论坛（中国政法大学学报）》2003 年第 1 期。

❹ 曹新明：《知识产权制度伦理性初探》，载《江西社会科学》2005 年第 4 期。

的保护和限制涉及基本人权等伦理性很强的内容，因此承担了实现社会公平正义的负担，强调公平也是知识产权保护的应有之义❶，实际上是对专利制度价值取向的误读。专利制度不能承担解决人道主义危机的责任，但是可以通过制度设计避免成为解决上述危机的障碍。

（二）专利交易制度显得较为滞后

受普通民法的影响，从立法价值取向来看，我国的专利制度立法的主要内容仍然是权利确认和保护，理论研究和司法实务就倾向于研究知识产权保护客体的范围和保护方式的拓展与适当缓和。在保护客体方面，专利保护范围从有形的产品拓展到无形的计算机软件❷、微生物❸和商业方法❹；在保护方法方面，从禁止直接侵权到规制间接侵权，从制止侵权行为拓展到对技术措施的保护。但是，对于专利交易而言，则仍然限于传统的民事交易手段，特别是对于专利权许可的法定形式仍依照民法传统采用的明示主义取向和先许可再使用原则。因此在技术革新与海量传播的背景下，造成权利难以得到有效保护，市场主体侵权风险增加，权利人的经济利益也难以实现的尴尬局面。缺乏专利权运用为导向的立法和司法体制忽视了知识产权制度的市场经济属性和经济效益的有效发挥，因此必须加以改革。❺ 而目前已有的专利权利用尽、强制许可、法定许可和合理使用等制度存在适用范围受到限制、实施程序复杂、补偿机制缺失和容易激化权利冲突等制约，难以担当激励专利权运用的重要责任。

（三）知识产权纠纷解决程序过于僵化

专利权所包含的发明创造等智力成果具有开发成本急剧增加、市场周期不断缩短、侵权风险与日俱增的特点。如果仍然遵循普通民事纠纷的诉讼解决程序，一方面使得权利人无法及时足额地获得经济补偿和市场独占开发地位，另一方面使得使用合法技术的竞争对手难以摆脱知识产权纠纷日益缠身

---

❶ 胡波：《专利法的伦理基础——以生物技术专利问题为例证》，载《法制与社会发展》2008 年第 2 期。

❷ 孙海龙、曹文泽：《计算机软件专利保护法律问题研究》，载《法学家》2002 第 2 期。

❸ 张炳生、陈丹丹：《生物技术专利的利益平衡》，载《政法论坛》2010 年第 4 期。

❹ 李晓秋：《析商业方法的可专利性》，载《政法论坛》2003 年第 2 期。

❺ 在《民法总则》通过以后，部分知识产权学者提出《中华人民共和国民法典知识产权篇》建议稿，其中章章规定"知识产权的行使"，主要规定知识产权行使的各种方式、知识产权共有、知识产权转让、许可和担保。

而带来的法律风险和诉讼成本支出。同时，上述情况的存在也不利于双方就专利权许可和利用达成可能的自愿协议，浪费了宝贵的司法资源和技术开发资源。因此，专利权纠纷解决必须体现技术专业性、处理及时性、促进有序竞争和保护当事人商业秘密的特点。传统的民事纠纷解决机制相对于专利权纠纷而言显得过于僵化和缺乏灵活性，必须根据商事纠纷的特点来看待和处理知识产权纠纷。

二、专利权不属于普通民法而属于商事法律规范

商法较民法而言具有相对独立性，属于民法的特别法，因此存在普通民法和商法的划分。而商法主要是调整商事主体的营利性行为的法律规范的总和，因此私法主体存在目的及其所从事的法律行为的营利性是区分其受普通民法还是商法调整的主要标志。专利法在营利性方面更为接近商法。

（一）普通民法调整对象的非营利性与专利法调整对象的营利性

从权利人角度来说，围绕专利权进行的活动具有营利性，符合商法对调整对象的要求。当事人取得、保护和运用专利权主要是为了获得经营性的利润。国际商会（ICC）在其2012年发布的报告《国际商会知识产权路线图》中就指出，"知识产权长久以来被商业组织用于支持产品和服务的市场开发"[1]。与其说专利制度是为了促进创造性智力成果的开发和传播，不如将其主要针对的对象限定在营利性的行为中，特别是要鼓励针对技术开发与创新的商业投资行为，因为没有持续的经济投入，科技成果和文化产品的生产与传播将没有持续的资源支持作为动力。林肯认为，专利制度是"浇灌在智慧之火上的利益之油"。世界贸易组织将知识产权纳入其主要协定管辖的范围，凸显了知识产权的贸易属性和营利属性。如果不是围绕着专利权的开发与实施有着巨大的商业利益，各国政府特别是发达国家政府将失去持续推动并将其纳入国际贸易谈判的现实动力。

从法律制度的宗旨来说，专利制度鼓励权利人以最优化的商业形式和规模尽快实施专利权。在专利制度中，法律通过要求权利人缴纳年费鼓励其放弃不能产生经济效益和营业性利润的专利权，事实上体现其保护的主要对象是能够在市场上获得经济收益的专有权利。《专利法》第11条排除了非生产

---

[1] The ICC Intellectual Property Roadmap-Current and emerging issues for business and policymakers, 2012: 16.

经营目的的行为的侵权属性。从发明创造和取得专利权行为的性质划分来看，只有取得专利权才具有法律上获得保护的意义。专利权人进行技术开发本身属于事实行为❶，但是其申请并且取得专利权的行为是属于法律行为，并且具有明显的营利性目的。尽管也有仅为防御他人获得专利而申请并公布的专利，但是所占比例很低，不能构成获得专利权数量的显著份额。因此，专利法调整的是经营性的营利行为，其本身也属于商法调整的对象。

（二）普通民法的伦理性与专利制度的技术性

民法规范强调了诸多道德性原则，如诚实信用原则和公共利益原则。专利制度主要是调节基于技术类创造性智力成果所产生的市场竞争行为，因此技术性的色彩浓郁，符合商法对于法律规范技术性更为推崇的特点。诚然，专利制度的部分法律规范确实与道德和伦理密切相关，比如《专利法》第5条规定的"对违反法律、社会公德或者妨害公共利益的发明创造，不授予专利权"；专利权在实施过程中也要在实体上或者程序上体现伦理性要求，包括对公平正义价值的实现，对于人的生存权、健康权和言论自由等伦理价值的追求❷。但是，专利法要能够从积极方面获得其正当性并为立法者和社会成员所接受，仍然主要依靠其在促进技术创新和实现经济增长方面的作用，因此技术性的法律规范是专利制度价值的主要体现者。而伦理性规范主要是起到防止专利权实施过程中出现严重损害社会公益和道德情况出现而设置的消极性规范。伦理性要求不能从正面论证专利权正当性，但可以从负面否定其合法性，比如加剧社会贫富差距和不公平的现象，甚至产生人道主义危机。因此，还出现了"反知识产权论"等思潮❸，并对专利权在促进社会公平领域的负面作用进行反思。尽管如此，虽然设置伦理性规范具有必要性，但是不能否认技术性仍然是专利制度法律规范的主要特征。

从法律社会学角度观察，法律条款包括伦理性条款和技术性条款两大类型。❹ 一般而言，民法规范为商品交易和市场秩序提供了一般的行为规则，这些一般行为规则是对整个市民社会及其经济基础的抽象和概括，是人们理性

---

❶ 刘春田：《知识产权法》（第四版），高等教育出版社 2010 年版，第 5 页。

❷ 张乃根：《TRIPS 协定：理论与实践》，上海人民出版社 2005 年版，第 105 页。

❸ 曹新明：《知识产权法哲学理论反思——以重构知识产权制度为视角》，载《法制与社会发展》2004 年第 6 期。

❹ 赵万一：《论民商法价值取向的异同及其对我国民商立法的影响》，载《法学论坛》2004 第 1 期。

思维的结果，一般比较合理也相当稳定。正是基于这种调整对象的性质和特征以及调整手段的特点所决定的，因此民法条款绝大多数属于伦理性条款，公众根据日常知识和伦理价值判断就可确定其行为性质，而并不需要当事人必须有丰富的法律专业知识和专业判断能力。而商法则是将商事交易的基本内容、基本规则及基本运作方式通过法律形式固定下来所构成的法律规则。因此商事交易的基本特征和习惯内容都和商法规范具有直接的联系，而商法规范也必然具有很强的操作性、技术性，即商法规范中必然包含大量的技术性规范。商事法律中的技术性规范并不能简单地依靠伦理道德意识就能判断其行为效果，专利制度中的大量规则也体现了技术性特点。例如，专利侵权判定中的"等同原则"和其后发展出来的"反向等同原则"就体现了对改进技术相对于原始技术具有的技术进步的显著程度，必须从技术上加以精确的判别❶。

专利制度技术性特征比较明显的原因是其法律规范与创造性智力成果密切相关，因本身就埋藏了包含技术性规范的技术背景。再加上为了比较精确地平衡专利权人、社会公众和竞争对手之间在权利取得、维护和行使方面的权益，则必然引入相当比重的技术性规范。例如，授予专利实质性条件中的创造性要求，体现了对于申请专利的技术方案对比现有技术而产生的突出的实质性特点和显著进步的技术性评判；对于专利、商标和著作权保护期限等规定等体现了试图精确平衡知识产权权利人和社会公众利益矛盾的意图；对于发明专利申请先行公开延迟审查的规定体现了专利申请获取权利和竞争对手获取技术信息两方面需求的技术平衡；专利申请中的优先权制度是为了方便同样的发明创造在多国申请专利，因此在设计上体现了比较强烈的技术性色彩。而职务发明和职务作品权利归属以及职务发明创造奖酬标准方面也存在大量的技术性规范。技术性规范与社会公众的一般伦理价值判断没有必然联系，其强调的是法律规范内容的精细化和可操作性。因此，专利法相向对于一般民法而言包含更多的技术性规范，试图从伦理角度来加以解释则会显得比较勉强。

（三）民事纠纷的零和博弈与知识产权纠纷的合作共赢

由于普通民事权利具有价值有限性、客体固化性和权利不可分性，民事

---

❶ ［美］威廉·兰德斯、理查德·波斯纳著，金海军译：《知识产权法的经济结构》，北京大学出版社 2005 年版，第 403 页。

权利的侵权行为双方当事人之间的利益通常存在零和博弈现象，而商法主体之间存在合作共赢的性质，知识产权在此问题上倾向于后者。以民法上的物权为例，不论是动产还是不动产，由于其物理上的有限性，均只能供一方当事人所占有和使用，因此才会出现"一物一权"原则❶。即使对于可分物而言，也只能将不同的部分分别供给不同的主体来收益和使用。但是对于知识产权而言，则存在合作共赢的可能性，即便是知识产权侵权行为，我们仍然可以将其视为对知识产权的一种利用，只要该利用行为事后得到权利人的授权即具有合法地位。物权的经济价值存在单一性、直接性和静态性特点，而知识产权商业化则存在复合性、间接性和动态性的特征。物权可以单独作为经济资源使用，并且能够直接发挥经济效益，其具有并主要具有的是静态经济价值，因此物权人与对方协商妥协意愿和可能性较低；而知识产权作为技术要素要发挥经济效用则必须与其他经济要素综合利用，一般要通过其他媒介间接发挥经济效益，它不具备静态价值而只具有体现未来预期收益的动态价值。随着社会分工的不断细化，知识产权人通常必须与其他经济要素的所有者通过权利转让或者许可进行商业合作❷，以寻求智力成果的最优化开发与实施。基于上述性质，知识产权侵权双方妥协意愿较高，而事实上许多知识产权侵权诉讼双方当事人最终达成了许可协议并形成商业上的合作伙伴。而普通民事权利的所有者和侵权人之间是难以形成上述合作关系的。

（四）普通民法的民族性与专利制度的国际化倾向

民法是一个国家社会伦理的集中反映，它的价值目标与价值取向决定了它的司法属性，在漫长的历史发展演变中，民法形成了浓厚的文化积淀和浓醇的精神底蕴，不同国家的民法文化因各国文化历史背景的差异而迥然有别。因而民法显现出很强的本土性、民族性与稳定性的特点。与此形成鲜明对照的是，专利制度类似于商法而具有鲜明的国际性。这种国际性体现在两个方面。首先，各国在制定专利法时会积极参照其他国家立法的经验和教训。我国的专利制度就是典型的舶来品，从法律制度内容来说包括知识产权的内涵与外延，保护方式与途径均借鉴外国的立法经验，具有中国特色的知识产权理论体系还有待建设。其次，专利立法国际协调取得了显著进展，仅世界知识产权组织所管辖的国际公约就有《保护工业产权巴黎公约》等30余项。在

---

❶ 王利明：《一物一权原则探讨》，载《法律科学（西北政法大学学报）》2009年第1期。

❷ ［美］Jay Dratler, Jr. 著，王春燕译：《知识产权许可》，清华大学出版社2003年版，第14页。

20 世纪 80 年代以前，专利权的国际保护主要是通过国家之间的互惠礼让和单边提供对外国人的权利保护来实现的。而从 19 世纪末至今，主要通过国际贸易领域的国际条约和协定来实现各国专利制度的协调。专利制度国际化趋势另外一个典型例证是，数量巨大的双边投资保护协定下的"投资"除包括动产和不动产、公司中的股权、金钱请求权外，通常也明确将专利权等知识产权列为投资的范围内。因此，专利权已经明确作为商事交易对象在国际法律文件中得到认可。

（五）专利权作为私权具有公法化的趋势

尽管商法本质上属于私法，但是根据商法一般原则所保护的意思自治和契约自由在市场经济条件下可能遭到扭曲和被滥用，特别是经营者出于不当动机，滥用经济优势或者信息优势，可能使得商法所保护的竞争秩序出现混乱。这时市场经济国家干预和政府调节就应运而生，因此从 19 世纪末开始出现了商法"私法公法化"的趋势❶，诸多商法制度的条款出现了政府强制的特点，力图用形式上权利义务的不对等来换取实质意义上的法律平等。例如，对商事主体从类型到组织机构和登记程序的强制性规范，公司法上对公司章程等设立信息的公开义务，以及保险法和证券法上对于经营者公开或者告知经营信息的义务规范，均体现了公法性。商法变成一个以私法为基础、兼具私法性和公法性规范的法律部门。而专利法作为一个私法部门，也在大致相同的历史时期经历类似的"私法公法化"发展进程，因此印证其具有商法的属性，而不能简单归入一般民法。

专利权已经为世界各国在法律观念和法律制度上公认为私权，TRIPS 协定对于知识产权私权化达到历史发展进程的顶峰❷。各国都必须在该协定的框架下为专利权人提供独占权利的保护，专利权作为私权被各国法律加强保护的趋势得到延续，专利权的保护范围和保护力度达到空前的程度。然而，专利权保护与人类生存权、竞争秩序、遗传资源保护和公共健康等社会公共利益问题的结合使得情况发生了变化，其以保护私人权利为价值取向的情况被扭转，转而将其作为实现社会目标的手段。专利权保护历史上也注重专利权人和社会公众利益的平衡，然而强化专利权保护并使其不断私权化的趋势却

---

❶ 胡鸿高：《商法价值论》，载《复旦学报（社会科学版）》2002 年第 5 期。
❷ 刘强：《交易成本视野下的专利强制许可》，知识产权出版社 2010 年版，第 38 页。

没有改变。将专利制度国际协调纳入国际贸易谈判中助长了这种趋势❶。而以专利强制许可为代表的弹性制度在解决知识产权保护与公共健康问题中发挥重要作用，体现了公共权力对专利权作为私权保护的介入❷，为维护社会利益提供了坚实的基础，并为推动专利权私权化进程和实现专利权的公权化确立了条件，从而将专利权保护的发展趋势从私权化转变为社会化❸。专利权中诸多行政处罚、行政管理和刑事处罚等公法性规范是其具有公法化趋势的典型例证。但是，对于专利权保护的公法性介入不应当以扭曲和阻碍专利权市场化商事交易作为目标和手段，而应当将着眼点放在通过消除和减少交易成本而促进技术转移上，以此为依归可以摆脱专利制度本身及其他专利保护平衡机制原来所陷入的非此即彼的静态利益平衡，转而在交易过程中实现相关主体利益的动态平衡和双赢❹，从而真正促进社会公共利益价值的提升。

三、专利法与商法在起源上具有同质性

（一）起源时间和地区具有同样的渊源

在起源时间上，尽管商法和专利法从广义上来说均属于民法体系，其基本原则和权利内容也可以在罗马法体系中找到历史的溯源和雏形❺，但是其真正作为独立法律部门出现，均较罗马法晚了很多。事实上，商法起源于 11 世纪的地中海商人习惯法。商业活动兴起，当时商人阶层为了摆脱教会法和封建法的束缚发展出了专门调整商人阶层从事商业活动应当遵循的规范。正如伯尔曼在《法律与革命》中所指出的："商业革命有助于造就商法，商法也有助于成就商业革命"❻。

专利法的出现较商法稍晚，但是仍然可以认为处于同样的历史时期。而在起源地区上也来自地中海沿岸的城市国家。专利制度普遍被认为肇始于

---

❶ Laurence R. Helfer. Regime Shifting: The TRIPS Agreement and New Dynamics of International Intellectual Property Lawmaking, The Yale Journal of International Law, 2004, 29 (1): 1–83.

❷ 孙海龙、董倚铭：《知识产权公权化理论的解读和反思》，载《法律科学（西北政法学院学报）》2007 年第 5 期。

❸ 冯晓青、刘淑华：《试论知识产权的私权属性及公权化趋向》，载《中国法学》2004 年第 1 期。

❹ 刘强：《交易成本视野下的专利强制许可》，知识产权出版社 2010 年版，第 39 页。

❺ 吴汉东：《财产的非物质化革命与革命的非物质财产法》，载《中国社会科学》2003 年第 4 期。

❻ ［美］伯尔曼著，贺卫方等译：《法律与革命——西方法律传统的形成》，中国大百科全书出版社 1997 年版，第 409 页。

1474 年的威尼斯专利法❶。专利法和商法产生的经济基础是相同的，均来源于资本主义工商业的发展。商法发展的主要标志是突破了封建法和寺庙法对于商业组织和商业活动的种种压制和限制。而专利法的发展主要脱胎于封建君主所授予的特许经营权，导致两者在起源时间和地区上具有同质性。

（二）专利法与商法均是为规制商人阶层的商事行为而制定的法律

中世纪商人阶层的出现被认为是商法能够形成并实现近代化的重要社会基础，而《德国商法典》至今还继承着以商人为调整对象的主观主义的立法模式。当时，作为中世纪欧洲商人或手工业者行会组织和同业团体的基尔特为了维护自身权益，根据其争取到的自治权和裁判权制定了大量的自治法规，并形成了商人法❷。商人行会组织形成的意义在于通过行业自治和习惯规则协调商人之间的关系，处理商人之间的纠纷。作为商人自治解决纠纷而出现的商事法院则为仲裁等商事纠纷解决机制奠定了雏形。

专利法起源的经济社会基础，则在于文艺复兴时期以后商人阶层之间跨国技术贸易的发达及其对竞争优势的作用日益明显。专利制度突出保护商人阶层的利益，最开始保护的权利主体并非是技术开发者而是技术引进者❸，原因在于商人通过贸易手段引进技术对于工业活动改进技术和提高劳动生产率的贡献最为直接，而仅仅有技术开发是不够的。美国学者普莱格尔（F. D. Prager）教授在 1944 年就指出，专利权起源时期的立法宗旨是对于商人在技术进口贸易上贡献的法律保护，封建领主时代的专利权保护更多是从国外引进而非国内首创的技术❹。而当时行会对于专利权独占性权利采取抵制态度，使得专利权很大程度上不是指禁止他人生产同样产品的权利，而是指允许他人使用自己的专利并从中收取专利使用费的权利。例如，法国直到 1551 年前后，由当时最高法院颁发的专利权仍然是行会、发明人和封建领主之间妥协的产物❺。而在权利性质上，知识产权也不倾向于采取排他权性质，而是鼓励商人阶层自行协商和交易的非独占性。当时专利权并不类似于财产权而具有

---

❶　郑成思：《知识产权论》（第三版），法律出版社 2003 年版，第 4 页。

❷　施天涛：《商法学》，法律出版社 2010 年版，第 32 页。

❸　郑成思：《知识产权论》（第三版），法律出版社 2003 年版，第 4 页。

❹　F. D. Prager. A History of Intellectual Property from 1545 to 1787, Journal of the Patent of Ice Society, 1944，26（11）：711-760.

❺　F. D. Prager. A History of Intellectual Property from 1545 to 1787, Journal of the Patent of Ice Society, 1944，26（11）：711-760.

排他性，而是更多的属于债权请求权。

（三）专利法与商法均来自商人习惯法

商法的起源主要来自商人阶层之间自我调整利益关系的习惯规则，其发展的原始动力不是来自国家的制定法抑或理论学说，而是商品和技术贸易发展的市场需求。正如法国学者丹尼斯·特伦所言："商法的形成实际上来自于实践，它们的系统化过程不是由于民法学者的传播，而是由于其推行者的努力。"❶ 商法的诸多原则和制度都是从商人习惯法中发展起来的，包括诚信原则、商业合伙、交易自由等，并直接为近代以来各国商事制定法提供了理论基础和制度雏形。

事实上，专利制度在起源时期也属于商人阶层之间就技术引进和技术贸易所发展出来的习惯法。法律史专家将专利法的起源归结于古代的商业行会。在封建社会末期，专利开始取代行会的商业秘密保护方法，成为技术成果的最佳保护方法❷。专利权的前身是一种由国王或者封建领主所恩赐的封建特权❸。早在中世纪，许多欧洲国家的国王或者王室就有授予臣民贸易垄断权的所谓公开"专利信"（拉丁文 litterae patentis，英文 Letters Patent，原意指不用启封皇玺的授予特权信)❹ 的做法。作为法律出现的专利制度，包括 1623 年《垄断法》，不仅反映了王权垄断和商人自愿团体组织之间的重大变化，而且使创新收益内在化为制度，从而成为合法的社会制度的组成部分。经济学家诺斯和托马斯从产权经济学的角度指出，专利制度的法制化使得创新的报偿不再受王室偏爱左右，而是得到包含在（商人）习惯法中所有权的保障❺。由此可见，专利权的实质起源仍然是来自商人阶层特别是行会对于手工业技术交易形式的定型化习惯法，作为法律制度的专利权只是对这种习惯法从政府层面给予的确认。而专利权最初的形态并非是排他性的实施权，而仅仅是

---

❶ 曹兴权：《认真对待商法的强制性：多维视角的诠释》，载《甘肃政法学院学报》2004 年第 5 期。

❷ ［美］Martin J. Adelman 等著，郑胜利等译：《美国专利法》，知识产权出版社 2011 年版，第 1 页。

❸ 郑成思：《知识产权论》（第三版），法律出版社 2003 年版，第 3 页。

❹ Robert A. Choate, etc, Patent Law including trade secrets-copyrights-trademarks, 3rd, St. Paul: West Publishing Co., 1987: 65.

❺ ［美］道格拉斯·诺思、罗伯斯·托马斯著，历以平、蔡磊译：《西方世界的兴起》，华夏出版社 1999 年版，第 190 页。

一种独占的收费权，其适用的范围也仅限于行业协会内部的成员。❶ 因此，不存在一开始就适用于社会公众制度化的独占性专利权形态。

四、专利法遵循商法的基本法律原则

（一）促进交易便捷的原则

商法为了促进交易顺利进行，很多规定都遵循促进交易便捷的原则，而专利法也体现了该原则的要求。

（1）充分尊重当事人意思自治。专利制度对于专利权申请、维持、交易和保护均遵循当事人的意思自治。创造智力成果的当事人对于获得专利权保护的智力成果在创新程度、开发成本和市场前景方面的情况是最为了解的，并且对自身的市场利益和竞争优势的诉求最为明确，因此赋予其意思自治的权利将有助于其最大限度地通过实现技术的市场价值实现资源配置效率的最大化。

在现行专利制度中，当事人的意思自治范围逐步扩大。除在权利申请、权利运用和权利主张方面由当事人自由选择以外，在具有行政程序性质的判断权利有效性方面也赋予当事人意思自治的权利。以专利无效宣告程序为例，当事人可以就权利要求是否有效达成和解协议，并且该协议在当事人之间产生效力❷。而在职务发明领域，为了保证技术人员自主地将非职务发明申请专利，法律还专门对侵夺非职务发明专利申请权的行为规定了法律责任。

另外，我们要防止对于知识产权申请与保护采用政府干预的方式进行过度激励，而从扭曲了当事人意思自治的表达与实现。例如，地方政府出于政绩考虑，对于专利申请费用甚至专利维持年费给予的资助力度越来越大，甚至部分当事人可以在申请授权的过程中不仅不必花费任何成本，还能够获得经济收益。如此，将使得大量非正常的专利申请行为出现，扰乱专利申请和审查秩序❸。因此，看似为了激励当事人通过自愿申请获得专利权，实际上对于通过市场调节使得专利程序的行政资源集中于确有保护必要的具有较高创

❶ ［澳］布拉德·谢尔曼、［英］莱昂内尔·本特利著，金海军译：《现代知识产权法的演进（1760—1911 英国的历程）》，北京大学出版社 2006 年版，第 12 页。

❷ 参见国家知识产权局《专利审查指南（2010 年版）》，第四部分第三章"当事人处置原则"。

❸ 张红漫、朱振宇、毛祖开：《我国专利申请资助政策分析——以河南、江苏为例》，载《知识产权》2011 年第 1 期。

造性和市场前景的技术的目的落空，有必要对此予以纠正。

（2）交易定型化。在商法领域，促进交易便捷灵活进行的重要手段是权利证券化和交易手段的定型化。智力成果具有无形性的特点，基于其产生的法律权利是以抽象的价值形态存在的财产，虽能转让（transfer）但不便流通（negotiate）。如想促进权利的流通或迅速转让，就必须使之达到在交易上能迅速辨认的程度❶。专利制度在促进交易客体和交易方式的定型化两个方面均具有显著的作用。在交易客体定型化方面，专利文件本身具有明确保护范围的作用，因此交易双方当事人可以以此为基础进行商事谈判。由于专利技术的公开性和保护范围的相对确定性，其对于技术市场中减少技术交易成本有着商业秘密不可比拟的优势❷。特莱恩·埃格特森（Thrainn Eggertsson）教授认为，市场中的交易成本同获取信息的成本紧密相关❸。当获得与作为交易标的技术相关的商业信息的成本较高时，围绕着技术成果交易进行的各种行为可能导致交易成本提高，包括技术信息和价格的搜寻成本、达成协议的成本、监督合同当事人是否遵守协议内容的成本、当合同当事人违约时执行合同并获得赔偿的成本、制止侵权行为的成本等都是如此❹。在上述五个方面，专利相对于技术秘密来说都存在优势，可以有效地减少技术交易的信息成本❺。并且，在某些专利权不能为技术研发提供激励的情况下，由于专利权能够为减少交易成本和促进技术转移做出贡献，也可以由此支持专利保护制度的合理性❻。

专利制度还可以促进交易方式定型化。专利权的转让、许可和质押等交易也属于法律规定的形式，能够让当事人在不同的交易形式之间进行自由选择，可以保障交易的顺利进行。如果法律制度中尚未规定专利权这样一种独占性权利，当事人可以通过合同约定的方式构建出类似于专利权的权利界定和交易方式，在特定技术交易中对于参与交易的技术成果的范围、买受者支

---

❶ 钱玉林：《商法的价值、功能及其定位——兼与史际春、陈岳琴商榷》，载《中国法学》2001年第5期。

❷ Nuno Pires de Cavarlho. The TRIPS Regime of Patent Rights, Kluwer Law International, 2005：18.

❸ Thrainn Eggertsson. Economic Behaviuor and Institute, Cambridge University Press, 1991：15.

❹ 钱玉林：《商法的价值、功能及其定位——兼与史际春、陈岳琴商榷》，载《中国法学》2001年第5期。

❺ Clarisa Long. Patent Signals, The University of Chicago Law Review, 2002, 69（3）：625-679.

❻ Paul J. Heald. A Transaction Costs Theory of Patent Law, Ohio State Law Journal, 2005, 66（3）：473-509.

付的对价和保密义务等进行约定，其所约定的条件可以达到承认当事人具有某种独占性权利的程度。不过该权利仅在当事人之间具有法律效力，没有对第三者的约束力。但是当事人完全可以通过限制获得创造性智力成果的交易对方在使用和传播成果信息方面的行为来达到保护秘密性和垄断性的要求。由于上述条款的内容过于复杂，因此将大大地增加当事人之间的交易成本。专利制度可以减少技术交易中的机会主义行为❶，即当事人利用交易合同的不完整性和谈判地位的不平衡性而攫取不正当的商业利益，并推动交易成本和阻碍正常交易的进行。而专利制度的作用，就是利用法律的强制力和普遍适用性，为当事人节约逐一谈判技术交易客体和交易方式所产生的交易成本，从而促进围绕专利权进行的技术交易能够顺利达成协议并得到执行。

（二）保护合法利益的原则

商法调整具有营利性质的商事关系，商事主体从事交易活动的目的就是营利，取得利润并追求利润的最大化。因此，作为规范商事主体及其商事活动的商法始终贯彻确认和保护营利的原则和价值取向。这正体现了商法与民法的价值取向的差异，正如张国键先生所言，"商法与民法，虽同为规定关于国民经济生活之法律，有其共同之原理，论其性质，两者颇不相同。盖商法所规定者，乃在于维护个人或团体之营利；民法所规定者，则偏重于保护一般社会公众之利益"。❷

专利权属于推定有效的权利，在具有相反证据以前，均就权利人所享有的知识产权推定有效存在。既然是推定有效，如果事后发现无效的事由而撤销了相应的专利权，则当事人之间基于对于权利有效的共识而进行交易能否得到法律承认，就成为争议的焦点。如果按照一般的民法原则，专利权被确认为无效，原权利人就该专利权收取许可、转让费用应当作为不当得利予以返还。但是，专利法的规则从保护交易稳定性和保护商业营利的角度出发，通常规定专利权无效宣告对于已经履行的交易合同不具有溯及力，即不能要求已经履行或者执行的当事人协议或者法院裁决也同时被宣告无效或者被撤销。以《专利法》第47条为例，尽管"宣告无效的专利权视为自始即不存在"，但是"宣告专利权无效的决定，对在宣告专利权无效前人民法院作出并

❶ ［美］理查德·波斯纳著，蒋兆康等译：《法律的经济分析（上）》，中国大百科全书出版社1997年版，第115页。
❷ 张国键：《商事法论》，台北三民书局1980年版，第23页。

已执行的专利侵权的判决、调解书，已经履行或者强制执行的专利侵权纠纷处理决定，以及已经履行的专利实施许可合同和专利权转让合同，不具有追溯力。但是因专利权人的恶意给他人造成的损失，应当给予赔偿"。李扬教授主张从民法一般原理的角度废除或者修改该条款，并要求认定当事人之间关于"专利许可费不得返还"的特别协议也失去效力❶，实际上是误解了知识产权本身应当具有商法的性质而不能单纯地适用普通民法的一般原则，否则不利于保护善意当事人根据信赖利益应当保有的商业利益。事实上，在日本2009年发生的"石風呂"案件中，涉及原告以被告专利被宣告无效为由，要求其返还所支付的许可使用费的问题。日本知识产权高等裁判所在判决时，考虑到原告作为商事主体的性质，限制了其以"意思表示错误"要求宣告专利许可合同无效的请求。法院认为"原告作为以营利为目的的事业者在签订专利权独占许可使用合同时，从交易的一般习惯上看，应该对作为合同标的的专利权究竟如何——发明的技术范围、将来被宣告无效的可能性进行检讨"❷。因此，原告不能以专利权无效为由请求原专利权人返还许可费。尽管专利权被宣告无效使得所支付的许可费失去了应有的合同对价，但是这应当是被许可方可以合理预见的，如果仅以民法的公平原则要求原专利权人返还所谓的"不当得利"，实际上是简单地将知识产权作为民法规范，而未考虑到其更应当适用商法对营业利润进行有效保护的原则。

（三）保护交易安全原则

在维护交易安全的理念上，民法和商法采取不同的原则和路径。在民法上采用"意思主义"并强调权利的实质，要求意思表示符合当事人的真实意志；但是在商法中则更为强调"外观主义"，并与此相配合采用"公示主义""强制主义"和"严格责任"，从而保护当事人基于对交易的信赖而获得的利益。商法中对表见行为法律效力的认可，票据法上的文义性、要式性和无因性等都体现了公示主义和外观主义的要求。专利法秉承了商法在保护交易安全方面的制度设计，也采用类似的原则对专利权交易进行规制，并与促进交易灵活便捷等原则取得相得益彰的法律效果。

首先，专利法采用公示主义。所谓公示主义是指商法要求交易当事人对于涉及利害关系人利益的客观事实必须向公众显示，以便利害关系人可以了

---

❶ 李扬：《专利权无效后实施费等可否作为不当得利处理》，载《知识产权》2010年第3期。
❷ 张国键：《商事法论》，台北三民书局1980年版，第23页。

解，达到解决信息不对称的目的。专利授权要求公布受到保护的技术方案的具体内容，特别是要公布优选的实施方式（Best Model），使得该领域的普通技术人员能够实施该技术。从 1790 年美国专利法实施以来公布的世界专利文献数量达到 7000 万篇，其中不乏首次在专利文献中公布或者仅在专利文献中公布的技术❶，因此对于减少重复研发、推动技术研发和创新起到了重要作用。

其次，专利法也采取强制主义。在专利法律规范中可以找到大量强制性法律条款，保证专利权的权利范围相对明晰、法律状态相对稳定，从而减少交易成本和降低交易风险，并在制度上激励围绕知识产权进行的商事交易。第一，采用公法性规范来调整专利权授权、运用和保护过程。专利法第 5 条和第 25 条对于可授予专利客体的除外规定是强制性的，对于专利授权的新颖性、创造性和实用性要求是硬性的。相关法律条款对于专利权授权行为通常采用行政性规范，而对于专利权许可和实施行为则采用反垄断法等规范加以规制。第二，法律还采用强制性规范来规制权利人不实施专利的行为，专利法 2008 年修改以后将颁发强制许可得条件从此前的事先协商规则修改为不实施规则，事实上给专利权人附加了实施（特别是在中国境内事实）专利的义务。第三，对于专利保护期和保护期限的规定是强制性的，不允许当事人任意延长。WTO 各成员规定的专利保护期甚至必须符合 TRIPS 协定第 33 条的规定，并且不能以授权日起算 17 年等方式加以变通❷，可见其属于强制性条款。

再次，专利法体现外观主义。根据当事人行为的外观来决定其法律后果，在德国被称为"外观理论"，而在英美法系被称为"禁止反言"。如果当事人的意思表示和其行为外观不一致，则不能作为行为无效的抗辩。考虑到对信赖利益的保护，专利法在很多规定中也体现了外观主义的要求。对于权利用尽的规定中，如果属于由权利人销售或者经过权利人许可的产品销售，则首次销售以后权利人不能再主张专利权。并且，我国专利法 2008 年修改以后将此前的专利权国内用尽拓展到了国际用尽，充分利用了 TRIPS 协定第 6 条赋予的立法自主权。我国对于著作权和商标权尚未规定权利用尽，因此只能利用较弱的默示许可理论加以解决。但是权利用尽是绝对的，而默示许可则是

---

❶　王朝晖：《专利文献的特点及其利用》，载《现代情报》2008 年第 9 期。
❷　参见 WTO 争端案 DS170：Canada—Term of Patent Protection。

相对的，可以由权利人通过明示排除的方式加以限制，因此对于交易安全的保护力度较弱。

最后，严格责任主义。民法对于侵权责任一般采用过错原则，而专利法的规则原则与商法全部采用严格责任。因此，不论被控侵权人是否知晓有特定专利权的存在，只要其实施智力成果的行为落入专利权保护的范围，就将构成侵权。被控侵权者不能以自身不具备主观过错而要求免责。考虑到对产品交易安全的维护，如果只参与侵权商品流通的经营者可以要求不承担赔偿责任，但是仍然应当承担停止侵权的民事责任。被认定构成侵权后，主观要件可能在赔偿数额的问题上发挥重要作用，如果构成故意侵权或者恶意侵权，可能被法院判定为惩罚性赔偿责任，以弥补其造成的损害❶。

五、专利法与商法协调发展的趋势

专利制度发展应当体现协同创新战略要求，降低交易成本，促进不同研发主体之间的协作与共赢。专利制度在发展方向上遇到了诸多挑战，技术革新和经济全球化的进展使得该制度有必要进行调整。在变革的方向上，专利权应当更多体现商法的品格和特质，在确认和保护权利的基础上，以促进专利权交易进行、保障专利权经营收益和维护交易安全为基本原则和价值取向，而不能只依靠一般的民法原则的扩张解释。

（一）有限司法介入和市场机制的恢复

专利制度应当将恢复市场机制作为立法和司法的首要价值取向和目标。市场失灵导致技术知识供给不足是专利制度立法的经济学基础，而促进交易便捷和有效实现也是商法的重要价值取向。由于专利权具有公共产品的非消耗性和非竞争性，因此仅仅依靠市场机制会造成"搭便车"的现象和知识产品供给的不足，也难以实现创造性智力成果的法律产权化和有效商品化。因此，必须通过专利权来设定法律拟制的稀缺性来解决市场机制的缺陷和价格反映的扭曲。专利制度存在的正当性就在于能够恢复市场机制的作用，激励和便捷围绕知识产权而进行的技术和产品的交易。而专利制度的建立为当事人提供了规范化和标准化的交易条件，从而降低了交易成本对于技术交易所带来的阻碍。商法主张最大限度地尊重当事人的意思自治，以公司法为例，

---

❶ 美国专利法第 284 条规定了三倍赔偿的条款，法院可以将赔偿额增加到被判定或者估算的数额的三倍；而我国专利法第 65 条也允许以专利许可费的合理倍数来进行赔偿，体现了惩罚性赔偿的要求。

司法介入公司治理过程必须遵循合理和有限原则❶，不能无限介入，在专利权等商事交易中也应当采用该原则。如果专利权合同纠纷或者侵权纠纷当事人不能达成协议，法院不必简单加以判决而应当为当事人进行协商提供法律和事实的平台，例如对于专利权有效性或者是否构成侵权进行初步判决，然后再交由当事人就许可费或者侵权赔偿进行谈判。因此，停止侵犯专利权的禁止令并不是促进当事人在平等地位进行协商的最佳途径，可能由于法院的过度介入导致谈判地位过于倾向于权利人，而对被控侵权人来说由于其实施专利技术所支付的沉淀成本等原因可能促使谈判地位严重下降。而随着双方谈判地位的倾斜，可能造成交易成本上升，甚至导致交易无法有效进行的情况出现。事实上，专利制度所带来的效益与交易成本减少有关的同时，其制度实施过程中的诸多负面因素都与专利权交易中的交易成本上升有着密切的关系。专利权行使中的策略性行为和滥用垄断地位行为，是由于法律所赋予的禁止令等救济方式过于普遍而带来的交易成本上升❷。2006 年美国联邦最高法院在 eBay 案中就是采用缓和禁止令颁发条件的办法❸，促成当事人在专利侵权案件中在厘清侵权事实的基础上以平等的地位进行许可谈判与协商。李扬教授等主张，将对知识产权的保护作为一种具有债权请求权性质的法定权益来适用，而不是排他性的禁止权❹，该观点从客观效果上体现了知识产权市场经济属性。但是，显然从总体上否定专利权独占性会导致权利属性的混乱和权利体系的不稳定，因此必须从商事交易的角度而不是从一般民法上寻求其理论根据，并主要从程序上加以缓和及调试。从经济学的角度来说，专利制度可能造成专利产品数量较少而价格提高、专利权人滥用垄断地位和阻碍公共健康等社会公共利益实现等情况都是由于在某些领域专利权不能实现交易成本降低和交易便捷，反而由于技术交易的谈判地位向专利权人过度倾斜而造成交易成本提高，以至于高于能够达成协议的交易成本临界值，从而妨

---

❶　钱玉林：《商法的价值、功能及其定位——兼与史际春、陈岳琴商榷》，载《中国法学》2001年第 5 期。

❷　刘强：《交易成本视野下的专利强制许可》，知识产权出版社 2010 年版，第 39 页。

❸　2006 年，联邦最高法院在 eBay 案中认为，要求采用衡平原则颁发禁止令而不是自动颁发，并要求正确适用下面四项标准作出是否颁发禁止令的决定。这四项原则是：（a）专利权人受到不可弥补的损害；（b）法律规定的其他救济，例如赔偿金，不足以补偿侵权行为造成的损害；（c）衡量到原告和被告所遭遇的困境，衡平法上的救济是适当的；（d）公共利益不会因为颁发禁止令而受到损害。参见 eBay, Inc. v. MercExchange L. L. C., 126 S. Ct. 1837（2006）.

❹　李扬：《重塑以民法为核心的整体性知识产权法》，载《法商研究》2006 年第 6 期。

碍了专利权交易的有效达成并造成技术社会效用的减损。

(二)"从契约到身份"的回归:专利法的差别立法理念

民法强调当事人地位平等,而商法则通过形式上的不平等而实现实质上的平等。证券法的立法宗旨就是保护投资者利益,而不是对证券发行人或者上市公司的利益给予平等的保护力度,保险法则侧重保护投保人和被保险人的利益。在我国,由于长期存在保护力度较弱的问题,对专利权人的保护力度增强一直是立法趋势,但是随着我国 2008 年颁布《国家知识产权战略纲要》,将保护与创造、运用和管理作为知识产权制度的重点目标,因此不能单纯强调保护,而应当在综合其对另外三个领域的影响的基础上给予合理保护。

在法律现代化进程中,法律制度从总体上体现了从身份到契约的转变,特别是在民法领域,很难看出对民事法律关系某一方当事人进行特别规定,而其社会基础也是当事人在法律地位和经济地位上的相似性。梅因在《古代法》中将法律现代化过程看作从身份到契约的发展进程❶,但是近代利益来却出现了从契约回归身份的逆向趋势,是对原来发展方式的一种扬弃。"从身份到契约"这一命题体现的是将契约作为商品交换的法律形式且是唯一的形式,随着资本主义的商品生产和交换的普遍化而被推及社会的各个领域。民法上的当事人地位平等,是一种抽象的人格平等,一种舍弃了不同当事人之间不同社会经济地位差别的平等,即一种无"身份"差别的平等,而非指缔约人之间真实的平等。因为契约缔结当事人经济地位的不平等已成为一个不容忽视的普遍存在,这种不平等所导致的经济上的支配关系构成了一种新的身份关系,不同的经济地位意味着缔约人在经济生活中具有不同的身份。有学者指出:"梅因提出的从身份到契约的发展近年来已表现出相反的趋向,私人间的法律关系不再是通过自由的契约行为来实现,而是越来越多地通过身份关系来确定。"❷

专利权人与竞争对手和社会公众在法律地位方面抽象的平等,是贯彻专利权交易契约自由的理论基础。然而,在实际交易过程中,权利人和对方当事人在对权利掌握和行使的自由程度与地位方面是不平等的。一方面,权利人对于专利权的法律状态、保护范围、研发成本方面具有信息优势,在行使

---

❶ [英] 梅因著,沈景一译:《古代法》,商务印书馆 1996 年版,第 91 页。

❷ [德] K. 茨威格特、H. 克茨著,潘汉典等译,《比较法总论》,贵州人民出版社 1992 年版,第 20 页。

权利与否和实际把握方面具有绝对的主导优势，而专利权的存在直接影响和改变了竞争关系及竞争地位。另一方面，权利人的竞争对手对于仿冒专利权行为则具有信息和控制上的优势。因此，作为专利制度必须对于权利人行使权利的行为给予特别的规制。要解决权利人滥用权利和竞争对手通过"搭便车"不正当逐利问题。

（三）保持任意性和强制性的协调统一

专利制度同商法制度一样存在任意性规范和强制性规范的结合。设置任意性规范的目的是尊重知识产权当事人的意思自治，从而鼓励专利权交易的进行。因为个体自由的市场主体是自己最佳利益的判断者，意思自治是维持市场活力的关键❶。"商法具有基于个人主义的私法性质，是为那些精于识别自己的利益而毫无顾忌追求自身利益的极端自私和聪明的人设计的"❷。而强制性条款则体现了减少交易成本、交易风险和限制交易风险的立法目标。由于技术交易对于有形财产或者其他类型的无形财产（例如股权或者提单）的交易而言蕴含着法律和技术两方面的风险更高，因此更需要从法律制度上对于风险进行减低和控制。商法发展的内在张力在于商事活动的风险性和安全性之间的矛盾。专利交易具有地位不对等、信息不对称、不可替代、跨国性等特点，因此更需要有力的制度保障交易安全，控制交易风险。因此，专利制度和商法制度一样具有协调任意性规范和强制性规范的任务，在创造良好安全交易环境的同时，实现促进交易效率提高和便利实现的目标。

首先，在任意性规范方面可以考虑在两个方面进行扩张。第一，在专利权质押方面应当给予当事人更大的意思自治空间。专利权交易属于商事交易，因此应当给予当事人在交易方式上更多的选择自由。其一，对于流质预约而言应当在立法上加以认可。我国《物权法》对流质预约的禁止可以拓宽商事交易的知识产权融资担保领域。《日本商法典》第515条即规定，民法关于禁止流质预约的规定不适用于因商行为债权而设定的质权。《韩国商法典》第59条也有类似的规定。对于民事领域的质权而言，由于强调公平原则，因此不允许债权人借流质预约损害债务人的权益。但是，在商事领域，作为营利性企业的当事人能够更为精确地权衡商业上的得失，法律应当更为尊重当事

---

❶　曹兴权：《认真对待商法的强制性：多维视角的诠释》，载《甘肃政法学院学报》2004年第5期。

❷　［德］拉德布鲁赫著，米健、朱林译：《法学导论》，中国大百科全书出版社1997年版，第72页。

人的意思自治。其二，可以允许将未来预期取得的专利权作为质押客体。我国专利法允许专利申请权进行转让，但是物权法要求专利权才能进行质押，后者对于质押对象的限制过于严格。英国著作权法明确规定，"将来著作权可以转让，对于因将来一部或者一类作品的创作或未来事件的发生而将要或者可以获得之著作权许可其转让"❶，因而未来取得专利权应当成为融资质押的标的，从而解决中小型科技企业质押融资的迫切需求。

第二，可以考虑引入美国专利法上的专利保护期延长制度和再公告专利制度，以供专利权人选择使用。其一，在专利保护期延长方面，美国专利法第155条、第155条A和第156条规定了该制度。考虑到专利实质审查和药品行政审查程序过长会缩减专利保护期所带来的市场垄断周期，在专利保护期可以根据专利审查和行政审查程序的时间给予专利保护期相应的延长。考虑到我国专利审查周期较长，平均耗费2~4年，生物医药专利可能需要7~8年，因此在我国医药行业技术开发和市场竞争能力提高的情况下可以考虑引入该项制度，供专利权人进行选择。其二，对于再公告专利制度，规定在美国专利法第251条和第252条中，主要针对授权以后由于专利权利要求中的瑕疵和错误给予当事人救济。可以允许再公告的情况包括"说明书和附图存在瑕疵"或者"专利权人在专利中提出的权利要求多于或者少于他有权提出的权利要求而使得专利存在瑕疵"，其结果要达到"导致专利权被认为在整体上或者部分是不可强制执行的或者是无效的"❷，专利行政管理部门则可以根据申请人新提出或者经过修改的申请，在原始专利剩余的保护期内就原始专利中公开发明获得的专利权进行再公告，其效力等同于原专利权。

其次，在强制性规范方面应当基于维护交易安全、减少交易风险和降低交易成本的理念，在以下两个方面加以改进。第一，专利权利不稳定是其进行正常转让和许可交易的重要障碍，而法律风险和市场风险的控制必须通过强制性规范加以解决。其一，严格专利授权的创造性标准。我国目前的年度

---

❶ 费安玲主编：《比较担保法——以德国、法国、瑞士、意大利、英国和中国担保法为研究对象》，中国政法大学出版社2004年版，第417页。

❷ 由于云计算等分散式网络服务提供技术的兴起，由多个主体分别实施的分离式侵权行为不断出现，在法律上形成对于侵权责任的规避。因此如果单个主体实施所有的专利方法步骤在商业上不能实现，从而导致专利权在事实上是不能执行的。因此，在专利制度上可以允许专利权人在授权以后对方法权利要求进行必要的修改，以其可以由单个主体完成并落入专利保护的范围。参见2010年美国联邦巡回上诉法院Akamai Techs., Inc. v. Limelight Networks, Inc. 案。

专利申请数量已经超过 100 万件，跃居世界第一位，但是专利技术含量却难以提高。专利申请数量激增的背后是大量创新性不高甚至是重复申请的专利存在，地方政府的专利申请资助政策起到了推波助澜的作用。为了控制垃圾专利或者不具备专利保护条件的其他信息取得独占性权利，可以对授予专利权的创造性要求和作品的独创性要求提出更高的标准。为了解决垃圾专利问题，美国联邦最高法院在 2007 年判决的 KSR 公司诉 Teleflex 公司案❶中认为判断非显而易见性不能套用"动机—教导—启示"的标准❷，而应当在贯彻市场导向的基础上限制非显而易见性的认定。法院在该案中认为，以商业性成功作为认定专利申请具有创造性的情形应当加以限制，因为基于"市场压力（market forces）"所产生的"设计灵感（design incentive）"，目的是满足"现存的市场需求"（present in the market place），可能导致本身不具备技术创新，而只是将现有技术组合而成的发明获得市场成功，不能因此认为其具有创造性❸。这实际上是对商业惯例在专利创造性方面的承认和落实。其二，严格专利权交易中介评估机构虚假评估的民事责任。《公司法》2005 年修改时为配合专利权等无形资产在公司资本出资额比例的扩大，对于承担资产评估的机构在具有故意或者重大过失造成评估结果不实和公司债权人损失时的民事责任进行了明确规定，从而敦促其忠实勤勉地履行资产评估职责。对于专利权出资和交易而言，也应当明确评估机构因过错应当承担的民事责任，归责原则可以沿用过错推定原则，民事责任应当是在评估不实或者虚假评估的金额范围之内。

第二，将围绕专利权发展出来的商事交易习惯以国家制定法或者商业习惯法的形式加以立法或者认可，并作为强行性条款加以适用，从而为专利权交易提供公平合理的交易环境。对商事交易习惯的尊重和认可，是为了贯彻诚实信用的商业惯例，在保护专利权的同时避免其滥用。其一，在专利权信息披露方面的义务规定应当更为严格。在专利本身的技术信息和商业活动过程中的专利信息披露方面均是如此。在专利本身技术信息披露方面，专利法已经将遗传资源信息作为强制披露的内容，而对于现有技术的披露义务已经

---

❶ 曹阳：《专利的非显而易见性判断——对美国最高法院 Teleflex 案判决的解析》，载《北方法学》2008 年第 2 期。

❷ Timothy J. Le Duc., The Role of Market Incentives in KSR's Obviousness Inquiry, Wake Forest Journal of Business and Intellectual Property Law, 2010, 11（1）：33-54.

❸ 吕炳斌：《社区作为传统知识权利主体的基本理论问题研究》，载《时代法学》2010 年第 2 期。

被学者提出来进行讨论❶。技术标准制定组织所制定的知识产权披露政策是自律性商业习惯法的表现，在司法机关进行裁判时要充分考虑作为判决的依据。为了防止损害其他成员的情况发生，ISO/IEC 要求专利权人承担披露专利的义务，即如果一项 ISO/IEC 的国际标准在提交审议时技术方案中没有发现专利技术，那么提交人在向 ISO 提交标准提案中应该有以下描述："（提交人）已经注意到在技术标准中可能含有专利技术，ISO/IEC 不承担确立专利的责任。"如果一个 ISO/IEC 的国际标准提交审议的技术方案中包含专利技术，那么提交人应当提请 ISO/IEC 的技术委员会（TC）和分委员会（SC）注意自己发现的并准备在技术标准提案中采纳的专利技术❷。专利披露政策的作用，不仅在于敦促参与标准制定的专利权人尽快披露其所掌握的专利信息，也为司法机关颁发强制许可提供了适当的法律基础。其二，在专利权人的实施或者许可义务方面应当更为严格，而标准制定组织的知识产权许可政策也应当给予尊重，只要该政策并不违反反垄断法的禁止性规定❸。但是，如果有技术标准制定过程中的商业惯例要求，那么专利权人负有以法定或者约定的条件来进行许可的义务。ISO/IEC 制定的专利许可规则要求具体表述为："如果由于技术原因接受了该提案，那么提出者应要求已确定的专利权持有人发表声明，说明专利权持有人愿意在合理和非歧视的条款和条件下与全球的申请人协商其授权的国际许可证。"❹ 而合理非歧视的专利许可费可以根据专利技术对于产品市场需求的贡献、替代性技术竞争状况等因素加以合理确定❺。

（四）体现商法的发展趋势

首先，为应对气候变化应当在构建绿色商法的同时努力建设绿色专利制度。对于各类商业行为给予平等的调整是商法一贯坚持的原则，但是随着可持续发展要求越来越强烈，对于能够实现环境保护和可持续发展的商业领域和产业给予特别的支持和激励成为商法的明显趋势，而专利法也应当顺应这

---

❶ 梁志文：《论专利申请人之现有技术披露义务》，载《法律科学（西北政法大学学报）》2012年第1期。

❷ 参见 ISO 专利政策：[EB/OL]. http://isotc.iso.org/livelink/livelink/fetch/2000/2122/3770791/Common_ Policy.htm.2008-11-12.

❸ United States Department of Justice Antitrust Division: Business Review Letter of UHF RFID Standards，2008.

❹ 参见《ISO/IEC 导则》第一部分第 2.14 条第 2 款（b）项。

❺ 刘强：《技术标准专利许可中的合理非歧视原则》，载《中南大学学报（社会科学版）》2011年第2期。

样的趋势，通过调整法律法规而实现对可持续发展的贡献。例如，对于应对气候变化相关的专利权保护问题，可以给予特别的关注，并在制度上给予倾斜。可以考虑扩张解释《专利法》第 5 条的规定以禁止向高消耗高污染技术授予专利权，或者考虑在专利实质性授权标准中增加环保性规定，也可以针对环境友好技术增加专利强制许可的颁发和实施。

其次，商法具有统一化趋势，而专利制度的全球统一化也在不断强化，我国应当积极参与而不是一味采取消极回避或者被动接受的态度。WIPO 正在进行《实体专利法条约》（SPLT）的制定工作，协调各国专利法中关于授予专利权的实质性标准。经过近几年的协商，WIPO 成员国对于协调的现有技术含义、新颖性标准、新颖性宽限期、创造性标准、遗传资源来源的披露、充分公开要求等议题上的意向已经逐渐形成。尽管还没有达成正式的条约，但协调统一的前景已经明朗。ICC 等商事自治组织也积极关注和参与该条约的制定工作❶。我国则应当积极提出议案以争取话语权。

再次，在商法领域企业社会责任立法趋势日益显著的情况下，可以要求专利权人作为以营利为目的的商事主体在一定程度上承担社会责任。近年出现的微软公司黑屏事件、腾讯公司诉奇虎公司等案件表明权利人不顾公众利益行使专利权的情况日渐严重，有必要在制度上增加社会责任的规定。我国《公司法》《合伙企业法》等均将商事主体承担社会责任作为重要的立法制度加以规定，使得社会责任从传统的道德责任转变为一种法律责任❷，并且在商事组织立法的具体条款中得到体现。而专利权人可以被看作商事主体，包括学理上的商个人、商合伙和商法人等组织形式，因此有必要在理论上树立其应当承担社会责任的观念并在专利权法律制度上加以规定，要求权利人行使专利权的行为进行自我约束，从而缓和权利人与竞争对手、社会公众利益冲突加剧的趋势。2007 年国资委印发了《关于中央企业履行社会责任的指导意见》，其中对于央企在知识产权方面的社会责任要求："强化知识产权意识，实施知识产权战略，实现技术创新与知识产权的良性互动，形成一批拥有自主知识产权的核心技术和知名品牌，发挥对产业升级、结构优化的带动作用"。该规定实际上是要求将维护自身知识产权利益与尊重他人知识产权结合

---

❶ The ICC Intellectual Property Roadmap-Current and emerging issues for business and policymakers, 2012：20.

❷ 蒋建湘：《企业社会责任的法律化》，载《中国法学》2010 年第 5 期。

起来，不单纯追求强化知识产权保护，成为知识产权社会责任规范的有益尝试。

（五）加强纠纷解决机制灵活性

考虑到商事纠纷采用仲裁方式解决具有及时性、灵活性和秘密性的优势，专利权合同纠纷和侵权纠纷均可以采用仲裁方式加以解决。应当允许在专利权纠纷仲裁程序中对于专利权的有效性给予解决。有些国家基于公共利益的理由，不承认仲裁机构可以对专利权有效性纠纷进行仲裁，要求必须到专利行政管理部门或者法院加以解决，事实上使得专利权仲裁解决的及时性和快速性受到很大限制。可以在仲裁法中明确规定，对于专利权合同纠纷中的有效性问题，允许当事人在仲裁程序中加以解决；对于侵权纠纷中产生或者单纯的专利权有效性纠纷，仍然必须经过行政机关或者法院加以解决❶。对于专利侵权争议，长期以来被认为不可仲裁。而从 20 世纪 60 年代，美国在立法和司法实践中肯定了专利侵权争议的可仲裁性。1983 年修改以后的美国专利法第 294 条规定，"如果合同涉及专利权或者专利权的任何权利，可以包含相应条款，要求对任何基于合同出现的与专利有效性或者侵权有关的争议进行仲裁。如果缺乏上述条款，存在专利有效性或者侵权争议的当事人可以达成书面协议，约定通过仲裁处理上述争议。任何此类条款或者协议是有效的、不可撤销的和可强制执行的。如果按照法律或者衡平法的规定撤销上述合同是合理的，则不在此限。"此后，其他类型的知识产权有效性争议也逐步纳入可仲裁的事项当中。例如，对于版权有效性仲裁问题，美国法院在 1987 年的 Saturday Evening Post 公司诉 Rumbleseat Press 公司案❷中支持通过仲裁进行解决。由此可见，充分利用商事仲裁在专业性、快速性、秘密性和自主性方面的优势解决专利权纠纷将有助于此类纠纷和权利冲突的解决，实现专利权对经营活动给予制度保障的要求。

小结

专利法从法律价值取向的谱系上更多靠近商法而不是一般民法。从立法目标来说，专利权应当更加侧重促进动态的交易而不是静态的权利保护。国际知识产权协会（AIPPI）主席、美国斯坦福大学教授伯顿曾说，"发展中国

---

❶ 李凤琴：《知识产权有效性争议的可仲裁性》，载《仲裁研究》2007 年第 2 期。

❷ 816 F. 2d 1191, 1198-99（7th Cir. 1987）.

家与发达国家在知识产权方面的差距，不在于制度本身，而在于运用制度的经验。"❶ 我国专利制度的发展更多的是为了应对国际贸易领域的政治压力和国际条约对专利权保护的强制性要求而进行的被动立法，因此侧重加强专利权的保护力度和完善保护程序，一再强化专利权的私权属性。因此，专利制度要从其内在的商事交易属性出发，构建符合市场经济需求的现代化的立法理念和法律规范，为促进专利权作为技术交易媒介作用得到充分发挥而提供制度保障。

---

❶　吴汉东：《知识产权的多元属性及其研究范式》，载《中国社会科学》2011 年第 5 期。

第二篇　专利创造篇

第三章

协同创新战略与技术开发专利问题

技术开发是技术创新的首要环节，协同创新技术成果主要来源于协同方共同进行的技术委托和合作开发活动。在激烈的全球化竞争环境下，作为协同创新战略实施主体的高校、企业、科研机构等，对于新技术的拥有、突破和转化是获得核心竞争力的关键。在技术开发过程中，各主体通常以订立技术开发合同作为起点，并且围绕着技术成果及其所产生的专利性权利形成协作关系。在协同创新背景下，技术开发合同中的专利问题主要涉及申请专利的权利、专利申请权以及专利权的归属和行使问题，本章将上述权利统称为专利性权利。

在我国技术市场交易中，技术开发合同所占比重逐年提高。根据科技部发布的《全国技术市场统计年度报告（2016）》，2015 年全国范围内委托开发和合作开发合同数分别为 15.3 万件和 14.4 万件，成交金额达到 2733 亿元和 313 亿元，占到全部技术合同金额的 30% 以上。❶ 在法律层面，技术开发专利问题往往体现在技术开发合同的法律适用当中，有必要合理地加以解决。

一、协同创新中技术开发专利问题的特征

根据我国《合同法》的规定，技术开发合同是指协同创新单位之间就新技术进行科学研究和开发所订立的合同，可以分为委托开发合同与合作开发合同。❷ 委托开发合同是一方当事人（即委托方）委托另一方（即受托方）进行研究开发所订立的技术合同。在委托开发合同中，受托方依照委托方的要求完成约定的技术研究开发工作；委托方接受研究开发成果并支付合同约

---

❶ 资料来源：http://www.chinatorch.gov.cn/jssc/tjnb/201607/a834313b5b194b6e9566909913cc9600.shtml，最后访问日期：2017 年 10 月 1 日。

❷ 参见《合同法》第 330 条第 1 款。

定的研究开发经费和报酬。❶ 2004 年最高人民法院《关于审理技术合同纠纷案件适用法律若干问题的解释》（以下简称《技术合同解释》）对于委托开发合同进行了进一步解释。❷ 合作开发合同是各方当事人就共同进行新技术的研究开发所订立的合同。该类合同是两个或者两个以上的当事人为完成一定的技术开发项目共同参与投资、共同进行研究开发工作，并且共享成果、共担风险的技术开发合同。在实施技术开发合同的过程中，协同方针对技术成果及其衍生的专利权性权利形成既合作又竞争的关系，需要通过法律规范加以有效调整。

在协同创新战略下，通过技术开发合同而形成的专利性权利与独立开发情形不同，并有着新的特点。首先，协同创新过程中各主体为达成技术开发合同而进行谈判的交易成本更高。协同方对于专利性权利归属与行使自始至终存在博弈。在开放式创新环境下，对于技术开发合同标的，即技术成果的创造性要求更高；参与开发的主体种类更多、更复杂，谈判中各方当事人都会积极地寻求自身利益的最大化，甚至不惜采取机会主义行为损害其他当事人利益；协同创新对主体间进行技术开发的协作能力要求更高。种种因素叠加将在一定程度上增加达成和履行协议的交易成本。与此同时，协同创新技术开发最终产生的效益也会更高，一般可以覆盖需要支付的交易成本。此时，控制交易成本成为保障协同创新技术开发效益的主要途径。而专利制度的价值目标在于减少或消除交易成本，由此可以激励协同创新下的技术开发活动。❸ 其次，技术开发合同的当事人要共同分担的风险更高。此类风险既包括形成专利性权利之前的技术开发风险，也包括行使专利性权利过程中不能取得专利权或者技术信息泄露等风险。技术开发合同的标的物与有形财产交易合同的标的物不同，是具有创新性并且尚处于未知状态的技术成果，它是当事人在订立合同时尚不掌握、不存在的，只有经过研究开发方的创造性科技活动才能取得。这种创造性成果的取得具有相当的难度，当事人需要共同承担较高的风险，而协同方数量的增加会使得权利行使的决策成本和技术信息泄露的防范成本也相应地提升。

---

❶ 王永伟：《技术合同司法实例释解》，人民法院出版社 2006 年版，第 265 页。
❷ 《技术合同解释》第 19 条第 2 款规定："技术开发合同当事人一方仅提供资金、设备、材料等物质条件或者承担辅助协作事项，另一方进行研究开发工作的，属于委托开发合同。"
❸ 刘强：《机会主义行为与知识产权制度研究——新制度经济学的视角》，中南大学出版社 2016 年版，第 121 页。

二、技术开发合同专利性权利规则解读

在协同创新中，一项发明完成后直到取得专利权，法律意义上的归属问题一直贯穿其中。并且，协同创新要求技术开发各主体之间分享具有敏感性的知识和信息，同时主体之间也存在着竞争与合作的复杂共存状态，于是主体间达成协议的谈判成本以及专利流失、专利权益分配不公等风险都大幅度提高。❶ 正是基于控制交易成本和规避市场风险的考虑，协作各方可以尽量增强合同完备性；若就有关事项无法达成一致，则有明确的法律规范予以参照适用并确定各自的权利义务就显得尤为重要。

我国技术开发合同成果权属的制度框架主要由三个阶段的法律规定构成。首先，当技术开发完成后产生对技术秘密成果的占有、使用、处分权，其中与专利相联系的是申请专利的权利。事实上，由于技术秘密成果与有形财产不同，不发生有形的控制和占有，法律主要是对技术秘密成果的使用权和处分权进行规定。若协同方要提出专利申请，法律规定"谁有权提出专利申请"，即所谓"申请专利的权利"属于受托方或者合作方。其次，在专利申请提出后、授权前，对于"专利申请权"归属于行使"申请专利的权利"的协同方。在此阶段，专利申请权的具体内容主要包括继续专利申请的权利和放弃专利申请的权利。此项权利行使既受当事人约定约束，更受到《专利法》调整。最后，在专利申请获得授权后，该专利权的归属则延续专利申请权的情形。❷ 约定优先原则是技术开发合同专利归属纠纷法律适用的基本原则。在余一中与余谈阵等专利权权属纠纷一案中，二审法官认为，上诉人与被上诉人在《扩股协议书》中约定的银海世纪公司"成立后即接手了该项目的全部后续工作"、王继飞的收条、银海世纪公司与江南航天公司签订的相关合同、协议，均非上诉人与被上诉人之间就相关知识产权的权利归属作出的约定。判定应当根据《专利法》第8条的规定，认定上诉人与被上诉人共有申请专利的权利以及后续由此产生的专利权。❸

然而，立法者选择在多个部门法中分别对技术开发合同成果权属问题进行规定而非统一规则至少存在两个方面的缺陷。其一，现有相关法律规范没

---

❶ 李伟、董玉鹏：《协同创新过程中知识产权归属原则——从契约走向章程》，载《科学学研究》2014年第7期，第1090-1095页。

❷ 崔国斌：《专利法：原理与案例》，北京大学出版社2016年版，第452页。

❸ 参见北京市高级人民法院（2015）高民（知）终字第33号判决书。

有有效覆盖技术开发合同的各个阶段。各部门法的规定大多属于原则性的、一般性的规定，没有自成体系，对于许多问题规定得不够具体造成司法实践中具体操作难、纠纷频发。其二，现有法律规范（包含司法解释）遵循不同的原则，在有些方面相互冲突，参照适用时均存在模糊不清之处。

（一）技术委托开发合同专利性权利权属

在技术委托开发合同中，对于"申请专利的权利"，《合同法》第 339 条和《专利法》第 8 条均规定，申请专利的权利属于完成发明的单位或个人（即受托方）。在翰林公司与华东理工大学专利权属纠纷一案中，一审法官认为，由于该案原、被告签订的委托开发合同中没有约定委托开发完成的发明创造的权利归属，因此根据《合同法》第 339 条第 1 款的规定，申请专利的权利属于研究开发人。❶ 对于"专利申请权"，根据《合同法》第 339 条第 2 款，研究开发人转让专利申请权的，委托人享有以同等条件优先受让的权利。对于"专利权"，根据《合同法》第 339 条的规定，研究开发人取得专利权的，委托人可以免费实施该专利。

尽管上述规定对技术委托开发合同成果权属确立了原则性规范，但在司法实践中仍然有许多缺陷，主要体现为以下三个方面：（1）现有法律规范中未体现对技术秘密成果保密义务的规定，并且对于技术秘密成果使用、转让的限制规定并不明确。这就会导致在技术开发完成后到申请专利之前，技术秘密成果面临巨大风险，主要表现在两方面：其一，技术开发合同当事人实施机会主义行为，导致技术秘密成果公开或泄露。其二，内部人员对于技术秘密成果包含的关键隐性知识的传递甚至对外流失，使得委托开发合同当事人利益受损。❷ 尽管当事人可能会通过协议来对此设下限制，但由于没有法定的默示保密义务，无疑增加了达成协议的交易成本。并且技术秘密成果一旦泄露，之前的整个技术开发过程将付诸东流。（2）委托方享有的优先受让权存在局限性。❸ 首先，法律未规定转让申请专利的权利时的优先受让权。《合同法》第 339 条第 2 款仅涉及转让专利申请权情形，并未包括申请专利的权利转让，甚至不允许当事人通过合同约定赋予优先转让权。因此，在提出专

---

❶ 参见上海市第一中级人民法院（2001）沪一中知初字第 116 号判决书。
❷ 宋春燕：《产学研协同创新中知识产权共享的风险与防控》，载《科学管理研究》2016 年第 1 期。
❸ 张晓哲：《论委托开发合同中技术成果权利归属的争议处理与防范》，载《中国航天》2011 年第 5 期。

利申请后，共同申请的一方如果转让申请权，其他当事人仅有同意权，而没有优先受让权。这不利于保障协同方对于专利性权利归属的控制，也不利于维护协同创新联盟成员之间的相对封闭性。这一点同样存在于技术合作开发合同中。其次，对于"同等条件"的标准和行使权利的期限都没有规定，难以保证委托方的优先受让权。对于第三方受让人来说，与委托方相比，参与技术开发、投入资金和人力物力较少，也不承担技术开发风险，通常更能开出优于委托方的条件，使得优先受让权难以行使。（3）技术成果权转让和专利申请权转让规则相冲突。对于技术委托开发合同而言，当事人原则上均有使用和转让的权利。❶ 如果专利申请后尚未公布，则仍然处于秘密状态。根据《合同法》第 341 条规定，协同方仍然可以自由转让；但是，根据《专利法》第 15 条第 2 款，行使共有的专利申请权或者专利权应当取得全体共有人的同意，因此共同申请人不得擅自转让。如果该两条同时适用，则会出现专利申请权受让人和技术秘密受让人相分离的情况，产生权利之间的冲突。

（二）技术合作开发合同成果权属

在技术合作开发合同中，对于"申请专利的权利"，在没有约定的情况下，《合同法》第 340 条和《专利法》第 8 条均规定，该权利属于合作开发的当事人共有。合作开发的一方当事人不同意申请专利的，另一方或者其他各方不得申请专利。在加拿大安大略省 1246854 公司与仕盛公司专利权属纠纷一案中，一审法院认为，双方就包含涉诉专利技术的内容明确约定共同研究开发，且就研究资金来源、分担方式等做了约定，未对申请专利的权利归属作出约定。由此并根据法律规定，认定被告仕盛公司单方向国家知识产权局提出实用新型专利申请并获得授权，是违反法律规定的行为。❷ 对于"专利申请权"，根据《合同法》第 340 条的规定，当事人一方转让其共有的专利申请权的，其他各方享有以同等条件优先受让的权利。并且一方声明放弃的，可以由另一方单独申请或者由其他各方共同申请。根据《专利法》第 15 条的规定，共有人可以单独实施或者以普通许可方式许可他人实施该专利。若许可他人实施该专利，收取的使用费应当在共有人之间分配。并且，行使共有的专利申请权应当取得全体共有人的同意。对于"专利权"，根据《合同法》第 340 条的规定，申请人取得专利权的，放弃专利申请权的一方可以免费实

---

❶　参见《合同法》第 341 条。
❷　参见江苏省南京市中级人民法院（2007）宁民三初字第 326 号判决书。

施该专利。并且根据《专利法》第 15 条,对于"专利权"的规定与"专利申请权"的规定相同。

现有法律对技术合作开发合同成果权属的规范同样不完善。❶ 在司法实践中的诸多缺陷主要体现为以下三个方面:(1)与委托开发合同一样,现有法律规范中未体现对技术秘密成果保密义务的规定,对于技术秘密成果使用、转让的限制规定也并不明确。(2)在专利申请获得授权之前,共有人如何行使专利申请权规定模糊。按照《专利法》第 15 条第 1 款的字面意思,立法者已经假定申请人获得了专利授权。❷ 而在司法实践中,从提出专利申请到专利授权之间还有相当长的周期,共有人在此期间单独实施或以普通许可方式许可他人实施技术成果能否适用该规则不清楚。(3)放弃专利申请权的协同方,不能对外转让或者许可其免费实施该专利。与委托开发情形类似,《合同法》第 340 条第 1 款的优先受让权与《专利法》第 15 条之间存在冲突。在协同方不具有实施能力的情况下,只能通过许可他人来实现技术实施,有必要得到法律保障。

三、技术开发合同专利性权利的博弈论分析

博弈论是研究在策略性环境中如何进行策略性决策和采取策略性行动的科学。❸ 博弈论是近几十年来科学研究方法最重要的进展之一,几乎运用于自然科学和社会科学所有领域。❹ 在协同创新技术开发过程(策略性环境)中,无论是技术委托开发还是技术合作开发,协同创新各主体之间围绕专利性权利形成和行使过程中研发投入、技术实施以及信息披露(策略性决策和行动)的机会主义行为风险,可运用博弈论作出合理的解释。由于存在不合作博弈风险,因此协同方之间就预测和防范对方行为所需要支付的交易成本是较高的,需要从制度层面加以抑制。

下文分三个方面用囚徒困境来说明,矩阵中的数字为协同创新主体在各种策略选择中的获利,具体数额是为简化说明所作的任意假设。

(一)技术研发:专利性权利的形成

由于技术开发合同标的的特殊性,只有经过研究开发方的创造性科技活

---

❶ 崔国斌:《中国专利共有制度述评(上)》,载《电子知识产权》2010 年第 6 期。

❷ 参见《专利法》第 15 条第 1 款。

❸ 高鸿业:《西方经济学》,中国人民大学出版社 2014 年版,第 297 页。

❹ 徐昕:《论私力救济》,广西师范大学出版社 2015 年版,第 207 页。

动才能完成，并取得相应的专利性权利。无论是在技术委托开发还是合作开发过程中，协同创新主体都需要严格根据合同约定，投入必需的资金、设备、技术、人员等研发成本，甚至包括预防研发失败风险的投入。但实践中，由于当事人订立的技术开发合同常常不够完备，以及相关法律规范的不够完善，合同当事人一方可能通过实施机会主义行为，例如通过采取减少投入等消极方式履行合同，导致财富的单向流动，即由守约方流向消极履行方，从而损害守约方的利益。❶

根据表 1 所示，就甲方来说，如果乙方不投入研发资源，甲方也不投入，其所得为 0；如果甲方投入，其成果将被对方"搭便车"，其所得为-100，此时甲方的最佳选择是不投入。如果乙方投入，甲方也投入，其所得为 200；如果乙方不投入，其所得为 300。因此，如果双方均投入，可以产生协同效益盈余 200 ［200+200-（300-100）］。然而，甲方基于个体利益最大化的动机，最佳选择仍然是不投入。同理，就乙方来说，如果甲方不投入，乙方也不投入，其所得为 0；如果乙方投入，其成果也将被对方"搭便车"，其所得为-100，此时乙方的最佳选择是不投入。如果甲方投入，乙方也投入，其所得为 200；如果甲方不投入，其所得为 300，此时乙方的最佳选择仍然是不投入。由此得出，在技术开发合同具有不完备性，并且协同方之间存在信息不对称时，很大程度上都会选择不投入。委托方对于协同创新活动的资金投入是较为显性的，但是受托方的智力投入则较为隐性。我国专利法出于对技术开发活动的鼓励，在专利性权利归属问题上较为倾向于保护受托人利益，造成委托人谈判地位较弱。因此，需要对委托方投资利益给予更多保护，通过优先购买权、同意权等保障其合理经济回报得以实现。

表 1　技术开发博弈示意

甲 乙	投入	不投入
投入	200, 200	-100, 300
不投入	300, -100	0, 0

❶　刘强：《机会主义行为与知识产权制度研究——新制度经济学的视角》，中南大学出版社 2016 年版，第 146 页。

(二) 技术实施：专利性权利的行使

知识产权制度从建立之时就根植于知识商品化的基础之上。[1] 无论从知识产权权利人申请或采取其他措施拥有该项知识产权的初衷，还是国家政府对知识产权权利人进行排他保护的本意来看，都不仅仅是为了停留在技术本身的静止状态，而是为了在生产实践中利用此项技术。[2] 协同创新主体在技术开发完成并取得专利权后，对于发明专利进行实施许可是发挥专利价值、进行技术转化的重要环节，但实践中专利实施的效果并不显著。[3] 基于技术委托和合作开发的性质，协同创新主体都需要根据协议或者相关法律规定配合实施，如果一方主体在该过程中拒绝合作，采取如无合理商业理由拒绝许可知识产权、将法律状态不稳定的权利进行许可等机会主义行为，或者过度颁发许可挤占有限的市场份额，将损害其他协同方的利益。[4]

根据表 2 所示，就甲方来说，如果乙方不实施，甲方也不实施，其所得为 0；如果甲方实施则将独占市场，其所得为 360，此时甲方的最佳选择是实施。如果乙方实施，甲方也实施，双方拓展并分享市场，其所得各为 240；如果甲方不实施，其所得为 0，此时甲方的最佳选择仍然是实施。同理，就乙方来说，如果甲方不实施，乙方也不实施，其所得为 0；如果乙方实施则也将独占市场，其所得为 360，此时乙方的最佳选择是实施。如果甲方实施，乙方也实施，其所得各为 240；如果乙方不实施，其所得为 0，此时乙方的最佳选择仍然是实施。由此得出，在实施过程中，协同创新主体双方很大程度上都会选择实施。然而，过度实施会产生过快消耗技术市场潜力等"公地悲剧"问题，特别是双方缺乏信任时问题会更为严重。应当通过保持协同创新联盟的相对封闭性，限制合作方转让技术成果使用权、处分权的方式来进行保护。

---

❶ 赵旭东：《从资本信用到资产信用》，载《法学研究》2003 年第 5 期。

❷ 徐红菊：《专利许可法律制度问题研究》，法律出版社 2007 年版，第 62-63 页。

❸ 根据中国社会科学院发布的《法治蓝皮书（2017）》披露，从 2012—2014 年，专利许可实施率仅为 2%，中国专利申请数量泛滥、利用率不高。

❹ 刘强：《机会主义行为与知识产权制度研究——新制度经济学的视角》，中南大学出版社 2016 年版，第 4 页。

表2　技术实施博弈示意

甲 乙	实施	不实施
实施	240, 240	360, 0
不实施	0, 360	0, 0

(三) 信息披露：专利性权利的维护

在协同创新技术开发过程中，由于市场机制的不完善，各主体间的谈判地位和经济地位都不平衡，因此各主体所掌握的资源、信息等都不相同。信息不对称成为影响协同创新技术开发效率的重要因素，既是引起交易成本的重要因素，也是引发机会主义行为倾向的经济学基础。● 当事人一方常常通过如隐瞒相关信息等机会主义行为为自己谋取利益，从而损害他人利益。因此，信息有效披露是促进专利性权利充分实施的重要措施。

根据表3所示，就甲方来说，如果乙方不披露，甲方也不披露，等同于各方独立开发，其所得各为50；如果甲方披露，将造成竞争优势损失，其所得为-100，此时甲方的最佳选择是不披露；如果乙方披露，甲方也披露，其所得各为200，双方产生合作盈余200［200+200-(300-100)］；如果甲方不披露，所得为300，此时甲方的最佳选择仍然是不披露。同理，就乙方来说，如果甲方不披露，乙方也不披露，其所得为50；如果乙方披露，也将造成竞争优势损失，其所得为-100，此时乙方的最佳选择是不披露。如果甲方披露，乙方也披露，其所得各为200；如果甲方不披露，其所得为300，此时乙方的最佳选择仍然是不披露。因此，在技术开发合同具有不完备性，并且协同方之间存在信息不对称时，协同创新主体双方很大程度上都会选择不披露信息，造成协同效应得不到有效实现。因此，有必要在制度上对协同方之间的内部信息披露义务进行明确，同时防止不恰当地向第三方披露。

● 刘强：《机会主义行为与知识产权制度研究——新制度经济学的视角》，中南大学出版社2016年版，第5页。

表3　信息披露博弈示意

甲乙	披露	不披露
披露	200, 200	−100, 300
不披露	300, −100	50, 50

四、技术开发合同专利性权利规则的完善

（一）关于技术委托开发的专利性权利

在协同创新技术开发合同中，明确专利性权利的归属和行使是十分重要的，实践中已经出现高等院校及科研院所为方便进行后续开发，倾向于将专利权控制在手而不转让给企业等问题。因此，在法律上对"申请专利的权利""专利申请权"和"专利权"归属和行使的明确规定能够给合同当事人提供合理的预期，降低谈判交易成本，促进科技成果转化。针对前述技术委托开发合同成果权属的法律缺陷，主要有两个方面的建议。首先，在法律上应规定协同方对技术秘密成果的默示保密义务，并且明确、细化对技术秘密成果使用、转让的限制性规定。这不仅有助于明晰如申请专利的权利、专利申请权等权利的归属，更重要的是能降低经济风险，保障合同各方当事人的权益。其次，应当将委托方的优先受让权扩展至申请专利的权利。在技术委托开发过程中，委托方不仅要支付研究开发经费、报酬，提供技术资料、原始数据，还需要为技术开发履行必要的协作事项。这意味着委托方在技术委托开发过程中也要投入大量人力、物力和资金，应得到更为充分的保护。再次，应当适当限制技术秘密成果的自由转让权，保持协同当事人之间的信任关系和协同联盟内部的相对封闭性。可以规定，受托人转让技术秘密成果的，应当取得委托人的同意并且不得与委托人的实施权相冲突。赋予委托方更多的优先受让权和同意权是对其投入的利益平衡，能够更加激励其参与协同创新技术开发。

（二）关于技术合作开发的专利性权利

针对前述技术合作开发合同成果专利性权利的法律缺陷，主要有两个方面的建议。首先，与技术委托开发合同一样，也需要在法律上规定技术秘密

成果的默示保密义务，并且明确、细化对技术秘密成果使用、转让的限制性规定。其次，合作开发合同当事人在约定权利归属时要明确体现在合同条款中，以某种行为或默示推定替代直接约定存在法律风险。合同约定要包含两方面的内容：其一是对技术方案的约定。在郭保军、王辰杰、李建伟与曾展翅专利权属纠纷一案中，一审法官认为，当以约定确定权利归属时，协议中对技术方案的约定必须明确；或者，即使协议之初不能形成完整的技术方案，也应当有证据证明当事人为技术方案的最终形成而履行了协议的事实存在。❶其二是明确约定技术秘密成果相关权利。再次，应当在法律上明确，从提出专利申请到专利授权之前，共有人单独实施或以普通许可方式许可他人实施技术成果的，适用《专利法》第 15 条的规定。此外，协调好《合同法》340条第 1 款与《专利法》第 15 条第 2 款之间的冲突，明确规定如果一方共有人放弃专利申请权的，可以通过颁发一次普通许可实现其免费实施该专利技术的权利。

小结

在协同创新战略下，由于技术开发的高收益伴随着高成本和高风险，控制交易成本和规避风险是保障协同创新技术开发效益的主要途径。该目标的实现需要明确法律规范，合理确定参与技术开发各主体的权利义务。而现有相关规范缺陷复杂多样，亟待完善。在《合同法》《专利法》等法律规范中完善技术开发相关法律规定，有利于提高参与技术开发各主体间的协同性和产生的效益，促进科技成果的开发与转化。

---

❶　参见北京市第一中级人民法院（2004）一中民初字第 3335 号判决书。

第四章

协同创新战略与专利权共有问题

协同创新主体在技术成果完成后，协同方有可能形成对专利权的共有，从而体现其研发活动协同性、转化活动的共同性和利益诉求的一致性。《专利法》2008 年修改后增加了专利权共有的权利行使规则，一定程度上弥补了法律规则的空白。但是，现有规定仍然存在专利权共有性质不明确，权利配置错位和部分权利归属不清等问题，有必要对此加以明确，以减少共有人在权利形成和行使方面的交易成本，促进协同创新成果的实现。

一、专利权共有的形成、性质与优劣

（一）专利权共有的形成

从形成方式来看，专利共有权的产生主要基于研发主体之间的协同创新行为。协同创新研发活动的共同性带来了利益诉求的一致性，能够较为自然地选择专利权共有作为权利归属安排。依据《专利法》第 6 条和第 8 条的规定，专利共有的产生原因主要有合作研发、委托研发和职务发明三种情形。在委托开发中，委托方提供资金、设备、材料等物质条件，甚至承担部分辅助研发活动，而受托方则从事具有创造性的研发工作并完成技术成果开发。而合作开发则是双方共同委派研发人员进行研发活动，并且均对研发成果的实质性特点做出创造性贡献。通过委托开发和合作开发，可以整合协同主体的研发优势，完成独立开发难以实现的技术成果。在以上两种情况下，可能基于当事人约定或者法律规定产生专利权共有。

值得注意的是，职务发明活动也可能会产生专利权共有。❶ 主要利用单位物质技术条件完成的职务发明创造而言，我国专利法允许职务发明人与单位约定专利权归属。作为协商结果情形之一，双方可能会约定专利权共有。尽

---

❶ 王瑞龙：《知识产权共有的约定优先原则》，载《政法论丛》2014 年第 5 期。

管有学者对职务发明创造专利权共有的有效性提出质疑，包括发明人与单位的谈判地位不平等、发明人在发明资源的投入上主要局限于智力资源、发明人对专利权的利用能力不强等问题。❶ 但是，不可否认采用共有形式有助于调动单位与发明人双方的积极性。

（二）专利权共有的性质辨析

由于《专利法》并未比照《物权法》将专利权共有界定为共同共有或者按份共有，因此对其性质始终存在争议。半官方的解释均以共同共有为原则，按份共有为例外。蒋志培庭长主张"技术成果作为无形财产，不可能按份共有"，❷ 尹新天司长则认为，专利权共有是以共同共有为原则，以按份共有为例外。❸ 学者们则倾向于按份共有，主要是基于专利权的财产属性以及促进专利流通的价值目标。❹ 但是，按份共有观点也存在一个悖论，学者们仍倾向于规定共有人行使转让权需经过其他共有人的同意，否则会不合理地引入新的共有权人，改变原来的竞争结构，甚至稀释市场份额，最终侵蚀专利权共有人在做出研发贡献后应得的合理经济回报。基于以下两方面原因，将专利权共有定位为共同共有更为合理。

其一，专利权共有不易确定各共有人的权益。学者们倾向于按份共有的目的之一是其能够确认各共有人的权益，从而清楚地确定产权的边界。协同创新主体均投入了研发资源，但是各种资源性质不同且价值各异，不易确定各自的贡献。按份共有只是确认了共有的形式，并非能够直接认定份额，仍需要根据贡献（类似于有形财产中的出资）来确定，而这并非易事，仍然依赖于当事人的约定。按份共有与权利本身的保护范围是否清楚并无关系。事实上，共同共有是对当事人之间特殊信任关系的确认与维护，同时也不妨碍共有人约定利益分配比例和权利行使的限度。

其二，共同共有有利于维护协同创新主体之间的信任关系及人合属性。双方为建立协同合作研发关系已投入相当多的交易成本，应当在权利行使过程中加以稳定和维持。协同主体在成果完成时都不愿放弃权利及其对未来所

---

❶ 邓志新、黄金火：《职务发明专利权共有制可行性质疑》，载《科技进步与对策》2007年第2期。

❷ 蒋志培：《依法审理技术合同纠纷案件》，载《中国发明与专利》2005年第1期。

❸ 尹新天：《中国专利法详解》，知识产权出版社2011年版，第190页。

❹ 崔国斌：《中国专利共有制度述评（上）》，载《电子知识产权》2010年第6期；侯庆辰：《论企业共同开发完成后之专利权共有——以我国台湾地区法律为论述基础》，载《科技与法律》2014年第5期。

能取得的利益预期，因此专利权共有是一种中间状态和过渡形态。专利共有权既满足企业对技术的需求，又符合研发主体对其所有权的控制。当然，一旦能够用共有身份及利益换取较高回报，专利共有人则可能倾向于分割和转让。然而，这种转让行为必须取得其他共有人的同意，并且其他共有人享有优先购买权，以维持稳固的人合性特征。

（三）专利权共有的优劣之辨

虽然专利共有是解决在协同创新背景下，专利权归属约定不明、利润分配约定不清晰等问题的有效手段，但是共有制度本身所具有的局限性，也会影响其积极性的发挥。

1. 专利共有制度的优势

首先，专利共有制度是实现产学研协同创新经济效益平衡的需要。利益平衡体现在对共有人在开发技术和实施技术两方面贡献的认可。开发技术是价值产生的源泉，而实施技术是产生经济价值的必经之路。专利权共有能够保障共有人自行实施的权利。❶ 这既是其作为权利人的应有之义，也是促进实施的制度保障。根据《专利法》第 15 条第 1 款，专利权共有人自行实施或者颁发普通许可不需要经过其他共有人同意，使得共有人的基本经济利益可以得到保障。如果自行实施还需要共有权人同意，则会降低实施活动的效率。共有人颁发许可需要承担的商业风险较小，不会引发过度投资的担忧。因此，要求共有人对许可费进行分配，可以抑制研发贡献较小的共有者"搭便车"的机会行为，避免其攫取其他共有人应得的研发利润。由于高校等协同方实施能力不足，"转让"成为其技术转化的重要方式，但是"转让"对实施没有直接推动作用，反而会引发过度竞争的风险。因此，共有人颁发许可，尤其是排他许可和独占许可，应该受到较为严格的限制。

其次，专利共有可以反映协同创新当事人的贡献。在产学研协同创新过程中，各共有人的优势资源不同，在专利的创造、保护、运用等方面的贡献度也有所不同，通过司法途径划分各主体的贡献度份额也存在较大的困难。专利所处阶段不同、专利流转方向的不同都可能会影响到各个主体在专利权共有上的应得利益份额。"英国《专利法》在专利共有人没有约定各自份额或

---

❶ Philip Mendes The Economic and Bargaining Implications of Joint Ownership of Patents，The Licensing Journal，February 2015，35（2）：4-11.

贡献度时，直接推定共有人对专利权或相关利益享有相同的份额。"❶专利共有能够反映各共有人在专利权运行过程中的贡献度，允许其通过协议约定利益分配比例，对专利共有利益的合理划分具有积极意义。

再次，可以避免立即对专利权属进行分割而产生冲突。产学研协同合作，不仅要解决研发效率低下的问题，还要解决专利转化利用效率低下的问题。如果严格划分每一项协同创新专利各个主体的利益份额，那么协同创新所追求的"效率"则会无法实现。若协同创新主体不采用专利权共有而采用单独所有，则必须在研发过程中或者成果完成后立即就权利分割和经济补偿进行谈判。但是，此时专利价值尚未显现，能否产生经济效益也具有很多不确定性，当事人为避免预期利益受损，将不得不付出很高的交易成本进行谈判，这会延缓和阻碍研发进程和转化过程。专利共有则可以避免协同创新主体立即陷入对专利权属的分割，留待实际转化时再行协商确定。

最后，可以维护专利共有人之间的信任。❷共有制度本身所具有的人合属性，在专利共有制度中也有明显的体现。专利共有人基于合同形成相互间的信任，使得共有关系具有民法上合伙关系的属性。协同方之间的"信任"是协同创新能够成功实施的重要因素，有效的协同取决于产学研主体间的持续信任。❸只有共有主体之间充分信任，才能有效保障专利共有的持续高效运转，进而真正实现协同创新激励专利创造，促进经济发展的目的。根据《专利法》第15条第2款规定，共有人行使除自行实施和普通许可以外的权利，应当经全体共有人同意，使得个别共有人不能为自身利益而实施损害其他共有人的行为。因此，共有制度可以将协同创新主体的利益在一定时期内适度地绑定在一起，从而以利益共同体的形式维持和促进合作关系的存续与发展。

2. 专利共有制度的劣势

首先，专利共有人利益份额难以确定。合理确定的共有人利益份额是决定共有人权利与义务的关键，基本原则是以共有人在专利权开发和转化过程中的贡献作为确定份额的依据。然而，由于研发人员的工作量与单位投入的资金、设备、承担的风险等都很难具体认定，故在确定共有人各自的份额时

❶　崔国斌：《中国专利共有制度述评（上）》，载《电子知识产权》2010 年第 6 期。

❷　Rene Belderbors, Bruno Cassiman, Dries Faems, Bart Leten, Bart Van Looy. Co-ownership of intellectual property: Exploring the value-appropriation and value-creation implications of co-patenting with different partners, Research Policy, 2014, 43 (5): 841-852.

❸　解学梅、方良秀：《国外协同创新研究述评与展望》，载《研究与发展管理》2015 年第 4 期。

也存在困难。在专利研发过程中，协同创新有助于人们完成个体无法单独完成的目标。[1] 但是，共有人集体行动所要考量的因素又存在无法具体量化的问题，因此共有专利的份额也就很难具体划分。

其次，专利共有人行使权利会受到限制。在专利权共有制度中，为维护共有人之间的信任关系，颁发独占许可、转让共有权益等处分权利受到限制，在行使时必须征得其他共有人同意。然而，专利权共有人之间的利益关系可能随着市场环境发生变化，包括信任关系不复存在，或者对于专利权行使的方式存在意见分歧。此时，他们通过行使权利使得各共有人均能获益的互动也受到严格限制，不利于充分发挥专利权的价值。

最后，专利共有人实施行为会受到阻碍。部分专利权人主要依靠自行实施共有专利权获得经济利益，并且因此承担较高的转化成本和市场风险。然而，由于共有人自行实施或者颁发普通许可行为不需要得到全体共有人同意，自行实施甚至不必分配所得利益，会使得其他共有人的自行实施行为受到阻碍。在市场容量有限的环境下，共有人之间甚至会形成直接竞争关系，这种利益冲突问题会变得尤为突出。

二、专利权共有的经济学分析

（一）交易成本问题

依据科斯第一定律：在现实交易成本不可能为零的情况下，最好的法律就是能使交易成本的影响最小。[2] 因此，专利共有制度的有效运行，应当着眼于有效地节约和克服交易成本，尤其是在便利专利资源效用最大化的同时，降低协商成本、决策成本以及为避免负外部性受害者所付出的防范成本。当事人愿意支付交易成本进行协商，必然是达成交易所产生的效益高于需支付的交易成本。当决策者过多时又会显著地增加交易成本，受益者过多时则会稀释专利共有制度下产生的专利经济效益。

产学研协同创新是一种"共同出资，共同经营，共担风险，共享利润"的创新模式。一方面，形成专利权共有的交易成本较低。如上所述，协同创新方在技术成果完成时立即对成果权益进行分割并形成一方单独所有的交易

---

[1] 孙敏洁：《合作研发中专利共有新探》，载《兰州学刊》2011年第8期。

[2] ［美］理查德·波斯纳著，蒋兆康等译：《法律的经济分析》，中国百科大全书出版社1997年版，第37页。

成本较高，而形成专利权共有可以避免这部分谈判成本，有利于形成双方均能接受并且较为稳定的权利安排。另一方面，专利权共有在行使权利时的交易成本较高。例如，法律上要求转让专利权的全部或其共有权益须得到全体共有人一致同意，任何一位共有人均享有否决权，为达成一致需要较高的交易成本。❶专利权共有的交易成本主要体现在达成共有协议和履行共有协议两个阶段。如果第一阶段花费的交易成本较少，没有就利益分配达成更为细致的协议，可能会相应地抬高第二阶段的交易成本。考虑到专利共有人就权利行使达成完备协议的交易成本较高，因此法律制度应当适时地起到补足协议内容的作用，同时应避免协议潜在风险损害部分共有人的合理利益。

(二) 公地悲剧与反公地悲剧问题

在公地悲剧的语境中，个人通过对公共物品的利用独享收益，因此产生的成本却由公众共同承担。公地悲剧的产生是由公地的产权特性所决定的。公地作为一项资源或财产有许多拥有者，他们中的每一个都有使用权，而没有人有权阻止其他人使用，结果是资源的过度使用和枯竭。❷专利共有也存在这一问题。共有人可不经其他共有人的同意，将共有专利以普通许可的方式许可他人实施，无异于在共有草地上允许所有的牧羊人任意放牧。对其他共有人而言则是对共有专利资源（尤其是市场资源）的减损。如果市场容量是固定的，那么颁发一个许可则会相应地减少其他共有人潜在的市场份额。当某个共有人无限制地颁发许可，意味着本来由全体共有人共同享有的市场被他独自占领，而其他共有人却没有获得应有的利益。在共有制度下，各共有人企图扩张其私利，而将部分成本转嫁到其他共有人身上。❸共有人任意许可实施专利权，而每位被授权人实质上是对同一共有专利加以整体利用，也会产生"公地悲剧"的问题。在产学研协同创新中，政府必须介入市场并用法律加以规制，规范共有人的颁发许可行为。❹要求共有人分享自行实施及许可

---

❶ 侯庆辰：《论企业共同开发完成后之专利权共有——以我国台湾地区法律为论述基础》，载《科技与法律》2014 年第 5 期。

❷ Robert P. Merges, Lawrence A. Locke：CO-Ownership of Patents：A Comparative and Economic View，Journal of the Patent & Trademark Office Sociaty，1990，72 (6)：586-599.

❸ Robert P. Merges, Lawrence A. Locke：CO-Ownership of Patents：A Comparative and Economic View，Journal of the Patent & Trademark Office Sociaty，1990，72 (6)：586-599.

❹ 孙敏洁、曹新明：《专利共有——交易与许可的经济分析》，载《北京科技大学学报（社会科学版）》2011 年第 4 期。

的收益是防止其过度实施或许可而引发"公地悲剧"问题的有效措施。

"反公地悲剧"是针对公地悲剧而提出来的,是指资源或产权过度分割以致破碎化,决定资源利用权利的排他性过强,进而造成资源使用不足的悲剧。❶ 当一项资源或财产有许多拥有者,且他们中的每一个都有权阻止其他人使用资源,却没人拥有有效的使用权,该种权利的给予会给资源使用设置障碍,会导致资源闲置和使用不足。❷ "当同一个产品之上的一个或者多个核心权利被分割给多个所有者,且这些核心权利可排斥其他所有者对该产品的使用时,每一个要使用该产品的人需征得各个核心权利拥有者的同意,此时核心权利拥有者出于个人利益的考虑竞相设置较高的使用门槛,变相压制了产品、资源的利用效率。"❸ 以专利共有制度划分专利权归属,会产生多个共有人相互竞争与排斥的问题,对共有专利权的实际利用会增加更多的交易成本。因此,如果共有人自行实施专利权或者颁发普通许可还需要得到其他共有人同意的话,则可能会导致专利权利用不足的问题,使得技术资源使用效率不能实现最大化。

(三) 决策成本与负外部性问题

首先,专利权共有的决策成本较高。"决策成本"是指说服人们同意的成本。❹ 当共有人过多并且权利行使必须与每一个主体达成一致时,会阻碍专利权得到有效的利用。在产学研协同创新过程中存在一个"开放悖论",即"研发过程需要开放,而在专利权流转过程中则权利单独所有更有效率"。❺ 共有专利的主要特点就是多主体共同拥有一件专利的权利,因此在寻求多主体同意的情形下,为达成一致所消耗的决策成本是较大的。虽然在维护专利有效,提升专利价值等方面存在一致性,但是该一致性不能掩盖个体利益多样性的事实。决策成本过高会导致共有专利权的有效利用受到阻碍。

其次,专利权共有可能造成负外部性。专利共有制度的适用,若为了避

❶ 阳晓伟、庞磊、闭明雄:《"反公地悲剧"问题研究进展》,载《经济学动态》2016 年第 9 期。

❷ 刘强:《交易成本与专利强制许可问题研究》,载《行政与法》2009 年第 4 期。

❸ 转引自张冬、李鸿霞:《我国专利运营风险认定的基本要素》,载《知识产权》2017 年第 1 期。

❹ 孙敏洁、曹新明:《专利共有——交易与许可的经济分析》,载《北京科技大学学报(社会科学版)》2011 年第 4 期。

❺ Rene Belderbors, Bruno Cassiman, Dries Faems, Bart Leten, Bart Van Looy. Co-ownership of intellectual property: Exploring the value-appropriation and value-creation implications of co-patenting with different partners, Research Policy, 2014, 43 (5): 844.

免决策成本而允许部分共有人独自利用专利权，可能会增加实现专利流转过程中的外部负担。例如，如果某个共有人对专利的直接利用行为未取得其他共有人同意，则可能与其他共有人利益产生冲突，造成其他共有人利益减损。若该专利技术仅有一位权利人，则研发者实现专利许可的交易成本最低。此后每增加一个专利共有权人，其实现专利技术自由使用的协商费用、预防机会主义行为的费用、承担的侵权风险等交易成本都会不断增加。一定程度上说，专利权共有增加了共有人预防其他人单独行动的交易成本，可以通过收益分配的普遍化缓解负外部性问题。

（四）竞相颁发许可的博弈分析

在各共有人共享专利权的情形下，其决策行为相互之间形成博弈。在共有人之间可能存在竞争关系和利益分化的情况下，其面临坚守防止技术扩散的约定，还是为单方利益而违背约定进行技术扩散的选择难题。针对某个特定的共有人而言，不论其他共有人是否自行实施或者颁发许可，其最佳选择均是尽可能多地进行专利权的实施或者颁发许可，从而抢占更大的市场份额，获取更多的市场利益。尤其对那些不具备或不完全具备实施条件的共有人来说，发放普通许可无疑是最有效的利用方式。然而，无限制颁发许可会打破垄断，实现专利经济效益，但也会导致专利市场价值贬损的危害。❶ 在市场容量有限的情况下，当事人竞相颁发许可或者自行实施均会加剧公地悲剧问题，导致市场资源过快消耗。应当克服自行实施收益不分配和许可收益不合理分配机制问题，通过收益分配的均衡化破解共有人之间的非合作博弈，避免公地悲剧现象的发生。

三、专利权共有的权利行使

（一）专利共有权的类型化：共益权与自益权

专利权共有人所享有的权利可以分为两类：共益权和自益权。行使共益权能够使得全体共有人均获得经济利益，包括向第三人颁发普通许可、排他许可、独占许可等。根据法律规定，颁发许可将使得其他共有人也能分配到许可费收益，而颁发排他许可或者独占许可则需要经过其他共有人同意，使

得许可收益必然惠及所有共有人。有必要防范部分共有人在其他共有人行使共益权时的"搭便车"行为，包括在对共有专利权研发和许可贡献较少的情况下请求较多许可费收益份额，从而侵蚀他人合理利益的问题。此外，由于部分共有人可以通过其他途径获得经济回报，可能会减损共有专利权的市场价值，因此要防范其不正当地行使共益权而损害其他共有人利益的行为。

与共益权相对应，各主体单独满足自身需求、实现自身收益的行为是一种自益权。自益权包括共有人自行实施专利权、转让专利共有权益等。在特定情况下，自益权的行使可能与共益权的行使产生冲突。例如，由于共有人自行实施占领有限的市场份额，会影响其他共有人通过实施获得收益；共有人转让专利权益引入竞争对手，使得其他共有人原本享有的竞争优势或者诉讼目标不复存在。

（二）专利共有权的主要内容

1. 自行实施权

一般除另有约定外，各共有人均可单独实施其共有的专利权。然而由于实际生产能力、市场占有份额等方面的差异，各共有人通过专利实施所获得的利益未必与其在共有专利技术研发中所做出的贡献相当，甚至显失公平。❶若共有人均有实施能力，以交易成本为出发点，最终共有人会形成一个固定的竞争关系。在产学研协同创新中，专利共有人单独实施权是应该保留的一项权利。共有人进行发明创造很大程度上是为了实现经济效益，而允许其自行实施该共有专利，可以及时有效地实现经济效益。

目前，共有人面临的困境是单独实施专利所获的利益是否需要进行分配的问题。《专利法》第15条对此没有排除，但是通常理解为不需要进行分配。从防止公地悲剧和负外部性角度来说，应该将单独实施的共有专利利益在各共有人之间合理分配。原因在于，在专利权实现经济效益的过程中，高校等共有人处于产业链的上游，研发活动本身并不会产生经济效益，同时其实施专利技术的能力不足，获益途径有限。而企业则具备较强的专利经济效益实现能力，若其不需要将所获利润向高校分配，将使后者处于明显不利的地位。此外，尽管2004年最高人民法院颁布的《关于审理技术合同纠纷案件适用法律若干问题的解释》为解决专利共有人实施能力不足问题，允许其以普通许

---

❶ 蒋逊明、朱雪忠：《专利权共有的风险及其防范对策研究》，载《研究与发展管理》2006年第1期。

可方式许可他人实施，但是专利法要求许可费在共有人之间进行分配，对于该共有人仍然显得不公平。

2. 许可实施权

许可他人实施一直都是共有专利运用的重要方式。如前所述，高校不具备自行实施能力，必须通过许可或者转让等方式实现共有专利的经济效益。对于颁发许可的权限，《专利法》第 15 条规定，颁发普通许可无须经过其他共有人同意，而颁发排他许可和独占许可则需要经过全体共有人同意方可进行。由于排他许可和独占许可会限制专利权人实施专利的权利，应当受到更为严格的限制。关于收益分配问题，该条规定，许可实施共有专利权所产生的使用费收益须在共有人之间分配。根据通常理解，应当在给予其他共有人适当补偿后由许可人享有，即在各共有人之间进行分配。❶

对于该条的完善，应当在分配之前加上"合理"二字。❷ 在确定分配数额时，应当根据共有人的贡献度进行确定，包括技术开发以及颁发许可两个阶段的贡献。其一，贡献测算法。按照研发与许可中的贡献来进行分配，同时考虑共有人通过自行实施所获得的收益。其二，成本扣除法。将共有人在许可中支付的合理成本扣除或给予合理补偿，或根据研发成本来分配。其三，平均分配法。即参照财产共有来分配收益，这属于兜底的分配方法。该三种方式对解决共有专利许可费的问题都具有积极意义。相对来说，第一种方式更加符合人们的期待，但却是最难以量化和计算的。其余两种相对来说简单，对保护共有人合法权利同样具有积极意义。

3. 共有权益转让权

尽管专利权共有属于按份共有，共有人仍然可以对所享有共有权益进行分割和转让。如果仅在共有人之间进行分割，只需要订立协议明确利益分配比例即可；如果向第三人进行转让，则需要到国家知识产权局进行权属变更。在转让自由度上，学者普遍主张应该征得其他全体共有权人的同意，以防止

---

❶ 陈家宏：《共有专利权普通许可研究——兼评郭禾"简评 2008 年〈专利法〉第十五条"一文》，载《湖南社会科学》2016 年第 3 期。

❷ 该"合理"的含义可以借鉴 FRAND 原则中的"合理"的含义。即任何标准实施者支付的许可费率不得高于某一专利成为标准之前、有替代技术与之竞争时的许可费率。标准专利权人应当得到与其实际贡献相符的回报。它能直观有效地反映行为人在专利利润实现过程的贡献度。详细论述见罗娇：《论标准必要专利诉讼的"公平、合理、无歧视"许可——内涵、费率与适用》，载《法学家》2015 年第 3 期。

竞争者介入专利权打破平衡。❶ 有必要在保障共有人转让自由和维护权利人封闭性之间寻求平衡。一方面，如果共有人拥有绝对权利拒绝转让，那么转让人的财产权益将难以实现。因此，有必要借鉴公司法关于有限责任公司股东转让股权的规定。如果专利权共有人不同意其他共有人转让的，应当购买其共有权益，不购买的视为同意。❷ 另一方面，由于专利权共有具有人合的特性，为了维持共有关系的稳定以及共有人之间的信任，应当赋予共有人优先购买权。

此外，还需要进行以下三个方面的制度完善。其一，专利权共有人的优先购买权与同意权可以同时行使。并非只有共有人不同意他人转让共有权益才能行使优先购买权，从而较好地维护共有关系的人合属性。其二，专利权共有协议可以要求共有人在约定条件下强制转让其权益。如共有人丧失民事行为能力或者某种资格时，可以根据共有协议强制要求其转让权益。其三，当共有协议强制转让约定时，其他专利共有人必须先经过司法程序确认共有权益发生转移，而不能根据此约定直接到国家知识产权局办理专利权属变更登记，否则丧失权益的共有人得不到应有的救济和行使抗辩权利。

四、专利共有人的义务与权利限制

（一）专利共有人的义务

专利共有制度下各共有人必须严格履行相关的义务，否则共有专利权就会失去存在的基础。没有无权利的义务，也没有无义务的权利。对未履行义务的专利权共有人来说，其必须承担一定的法律后果。

1. 维持专利有效

法定的专利有效期限为 20 年或 10 年，但是并非所有专利权都能存续到期限届满，可能因权利人不缴纳年费等原因提前失效。❸ 专利权有效是专利共有存在的基础，若专利失效将导致专利共有的终结。因此，各专利共有人都有义务积极维护共有专利的有效性。在协同创新中产生的共有专利，其维持

❶ 侯庆辰：《论企业共同开发完成后之专利权共有——以我国台湾地区法律为论述基础》，载《科技与法律》2014 年第 5 期；Robert P. Merges，Lawrence A. Locke：CO-Ownership of Patents：A Comparative and Economic View，Journal of the Patent & Trademark Office Sociaty，1990，72（6）：586-599.
❷ 何怀文、陈如文：《专利共有制度的博弈分析》，载《清华知识产权评论》2015 年 1 期。
❸ 毛昊、尹志锋：《我国企业专利维持是市场驱动还是政策驱动》，载《科研管理》2016 年第 7 期。

费用必须由全体共有人分担，而不应当由某个主体承担，否则容易诱发不缴纳年费共有人的"搭便车"行为。若一方共有人不缴纳维持费，应当认定其丧失分享共有专利许可费分配收益的权利。❶ 如果部分共有人书面声明或者通过不缴专利年费的行为方式放弃其共有专利权，则该放弃部分应为其他共有人所取得。❷

2. 应对专利无效宣告请求

请求宣告专利权无效是竞争对手面临专利侵权诉讼时经常使用的反击手段之一。一方面，共有专利权可能会被第三人请求宣告无效。被控侵权人在纠纷中使用专利无效宣告，可以从根本上避免被认定构成侵权。❸ 此时，专利权的各共有人均有权利和责任应对无效宣告请求。考虑到应对无效宣告所耗费的资源较多，部分共有人不愿意分担，可以赋予承担费用的共有人向其他共有人追偿的权利，或者在许可收益分配时向其倾斜。另一方面，专利权人在特殊情况下也可以针对其所拥有的专利权请求宣告无效，但是根据《专利审查指南》第四部分第三章第 3.2 节，此时要求请求人是专利权的所有共有人，以此防止部分共有人获得收益后通过请求宣告无效阻碍其他共有人获利。

3. 提起侵权诉讼

当第三人实施侵犯共有专利权的行为时，任何共有人均可以向侵权人提起诉讼并主张权利。此时，各共有人应该共同支持诉讼，支付诉讼成本，共担诉讼风险，共享诉讼收益。其中，任何共有人提起的侵权诉讼所获得赔偿结果应当对全体共有人有效，所得侵权损害赔偿金也应当在共有人之间合理分配。❹ 但也必须认识到，存在部分共有人采取消极诉讼也能获利的问题。因此，当一方消极诉讼时，其他共有人有权单独提起诉讼，获得赔偿金后对于消极诉讼一方应当少分或者不分。❺ 同时，在部分共有人起诉后，应当不允许其他共有人通过向被告颁发许可的方式让后者逃避侵权责任。

(二) 对共有人约定的限制

当事人约定优先是专利权共有利益分配的基本原则。但是，基于共有人

---

❶　吴晓秋：《法经济学视角下的专利权共有制度研究》，载《铜陵学院学报》2016 年第 4 期。

❷　慎理：《试论专利权共有制度》，载《科技与法律》2009 年第 2 期。

❸　陈柳叶、荣芳、梁燕、朱艳华：《专利无效——企业知识产权保卫战的利器》，载《电视技术》2012 年第 2 期。

❹　Robert P. Merges, Lawrence A. Locke: Co-Ownership of Patents: A Comparative and Economic View, Journal of the Patent & Trademark Office Sociaty, 1990, 72 (6): 586-599.

❺　吴晓秋：《法经济学视角下的专利权共有制度研究》，载《铜陵学院学报》2016 年第 4 期。

利益平衡并保护第三人合理预期的目的，应当对于共有人约定的效力进行一定程度的限制。

1. 不得约定部分共有人独享许可费

专利共有人之间不得约定，许可他人实施共有专利收取的费用归属部分共有人所有。如果允许做此约定，等于取消了《专利法》第15条所设定的分配义务，将不合理地剥夺部分共有人的利益分配权。如果部分共有人独享收益，将导致滥发许可现象，可能出现"公地悲剧"，最终使得专利权共有关系难以存续下去。因此，应当在立法上对此更加明确地予以排除。

2. 共有人内部约定限制不得对抗善意第三人

《合伙企业法》第37条的规定是合伙企业内部规定，不得对抗善意第三人。该条对专利共有制度具有较强的借鉴意义。出于对部分共有人经营能力不足的考虑，专利权共有协议可能会对他们行使共有权的权利进行适当限制。这本无可厚非，但是如果允许共有人以内部对于权利行使的限制性约定对抗善意第三人，将使得第三人的交易安全得不到保障，始终处于效力不确定的状态。❶ 因此，可以借鉴《合伙企业法》，对专利共有人的权利进行限制，即专利共有人内部之间对于行使共有权限制的约定不得对抗善意第三人。

小结

专利共有制度是解决产学研协同创新中专利权归属问题的有效路径，其制度设计是为减少多主体协同创新专利确权的交易成本。专利共有人之间是一个基于信任等人合因素而存在的共同共有的封闭团体。各个共有人自行实施共有专利或者许可他人实施共有专利，所取得的收益必须在各共有人之间合理分配，如此才能有效地体现其在共有专利中的贡献度。专利权共有制度也必将在协同创新战略的引领下，更好地调节各主体的利益，实现激励创新的目的。

---

❶ Robert P. Merges, Lawrence A. Locke: Co-Ownership of Patents: A Comparative and Economic View, Journal of the *Patent & Trademark* Office Society, 1990, 72 (6): 594.

第五章

协同创新战略与职务发明权属问题

协同创新的重要形式之一是企业内部的各个部门和人员之间的协同，特别是研发人员与企业中的市场、法律、生产等部门和资源的协同，共同完成职务发明创造并进行实施。在形成职务发明技术成果之后，涉及成果性质与归属的法律认定问题，相应制度安排将关系到单位与发明人的经济利益，从而影响协同创新活动的实施效果。考虑到我国职务发明的权利归属制度采用雇主优先模式，有必要在适当时候向发明人方面进行倾斜性调整，从而实现人本主义理念，激发其从事技术研发及成果转化活动的积极性。

一、我国职务发明权属制度的模式及其运行困境

（一）现有权属模式

职务发明创造，主要是指劳动者在履行其作为雇员的职责中所完成的发明创造，其中所涉及的利益主体为发明人及其所在单位。我国职务发明创造的权利归属模式可归为"雇主优先"模式，《合同法》和《专利法》及其实施细则等法律法规对此作出了原则性的规定，并初步形成了一个职务发明创造归属的立法体系。❶ 具体可以从以下两个层面解读：其一，对于职务发明创造归属确定了以"职责标准"为主、"资源标准"为辅的基本评判标准，体现了我国职务发明创造的权利首先归属于单位所有的模式；❷ 其二，对于职务发明创造权利归属规定了"约定优先"原则，作为对职务发明归属单位所有

---

❶　参见《合同法》第326条、《专利法》第6条、《专利法实施细则》第12条、《关于审理技术合同纠纷案件适用法律若干问题的解释》第4条。

❷　职责标准是指"执行法人或者其他组织的工作任务"，具体包括三种情况：（一）在本职工作中作出的发明创造；（二）履行本单位交付的本职工作之外的任务所作出的发明创造；（三）退休、调离原单位后或者劳动、人事关系终止后1年内作出的，与其在原单位承担的本职工作或者原单位分配的任务有关的发明创造。资源标准是指技术成果的完成利用了"法人或者其他组织的物质技术条件"。

的补充。因此，现阶段我国职务发明创造权归属于单位是原则，但在此原则之上，若发明人同单位之间做了不同的约定，则法律尊重双方之间的协议，优先按照协议确定权利归属。

(二) 运行困境

基于我国《专利法》等法律法规所建立的职务发明创造权利归属模式，现实中存在着一定的争议并遭遇了诸多困境。

第一，适用范围过于宽泛。《专利法》关于职务发明适用范围的规范包括第6条第1款的两种法定权属配置以及第3款的约定权属配置。在法定权属配置中，《专利法实施细则》第12条第1款的规定明显将执行本单位任务的发明创造的范围予以扩大，例如其中第三项离职后一年内作出的发明创造，使得离职职工的个人发明成果存在被单位以职务发明的名义攫取的可能。而对于主要利用本单位物质技术条件所完成的发明创造，一方面，"主要利用"在司法实践中评判标准具有模糊性且不统一，界定比较困难，缺乏可操作性，并且"是否利用单位物质条件"作为员工方胜诉与否的关键证据，往往举证困难，甚至在无法完成举证责任时，将面临被认定为违反保密义务、侵犯知识产权而须承担民事侵权责任甚至刑事责任的风险；[1] 另一方面，对单位物质技术条件的范围不断做扩大化的解释，片面强调物质条件在发明中的作用，忽视了发明人的科研经验与创造性劳动。[2] 在约定权属配置中，从条文的文义分析，尽管对于《专利法》第6条第3款中的"利用"是否涵盖了第1款中的"主要利用"存在一定的争议，[3] 但无论是否涵盖，当双方约定配置不明缺乏规范时，难免会导致职务发明权属界定不清乃至过宽。[4] 同时，与其他国

---

[1] 参见"上海泓鎏智能科技有限公司与康宁电子工程有限公司专利权权属纠纷上诉案"，(2012) 沪高民三 (知) 终字第19号。

[2] 傅剑清、李艺虹：《我国专利法对职务发明规定之不足与完善——由一起专利纠纷案引发的思考》，载《知识产权》2006年第5期。

[3] 有的学者认为，第3款中的利用包含全部利用和主要利用，其只针对职务发明创造，是第1款的特例。理由是第2款对于非职务发明创造专利权归于个人的规定同第1款中执行本单位任务所完成的发明创造专利权归于单位一样，均是法律的强行性规范，不得因为当事人的协议加以排斥适用。有的学者认为，第3款中的约定仅包括适用于次要利用本单位的物质技术条件的情况。因为第6条第1款已明确规定主要利用本单位的物质技术条件所完成的发明创造为职务发明创造。也有学者认为，第3款中的约定包含上述三种含义，即不论是全部利用和主要利用本单位的物质技术条件所完成的职务发明创造还是次要利用本单位的物质技术条件所完成的非职务发明创造，均可以约定专利权的归属，第3款是第1、2款的特例。

[4] 胡朝阳：《国家资助项目职务发明权利配置的法经济探析》，载《法学杂志》2012年第2期。

家相比，我国专利法对于职务发明创造的适用范围过于宽泛，国际立法主流普遍认为"利用本单位的物质技术条件所完成的发明创造"不应纳入职务发明创造的范畴。

第二，权属约定契约化不足。2000 年修改《专利法》时新增的第 3 款将约定优先原则确定为职务发明创造归属的重要规则，一定程度上缩小了职务发明权属的法定范围，为我国职务发明创造权利归属的契约化做了初步尝试，对调动发明人的积极性、优化智力资源与物质资源组合以及减少权属纠纷有着重要作用。❶ 即便如此，但单位优先原则一直占据首要地位，现有的法律机制并没有充分发挥契约在职务发明创造权属认定方面的作用。❷ 就具体实践而言，一些单位在与员工有约定的情况下，仍在单位内部规章制度中规定员工在职期间做出的任何发明创造都归单位所有，当出现约定与规定不一致时，双方之间的合同约定将被束之高阁、形同虚设，发明人的权益将严重受损。就具体法律规范而言，对利用单位的物质条件所完成的发明创造，单位与发明人之间有约定时适用约定，没有约定时一般都认定为职务发明创造，单位也可以直接取得专利权，单位与发明人的协商显然没有必要，这样一边倒的做法是对发明人创造性劳动的漠视。此外，对执行本单位任务所完成的职务发明创造能否适用约定优先原则，司法实践中的不同做法也使得约定的统一适用存在体系上的障碍。❸

第三，奖酬制度落实备受诟病。尽管奖酬制度的落实并不属于职务发明创造权利归属的问题，但其实则是职务发明权属制度不可缺少的一部分，是理解并有效维护现行职务发明创造权利归属制度的关键。在实践中，虽然我国专利法及实施细则已对职务发明人获得的奖励报酬做了原则性规定，但我国职务发明奖励报酬的落实长期以来备受诟病。在法律规范上，重实体规范、轻程序规范，对职务发明人的权益程序保障不足。在报酬的计算上，计算标准比较单一，对报酬的规定只是给出了百分比的范围与绝对数值而没有指出

---

❶ 王林、何敏：《对职务发明成果归属的新思考》，载《南京师范大学学报（社会科学版）》2002 年第 2 期。

❷ 尚广振：《我国职务发明创造权利归属契约化路径初探》，载《中国发明与专利》2015 年第 1 期。

❸ 第一种观点认为，职务发明的权利归属不能适用合同约定，《专利法》第 6 条第 3 款主要指可以对非职务发明的权属进行约定；第二种观点认为，执行本单位的任务所完成的职务发明，可以适用约定；第三种观点认为，应当准许对主要利用单位物质技术条件的职务发明的专利权权属进行约定，也可以对非职务发明的权属进行约定，但不能对执行单位任务所完成的职务发明进行约定。

相应的计算方法，试图以一个固定的比例解决所有的报酬分配问题，这种"一刀切"式的分配方式显然是不能适应现实发展的客观需求。在发生诸如交叉许可、无偿转让、放弃专利权、以技术秘密方式保护、发明人离职、失踪或死亡等特殊情形时，奖酬支付标准规范缺失。如何约束企业履行法定或约定的奖酬支付义务，以及在争议发生时为发明人提供便捷、有效的救济途径等仍需落实和明确。

针对我国职务发明创造归属制度存在的问题，新近立法动向给予了回应。在近期国家知识产权局公布的《专利法修改草案（征求意见稿）》（以下简称《专利法修改草案》）中，对职务发明创造的归属做了重要修改，❶ 一定程度上体现了对人是科技创新的最关键因素的主体地位的重视。在国务院法制办公布的《职务发明条例草案（送审稿）》（以下简称《条例送审稿》）中❷，第二章共用 3 个条文对职务发明的权利归属进行了相应完善；第四章共用 11 个条文规定了奖酬的基本原则、确定奖酬的因素、支付期限、发明人的知情权、无约定情况下奖酬的最低标准、特殊情况下的权益保障。

二、职务发明创造权属制度困境的三种破解路径

《专利法修改草案》与《条例送审稿》此次对职务发明制度的修改，都是在保持原有制度模式的基础上展开的修补工作。与立法规范较为一致不同，理论界围绕职务发明人的创造性智力劳动与企业提供的物质技术条件孰轻孰重的论争，对职务发明创造的归属问题一直存在三种不同的解决之道，第一种是赋予职务发明人专利申请权，第二种是建立职务发明共有制，第三种是适当调整现行立法的规定，以细化和落实奖酬制度来维护现行职务发明创造权利归属制度。前两种路径属于重构模式，最后一种路径属于适当调整模式。尽管三种思路的侧重点各有不同，但殊途同归，共同致力于完善职务技术成果的利益分配机制。

---

❶ 《专利法修改草案（征求意见稿）》对《专利法》第 6 条做了修改：一是重新划分职务发明创造的范围，仅规定"执行本单位任务所完成的发明创造"为职务发明创造，不再规定"主要利用本单位物质技术条件所完成的发明创造"为职务发明创造；二是明确了"利用单位物质技术条件所完成的发明创造"的权属划分，规定双方对其权利归属有约定的，从其约定；没有约定的，申请专利的权利属于发明人或者设计人。资料来源 http://www.chinalaw.gov.cn/article/cazjgg/201512/20151200479591.shtml，最后访问日期：2016 年 10 月 10 日。

❷ 资料来源 http://www.chinalaw.gov.cn/article/cazjgg/201504/20150400398828.shtml，最后访问日期：2016 年 12 月 10 日。

（一）赋予发明人专利申请权

赋予职务发明创造人专利申请权，主要深受美国判例和日本《特许法》第 35 条❶确定的"雇员优先"模式的影响，在此种模式下，职务发明创造专利的原始权利归发明人所有，雇主享有实施权。这种观点的基本主张是：发明人付出了创造性劳动，理应享有职务发明创造的原始权利，但现实情况却是发明人不仅没有获得原始产权，而且只能被动地接受比例较低的奖酬，付出与回报并不等价，尤其是在单位不实施职务发明创造时，发明人获得报酬的权利更无从谈起，这使发明人的创造和实施积极性严重受挫。虽然"约定优先原则"可以弥补将权利归于单位的缺陷，但是存在雇用关系的单位与发明人地位不可能是平等的，双方所签订的合同很难真正反映发明人的自由意志。❷ 因此，只有赋予发明人原始产权，从源头扭转这种不利局面，化被动为主动，发明人才能取得创造性劳动的等价回报，也才会彻底激发其创造和实施专利的积极性。

职务发明成果专利权归属于发明人，虽然一定程度上会提高发明人参与发明创造的动力以及为其带来巨大收益，但这无异于从根本上改变现有职务发明制度，既存在操作上的难度，也存在经济上的不理性。

其一，这种观点虽然考虑了我国发明人权益难以落实的事实，但与我国制度现状相差较远，实施起来难度较大，因为推倒重构下的制度构建成本是巨大的，并将会产生一系列连锁反应。其二，不管何种制度模式下，发明人本身转化发明的能力也有待加强，而单位的强势地位依然不会改变，并且通过入职协议强行规定将职务发明申请权授予单位所有，看似尊重了发明人的利益，实则已发生变异，变相地成为雇主的权利。其三，由于发明人作为个体，对专利实施的能力低于单位，即便约定由单位实施，但产权主体与实施主体的分离使得专利实施的绩效会变得更低，甚至导致专利资源的浪费，不利于吸引单位对职务发明的后续投资。同时，发明人的经济实力和法律能力有限，这使其在面临侵权时产权保护的成本较高以及承担的维权责任更重。

---

❶　日本《特许法》第 35 条第 1 款规定：当从业人员、法人的干部、国家公务人员（以下简称"从业人员等"）的发明，就其性质而言属于雇主、法人、国家或地方公共团体（以下称为"雇主等"）的业务范围，而且完成发明的行为属于在雇主等处工作的从业人员等现在或过去职务的发明（以下称为"职务发明创造"）获得了专利，或者是继承了职务发明创造专利申请权者获得了专利时，雇主等对其专利拥有一般实施权。

❷　蒋小慧：《职务发明创造权利归属的理论探讨》，载《商场现代化》2007 年第 5 期。

其四，当发明人将该职务发明专利转让给其他单位时会侵害本单位的利益，这会挫伤单位对职务发明投资的积极性，最终不利于鼓励发明创造。因此，由发明人所有的产权模式总体上仍然不会促进发明创造增加以及专利发明的实施，并不可取。

（二）建立职务发明创造共有制

职务发明共有制，即是发明人及其单位共同拥有职务发明创造的专利申请权及申请获准后的专利权，是职务发明制度与专利共有制度的结合。早在1996年，我国就有学者提出了建立职务发明创造共有制的观点，并对此种制度的诸多优越性进行了论述。❶ 职务发明共有制的倡导者主张建立发明人与单位双方共有为主但允许约定的制度，即职务发明的专利权在一般情况下归发明人与单位共有，但也允许双方通过约定确定职务发明的权利归属。❷ 这一观点实际上是主张职务发明创造的法定共有，并可以通过约定排除法定共有，当然，其中的约定也包括约定共有，我国《专利法》第6条第3款是职务发明创造可能产生"约定共有"的依据。

职务发明共有制的提出，主要源于职务发明人享有的权利范围十分有限，给予发明人的奖酬份额比例偏低，发明人的权益保护不完善等因素，导致其从事发明创造的热情以及实施转化的积极性不高，最终阻碍职务发明制度的运行。建立职务发明共有制，不仅可以避免雇主优先原则下只见"物"不见"人"的弊端，以及专利权不是单位所有就是个人所有这种简单的"非此即彼"的逻辑，而且还存在诸多优越性。首先，它确立了职务发明人共有专利权的主体地位，使其创造性劳动的价值得到承认，有一种"主人感"和"归属感"，最终使职务发明人从其职务发明中受益，能够充分调动发明人从事职务发明创造的积极性。其次，它有利于将单位的物质资源与发明人的智力资源优化组合，使发明人与单位之间达到最大程度的合作，共同加快促进科技成果的实施转化。最后，它能有效吸引优秀人才，提高国家创新能力，为高校实施专利权属共有提供法律依据，曾经大获成功的"中南大学现象"即是

---

❶ 许义文：《职务发明创造共有制——对我国职务发明创造专利权归属的思考》，载《研究与发展管理》1996年第1期。

❷ 杨林瑞：《关于建立职务发明专利权共有制的法律思考》，载《辽宁大学学报（哲学社会科学版）》2000年第1期。

最好例证。❶

以建立"职务发明创造共有制"来作为完善专利权属的主要措施，虽然职务发明人能享有职务发明成果一定量的产权，能激发发明人的职务发明创造积极性，并使其从职务发明创造中受益。但是，职务发明共有制在国际上并没有相应的先例，❷ 而且其本身存在不可克服的弊端，在知识产权制度下共有制还可能造成一系列的问题。

首先，职务发明共有制本身存在难以克服的障碍。具体表现为各共有主体之间的贡献大小难以划分，并直接导致对共有权利享有的份额不易确定。❸ 对于是共同共有还是按份共有，共有人如何行使自己的权利等细节性问题都还有待回答，即使允许双方约定共有份额，也会面临如何确定份额大小的难题。其次，职务发明共有制在运行中也会遭遇诸多困境。在职务发明申请共有专利时，若双方不能就申请事宜达成一致意见，共有申请人中任何一方如何单独申请；在职务发明共有专利实施时，因职务发明人的实施能力相较单位而言较弱，但其在实施阶段的作用也不可低估，对于实施共有专利的收益该如何在共有人之间分配还需加以论证；在职务发明共有专利遭到侵权时，共有人任何一方是否参与诉讼将会影响到另一方主动维权的积极性，使共有专利侵权保护难以保障，❹ 甚至还会产生侵权救济的"搭便车"行为。最后，"共有"制度下并不利于专利价值最大化。从法经济学的角度来看，产权分散必然会影响其利用效率，而专利制度的特点即以公开换取有期限的独占，这无疑会大大影响职务发明的利用效率。例如，因协商一致作为共有知识产权行使的前置程序，必然会增加权利行使的决策成本，降低效率，阻碍共有知识产权最大效益的实现，❺ 在技术更新速度日益加快的时代，很可能会贻误市

---

❶ 2000 年 3 月，中南大学颁发了《关于落实国家以高新技术成果作价入股政策的实施办法》。办法规定：科技人员办企业，其技术类无形资产作价入股，作价入股总额的 70% 给予技术持有者；横向科研课题的结余经费入股科技型公司时，课题组成员持有入股金额的 70%。在不到一年时间里，由于"两个 70%"的激励作用，学校的专家、教授还有学生，提出了 100 多个创新创业项目，注册了 27 家高科技公司，数年后，很多公司获得了成功甚至上市。"中南大学现象"恰恰说明了只要有恰当的股权激励政策，就会推进和加速高新技术成果的转化。

❷ 主张职务发明共有制者，多引境外立法为证，尤其多引用巴西专利法的法律规定，也提到俄罗斯和我国台湾地区采用职务发明共有制。但如果仔细考察这些国家（地区）的职务发明立法，却并非所谓的职务发明共有制。

❸ 邓志新、黄金火：《职务发明专利权共有制可行性质疑》，载《科技进步与对策》2007 年第 2 期。

❹ 李文江：《共有专利权行使及立法完善》，载《知识产权》2014 年第 12 期。

❺ 王瑞龙：《知识产权共有的约定优先原则》，载《政法论丛》2014 年第 5 期。

场先机，为新一代技术所取代。在实践中，职务发明共有制也是绝大多数企业着力避免的情况。企业在与员工约定关于职务发明的权利归属时，基本上都是约定归单位所有，很少甚至没有约定单位和个人共有，这是因为共有制度将使得公司的知识产权管理与运用变得极为复杂，在专利申请、无效和诉讼等程序中会面临诸多不便，增加管理成本。因此，职务发明共有制仍然是一种模糊产权，存在矫枉过正之嫌，既不利于单位对发明创造的投入，也不利于职工对职务发明创造的持续投入，更不可取。

（三）适当调整现行职务发明权属制度

我国《专利法》规定职务发明创造的单位拥有专利的申请权，专利申请经批准后，专利申请人拥有专利权，这种职务发明权利归属的基本制度模式是我国自《专利法》立法以来的惯常做法。与我国职务发明奖励报酬制度的落实长期备受诟病相比，即使职务发明创造权利归属制度在运行中遭遇一些困境，但现实中对我国职务发明归属制度的争议并不多，尤其是在建立约定优先原则后，职务发明权利归属制度的体系还是受到比较广泛认可的。因此，多数观点认为应在保持我国职务发明权属模式基本不变的前提下，对其进行适当调整，具体调整的方法主要是细化"执行本单位任务"的标准以及弱化"主要是利用本单位的物质技术条件所完成的发明创造"的标准，同时通过合理完善奖酬制度及单位内部的管理制度，维护现行职务发明创造权利归属制度。

在现行职务发明权利归属制度下，以单位为职务发明成果的申请人建立起来的职务发明制度，既具有内在合理性，也有实践角度的相当优势，理应得到认可。自1984年我国《专利法》立法以来，囿于当时计划经济体制的束缚，单位所有的归属模式延续至今，虽历经多次修改，但在我国已具有一定的制度传统与实践基础。理论上将发明人的创造积极性不高以及存在转移转化效率低的主要原因归为"产权缺陷"，试图通过建立职务发明人的发明申请权或者是扩大并建立共有制的方式，反映了变革职务发明制度的迫切需求。但从制度构建的角度出发，非有充分条件不应当动辄改变制度设计基本模式，即便我们改变了现有职务技术成果有关归属基本模式的规定，也依然要面对利益分配的调整问题。而在现有权利归属模式下，无须大动干戈，只需稍作适当调整，其无论是对于专利的实施，还是专利的维权保护，均可达到推倒重构下的功效。

三、调整之下的困境破解

（一）合理界定适用范围

合理界定职务发明创造的适用范围，对发明人及其所在单位的后续利益分配有着重要影响。《专利法修改草案》取消"主要是利用本单位的物质技术条件所完成的发明"为职务发明的判定标准，新增规定在没有约定时，利用单位物质技术条件所完成的发明创造申请专利的权利属于发明人；同时，《条例送审稿》对职务发明的适用范围进行了细化。这些修改虽都是在原有基础上的明确与细化，变动不大，也值得肯定，但仍有值得商榷之处。第一，统一职务发明创造适用范围的立法体系。《专利法修改草案》不再规定"主要利用本单位物质技术条件所完成的发明创造"为职务发明创造，而《条例送审稿》第7条第4项的规定仍是主要利用本单位物质技术条件所完成的发明创造为职务发明的具体内容，若今后两者都得以修改通过，将会产生立法的矛盾与适用的错位，故在今后立法的进一步修改论证中，有协调统一二者的必要。第二，明确要求单位加强对职务发明的制度建设和流程管理。单位应该通过内部制度明确本单位任务的具体内容，内容不明确或没有其他证据证明的，由单位负举证不能的责任；对单位不履行职务发明权利时，职务发明人有权获得发明申请权，建立单位所有与发明人所有之间的转化机制。第三，职务发明例外情形的具体化。《条例送审稿》第7条第4项规定在没有约定的情况下，职务发明人仅在完成发明后利用单位的物质技术条件验证或者测试的，此类发明规定为非职务发明。❶ 此处不宜一概而论，建议应视具体情况而定：如果发明与本职工作有关，即使是工作外时间完成的，也是基于所在单位工作经验和其他支持创造出来的，应当认定为职务发明；如果与本职工作无关，如果在工作时间内完成，由于占用了单位的资源，应当视为主要发明创造过程是利用单位物质条件完成，应认定为职务发明；如果在工作时间之外完成的与本职工作无关的发明，如果验证或者测试的物质或者资源较少，应当认定为非职务发明；如果利用很多，比如需要连续多天进行测试，甚至需要单位试生产，应当视为职务发明。

---

❶ 《职务发明条例草案（送审稿）》第7条规定：下列发明属于职务发明：（四）主要利用本单位的资金、设备、零部件、原材料、繁殖材料或者不对外公开的技术资料等物质技术条件完成的发明，但约定返还资金或者支付使用费，或者仅在完成后利用单位的物质技术条件验证或者测试的除外。

（二）完善权利归属契约化

职务发明制度的契约化已成为一种趋势，也是世界各国立法的主流方向。我国继 2000 年修改《专利法》时将约定优先原则确定为职务发明创造归属的重要规则后，2010 年修改的《专利法实施细则》也首次规定了奖励报酬的约定优先原则。美国专利法中并未有关于雇员发明归属的具体规定，其相关职务发明创造的权利归属多以契约方式安排，在与雇员签订劳动协议时就明确约定相关职务发明创造权利归属的分配条款，一旦发生权属纠纷便能依据该约定及时有效地解决。针对我国职务发明创造权利归属契约化不足的现实困境，应在单位与职员双方利益平衡的基础上，重视市场调节、契约自由的作用，坚持契约优先的首要原则，明确单位和发明者协商的程序，加强契约的书面化、明确化和可操作性。

当然，由于职务发明创造权利归属的约定是在单位与职员之间进行的，鉴于二者之间地位的不同，在实践中很难做到真正的平等协商，职务发明创造权利归属约定还需受到必要的限制。德国《雇员发明法》为保护雇员的利益，对合同自由进行了法定限制，规定事先作出对雇员不利的约定无效。❶ 遗憾的是，《条例送审稿》中并未体现对职务发明创造权利归属约定的限制。《条例送审稿》中第 18 条第 2 款仅将约定限制范围局限于奖酬制度中，存在立法体系上的漏洞。❷ 因为约定优先原则在发明权属、发明报告制度、发明人奖酬制度各章均有体现，同样理应具备限制约定优先原则的相应规定。因此，建议调整限制约定优先原则条款的位置，可将该条款的位置从第四章"职务发明人的奖励和报酬"之下调整至第六章"监督检查和法律责任"下，基于内容上的相关性，可以并入第 38 条一同规制约定优先原则的适用范围。❸

（三）加强奖酬制度的落实

促进职务发明奖酬的落实，可以从多个角度展开。从国家层面角度来看，要重视完善包括《专利法》和《劳动法》等在内的职务发明相关法律体系，重视程序性规范的立法，以程序正义保障劳动者的实体权益，例如可增设判

---

❶ 杨筱：《德国雇员发明制度研究》，载《学习月刊》2010 年第 18 期。

❷ 《职务发明条例草案（送审稿）》第 18 条第 2 款：任何取消发明人根据本条例享有的权利或者对前述权利的享有或者行使附加不合理条件的约定或者规定无效。

❸ 《职务发明条例草案（送审稿）》第 38 条：单位的规章制度或者与发明人的约定不符合本条例第 18 条第 1 款的规定或者依照本条例第 18 条第 2 款的规定被确认无效，造成发明人损失的，单位应当承担赔偿责任。

定报酬合理与否的法定程序要件，即如果在合同、劳动规章或其他规定中对发明人报酬已作出约定时，应综合考虑以下因素确定其数额是否合理：在确定报酬计算基准时，雇用双方之间进行协商的情况、设定的报酬基准的公开程度、就报酬确定听取从业者等的意见的状况。❶ 从企业角度来看，则要充分认识到职务发明奖酬的依法依约支付，这不仅是自身的一项法律义务，更是促进企业持续发展的必要战略。针对可能出现的纠纷，企业内部可设置执行和监督职务发明奖酬的机构与程序，并尽可能地提供争议的内部解决机制。在企业内部设立专门负责职务发明奖酬纠纷的机构，可以有效避免此类纠纷损害单位与职工之间的信任。日本多家企业在公司内部设立"发明磋商委员会""工业产权审查委员会"或"奖金异议与磋商受理窗口"，以保证雇用双方就职务发明奖酬的具体数额进行顺利协商的做法值得我国借鉴。❷ 职务发明人自身应有获得职务发明奖酬的法律意识，尤其是在职务发明从创意到转化的整个过程中自觉地主张和捍卫合法权利的能力。为此，可扩大对职务发明人的宣传，让职务发明人提高维权意识。具体包括对专利法、专利法实施细则等相关法律法规的宣传，加强单位对内部规章制度的宣传以及对职务发明人寻求救济渠道的宣传，比如可以提供给职务发明人一些具体维权案例供学习和参考。

小结

职务发明创造权利归属实质上是如何分配雇主和雇员的利益并使之最大化，其归属逻辑主要是通过对职务发明进行界定，进而规定职务发明成果产权的归属方式。无论何种权利归属模式，其核心在于既能激发雇员进行职务发明创造的积极性，保护其智力劳动成果，又能促使雇主乐意持续投资于技术创新活动并收回投资，从而实现雇员和雇主利益的平衡，并不断促进社会科学技术的进步与经济的发展。在这一核心原则下衍生的三种思路各有其优势与不足，但是，基于理性的模式分析和现实的制度选择，适当调整现行职务发明权属制度，细化和落实奖酬制度仍是我国职务发明制度困境的破解之道。

---

❶ 张玲：《日本专利法的历史考察及制度分析》，人民出版社 2010 年版，第 148 页。

❷ 夏佩娟：《东芝—发明者获巨额补偿——职务发明补偿问题引发更多关注》，载《中国发明与专利》2006 年第 9 期。

第六章

协同创新战略与高校科技成果
处置权及收益分配机制

一、背景

　　高校作为协同创新活动的重要基地和创新创业人才的重要来源，将发挥推动科创中心建设的重要作用。根据表4所示，2016年高校申请专利数量已超过20万件，比2007年增长了6倍左右。

表4　中国高校专利申请量年度变化趋势　　　　　单位：件

年份	数量	年份	数量
2016 年	205539	2011 年	89652
2015 年	173329	2010 年	66374
2014 年	140254	2009 年	51530
2013 年	122588	2008 年	40828
2012 年	104076	2007 年	29315

　　2015年8月30日，全国人大常委会表决通过了《促进科技成果转化法》修正案，对于这部1996年制定的法律进行了比较大幅度的修正。笔者在2013—2014年多次参加科技部、教育部组织的立法论证会，并代表所在高校提出了立法修改意见。在所提交的意见中，笔者特别聚焦高校科技成果转化中面临的两个突出问题，即高校对科技成果的处置权和收益分配比例的制定权。这两个方面的内容均在最后通过的立法修改稿中得到比较充分的体现，反映了高校的呼声。上海高校有必要以此次法律修改为契机，充分行使对科技成果的处置权，并且给予科研人员更高比例的收益分配，从而调动相关主体的积极性，促进上海科创中心的建设。

二、高校科技成果处置权问题

传统上，高校由国家（包括中央和地方政府）设立，具有非营利性质，对自身所产生的科技成果拥有名义上的所有权，但是在对其进行实际处置（包括许可、转让、投资入股等）时仍然需要得到相关行政部门的审查和批准，实际上造成对科技成果有效转化的阻碍❶。

（一）《促进科技成果转化法》修改前的规定

1. 法律层面规定了高校对科技成果的所有权

在法律层面对于科技成果的知识产权归属已经做了明确规定。按照 2008 年修改《科学技术进步法》第 20 条规定，"利用财政性资金设立的科学技术基金项目或者科学技术计划项目所形成的发明专利权、计算机软件著作权、集成电路布图设计专有权和植物新品种权，除涉及国家安全、国家利益和重大社会公共利益的外，授权项目承担者依法取得。"又根据 2008 年修正的《专利法》第 6 条，"执行本单位的任务或者主要是利用本单位的物质技术条件所完成的发明创造为职务发明创造。职务发明创造申请专利的权利属于该单位；申请被批准后，该单位为专利权人。"由此从外部关系和内部关系两个方面明确了包括高等学校在内的科研单位作为科技成果所有权人的地位。另外，对于高校可以享有法人财产权的相关制度已经通过 1998 年的《高等教育法》和 2002 年的《民办教育促进法》等法律固定下来。其中，《高等教育法》第 38 条规定，"高等学校对举办者提供的财产、国家财政性资助、受捐赠财产依法自主管理和使用。高等学校不得将用于教学和科学研究活动的财产挪作他用"。根据该条规定，高等学校对于其拥有产权的财产拥有管理和使用的权利❷。而《民办教育法》已经明确规定民办学校对资产享有法人财产权的制度，如"民办学校对举办者投入民办学校的资产、国有资产、受赠的财产以及办学积累，享有法人财产权"；"民办学校存续期间，所有资产由民办学校依法管理和使用，任何组织和个人不得侵占"。由此，法律层面的规定确实赋予了高校对于科技成果的财产权利。

---

❶ 何炼红、陈吉灿：《中国版"拜杜法案"的失灵与高校知识产权转化的出路》，载《知识产权》2013 年第 3 期。
❷ 根据下文提到的财政部《事业单位国有资产管理暂行办法》对于管理和使用的界定应当包括投资、出租、出借、担保等方式等，这些方式均适用于科技成果等无形资产。

2. 部门规章限制了高校行使对科技成果的处置权

然而，高校在行使财产权利，尤其是其中的处置（处分）的权利时却遇到了部门规章所设定的行政审批程序的限制，导致高校的自主处置权在事实上存在被架空的风险，使得科技成果得不到及时有效的转化。处置科技成果的灵活化和行政审批的稳健性之间存在较为显著的矛盾。

财政部对高校国有资产的管理颁布了相应的规章。此类规章主要包括2006 年《事业单位国有资产管理暂行办法》（财政部令第 36 号）、《中央级事业单位国有资产管理暂行办法》《中央级事业单位国有资产处置管理暂行办法》等。而教育部作为高等学校的行政主管部门，对于高校科技成果等技术类无形资产的处置负有监督管理职责。针对高校科技成果处置审批权限和要求，教育部陆续颁发了 2007 年《教育部直属高校、事业单位国有资产使用和处置行为管理授权审批暂行办法》❶、2012 年《教育部直属高等学校国有资产管理暂行办法》、2013 年《教育部直属高等学校、直属单位国有资产管理工作规程（暂行）》等规范性文件。高校所获得知识产权等无形资产按照国有资产进行管理，对其的处置权也参照相关规定。

首先，高校利用科技成果进行投资、许可或者转让等转化行为的性质，财政部规章做出了界定。《事业单位国有资产管理暂行办法》规定的处置行为包括狭义和广义两种情况。狭义的国有资产"处置"，是指事业单位对其占有、使用的国有资产进行产权转让或者注销产权的行为，处置方式包括出售、出让、转让、对外捐赠、报废、报损以及货币性资产损失核销等❷。因此，对科技成果进行转让属于处置行为。而广义的国有资产处置不仅包括以上狭义处置行为，还包括资产"使用"行为，即单位自用和对外投资、出租、出借、担保等方式，因此高校利用科技成果对外投资或者进行实施许可属于资产使用行为。

其次，财政部将高校科技成果作为国有资产统一管理，在《事业单位国有资产管理暂行办法》规定：事业单位应当"加强对本单位专利权、商标权、著作权、土地使用权、非专利技术、商誉等无形资产的管理，防止无形资产流失"❸。由此，将专利、商标、著作权等无形资产参照有形资产加以管理，

---

❶ 该《办法》已废止。
❷ 参见《事业单位国有资产管理暂行办法》第 19 条。
❸ 参见《事业单位国有资产管理暂行办法》第 20 条。

尤其强调防止国有资产流失。正是在这种指导思想之下，财政部在《中央级事业单位国有资产管理暂行办法》以处置的国有资产是否超过 800 万元为限确定需要报其事先审批❶：单项价值在 800 万元以下的，由财政部授权主管部门进行审批；800 万元以上（含 800 万元）的，经主管部门审核后报财政部审批❷。而教育部更细化了相关规定，高校处置 500 万元以上的国有资产（包括科技成果），包括利用固定资产、无形资产对外投资、出租、出借，单项或批量价值在 500 万元以下的，需要报教育部备案，500 万元以上的需报教育部审批后才能实施。而事实上，教育部备案形同审批。对于科技成果处置审批权的收紧造成两个方面的后果，一是部分高校和科研人员由于不愿进行烦琐的审批手续而放弃科技成果转化；二是部分单位和个人回避审批手续，采取化整为零或者自行实施等手段加以转化，导致转化过程不规范和脱离监管。

再次，为了对于部分高新园区进行科技成果转化的试点示范，财政部对于国家自主创新示范区的科技成果处置权进行了相应的改革。例如，对中关村国家自主创新示范区放宽了必须由财政部或者主管部门审批的科技成果转化手续❸。其中，中关村示范区内高校对其拥有的科技成果进行产权转让或注销产权的行为，一次性处置单位价值或批量价值在 800 万元以下的，由高校按照有关规定自主进行处置，并将处置结果报财政部备案；一次性处置单位价值或批量价值在 800 万元以上（含 800 万元）的，由高校审核后报教育部审核，教育部审核后报财政部审批。该政策经过一年的试点实施成效明显。根据中关村管理委员会统计，2011 年中关村国家自主创新示范园区中央和地方高校院所技术转让（科技成果处置）项目共计 261 项，收入约 6.5 亿元。其中，中央级事业单位 200 项，收入达 5.1 亿元。技术合同成交额 1890 亿元，同比增长 20%。由此可见，在现阶段，为了减少政府部门的行政干预，开辟

---

❶　参见《中央级事业单位国有资产管理暂行办法》第 20 条。

❷　此外，该《办法》第 25 条规定：中央级事业单位处置国有资产时，应根据财政部规定附相关材料，按以下方式履行审批手续：单位价值或批量价值在 800 万元以下的，由财政部授权主管部门进行审批，主管部门应当于批复之日起 15 个工作日内将批复文件（三份）报财政部备案；800 万元以上（含 800 万元）的，经主管部门审核后报财政部审批。

❸　财政部《关于在中关村国家自主创新示范区进行中央级事业单位科技成果处置权改革试点的通知》（财教〔2011〕18 号）：中央级事业单位一次性处置单位价值或批量价值在 800 万元人民币以上（含 800 万元）的国有资产，经主管部门审核后报财政部审批；一次性处置单位价值或批量价值在 800 万元以下的国有资产，由所在单位按照有关规定自主进行处置，并于一个月内将处置结果报财政部备案。

绿色通道对高校知识产权转化过程予以单独管理，是可以采取的一个较为合理的措施。

与此同时，各个地方对于科技成果处置权在国家规定的基础上进一步下放。2011年北京市人民政府发布了《关于进一步促进科技成果转化和产业化的指导意见》：建立和完善事业单位自主处置科技成果的相关制度，对于一次性处置单位评估价值或批量评估价值800万元人民币以下的科技成果，原则上由事业单位自主决定，报市财政局备案；800万元人民币以上（含800万元）的，经主管部门审核后报市财政局审批。

最后，对于无形资产对外投资获得的投资收益的处置，财政部也有较为严格的规定。财政部认为，事业单位国有资产处置收入是政府非税收入的重要组成部分。按照《国务院办公厅转发财政部〈关于深化收支两条线改革进一步加强财政管理的意见〉的通知》（国办发〔2001〕93号）精神和《财政国库管理制度改革方案》（财库〔2001〕24号）、《财政部关于加强政府非税收入管理的通知》（财综〔2004〕53号）、《中央级事业单位国有资产处置管理暂行办法》（财教〔2009〕495号）等规定，事业单位国有资产处置收入，在扣除相关税费后，必须按照政府非税收入管理和财政国库收缴管理的规定上缴国库，实行"收支两条线"管理，降低了投资者知识产权转化的积极性和科研人员的创新热情。例如，在《中央级事业单位国有资产处置管理暂行办法》第34第（2）项规定"利用实物资产、无形资产对外投资形成的股权（权益）的出售、出让、转让收入，按以下情形分别处理：1. 收入形式为现金的，扣除投资收益，以及税金、评估费等相关费用后，上缴中央国库，实行'收支两条线'管理；投资收益纳入单位预算，统一核算，统一管理。2. 收入形式为资产和现金的，现金部分扣除投资收益，以及税金、评估费等相关费用后，上缴中央国库，实行'收支两条线'管理"。对此，在中关村等改革试点园区，进一步将科技成果转化收益留归科研单位所有❶，用于后续研究开发工作。通过有条件地取消行政审批程序，并对成果转化收益采取"自收自支"的财政管理模式，将有效促进高校知识产权成果转化。

此外，科技成果投资转化失败后的资产核销制度也会对转化积极性造成

---

❶　财政部《关于在中关村国家自主创新示范区开展中央级事业单位科技成果收益权管理改革试点的意见》（财教〔2011〕127号）：将技术转让以及科技成果对外投资形成股权（权益）处置产生的收益调整为分段按比例留归单位和上缴中央国库，按照科技成果价值在800万元以下、800万~5000万元、5000万元以上三种情况，留归单位的纳入单位预算统筹用于科研及相关技术转移工作。

影响。对于无形资产损失的评估与清查，《教育部直属高等学校国有资产管理暂行办法》第 48 条规定，"高校资产清查中的货币资金损失、坏账损失、存货损失、有价证券损失、对外投资损失、无形资产损失等其他类资产损失，应按以下权限履行审批手续：分类损失低于 50 万元的，由高校提出处理意见，经教育部批准后核销，并报财政部备案；分类损失超过 50 万元（含 50 万元）的，由高校提出处理意见，经教育部审核，报财政部批准后核销"。考虑到科技成果转化成功率较低，采取更为灵活的资产核销政策更为重要。

综上而言，当前我国高校科技成果转化的主要障碍在于法人财产权没有得到落实。高校虽然享有财政资助项目中的知识产权，但受到我国国有资产管理体制的约束，在行政干预下同样不能自由处分其知识产权。即使法律中规定将财政资助科技项目中的知识产权赋予承担单位，高校也不能真正享有财政资助科技项目中的知识产权。这就造成了《科技进步法》第 20 条和第 21 条立法目的落空。因此，有必要参考企业法人制度的法人财产权制度❶，赋予高校支配科技成果的自主权。

（二）高校科技成果处置权配置模式的选择

根据对现有有关高等学校科技成果处置权的法律和政策规定，借鉴国外相关立法和实践做法的经验，在中央政府提出转变职能、简政放权的政策背景下，对科技成果处置权的设置可以在以下四种模式中进行选择。在这四种模式中，从模式一到模式四对于处置权下放的程度由强到弱，从充分赋予高校自主权的角度来说优选模式一，其次考虑模式二至模式四的立法选择。

模式一：不再将科技成果作为国有资产对待和管理。

在现阶段，为促进高校知识产权转化，一个可行的措施就是将知识产权类无形资产不再纳入国有资产管理范围，而对其予以单独管理。必须明确的是，单独管理并不是改变公立高校知识产权的国有资产性质，而是要通过这一方式来减少过多的行政干预所带来的不便。在这一方面，我国台湾地区的做法值得借鉴。在台湾地区也存在着许多公立性大学，其法律地位仍然是"教育部以组织规程所设立的公营造物，且为教育部的'下级机关'。"在政府与高校之间的关系没有理顺之前，台湾地区"科学技术基本法"第 6 条第 1 款规定，"政府补助、委办或出资之科学技术研究发展，应依评选或审查之方

---

❶　《民办教育促进法》已经规定民办学校对资产享有法人财产权。

式决定对象，评选或审查应附理由。其所获得之智慧财产权与成果，得将全部或一部归属于研究机构或企业所有或授权使用，不受国有财产法之限制"。由此，建立一个有利于知识产权成果转化的便利通道。

模式二：由高校自行处置科技成果等技术类无形资产并备案。

在目前相关规定的基础之上，可以赋予高校更多的无形资产处置权。不再进行数额限制，对于高校处置无形资产行为一律只要求备案即可。但是，要求备案并不能解决处置无形资产导致国有资产流失的事后追责问题，因此仍然会影响高校自主处置无形资产的积极性。根据财政部此次修法的调研报告，其希望完善科技成果处置权和收益权政策。（1）授予事业单位可转化科技成果的完整权属。事业单位可以根据市场的实际情况，灵活采用我国法律允许的出租、出让、许可等方式或上述方式的组合进行转化，不再分使用权、处置权等多条线。（2）依据国家科技计划知识产权管理制度的统一要求，确保科技成果转化中的公开、公平和公正，维护国家政治经济利益，不再使用800万元这一历史账面数据作为政府是否应介入的判断标准。

模式三：由高校按照法定形式进行无形资产处置并报告处置结果。

为了克服国有无形资产流失给高校管理层带来的法律风险，同时为了避免贱卖国有资产导致流失，可以采用在规定的技术市场或者拍卖机构进行公开拍卖的方式进行处置，并由高校将处置结果报告给教育行政管理部门的做法，从而平衡各方利益，化解法律风险。

模式四：以科技成果价值划界是否需要得到审批后处置。

可以将财政部在中关村国家自主创新示范区进行中央级事业单位科技成果处置权改革试点的做法和成果进行推广，扩大适用主体的范围。可采用财政部在中关村国家创新示范园区试点的做法，设定一个较高的价值数额（例如800万元）作为是否需要审批的界限，在此数额以下的科技成果可以由国有单位自行处置，超过该数额的则仍需要主管部门或者财政部审批。由此至少免除数量较多但是价值不高的科技成果的自主处置问题。

（三）《促进科技成果转化法》的修改及对策

根据修改以后的《促进科技成果转化法》第18条，对于高校处置科技成果的权利进行了实质性的下放，采用了上述第三种模式。根据该条规定，"国家设立的研究开发机构、高等院校对其持有的科技成果，可以自主决定转让、许可或者作价投资"，从而在实质上赋予了高校对于科技成果的处置权，教育行政部门和财政部门原则上不再管制。但是，对于高校科技成果的国有资产属性并未加以改变，为了防止国有资产流失，该条还规定"应当通过协议定价、在技术交易市场挂牌交易、拍卖等方式确定价格。通过协议定价的，应当在本单位公示科技成果名称和拟交易价格"，这是以公示方式防止低价贱卖科技成果。

此外，高校对基于科技成果所取得的股权，在进一步进行处置和获取收益时，应当比基于货币资产所取得的股权更为灵活。目前，学校在取得股权时，需要缴纳 10%的国有资本公益金。在学校将大部分收益分配给发明人或者课题组的情况下，由学校所获取的剩余部分支付公益金将严重侵蚀能够获得的股权比例。

三、科技成果转化收益分配

职务发明创造的奖励与报酬是法律规定由高校支付给技术人员的职务发明方面的特别薪酬。在职务发明权属确定以后，高校支付职务发明奖酬的范围和数额往往成为能否充分调动科研人员积极性的核心问题❶。这里的收益权是指职务发明人从其职务发明成果的转化收益中提取一定比例报酬的权利❷。就具体规定而言，奖励分为物质奖励和精神奖励，物质奖励又分为因职务发明而授予的奖励报酬和该发明应用实施后所产生效益的权益分配（收益分享权），统称为"一奖两酬"❸。

传统上认为高校科技成果属于国有资产，由其所产生的收益全部或者主要收归国家所有。而科技人员认为其在科技开发和转化中的贡献更大，因此较低的收益提成比例不足以调动其积极性。

（一）国内法律和政策规定

1.《促进科技成果转化》提高了奖酬比例

1996 年《促进科技成果转化法》第 9 条第 5 款规定，"科技成果持有者可以采用下列方式进行科技成果转化：（五）以该科技成果作价投资，折算股份或者出资比例"。第 29 条规定，"科技成果完成单位将其职务科技成果转让

---

❶ 刘强：《英国职务发明奖酬制度的发展及其对我国的借鉴》，载《专利法研究（2012）》，知识产权出版社 2013 年版。
❷ 张晓玲：《论职务发明人的权利及其立法保护》，载《知识产权研究》2004 年第 3 期。
❸ 陶鑫良：《落实职务报酬保护知识产权》，载《上海企业》2006 年第 4 期。

给他人的，单位应当从转让该项职务科技成果所取得的净收入中，提取不低于20%的比例，对完成该项科技成果及其转化做出重要贡献的人员给予奖励"；第30条规定："企业、事业单位独立研究开发或者与其他单位合作研究开发的科技成果实施转化成功投产后，单位应当连续3~5年从实施该科技成果新增留利中提取不低于5%的比例，对完成该项科技成果及其转化做出重要贡献的人员给予奖励。采用股份形式的企业，可以对在科技成果的研究开发、实施转化中做出重要贡献的有关人员的报酬或者奖励，按照国家有关规定将其折算为股份或者出资比例。该持股人依据其所持股份或者出资比例分享收益"。

根据2015年8月对该法的修改，新法第45条对于科技成果转化后所得收益的分配机制做了有利于科研人员的调整。科技成果完成单位未规定，也未与科技人员约定奖励和报酬的方式和数额时规定了三种情形：（1）将该项职务科技成果转让、许可给他人实施的，从该项科技成果转让净收入或者许可净收入中提取的比例从原不低于20%提高到不低于50%；（2）对于自行实施或者与他人合作实施，保持原有的不低于5%的提成比例❶，将原有的"留利"明确为"营业利润"；（3）新增了单位利用该项职务科技成果作价投资的情形，并且规定从该项科技成果形成的股份或者出资比例中提取不低于50%的比例。考虑到国家设立的研究开发机构、高等院校的公益性质，该法新增此类单位如果"规定或者与科技人员约定奖励和报酬的方式和数额"应当不低于前面三种情形所规定的提成比例。应当说，该法所制定的提成比例标准比《专利法实施细则》所规定的标准显著提高，而且所涵盖的情形也得到了拓展。考虑到法律适用中后法优于前法的原则❷，使得对于职务发明专利转化实施过程中给予发明人、设计人的奖酬比例提高。对于实施专利收益非分配仍然有三至五年的限制，而国外对于科技人员离职以后所产生的收益都继续发放❸，可见不能在时间上进行不合理的限制，建议在立法进一步修改时予以取消。

---

❶ 在对修改草案进行讨论时曾有专家提出不限于三到五年的时间，取消该期限限制，后来由于种种原因没有修改。

❷ 对于《促进科技成果转化法》与《专利法》《专利法实施细则》之间的相互关系问题，后法优于前法原则和特别法优于一般法原则在选择结果上存在冲突。具体如何使用有待于司法实践加以解决。

❸ 刘强：《企业知识产权薪酬的法律制度研究》，载《知识产权》2011年第6期。

2. 地方性法规普遍高于国家规定

地方政府为促进科技成果的转化并调动科技人员的积极性，在地方性法规或者规章层面规定的奖酬比例普遍高于国家层面的规定。

在《促进科技成果转化法》修改以前，部分省市所规定的职务发明奖酬比例已普遍高于 20%。例如重庆市科委 2012 年《重庆市促进科技成果转化股权和分红激励的若干规定》规定：高等学校和科研机构以职务科技成果向企业作价入股或者以转让或许可职务科技成果等方式获得收益的，可将因该成果所获股权或者受益的不低于 20% 但不高于 70% 的比例奖励有关科技人员。由职务科技成果完成人依法创办企业自行转化或以技术入股进行转化的，科技成果完成人最高可以享有该科技成果在企业中股权的 70%，对于收益分成比例进行了明确。武汉市也有类似规定。❶ 而山东省和南京市的规定则更为激进，分别规定"允许和鼓励在鲁高等学校、科研院所职务发明成果的所得收益，按至少 60%、最多 95% 的比例划归参与研发的科技人员及其团队拥有"等类似条款❷，将科技成果收益的大部分乃至绝大部分分配给发明人，这将有利于充分调动其积极性。

（二）美国相关立法经验

美国国会在 1980 年通过拜杜法案以后，于同年又通过《史德文森——威德乐技术创新法》进一步明确联邦实验室的技术创新成果在处置和收益方面的机制。该法案第 3710c 节"联邦机构所得收益的分配"部分第（A）（i）规定，如果发明人或者发明合作者已向美国申请在其发明的权利，联邦机构负责人或者被任命的人应当向发明者支付至少 15% 的收益金额。同时，该法案对于支付给发明人报酬的最高数额进行了封顶式的规定，例如在第（B）（iv）（3）中规定，"在本款中提到的支付数额每年每人不超过 10 万美元，除非总统同意加大数额（超过 10 万美元的部分被看作总统奖）"。该款同时规定，"在发明者离开实验室或者机构之后，仍需要继续支付（报酬）给发明者"，解决了发明人离职以后的收益保障问题。

---

❶　2012 年 9 月武汉市人民政府印发了《关于促进东湖国家自主创新示范区科技成果转化体制机制创新的若干意见》。

❷　参见山东省人民政府 2012 年 11 月颁布了《关于加快科技成果转化提高企业自主创新能力的意见（试行）》第 1 条和江苏省科学技术厅、江苏省教育厅、中共南京市委和南京市人民政府与 2012 年 1 月颁布了《深化南京国家科技体制综合改革试点城市建设、打造中国人才与创业创新名城的若干政策措施》第 2 条。

（三）各高校关于职务成果奖酬的规定

国内各高校为了促进自己的科技研发和科技成果转化，纷纷制定了自己的知识产权规章制度。总体来说，这些规章都是结合自身实际对于国家相关法律法规和政策的细化，对于上海高校制定自身的知识产权制度有着借鉴意义。各高校对职务发明的奖酬不尽相同，主要有以下几种模式：

（1）仅规定哪些职务发明行为可以获得奖励，但并未明确规定相关的比例。以北京理工大学为例，其《知识产权保护管理规定》规定了需要对职务发明人给予奖励，"学校转让给他人或许可他人使用的职务发明创造、职务技术成果，应当从转让所得的净收入中提取一定的比例对完成职务发明创造、职务技术成果及其转化做出重要贡献的人员给予奖励。对经学校许可并签订协议，由职务发明创造、职务科技成果完成人自主进行产业化的，或以技术入股、合资合作方式与社会企业合作共同进行产业化的，可以经多方（双方）协商从转化收入中提取一定比例对完成人给予奖励"。❶ 但该规定并未具体规定奖励的比例和数额。

（2）不仅规定职务知识产权创造者有权获得奖酬，也规定了收益分配的具体比例。以中南大学为例❷，《中南大学知识产权管理办法》第 17 条规定，"学校通过转移和运用知识产权所获得的货币收益的 70% 拨付给该知识产权的发明人（设计人或创作者）所在的课题组，15% 拨付给该知识产权的发明人（设计人或创作者）所在的二级单位，15% 划入学校的科学研究发展基金，中介费可计入成本"；第 18 条规定，"学校以知识产权作价出资入股获得企业股权时，由该知识产权的发明人（设计人或创作者）所在课题组成员持有 70% 的股份，学校持有 30% 的股份。学校持股所获货币收益按 6∶4 的比例在学校和该知识产权的发明人（设计人或创作者）所在的二级单位之间分配"。这两条规定分别从职务成果知识产权的转移、运用、出资入股等方面规定了发明人可享有的收益比例，较为具体明确，并且相较于国家标准提高了很多，所获收益的一半甚至绝大多数都可以分配给技术成果的完成人。

《厦门理工学院知识产权保护管理办法》也对科技成果转化所得收益的分配进行了规定。该办法第 31 条规定，"专利和技术成果以转让和实施许可形

---

❶　详见《北京理工大学知识产权保护管理规定》第 19 条。
❷　参见 2014 年修改后的《中南大学知识产权管理办法》。该办法修改前对于转移和运用知识产权所获的货币收益和所获的股份中分配给发明人所在课题组的比例较低（50%）。

式转化所得收益，按照转让金额的 10% 作为管理费用，50% 作为成果转化的奖励发放给发明人，40% 按照横向课题来管理。相应的成本（包含评估费用、实施许可期间的专利维护成本、中介报酬等）和税收由发明人支付"。而对于职务成果股权出资的收益，该办法还规定，"专利和技术成果以折价出资入股形式转化的，折价出资入股金额原则上不得高于公司注册资本的 70%，并给予成果完成人该专利和技术成果所占股权 50% 的奖励"。

（3）用其他形式对职务知识产权完成人给予奖励。以华南理工大学为例，《华南理工大学知识产权管理办法》第 27 条规定，"为了鼓励发明创造，专利申请获得授权，以及著作权登记申请和专有权登记申请获得证书后，学校根据《华南理工大学科研奖励办法》对发明人或设计人予以奖励"。第 28 条规定，"学校根据知识产权保护的需要，对获得其他形式的知识产权或对学校知识产权保护做出突出贡献的人员，可设立专项奖励予以激励"。需要说明的是，这种奖励的类型比较多样，可以是职务职称评级上的奖励，也可以是工作业绩考评上的奖励。另外比较典型的是直接给予职务成果的发明人物质金钱奖励，例如，根据《东南大学专利管理办法》，对专利申请发明人的奖励按照《东南大学科技奖励办法》执行，对已授予专利权的本校职务发明的发明专利，学校奖励项目发明人 5000 元/项，对已授予实用新型专利权的项目发明人，学校给予 1000 元/项的奖励，奖励时间以自然年度计算，每年一次。

（四）地方政策措施及其完善

上海市知识产权局 2007 年制定颁布了《上海市发明创造的权利归属与职务奖酬实施办法》，在专利法的基础上提高了职务发明创造奖励和报酬的数额和比例。该《办法》第 6 条规定了支付职务发明创造报酬数额和方式：高等院校自行实施职务发明创造的，提取不低于 5%（发明或者实用新型专利）或者 1% 的税后收益作为报酬支付给发明人或设计人；高等院校转让、许可他人实施其职务发明创造的，可以从该项职务发明创造的转让费、许可使用费的税后收益中提取不低于 50% 作为报酬支付给发明人或设计人。

根据上海市《关于加快建设具有全球影响力的科技创新中心的意见》（以下简称上海市《意见》）第 12 项，"构建职务发明法定收益分配制度，允许国有企业与发明人事先约定科技成果分配方式和数额"；此外，要打破国有资产收益不允许大部分分配给个人的传统，着重激励对于科技成果的转化实施，"允许高校和科研院所科技成果转化收益归属研发团队所得比例不低于 70%"，

从而在实质上提高了对科技人员的奖励和报酬比例。同时，还规定"转化收益用于人员激励的部分不计入绩效工资总额基数"。在此基础上，上海市还可以进一步完善科技成果奖酬政策：

首先，坚持约定优先原则，鼓励高校和科研人员就科技成果转化方式及收益比例、数额和方式进行个别协商，实行差别化待遇，体现不同科技成果在转化过程中科技人员贡献的差别。

其次，提高科技人员所获报酬的比例。由于上海市《意见》中的"70%"的比例是导向性而不是强制性的，因此还存在高校通过自身规范加以落实的问题。

再次，扩大奖酬规定适用范围。从转让、许可收益扩大到利用科技成果投资入股所获股权的分配中，从而进一步调动科技人员进行成果转化的积极性。

（五）高校职务成果奖励报酬制度的完善建议

根据我国相关法律规定，参考其他高校已经建立的知识产权规章制度，以构建全方位高水平的职务发明奖酬制度，可以对高校有关规定的完善提出如下建议：

1. 总体规定

学校按照国家有关法律、规定，对职务发明人、设计人、作者给予奖励，该费用由学校支付，同时将获得发明专利、实用新型专利、外观设计专利权的职务发明记入发明人的考核档案，作为晋级增薪、职务评定等待遇的审核指标之一。

学校转让给他人或许可他人使用的职务发明创造、职务技术成果，应当从转让或许可所得的净收入中提取一定的比例对完成职务发明创造、职务技术成果及其转化做出重要贡献的人员给予奖励。该比例可以由学校和知识产权创造者约定，但不得低于国家标准。

2. 奖励数额

发明人、设计人未与学校约定奖励的方式和数额的，自专利权公告之日起3个月内发给发明人或者设计人奖金。一项发明专利的奖金为5000元；一项实用新型专利或者外观设计专利的奖金为2000元，奖励时间以自然年度计算，每年一次。

3. 转让和许可报酬

专利和技术成果以转让和实施许可形式转化所得收益，70%拨付给该知识产权的发明人（设计人或创作者）所在的课题组，20%拨付给该知识产权的发明人（设计人或创作者）所在的二级单位，10%划入学校的科学研究发展基金。相应的成本（包含评估费用、实施许可期间的专利维护成本、中介报酬等）和税收由发明人支付。

4. 投资入股报酬

学校以技术成果出资入股获得股权时，该技术成果的完成人可直接享有所获技术股权的70%，学校直接享有所获技术股权的30%。

小结

高校要实现协同创新的目标应当充分调动高等院校及科技人员的积极性，从体制机制上破除障碍将成为必然选择。高校科技成果处置权和科技人员收益分配制度的改革，可以有效地调动相关主体投身于科技成果转化的积极性。同时，应当辅以高校人事考评制度、招生培养制度等领域的改革，使得高校科技创新资源得到充分挖掘，从而使得上海科创中心的建设得到源源不断的智力支持。

第三篇 专利运用篇

第七章

协同创新战略与专利转让问题

协同创新战略将多方主体联合在一起，打破高校、科研机构与企业之间的壁垒，集中力量攻克技术难题，创造单方主体难以产生的知识成果，而将知识成果固化的有效方式正是以专利为代表的知识产权。协同创新不仅存在于专利技术合作开发阶段，也存在于专利转让运用阶段，专利转让与协同创新具有紧密的联系。专利转让中存在诸多法律问题必须得到有效的分析和解决，从而促进协同创新主体通过转让充分实现专利权的市场价值和技术功能，促进协同创新成果的转化和实施。

一、专利转让与协同创新战略的互动

（一）专利转让促进协同创新成果价值实现

从协同创新模式角度考虑，国内学者将协同创新主要分为战略联盟模式、专利合作模式、研发外包模式、要素转移模式四种模式。[1] 国外学者将协同创新分为研发协同、创新外包、专利许可或技术转让、双元协同创新模式等模式。[2] 将专利转让与协同创新模式对应起来，在国外主要体现在技术许可与转让模式、创新外包模式之中，在国内主要体现在研发外包之中。但无论如何划分协同创新模式，国内外对于其运行过程中包含专利转让是没有争议的。[3]

专利权转让是专利权间接转化的重要途径之一。专利权转让是指专利权人将其依法享有的专利权转让给另一当事人并收取一定报酬的行为，其标的是专利权的归属，其实质是转让专利技术的独占实施权。在广义上，专利转

---

[1] 解学梅、刘丝雨：《协同创新模式对协同效应与创新绩效的影响机理》，载《管理科学》2015年第2期。

[2] 解学梅、方良秀：《国外协同创新研究述评与展望》，载《研究与发展管理》2015年第4期。

[3] Dahlborg C，Lewensohn D，Danell R，et al. . To invent and let others innovate：a framework of academic patent transfer modes，Journal of Technology Transfer，2016，42：1-26.

让不仅包括专利权的转让，还包括专利申请权的转让。

专利作为一种无形财产，可以进入商品流通领域，作为买卖的标的物。美国专利法将专利视为动产（personal property），❶ 我国《专利法》第 10 条也规定专利权及专利申请权可以转让。当专利权人不打算利用其专利或无法利用时，可以将其专利权转让给他人以投入生产经营，从而最大限度地发挥知识产权应用价值，体现物尽其用的理念。转让专利能产生高额的经济价值。根据科技部发布的《全国技术市场统计年度报告（2016）》，2015 年全国专利权转让合同交易金额为 92.53 亿元，合同数为 1799 项。

虽然近年来随着人们对于知识产权的意识提升，国家一系列扶持高新技术企业政策的推行，专利转让市场蓬勃发展，有些重大技术的专利转让的确给某些企业带来了巨额的经济效益。但是专利研发和专利运用之间存在着壁垒，以高校、科研机构为代表的研发机构具有强大的研发能力，但是往往止步于科研项目研发、发表学术论文而很少将其投入生产经营，企业需要核心专利技术提升市场竞争力却缺乏自主研发能力。❷ 专利转让成为联结协同创新主体的重要法律形式。

（二）协同创新中专利转让的类型化

协同创新下的专利转让分为两种，一种是协同创新联盟之间的转让，另一种是协同创新联盟与联盟外部企业之间的转让。生产企业加入协同创新联盟的通常目的是能够获得协同创新所产生的专利所有权或使用权，而并不热衷于将协同创新产生的专利转让给第三方，除非协同创新联盟并不具备实施该项专利的条件或者不愿意实施该项专利。由生产企业所引领的技术创新方向一般与其经营方针相一致，将协同创新产生的专利转让给联盟外部企业，往往与其产生市场竞争关系，而这与其加入协同创新联盟的初衷相违背。所以第二种专利转让在现实中并不多见。

协同创新在专利归属上涉及专利共有问题，但并非所有的协同创新主体都能够获得最终的专利权，现实中最终研发的技术成果所有权通常由技术完成方享有，而合作方只享有使用权。❸ 生产企业为协同创新提供资金和技术创

---

❶ 35 U. S. Code § 261-Ownership；assignment：Subject to the provisions of this title，patents shall have the attributes of personal property.

❷ 耿磊：《协同创新成果知识产权法律界定与创新激励》，载《科学管理研究》2014 年第 6 期。

❸ 宋春艳：《产学研协同创新中知识产权共享的风险与防控》，载《科学管理研究》2016 年第 1 期。

新方向，但也存在并没有参与实际研发活动的情形。如生产企业与学校、科研机构共有专利，那么便不存在专利转让问题，而只是专利权收益分配问题。协同创新联盟内部的转让只能出现在享有专利权的协同创新主体与不享有专利权的协同创新主体之间，其中以希望获得市场竞争地位的生产企业与学校、科研机构等实际研发主体之间的转让最为典型。

高校、科研机构是专利技术的研发者但并不当然是将专利市场化的最佳推动者。协同创新联盟中研发单位主要任务是完成科技项目，通常不负责对科技成果的产业化以及保护和运用。高校与科研机构的专长在于科研开发而不在于将专利市场化，科研人员也没有将专利转化的内在动力。生产企业基于营利目的比高校、科研机构更有动力，也更有市场经验来经营高校、科研机构研发的专利。作为企业一方则希望拥有专利权，以形成对其将来所投入市场产品的经济利益保护。有的企业加入协同创新联盟是为了通过获得专利权来维持竞争地位，希望通过尽可能长期地维持对新技术的专有权以攫取超额利润，因而拒绝大学或科研机构控制专利权。❶ 广义的专利转让包含专利申请权的转让，在尚未获得专利授权的情况下直接让渡专利申请权给生产企业，节约了先登记公告后转让的步骤，使得专利转让更加快捷便利，提升研发机构的研发积极性。通过专利权转让的方式间接转化更符合社会分工，也符合协同创新战略的目的，有利于发挥协同效应。

（三）协同创新推动专利转让纠纷法律适用原则的合理构建

1. 诚实信用原则

协同创新中各主体之间的信任关系是合作研发取得成功的重要因素。❷ 专利转让问题受到《合同法》与《专利法》的双重规制，而诚实信用原则是民法的帝王原则，同时经济信用也是市场有序健康发展的基本保障。❸ 协同创新各方在追求自身利益的同时，应当兼顾他人利益、社会公共利益。在专利转让中，缺乏诚实信用不仅导致此次交易目的不能实现，形成较大的时间成本、经济成本、机会成本，交易主体违约导致其交易信誉贬值，也会增加未来业务交往中的交易成本。为了避免再次成为机会主义受害者，交易主体将更为

---

❶　付晔、欧阳国桢：《基于知识链的产学研合作中知识产权问题研究》，载《科技管理研究》2014 年第 11 期。

❷　M. Fritsch, G. Franke, Innovation, regional knowledge spillovers and R&D cooperation, Research Policy, 2004, 33（2）: 245-255.

❸　陈恺悌：《专利交易的潜在风险分析和对策》，载《知识产权》2011 年第 3 期。

谨慎地选择交易对象，增加合作的谈判次数，增加监督和审查成本，从而消耗社会成本而无益于社会发展。机会主义者也不会因此而放弃机会主义行为，反而会用更隐蔽的方式实施机会主义行为。如此陷入了"防范—反防范—再防范"的恶性循环之中，协同创新产生的有利因素也在此循环中被消磨殆尽。

加强诚信培植，产学研合作各方的相互信任比双方签订的契约、事后法律救济更能保证创新主体之间履行合同义务❶，化解双方冲突，抑制因信息不对称、契约不完备引发的专利转让风险。❷ 而提升信用水平需要建立在多次成功的协同创新基础之上，协同创新常态化能够减轻单次博弈易造成的机会主义风险，在常态化的协同创新之中产学研彼此深入交流合作，增进感情，相互了解，相互信任，从而减少或消除机会主义行为顾虑，节约交易成本，实现创新收益的最大化，发挥协同效应，匡正市场正确的价值取向。

2. 节约交易成本原则

交易成本是阻碍协同创新战略实施的重要因素，除诚信等主观因素以外，还包括专利转让合同的不完备性等客观因素。协同创新专利转让合同是要式合同，必须以书面形式确定，因专利转让关系重大，不以书面方式而以口头形式会带来日后举证不能的风险，由此也可以看出专利转让合同的重要性。合同对于当事人有约束作用，完备的协同创新与专利转让合同能够加强对协同各方的约束，减少协同创新与专利转让的冲突。❸ 专利合同纠纷案中的合同文本不规范现象是普遍存在的问题，如存在合同条款不完备、条款约定不明确等问题，不完备的专利转让合同不能有效确定双方权利义务关系，反而成为机会主义行为得以实施的诱因。其实只要当事人在签订专利技术交易合同及履行合同过程中注意一些关键事项，提升合同的完备性便可以轻易减少纠纷发生，保证合同的顺利履行，降低交易成本，完备的合同还能够有效防范机会主义行为。在专利转让合同中，双方法律地位平等，交易双方都应当严格履行合同，承担违约责任最大限度实现权利义务的平衡。❹ 在技术转让过程中，技术买方应当注重交易主体适格，对交易标的的审查；技术卖方应合理确定技术交易价格。此外还应当加强合同管理，由专门的中介机构如律师事

❶ 付晔、欧阳国桢：《基于知识链的产学研合作中知识产权问题研究》，载《科技管理研究》2014年第11期。
❷ 解学梅、方良秀：《国外协同创新研究述评与展望》，载《研究与发展管理》2015年第4期。
❸ 张丽娜、谭章禄：《协同创新与知识产权的冲突分析》，载《科技管理研究》2013年第6期。
❹ 耿磊：《协同创新成果知识产权法律界定与创新激励》，载《科学管理研究》2014年第6期。

务所对合同进行审查。❶

协同创新中所订立的技术合同均存在固有的不完备性，难以应对出现的各种冲突。❷ 而仅凭借当事人的合同难以穷尽双方权利义务关系，因此应当发挥法律的兜底作用。现有的专利制度仍以保护单个个体为模型，已经不适合协同创新战略下多方主体的发展需要。由于存在诸多法律漏洞和法律冲突，有必要在民法典中增加知识产权编以统一适用法律，明确当事人双方权利义务关系。因为在专利转让过程中，当发生法律权利义务的关系不明确时，若偏袒专利权人，则会造成专利权的受让人承受较大的交易成本；反之，若偏袒专利权受让人，则会造成专利权人承受较大的交易成本。法律的明确化能够给当事人双方合理的预期，在此基础上充分发挥意思自治的作用。

3. 促进交易原则

合同的主要目的在于促进交易，合同履行原则既是合同当事人应坚持的原则，也是裁判者应坚持的原则。作为司法机关不应鼓励作为协同创新合作方的当事人撕毁合同，相反应采取积极的态度，帮助当事人完善合同内容，鼓励当事人履行合同。当然，在无法促成的时候也应及时解除并做好协同方权利义务的处置工作。对于合同解除条件的把握，应当遵守《合同法》的精神，尽可能维持合同的效力，促使当事人履行合同，实现合同的目的。当然，也要保证当事人在不能实现合同目的时能够及时行使解除权，以稳定交易关系。机会主义行为不可不避免地包含对司法程序的工具化利用，❸ 将司法程序作为实现个人利益最大化的工具，应当避免司法工具化，防止当事人对司法机关自由裁量权加以策略性利用。

二、协同创新专利转让合同生效与解除问题

虽然协同创新会带来协同效应，但是多方主体的合作也会存在潜在的风险。协同创新的交易成本相比独立创新更高，只不过协同创新产生的协同效益能够将产生的额外交易成本覆盖。但是，如果不能消除协同创新中存在的潜在风险，不仅不能产生协同创新效应反而陷入协同创新本身过高的交易成本之中。除客观存在的技术开发风险以外，协同创新中也存在机会主义行为。

❶ 宋春艳：《产学研协同创新中知识产权共享的风险与防控》，载《科学管理研究》2016 年第 1 期。
❷ 谢惠加：《产学研协同创新联盟的知识产权利益分享机制研究》，载《学术研究》2014 年第 7 期。
❸ 刘强：《机会主义行为规制与知识产权制度完善》，载《知识产权》2013 年第 5 期。

部分协同方利用协同主体之间天然存在的信息不对策与有限理性，假借协同创新之名攫取超额利益，使得协同创新名存实亡。

如前所述，专利转让是双方民事法律行为，通过转让合同确立双方民事权利义务关系，所以专利转让问题多体现为专利转让合同纠纷。而专利转让问题不仅是《专利法》的问题，也是《合同法》的问题。《合同法》中有技术转让合同专章规定，此外合同法总则也适用于专利转让合同。专利转让合同的生效与解除问题是专利转让纠纷的主要问题。各地法院在审理专利转让合同纠纷过程中，积累了大量的司法实践经验，通过分析现存的典型案例，结合新制度经济学的机会主义、交易成本理论，能够更为清晰地看到专利转让中存在的诸多问题。其中有些问题一直是理论与实务界的争议焦点，在协同创新战略背景之下这些问题更为激化，严重威胁协同创新战略的推行。即使有些问题在司法审判中最终能够定纷止争，并不存在理论与实务上的争议，但是其对于协同创新战略的冲击却是明显的，协同创新应有价值因而不能得以有效发挥，所以此类问题也应当值得关注。

（一）专利转让合同的生效问题

1. 专利权一权数卖问题

类似于商品房买卖存在的"一房数卖"问题，专利也存在"一权数卖"问题。与商品房等有体物存在的数卖问题不同，专利权的交易客体因其无形性、可复制等特性使得情况更为复杂，专利转让比有形财产转让的交易成本更高，人的理性更为有限。在立法上，我国坚持专利权变动原因与专利权变动结果相区分的原则，登记是专利转让的有效要件但不是专利转让合同的有效要件。专利转让合同是一项债权债务关系协议，该合同的签订并不意味着专利转让的完成，而只是专利转让的开始，专利转让应以登记为标志。如在毕迎军与胡宝军专利技术转让合同纠纷案中，法院判决认为向国家知识产权局进行专利权转让登记的行为，均是双方应履行合同的具体事项，也是专利转让合同自身属性决定的固有内容，专利权转让的未生效状态不是专利转让合同无效的条件。专利权转让合同，当事人意思表示达成一致，合同即告成立；如无导致合同无效的情形，同时也告生效。其后的权利是否依约转移，均不会影响此前所订立合同的效力。❶

---

❶ 参见黑龙江省高级人民法院（2014）黑知终字第 12 号民事判决书。

而基于机会主义因素，研发单位可能先与协同企业签订专利权转让合同，之后又与其他出价更高的企业签订专利转让合同，而该企业极有可能成为协同企业的竞争对手。研发单位要因此承担违约责任，但是如果对方企业出价足以弥补应承担的违约赔偿，研发单位受高额利润诱惑不惜以摒弃同盟的方式违反合同约定。而协同企业投入了大量交易专项资金，并承担合作研发失败的风险最终却没有获得专利权，反而为他人做了嫁衣甚至因此失去市场竞争的优势地位。对于未获得专利权的协同创新主体而言，并没有相关法律规定在数个先后成立的有效专利转让合同中享有优先权。

虽然专利具有可重复实施性，但是专利一权数卖也存在要求优先履行合同义务问题。因只有经过登记公示专利权转让才生效，所以事实上最终只能有一方能够获得登记。在转让合同同时有效的情况下，转让人承担合同违约责任无可争议，但是谁有权完成专利的最终登记并获得专利权是区分原则下亟须解决的问题。为有效推行协同创新战略，有必要通过相关法律规定协同创新主体所享有的转让优先权以遏制潜在的机会主义行为。

2. 专利无权处分问题

与有体物所有权处分类似，专利权也存在无权处分问题。如在李金福与江苏鸿联钢杆有限公司专利转让合同纠纷一案中，权利人应当是江苏鸿联钢杆有限公司，李金福等人并非是涉案专利的所有权人，只是受委托代为申请专利，其与第三方签订的专利转让合同没有经过真正权利人江苏鸿联钢杆有限公司追认，也没有能够在订立合同后取得处分权，该合同无效。❶

专利归属问题是协同创新战略中需要解决的重要问题之一，专利归属的不确定性也使得现实中存在无权处分行为。部分协同创新成员虽然处于协同创新联盟之内，但是并不享有专利权，仍然处分协同创新产生的专利。而无权处分行为，只有在事后经权利人追认或无处分权的人订立合同后取得处分权，该无权处分订立的合同才有效。无权处分订立的专利转让合同给交易安全带来很大的不确定性，参照有体物的无权处分行为，还会带来善意取得问题，如果善意第三人能够基于无权处分取得专利所有权，虽然专利权人能够向无权处分人主张赔偿，但是对于协同创新联盟而言，专利所能带来的潜在市场价值是不可能用当时的损害赔偿来填补的。

在专利共有的情况下，根据《专利法》第 15 条第 2 款"行使共有专利申

---

❶ 参见江苏省高级人民法院（2014）苏知民终字第 0047 号民事判决书。

请权或者专利转让权应当经过全体共有人的同意"。杨凤华诉成都博阿食品有限公司专利权转让合同纠纷一案为共有专利转让的典型案例。❶ 在协同创新下，基于共同合作开发形成的共有专利，如果不经过专利共有人同意，擅自转让的行为构成无权处分，转让行为无效。如允许单方同意就转让专利便使得专利共有人的权利无法得到保障，协同创新便难以为继。专利无权处分在法律上虽然没有争议不大，但是却导致协同创新联盟的瓦解，经历此次破坏协同主体难以再次凝聚协同，发挥协同效应。故明确专利归属，坚持诚实信用原则，提升合同完备性以妥善处理好协同创新战略下的无权处分行为事关整个协同创新战略的推行。

（二）专利转让合同的解除事由

1. 专利产品质量问题不属于解除事由

协同方中的专利受让人获得专利后一般都会投入实际生产经营之中。对于专利技术转让后生产或者再加工产生的产品所产生的质量问题，专利转让人是否应当承担责任存在争议。在前述毕迎军与胡宝军专利技术转让合同纠纷中，法院认为这是商业经营可能遇到的风险，应当经过事前充分评估及衡量，不能以此为由否认双方合意一致所订立协议的效力，更不能以此为由抗拒对已经生效协议的继续履行。❷

尽管专利授权有实用性要求，但是并不意味着能达到受让人预期的效果。因为专利实施过程具有技术上的不确定性，专利研发人员并非能够对于专利投入使用后产生的产品质量问题有充分了解，专利投入使用需要同时满足专利受让人的需求，与其他专利技术的组合也会产生单个专利无法预料的问题。如果全部让专利转让人承担后续产品风险，则其需要承担的义务太高，会削减专利研发人员研发新专利的积极性，特别是涉及尚未成熟且具有一定危险系数的新领域。但是，也可能存在转让人在事先知晓运用专利所存在的隐藏风险甚至显性固有风险，而专利受让人因信息不对称并不能及时发现。转让人利用了信息不对称以及受让人的有限理性，为了成功转让专利往往不会主动释明所存在的风险。若存在此类情况，则应当由转让人承担责任，否则在不符合协同创新战略下进行专利转让违背诚实信用的原则。

---

❶ 参见成都市中级人民法院（2012）成民初字第 983 号民事判决书。
❷ 参见黑龙江省（2014）黑知终字第 12 号民事判决书。

2. 法院慎用合同解除

在合同的履行过程中经常存在一方不履行合同，另一方基于同时履行抗辩权、后履行抗辩、不安抗辩权等事由不履行合同义务的情形，从而陷入合同的僵局，在此时双方明显缺乏合作意向。在兰州西脉记忆合金股份有限公司诉刘小勇专利权转让合同纠纷一案中，双方互不信任直接导致合同不能继续履行后果，法院认为具有明显过错一方应当承担主要的违约责任。❶

法院不应当贸然解除专利权转让合同，因为专利转让合同属于关系契约，双方在签订合同的时候已经投入了大量的交易成本，如果贸然解除合同会使得之前的努力毁于一旦。对于部分转让合同并不是完全没有存活的可能性，如果能够使得合同继续履行则达到节约交易成本，提高交易效率的目的。法院对于解除合同的有限介入是促进交易原则的体现。在协同创新战略背景之下，协同主体形成协同创新联盟的成本要远远大于普通的专利转让，故法院的有限介入更具有现实意义，能够挽回更大的交易成本。但是法院对此不能够僵化，对于应当解除的合同应当及时解除。当事人明显缺乏合作意向，完全不能实现合同目的的情况下，机会主义者也会利用法院促进交易的目的而久拖不决，扩大了双方机会成本，使得司法成为拒绝履行合同的工具。

3. 合同解除救济问题

与有体物所有权转让类似，如果专利转让合同因各种原因最终被解除，专利受让人应当返还专利权。北京工业大学等与国采易达投资有限公司专利权转让合同纠纷案❷、厦门环缘电力科技有限公司诉上海快速智能电气技术委托开发合同纠纷案❸中法院的判决都明确在专利转让合同解除后应当重新将专利权办理回原权利人名下。

在合同解除之后，双方专利转让没有最终实现，所以受让人应当返还专利权，变更专利登记。但是现实中专利受让人往往久拖不决，因其名义上仍为专利的合法拥有者而继续使用，甚至还广泛许可他人，将专利转让给善意第三人，并获得高额经济利益。而善意第三人在此情况下通过转让获得的专利又涉及善意取得问题。在协同创新战略背景下，合同解除救济问题涉及协同创新联盟平稳退出机制，使得协同主体各方权利义务都回归到原始状态。

---

❶　参见甘肃省兰州市中级人民法院（2012）兰法民三初字第 033 号民事判决书。
❷　参见北京知识产权法院（2015）京知民终字第 484 号民事判决书。
❸　参见上海知识产权法院（2015）沪知民初字第 46 号民事判决书。

在平稳的退出机制下，各方在将来还会有继续开展协同创新活动的合作机会，双方的信任关系并没有因此次的合作失败而决裂。

三、协同创新专利转让合同中的权利义务问题

在协同创新战略背景下除了专利转让合同的生效和解除问题，专利转让合同的权利义务直接关系到协同创新主体的切身利益。协同创新主体开展协同创新活动均带有各自的利益目的，而权利义务的分配不公会最终导致协同创新同盟土崩瓦解难以为继。明确专利转让的权利义务关系能够有效抑制机会主义行为，减少交易成本。即使对于某些权利义务并不具有理论与实务的争议，但是在协同创新战略背景下，专利转让不仅仅是单次的专利交易，同时也关系到协同创新同盟关系的维持，明确专利转让权利义务仍具有现实意义。

（一）专利转让人利益保护

专利转让人的主要权利在于收取转让费，因此对于专利转让行为有偿性的法律推定有利于其获得转让专利权的合理对价。专利具有市场价值，同时在专利研发过程中专利权人也付出人力、物力，承担风险。[1] 专利转让作为一种权利处分，在理论上既可以有偿也可以无偿，通常情况下是有偿的，也存在为了公共利益等原因无偿转让专利的情形。专利转让合同一般情况下是有偿合同，除非明确表明专利转让是无偿转让。在朱家乐与沈建文、沈建平专利权转让合同纠纷案中，法院认为即使双方并没有明确约定专利转让的对价，也应当推定专利转让是有偿的，通过合同填补规则来合理确定对价，而不能一概认定此种情况下专利转让合同是无偿的。[2]

专利转让合同履行中存在确定专利转让价格和专利转让对价支付的问题。在中醇油业公司与唐山汇源煤炭地下气化有限公司专利权转让合同纠纷案中，中醇公司以在美国上市公司的股票购买专利，但是无法证明其交付的股票曾达到或接近收购协议中约定的价值，中醇公司并没有能够支付专利转让合同的合理对价。[3] 该案涉及专利转让对价的支付问题，现实中并不多见，更为多见的是专利转让价格确定问题。现大学和科研机构拥有比较完全的技术信息，

---

[1] 耿磊：《协同创新成果知识产权法律界定与创新激励》，载《科学管理研究》2014 年第 6 期。

[2] 参见最高人民法院（2015）民申字第 965 号民事裁定书。

[3] 参见最高人民法院（2012）民监字第 411 号民事裁定书。

但市场和生产信息不完全，企业拥有比较完全的市场和生产信息，但技术信息掌握不完全，由此双方存在信息不对称的问题。生产企业掌握了市场的动向更能够把握专利的市场价值，利用高校和研发机构经验不足的劣势，刻意压低价格。高校和科研机构与生产企业价值取向不同，高校和科研机构更加注重专利的创造性，并以投入的研发成本和劳动作为定价标准。生产企业更加注重专利投入生产带来的市场经济效益，并以此作为定价依据。双方在各自价值取向下难以得出一致的合理价格。专利价值不仅取决于知识的技术水平，更直接受到市场环境、社会环境、国家政策等影响。企业追求自身利益最大化，当缺乏诚信时，企业会有向学研方转移成本或运用不正当手段获取更大利益份额的机会主义倾向，导致学研方潜在利益丧失，使得学研方的知识收益与其知识付出不对等。❶ 在协同创新中，未获得专利的企业往往投入了大量的研发资金，对于此笔研发资金是否能够抵免转让专利对价也存在争议。在法律尚未完全规定此种的情况下，提升合同的完备性，通过合同相关条款约定便十分必要。

在专利转让人履行合同义务转让专利权后，专利受让人应当基于等价有偿原则，支付专利转让合同所约定的专利转让费用。一方依约履行合同而另一方拒不履行合同，违反合同义务构成违约，导致专利转让的失败，这无疑给交易双方带来交易费用的损失，对于协同创新主体信任关系也带来损害。

(二) 专利受让人权利保护

设定专利转让人义务正是为了保护专利受让人的权利。在协同创新战略背景下，也是对与协同创新主体的权利保护。专利权转让过程中，专利受让人相较于专利转让人处于弱势地位，所以法律与司法实务对于专利受让人有倾斜保护。专利受让人的主要义务是支付专利转让的合理对价，但对于专利受让人保护的规定是多方位的权利束。

1. 专利转让人的登记义务

专利受让人有权要求专利转让人及时办理转让登记。因为根据前述的区分原则，专利权并没有因为专利转让合同的生效而转移。受让人想要获得专利权要经过国家知识产权局的登记。在孙小然与王琪等专利权转让合同纠纷

---

❶ 付晔、欧阳国桢：《基于知识链的产学研合作中知识产权问题研究》，载《科技管理研究》2014 年第 11 期。

案中法院认定迟延办理专利权变更登记手续构成违约。❶ 在协同创新战略背景下，如迟延履行转让登记义务，专利受让人因此不能够尽快获得专利权并取得市场优势竞争地位。当协同创新模式全面推广的时候，市场主体均加入各个协同创新联盟之中，技术更迭速度必将远超当下。而随着时间的推移，转让的专利被其他技术所替代，难以获得市场优势地位。究其原因，专利权人迟延履行专利权转让变更手续是为了继续持有该专利所有权，以期能找到价格更为优厚的第三人来实现利益最大化。也有部分专利权人为了在该专利基础上研发出更为先进的技术，以此逼迫受让人以更高的价格购买新的专利，其本质是机会主义行为，应当予以遏制。

2. 专利转让人的技术实施资料提供义务

专利转让不仅是法律权利主体的变更，也包括专利技术的转移。因此，专利权人有义务提供与专利技术实施有关的技术资料。但是，该项义务并非是法定义务而是由交易双方在合同中约定的义务，可能会因为合同的不完备而遗漏该条款。转让人基于机会主义故意不在合同中约定该项义务，拒绝提供专利权实施的具体技术资料，而使得专利受让人不能够更好利用转让所得的专利技术。公开的专利说明书往往比较简单，仅达到专利授权的基本条件，在专利背后还蕴含其他隐性技术。专利权转让不应当只向转让人提供公众可知的资料还应当提供在研发过程中内部的详细资料。如此受让人才能获得更大的市场优势地位，也有利于受让人在此基础上进行专利技术的进一步改进。但是转让人为了能够在技术的进一步研发中获得领先地位，对于隐性技术往往不会透露给受让人，而专利受让人因为信息不对称也不可证实是否真正转让了隐性专利技术资料。在协同创新战略背景下，如果想要从制度层面上规制有较大困难，即使规定在实践中操作性也很低，归根结底还是应当回归到诚实信用的原则之上，形成协同创新同盟利益共同体，以此才能应对今后协同创新模式常态化、大众化的新发展机遇。

3. 专利转让人的权利瑕疵担保义务

专利转让人应当保证其转让的专利是一项真实有效的专利，而非虚假或期限已满的专利，因此在转让过程中要承担维持专利权有效的责任。北京宙斯粘胶制品有限公司诉郑金起专利权转让合同纠纷案涉及专利权维持责任，专利权转让登记办理完毕之前，维持专利权有效的责任由原专利权人承担，

❶ 参见北京市高级人民法院（2014）高民终字第1159号民事判决书。

如果专利权因未缴纳年费而失效，那么所转让的专利便没有效力。[1] 类似于货物买卖合同，在专利还没有办理变更登记之前，风险还没有转移，转让人仍然负有专利权的维持责任。如果专利维持责任由受让人承担，那么助长了专利权人不积极履行合同义务的心态。在专利申请权转让的情形，此种转让专利权人并没有实际获得专利权，而将申请专利的权利转让给了受让人。但是在专利申请权转让后专利权人对于获得专利授权的积极性可能不高。因为如果专利申请权在转让后并没能获得专利授权，研发专利的转让人不仅能够取得专利转让费用，还可以继续无条件使用已经转让的专利，且因为专利由其研发，对于专利更为熟悉。在于庆利、曲杰与丹东市正新能源开发有限公司专利权转让合同纠纷一案中，法院认为涉案技术合同在签订时专利申请尚没有取得专利授权，转让方在明知合同约定转让技术属于专利技术的情况下，也应当就涉案技术取得专利做出积极努力以维护受让方的合法利益、保证受让方实现合同目的。[2] 积极获得专利授权也属于对于专利的维持，以实现合同目的。在协同创新战略背景下，协同创新同盟之间并非低频率、短期的专利转让而是长期的合作关系。所以任何一方为了协同创新同盟关系的维持都应当积极去维持专利有效性，但是明确谁应当履行专利维持责任可以有效避免产生"公地悲剧"情形的发生。

与权利瑕疵义务相适应的是专利转让人承担禁止反言义务。在专利转让合同中的禁止反言是指转让人不能对专利权提出无效宣告请求。虽然根据我国《专利法》第45条，任何单位或个人均可以提出无效请求。但是，专利转让人受到禁止反言的限制而不允许请求宣告无效，原因在于其需要承担权利瑕疵担保责任。《合同法》第349条规定，技术转让合同的让与人应当保证自己是所提供的技术的合法拥有者，并保证所提供的技术完整、无误、有效，能够达到约定的目标。这意味着专利权人必须对于专利权的有效性予以担保，否则要承担违约责任。事实上，《专利审查指南》对于专利权人请求宣告专利无效的条件进行了限制，[3] 具有抑制其反言行为的目的。禁止专利权转让人反言，并不会导致无效的专利会对社会公共利益造成损害，因为它并不禁止其

---

[1]　参见北京市第二中级人民法院（2003）二中民初字第185号民事判决书。

[2]　参见最高人民法院（2014）民申字第139号民事裁定书。

[3]　《专利审查指南》第四部分第三章3.2节规定，请求人属于下列情形之一的，其无效宣告请求不予受理：（3）专利权人针对其专利权提出无效宣告请求且请求宣告专利权全部无效、所提交的证据不是公开出版物。

他人对该项专利的有效性提出质疑，仅仅是为了防止专利权转让人从他的错误中获得双重利益而不受到任何制约，所以应当在肯定任何单位和个人都能对专利提出有效性质疑的同时，要对专利权转让人的质疑权利加以限制，对专利权转让人适用禁止反言。❶ 在协同创新战略背景下，在协同创新同盟期间转让人不会提出反言，但是当协同创新同盟因为种种原因破裂之后，原合作方之间有可能因此产生利益对峙或者冲突，有必要防止转让方在此后提出专利有效性质疑。

4. 专利转让人的不实施义务

技术成果和一般商品相比具有特殊性，一般商品通常只要完成交付即可，而技术成果在转移给受让方后，出让方仍然掌握该技术的实质内容，这就使高新技术交易具有不彻底性。在专利转让后，专利原来权利人应当停止专利技术行为。在专利转让后，受让人享有专利的所有权，原转让人除非经过受让人许可，否则不能继续实行该专利技术，即使原权利人对于实施专利技术拥有了充足的技术条件。为了经济利益的需要，原权利人中的机会主义者也可能隐蔽继续实施专利。应当注意到，在协同创新战略背景下，交易双方并非只是偶然交易，协同创新同盟依然存续，协同创新主体依旧为利益共同体，所以对于转让专利权后作为协同创新主体的转让方可以依据合同约定继续享有专利使用权，如此才有利于该专利的进一步研发，同时也符合协同创新的本质目的，使得协同创新模式更具吸引力。协同主体之间可以在转让合同中约定，或者另行签订专利许可合同来解决此类问题。针对协同创新的特殊情形法律也可以强制规定在专利转让后协同创新主体依然享有专利使用权。

虽然专利转让人原则上不享有继续实施权，但是其之前许可的第三人仍然有权实施。专利许可不同于专利转让，参照买卖不破租赁，被许可人有权不停止专利技术的实施。专利许可与专利转让可能存在对抗关系。❷ 专利转让人基于利益最大化，可能会先许可他人再转让专利，甚至先许可与自身关系紧密的关联单位，再向不知情的协同创新主体转让专利。在南京希科集团有限公司与安信纳米生物科技（深圳）有限公司等侵犯专利权纠纷案中，法院认为，专利权受让人对在先专利许可使用合同不知情的情况下，将专利权再

---

❶ 刘远山、魏微、余秀宝：《我国专利权转让合同中受让人的权利保护问题——以专利法第45条和第47条的规定为视角》，载《中外企业家》2011年第2X期。

❷ 宁立志、盛赛赛：《论专利许可与专利转让的对抗与继受》，载《知识产权》2015年第7期。

许可给第三人使用的行为并未侵犯在先被许可人的专利实施权，即在先被许可人仍然享有专利实施权，专利权转让行为并未影响在先的专利实施许可合同的效力。❶ 该案体现了对于被许可人权益与预期的合理保护。同时依据前述，协同创新主体在专利转让后应当依然享有专利使用权。但是在协同创新同盟解体之后，协同创新主体享有专利使用权势必会影响到专利转让人专利权的再转让。

小结

专利转让过程中存在诸多问题，集中于专利转让合同生效与解除，合同权利与义务关系。这些问题有些是理论与实务界长期讨论的热点，有些是已经有法律明文规定或通过多元化纠纷解决机制可以妥善解决的。但是在协同创新战略背景下，专利转让过程中存在的固有问题变得更为激化。结合新制度经济学的机会主义行为理论和交易成本理论对于暴露出的问题能有更为透彻的理解。对此虽然有若干可操作化的制度设计，但是究其根本还是要回到诚实信用、提升合同完备性、促进交易等原则之中才可以灵活应对协同创新战略背景下的专利转让制度，从而构建协同创新同盟利益共同体，发挥协同效应。

---

❶ 参见江苏省高级人民法院（2009）苏民三终字第 0027 号民事判决书。

第八章

协同创新战略与专利权用尽售后限制

协同创新战略实施过程中，技术开发者与实施者之间必须进行密切的协作。如何在维护专利权人利益的同时，兼顾实施者的商业预期显得尤为重要。专利权用尽原则是对专利权效力的一种重要限制，是指专利产品经专利权人或被授权人首次销售后，产品上的专利权用尽，专利权人不得再行主张权利，而买受人得自由使用、再销售所购得产品，不受专利权人控制。当专利权人许可他人实施专利权后能否施加售后限制，如何认定该限制性条款的法律效力，将影响协同创新战略的有效开展。

一、专利权用尽与专利权保留

（一）专利权用尽的法律渊源

专利权用尽原则的核心是：专利权人依专利法所赋予之权利，自己制造、销售或许可他人制造、销售其专利产品后，已从中获取利益，若对于该专利产品再行主张专利权，将影响其自由流通与利用。因此，专利权人自己或同意他人制造、销售的专利产品第一次流入市场后，专利权人已经行使其专利权，就该专利产品的权利已经耗尽，不得再对该产品进行法律控制。美国联邦最高法院在 1852 年的 Bloomer 案中认为，一旦产品移转至买受人手上，该产品就不在专利独占范围内。❶ 当然，为保证专利权人合理的市场利益不受损害，专利权用尽仅针对由其实际售出的产品，对于购买者重新制造的专利产品也不在侵权豁免范围之内，而专利权人仍保有排除他人不经其同意而制造、使用、销售其他专利产品的权利。

专利权用尽原则在专利法中是一个复杂且颇具争议的问题，它集中体现出专利权保护和专利商品自由流通原则的矛盾和冲突。各国对于该原则适用

---

❶ Bloomer v. McQuewan, 55 U. S. (14 How.) 539, 549 (1852).

的条件至今仍未达成一致意见。因此，TRIPS 协定第 6 条不得不规定：各成员
在解决有关知识产权的争端时，在不违反 TRIPS 协定其他条款规定的情况下，
各国可以自由规定本国的权利用尽制度。因此，各国不仅可以自主决定专利
权是否国际用尽，还可以规定享受该项豁免的条件。纵观各国对专利权用尽
原则的法律规定，主要分为两类：一类是在本国专利法中对专利权用尽原则
加以明确规定，如法国《知识产权法典》以权利人为中心，从正面明确规定
了专利权人对其特权的控制程度在何时用尽❶，而我国《专利法》则从不构
成侵权行为的角度做出对专利权的限制规定❷；另一类则是将该原则建立在一
系列判例所确定的具体规则中，主要有美国、英国、日本。美国联邦最高法
院通过对 Adams v. Burke❸ 一案的判决创建了专利权用尽原则，认为合法售出
后的专利产品的使用不受专利权人的限制；继而又通过对 Keller v. Standard
Folding-Bed Co❹ 一案的判决，认定合法售出后的专利产品的再次销售也不受
专利权人的限制。至此，美国专利制度中专利权用尽的基本规则得以确立。❺
日本的做法也基本上和美国一致，仅用判例的方式适用这一原则。

（二）专利权用尽售后限制的法律效果及争议

专利产品销售的特殊之处在于兼具专利权许可和产品销售两个层面的法
律后果，权利人同时让渡了专利权和所有权。两项独占性权利均可以对产品
的使用和流转进行法律控制。专利权用尽售后限制主要发生于专利产品首次
销售时，专利权人或者其被许可人采用设定限制性条件的方式对合法售出后
的专利产品继续加以控制，从而达到限制或排除专利权用尽适用的目的。之
所以会出现此种限制方式，原因在于专利权人欲扩展专利独占权的使用范围，
从干预购买人的使用中进一步获取售后利益。通常情形下，专利产品一经首
次合法销售后，专利权人对专利产品的独占性权利已被用尽，不得继续干涉
专利产品的使用和再次流转。然而，专利权人的售后限制行为是否能限制或

---

❶ 法国《知识产权法典》第 L.613-6 条规定：专利所赋予的权利不及于，在法国领土上制造的
专利产品被专利人或在其明确许可下投放到法国或欧洲经济区域内某一国家的商业领域后，对该产品
的实施。

❷ 我国现行《专利法》第 69 条规定，有下列情形之一的，不视为侵犯专利权：（一）专利产品
或者依照专利方法直接获得的产品，由专利权人或者经其许可的单位、个人售出后，使用、许诺销售、
销售、进口该产品的。

❸ Adams v. Burke, 84 U.S. (17 Wall.) 453 (1873).

❹ Keeler v. Standard Folding Bed Co., 157 U.S. 659 (1895).

❺ 尹新天:《专利权的保护》（第二版），知识产权出版社 2005 年版，第 69 页。

排除专该原则的适用？该种限制将产生怎样的法律效果？对该限制性条件的违反将会导致侵犯专利权的侵权责任或仅是合同法上的违约责任，还是两种责任的竞合？对此争议不断。

专利权用尽原则售后限制的法律效果争议主要表现专利产品首次销售时，所附限制性条件能否限制或排除专利权用尽的适用，对此主要存在绝对用尽和相对用尽两种不同模式。绝对用尽模式认为，专利权用尽原则不受该条件的限制，专利权人对专利产品的独占性权利因产品的首次合法销售而耗尽，此时不会发生侵犯专利权的问题，仅可能产生合同违约责任。大陆法系国家主要采用此种模式。而相对用尽模式则认为，若不违反专利权滥用或反垄断法等法律的规定，专利权用尽原则将受到限制，若有违反，将会产生专利侵权的法律后果。❶ 持此种模式的国家主要是美国，但美国国内不同法院，甚至是同一法院在不同时期的判决也存在差别，而美国联邦最高法院的观点也不清晰，使得其他法院适用时缺乏明确的标准。❷

（三）合同法所有权保留制度的借鉴——构建"专利权保留"规则

一般认为，所有权保留制度主要发生于买卖关系中，买受人虽已取得对标的物的占有和使用，但双方当事人可以约定一定的条件，在约定的特定条件成就前出卖人仍享有对标的物的所有权，等到约定条件成就时所有权才从出卖人处移转至买受人。❸ 法国民法等已对所有权保留的对象进行了拓展，不仅由动产延及不动产，也涵盖了专利、商标等无形财产。❹ 通过所有权保留，可以对出卖人收回价款提供财产担保❺，而这是其在买卖合同中的主要目的，由此类推产生的"专利权保留"规则可以为权利人保有所期待的市场份额，从而为其实现更为广泛意义上的合同目的提供制度保障。

所有权保留的正当性基础一方面在于合同自由，当事人可以自主决定是否订立合同以及所包含的条款。当事人达成的合意只要不违反法律的强制性规定，就能按照约定的内容产生合同关系，受到法律保护。合同中的所有权

---

❶ 万琦：《欧美专利权用尽原则售后限制的比较研究》，载《知识产权》2010 年第 4 期。

❷ Renold S. Chisum on patents, 16.03 [2] [a].

❸ 我国《合同法》第 134 条及 2012 年出台的《最高人民法院关于审理买卖合同纠纷案件适用法律问题的解释》为我国在立法上对所有权保留制度做了详细规定。

❹ Iwan Davies, Retention of Title Clauses in Sale of Goods Contracts in Europe, Dartmouth & Ashgate Publishing, 1999: 29.

❺ 翟云岭、孙得胜：《论所有权保留》，载《法学家》2010 年第 1 期。

保留条款就是买卖双方对合同内容自由的表现。❶ 从合同对价角度来说，完全让渡所有权可能超过出卖人所收取的价款，因此应当允许当事人通过所有权保留条款等方式进一步实现合同自由。具体来说，合同当事人有权自由约定何时、以何种条件转移所有权。同样，在专利法上也应当建立"专利权保留"制度，允许专利权在专利产品销售合同中，与普通买卖合同中的所有权保留相类似，有权对于产品售后购买人的使用行为予以限制，并在销售合同中约定具体的限制性条件，只要不违反专利权滥用或反垄断法等法律的规定即可，这是合同自由的应有之义。

所有权保留的正当性基础另一方面在于所有权的转移与物的交付行为可以相互分离，并且所有权具有"弹性"，在一定条件下可以由权利人回复对物的占有和支配。❷ 比如在未完全支付价款以前，出卖人仍享有标的物的所有权，标的物所有权并未转移，此时若有侵犯标的物所有权的行为，出卖人得为之主张。同样，在专利产品销售行为中，对产品所有权的转移和专利实施许可的颁发也可以分别进行，因此专利权人将标的物的占有权转移，不代表将对该物所有形式的使用权和处分权也一并转让，出卖人对此附加相应的条件。因此，在买受人违反限制性条款时，应当允许专利权人保留追究其专利侵权的权利，从而具备与所有权类似的"弹性"。应注意到，专利产品的使用权并不必然与占有权同时转移给买受人，甚至可以只允许买受人以特定方式、于特定地点或供特定目的使用专利产品。其中占有权与使用权得以分离系源自专利独占的特性使然。专利产品使用限制的有效性是来自专利的允许，专利所有人可以完全或部分地放弃排他权，对于未放弃的部分，专利权人仍保有其他未授权给买受人的使用权。买受人若明确知道其仅取得有限的使用权，一旦违反该保留之使用权，即属侵犯专利所有人的专利权。

二、专利权用尽售后限制的理论发展——专利权"保留"的取舍之间

美国联邦最高法院法官 Story 在一个案件中这样说道：促进科学和有用艺术的发展是专利制度的主要目的，而给专利权人提供回报是次要的目的，它

❶　王利明：《所有权保留制度若干问题探讨——兼评〈买卖合同司法解释〉相关规定》，载《法学评论》2014 年第 1 期。
❷　余能斌、侯向磊：《保留所有权买卖比较研究》，载《法学研究》2000 年第 5 期。

只是实现上述主要目的的一种手段。❶ 换言之，在这一主要目的和次要目的中存在着专利权人的私益与商品自由流通、促进科学发展的公益之间的冲突❷，而默示许可论和内在限制论正是这种冲突的集中表现。究其实质，"默示许可论"更加注重专利权人的利益，而"内在限制论"更为侧重对使用人和社会公共利益的保护。❸ 基于自身利益的考量和不同的价值取向，不同国家采用了不同模式的专利权用尽原则。总体而言，允许专利权人在专利产品销售过程中对专利权予以"保留"，其目标在于使得交易条件灵活化，并促进专利产品的交易和专利价值的实现。

（一）内在限制论——专利权保留的排除

内在限制论是从专利权本身的权利属性出发，认为是对专利权用尽原则的一种内在的本质性自我限定，而不是权利之外对权利的限制，无论在专利产品销售时是否有限制性条件，这种限定都是存在的。❹ 基于此，不允许权利人在产品销售时对专利权予以"保留"，不能通过合同条款排除或限制专利权用尽原则，因此对专利权独占性的限制更为严厉。德国为防止权利人以附加限制性条件的方式来排除默示许可的适用，阻碍商品的自由流通，遂改变以往采用默示许可理论解决售后限制问题，转而寻求一种对专利本身进行自我限制的方式。19世纪的德国面临国家统一的任务，加之当时德国正处于所有权社会化思潮中，为追求贸易自由和市场统一化，德国关于这一问题的态度已经发生转变。Josef Kohler 在其 1990 年出版的《专利法》一书中提出，货物的自由流通需要专利法上绝对的、内在的限制，即只有专利法上规定绝对的限制才能保障货物的自由流通。❺ 德国法院在 1902 年 Guajokol Karbonat 案的判决中采用了 Josef Kohler 的观点，正式确立了区别于默示许可理论的专利权用尽原则。至此，在德国，专利权用尽原则被认为系专利权效力的内在限制，不论专利权人在售出其专利产品时是否提出了限制条件，都不影响该原则的

---

❶ United States v. Masonite Corp., 316 U. S. 265, 1942.

❷ 蔡晓东：《论美国专利侵权的不公平行为抗辩》，载《中南大学学报（社会科学版）》2012年第3期。

❸ 王淑君：《自我复制技术语境下专利权用尽原则的困境与消解——以鲍曼诉孟山都案为视角》，载《学术界》2014年第8期。

❹ 尹新天：《专利权的保护》（第二版），知识产权出版社2005年版，第66页。

❺ 万琦：《欧美专利权用尽原则售后限制的比较研究》，载《知识产权》2010年第4期。

适用。受德国的影响，专利权用尽原则的内在限制性也逐渐为欧盟国家所接受。❶ 在 1975 年的《欧共体专利公约》第 28 条和 2013 年的《欧洲统一专利法院协定》第 29 条中，也认同德国的专利权用尽理论，规定除非是欧共体的法律另有规定或者专利权人有其他合法理由，专利权的效力不能延及该专利产品有关的任何行为。不仅如此，就连美国联邦最该法院在 Bauer & Cie v. O'Donnell 案❷中也一反常态，认为通过向批发商销售专利产品，专利权人不得限制专利产品的使用，原因在于专利权人排除他人销售的权利已在首次销售后耗尽，该产品已不在专利法的独占范围内，买受人因而不受专利权人施加之限制控制，进而判决专利权人对转售价格的限制行为无效。我国专利法自始便采用德国模式的专利权绝对用尽原则，即只要专利权人或者其被许可人售出其专利产品，则无论专利权人是否对售出产品的使用提出限制性条件，涉及该产品本身的专利权已经用尽。因此，从我国对专利权用尽原则的立法规定来看，是以内在限制论作为理论支撑的。

考虑到内在限制论对于专利权用尽的解释过于机械化，当事人在专利产品销售过程中能够自主约定交易条件的意思自治空间相对减少。从专利权人角度来说，由于无法约束买受人的使用或转售行为，为了防止利润较高部分的市场份额受到侵蚀，将不得不收取较高的对价，事实上阻碍了部分交易的达成。如果在允许买受人支付部分对价的情况下购得专利产品，将使得其购买力提高，从而刺激其消费行为。这也是所有权保留制度在非专利产品交易过程中所体现的经济价值。❸ 因此，为了充分体现当事人的意思自治，应当摒弃传统的内在限制理论，转而寻求默示许可论作为理论基础。

(二) 默示许可论——专利权保留的允许

根据默示许可论，由专利权人及经其许可首次合法售出专利产品时，可以对买受人使用和再次处置产品的行为做出限制。如果权利人未明确提出限制性条件，则默认买受人获得了任意处置该专利产品的"许可"❹；如果明确提出了限制性条件，则买受人须在所限定条件范围内使用，否则将会构成专利侵权，因而属于对专利权的"保留"。此时，专利权属于有相对用尽，即在

---

❶ 尹新天：《专利权的保护》（第二版），知识产权出版社 2005 年版，第 66 页。

❷ Bauer & Cie v. O'Donnell, 229 U.S. (1913).

❸ 余能斌、侯向磊：《保留所有权买卖比较研究》，载《法学研究》2000 年第 5 期。

❹ 尹新天：《专利权的保护》（第二版），知识产权出版社 2005 年版，第 65 页。

限制条件范围之内用尽，在限制条件范围之外并不用尽。

英国专利法是默示许可论的典型代表，认为专利权人对一件专利产品拥有的独占权并不局限于对该专利产品的制造和首次销售，还可能扩展至该专利产品首次售出后的流通领域。因此，英国是允许对专利产品售出后的使用和转售提出限制性条件的，如果买受人明知有限制性条件而违反的，将构成侵犯专利权，但该限制性条件不得违反有关法律的规定。19 世纪的德国也曾通过默示许可理论解决专利权用尽的售后限制问题，认为若专利权人在首次销售专利产品时没有以明示方式附加售后限制性条件，即推定买受人获得了任意处置其所购专利产品的默示许可。美国 1872 年 Mitchell v. Hawley 一案的判决认为，❶ 既然专利权人已经明确表示许可购买者只能在初始期内使用专利产品，若购买者想在延长期内使用该专利产品，则要受到专利权人的继续控制。换言之，专利权人可以限制购买者在初始期外的使用行为。此判决被认为是美国联邦最高法院首次明确售后限制性条件限制专利权用尽的先例。1992 年美国联邦巡回上诉法院（CAFC）的 Mallinckrodt, Inc. v. Medipart, Inc 案❷中更是明确表示，专利产品购买者违反销售合同中的限制性销售使得专利权在产品使用、销售等情形中并未用尽，从而认定侵犯专利权成立。不仅如此，CAFC 还在孟山都公司系列案件中（包括 Monsanto Co. v. McFarling 案❸、Monsanto Co. v. Scruggs 案❹、Bowman v. Monsanto 案❺等）中对这一观点予以重申。

默示许可论允许对专利权予以"保留"，更能为专利权用尽售后限制提供理论依据，也更为符合专利权用尽制度的立法意图。在我国，有学者从体系解释的角度分析道：在内在限制论的理论下，专利权人的专利权完全用尽，这一方面不符合专利权用尽原则产生于无条件销售的基本原理，另一方面会导致《专利法》第 11 条和第 69 条第一项规定之间的冲突，导致法律体系的不协调；而在默示许可论的理论下，不仅不会导致法条之间的冲突，而且能够协调专利法和合同法的关系。❻ 笔者认为，以扩张当事人意思自治范围为目

---

❶ Mitchell v. Hawley, 83 U. S. 544, 548（1872）.

❷ Mallinckrodt, Inc. v. Medipart, Inc. 976 F. 2d 700（Fed Cir. 1992）.

❸ Monsanto Company v. Homan Mcfarling, 363 F. 3d 1336（Fed. Cir. 2004）.

❹ Monsanto Company v. Scruggs, 04-1532, 05-1120, -1121（Fed. Cir. 2006）.

❺ Bowman v. Monsanto Co., 133 S. Ct. 1761（2013）.

❻ 董美根：《论专利产品销售所附条件的法律效力》，载《华东政法大学学报》2009 年第 3 期.

标，采用默示许可论更为合理。在上述论者的体系解释外，合同法中的理性人标准认为，购买者明知销售者附加限制性条件仍购买，此时购买者已经对购买产品所能获得的权利予以考虑，是基于自身意思自治的购买行为，理应得到认可。

此外，内在限制论表面上对专利权限制更为严格，但是所用尽的专利权范围较窄，通常只限于产品专利本身和不可替代的少量用途专利。例如，产品专利耗尽并不意味着使用产品的方法专利也耗尽了。Bandag Inc. v. Al Bolse's Tire Stores，Inc. 案❶中，CAFC 认为首次销售原则不适用于方法权利要求，因为在专利产品中不能体现方法权利要求的技术方案。而默示许可可以延及其他与产品具有合理联系的专利权，可以为购买者提供更为广泛的侵权豁免。例如，美国联邦最高法院在 Dawson Chemical Co. v. Rohm & haas Co. 案❷中是针对在专利方法中使用的非专利设备基于权利耗尽而给予默示许可，而 CAFC❸ 在 Anton/Bauer Inc. v. Pag Ltd. 案中则对于专利组合设备中的非专利部件也给予默示许可❹。而 1942 年 United States v. Univis Lens Co. 案对于权利用尽的范围也进行了拓展：专利权人销售的产品只能用于专利权的实施，否则该产品不具备独立的功能和性能，不论其销售的产品是否受专利保护，均认为其拥有的专利权已经耗尽。联邦最高法院此案中认为，"销售镜片行为本身就同时构成对镜片财产权的转移，以及许可买受人完成磨制镜片的最后步骤。"因此，在存在专利产品销售行为的情况下，默示许可可以对买受人提供更为有力的侵权豁免保护。

三、专利权用尽售后限制的行为模式——专利权保留的外观表现

根据所有权保留理论，允许出卖人做出保留的情形应当符合买受人的期待利益，并且为价款的支付或者其他条件的成就提供担保❺。因此，在"专利权保留"规则中，权利人进行售后限制意思表示的外观方式显得尤为重要，

---

❶ Bandag Inc. v. Al Bolse's Tire Stores，Inc.，719 F. 2d 392. 219 U. S. P. Q. 1049.

❷ Dawson Chem. Co. v. Rohm & Haas Co.，448 U. S. 176（1980）.

❸ Anton/Bauer，Inc. v. PAG，Ltd.，No. 02-1487（Fed. Cir. May 21，2003）.

❹ Daniel M. Lechleiter：Dividing the（statutory）Baby under anto/bauer：using the Doctrine of implied license to circumvent $ 271（c）protection for components of a patented combination，Journal of Marshall Review of Intellectual Property Law，2004，3（2）：355-396.

❺ 周后春：《论货物所有权保留的法律适用》，载《中南大学学报（社会科学版）》2005年第1期。

要足以排除默示许可所产生的法律效力。

（一）按限制形式分

（1）通知保留：通知保留是指专利权人或经其许可的被许可人在销售专利产品时以单方面做出的声明或在专利产品上单方面附加标贴等方式产生的对专利产品的售后限制。对于这种单方面的告知能否限制专利权用尽原则的适用范围也是存在争议的。美国的一些法院认为，对专利产品单方面的限制性告知是无效的，除非专利权人与买受人达成不违反法律相关规定的书面协议。笔者认为，借助民法上单方法律行为的基本原理，以单方面形式做出的限制性告知理应是专利许可的一种形式，与书面协议产生的法律效果应当是相同的，都能够限制专利权用尽原则的适用范围。

（2）协议保留：协议保留是指专利权人或经其许可的被许可人与专利产品的买受人通过书面协议的方式所达成的售后限制。在协议限制的情形下，买受人能够获得与专利权人充分协商的机会，可以更为细致地考虑专利产品价格与所获权利之间的关系。此时，销售者和买受人最终所达成的交易价格不仅体现了专利权人所享有的"占有权"，同时体现了买受人对专利产品所获权利的对应价格。当然，协议限制应具有合同约定的性质，并不得违反法律的相关规定。

（二）按限制内容分

（1）直接保留：直接保留主要发生于专利权人和买受人之间，售后限制条件直接在双方间设定。这种直接设定于专利权人和买受人间的限制也可称为垂直限制（vertical restriction），包括品牌内限制（intra-brand restraints）及品牌间限制（inter-brand restraints），前者限制出卖人所销售产品之流通以及使用方式，例如转售价格维持、转售区域限制、商业使用与非商业使用等用途限制，后者则限制买受人在使用所购得物品时所需搭配之物品供应来源或是限制买受人销售其他供应来源，例如搭售以及独家交易。搭售安排通常要求买受人在使用搭售品时需搭配使用出卖人的被搭售品，例如在 Henry v. A. B. Dick❶案中，要求买受人使用油印机时需搭配使用专利权人生产的印刷模板、油墨等；而独家交易则禁止买受人在处理出卖人产品时经营与之相竞争的产品，例如加油站不得销售其他品牌油。典型的直接保留例如在

---

❶ Henry v. A. B. Dick, 224 U. S. 1 (1912).

Bowman v. Monsanto 一案中，Monsanto 公司通过许可协议的方式，允许农民 Bowman 种植专利种子，但对许可协议进行了售后限制，并且法院最终判决支持了这一直接售后限制。

（2）间接保留：间接保留主要发生于专利权人、被许可人和买受人三方之间，售后限制条件是由专利权人通过被许可人与买受人设定的。相较直接保留而言，间接保留的情况更为复杂。间接保留其实是把对被许可人的授权限制与买受人的后续利用行为相连接。此时专利权人得要求被授权人遵守特定的授权限制，例如区域限制、最低销售价格限制及使用范围限制，前提是该限制系合法且经缔约当事人同意，若违反限制，专利权人得对被授权人及知情该限制之买受人提起专利侵权诉讼。值得注意的是，在间接保留中，因为被许可人已经分担一部分注意义务，故买受人的注意义务较直接保留中低。在 Quanta Computer. Inc. v. LG Electronics. Inc 案❶中，在 LG 公司与 Intel 公司的主协议中，约定该许可"并不明示或默示地扩张至客户把一个 Intel 产品与非 Intel 产品组合所制成的任何产品"，LG 公司正是通过这一约定对被许可人 Intel 公司设定对了购买者的限制，起到了间接限制的作用。

四、专利权用尽售后限制的效力——"专利权保留"法律后果的多重性

（一）效力辨析

通过售后限制条款实施"专利权保留"能够产生相应的法律效力。违反售后限制性条件应当承担侵犯专利权的责任，而不仅是违约责任。在 Gerenal Taking Pictures Co. v. Western Elec. Co. 案中，法院判决买受人在明知有售后限制性条件的情况下，而仍予以违反，侵犯了原告的专利权。❷ 在 Mallinckrodt, Inc. v. Medipart, Inc. 案中，美国 CAFC 归纳出附条件销售理论，认为只要所施加之限制，属于专利权范围内且未违反其他法律或政策，当事人保有缔结附条件买卖的自由，条件是所施加的使用限制为专利法可以实施执行即可，并认为专利权用尽原则不适用于附条件销售。同时，在附条件销售中，一般理性人应该可以合理推知，由当事人协商而决定的专利产品价格，仅适当反映出专利权人给予买受人专利产品使用权的价值。因此，应该允许专利权人在销售或授权时得到明示附加使用限制。

---

❶　Quanta Computer, Inc. v. LG Electronics, Inc., 128S. Ct. 2109；170L. Ed. 2d 996.

❷　Gerenal Taking Pictures Co. v. Western Elec. Co., 305 U. S. 124（1938）.

此后，CAFC 在 B. Braun Medical, Inc. v. Abbott Laboratories 案❶中沿用了 Mallinckrodt 案中采用的原则，认为违反专利权对专利产品使用次数和使用范围的限制属于对专利权的侵权行为。明示的专利产品适用限制条件能够对专利权耗尽产生限制作用，即超出限制范围的使用行为不能享受专利权耗尽的豁免。法院认为可以合理推断，由于专利权人在销售产品时收取的专利使用费仅是针对限制范围内所产生的经济价值，专利权人可能转移了全部专利使用权，也可能只是转移了部分使用权，而专利产品使用者有义务注意和遵守专利权人的提示与限制❷。至此，该案确立了专利权用尽售后限制的效力规则，专利权人不仅有权获得合同救济，还可主张侵权救济，此时发生侵权与违约的责任竞合，但根据合同法关于责任竞合的规定，专利权人只能择一主张，避免双重获利。❸

（二）专利法上的效力

在有售后限制的情形下，销售者和买受人最终所达成的交易价格仅体现了专利的部分价值，基于"专利权保留"规则，专利权人因没有收取全额对价因而保留部分权利。所保留的部分权利仍然受到专利权人的控制，并未因产品的销售而用尽，也未违背专利权用尽这一基本原则。因此，专利权人的权利并未因此而扩大，只是权利的部分用尽与部分保留，违反售后限制条件应当承担侵犯专利权的责任。然而，在我国司法实践中，关于援引专利权用尽原则的案例少之又少，对于售后限制的效力更是坚持绝对用尽的观点。而相比较美国，对于专利权用尽的售后限制问题则不时会出现激烈的交锋。但遗憾的是，近期美国法院似乎在回避这一问题。

在 Quanta Computer, Inc. v. LG Electronics, Inc. 案中，LG 公司许可 Intel 公司使用一个专利组合，许可协议允许 Intel 生产和销售使用 LG 专利的微处理器和芯片。LG 试图避免第三人因默示授权将自 Intel 处购得的微处理器及晶片组与其他零组件结合使用，并实施系争专利发明完成专利电脑系统，在许可协议中设定了一些限制性条件，明确表示并未给予第三人的结合 Intel 产品

---

❶ B. Braun Medical, Inc. v. Abbott Laboratories, 38 F. Supp. 2d 393 (1999).

❷ Amber Hatfield Rovner. Practical Guide to Application of (or Defense Against) Product-Based Infringement Immunities Under the Doctrine of Patent Exhaustion and Implied License: Texas intellectual property law journal, 2004 (12): 226-285.

❸ 《合同法》第 122 条规定："因当事人一方的违约行为，侵害对方人身、财产权益的，受损害方有权选择依照本法要求其承担违约责任或者依照其他法律要求其承担侵权责任。"

及其他非 Intel 产品的许可，但同时表明该许可不改变专利权用尽原则的适用。
此外，在另一份 LG 公司与 Intel 公司的主协议中，Intel 同意为自身的用户提
供书面告示以通知他们。这份主协议还规定：对该协议的违反对许可协议不
应产生影响，也不应成为终止许可协议的依据。Quanta 公司从 Intel 那购买了
微处理器和芯片组，并收到了根据主协议所写的通知。然而，Quanta 公司通
过将 Intel 产品和非 Intel 的内存和总线以实施 LG 专利的方式相结合而制造电
脑。因此，LG 公司对 Quanta 公司提起侵权诉讼，诉称将 Intel 产品和非 Intel
的内存和总线相组合，侵犯了 LG 公司的专利。

　　在地区法院的简易裁判中，认为从专利权用尽原则的目的出发，LG 公司
许可 Intel 的协议中避免了任何针对 Intel 产品的合法购买者所引发的潜在侵权
诉讼风险，尽管 Intel 产品没有完全实施任何系争的专利，但也没有任何合理
的非侵权使用，LG 公司的授权销售已经使专利权用尽了。因此判定专利权已
经用尽，被告不侵权。此外，地区法院认为本案被告的购买并非以将 Intel
微处理器及晶片与其他非 Intel 产品结合作为附条件销售中的条件，特别是单
纯由 Intel 依主合约约定寄发书面通知给客户，不足以使未附条件的销售微处
理器及晶片转变成附条件销售。在该地区法院随后的一个限制简易裁判适用
范围的命令中，认为专利权用尽原则仅适用于装置或材料组成的专利，并不
适用于制程专利或方法专利，判决 LG 方法专利未被用尽。之后，CAFC 在其
判决中对地区法院的判决予以部分支持、部分驳回，也认为专利用尽原则不
适用于方法权利要求，即使专利用尽适用于方法专利，用尽原则也不能适用，
因为 LG 公司没有许可 Intel 向 Quanta 公司销售 Intel 产品以便后者将这些产品
与非 Intel 产品组装。CAFC 还明确表示，其不同意地方法院认定的未附条件，
认为 LG 与 Intel 间的授权固然允许 Intel 自由销售微处理器及晶片组，但附有
条件，即 Intel 的客户明确被禁止与非 Intel 产品结合，以侵害 LG 的专利。换
言之，Intel 依主合约寄发给客户的书面通知足以成为该销售的条件，此时
Intel 客户附有义务不将 Intel 微处理器及晶片与其他非 Intel 产品结合，从而成
为有效的附条件销售。在美国最高法院的判决中，其推翻了 CAFC 的判决，
认为专利权用尽原则适用于方法专利，因为由于许可协议授权销售那些实质
含有涉诉专利的部件，而这些销售已使专利用尽了，并且许可协议中没有任
何条款限制 Intel 销售其实施 LG 专利的产品，因而本案不存在排除专利权用
尽的限制性销售。

　　美国联邦最高法院推翻 CAFC 的判决，认为在本案中，专利权用尽是由

零部件的授权销售范围引起的，只有该零部件的合理和有意使用是为了实施该专利，而该部件实质上通过包含专利的关键要素而包含了专利发明。在 LG 与 Intel 签订的许可协议中，并未限制 Intel 销售自家处理器及晶片组给打算将之与其他非 Intel 零组件结合使用的买受人。Intel 与 LG 的许可协议已授权 Intel 销售实施有 LG 专利的产品，且并未限制 Intel 销售实质体现 LG 专利产品的权利。Intel 公司对 Quanta 公司的授权销售使得其产品在专利垄断范围之外，因而，LG 公司不能针对 Quanta 公司进一步主张专利权，即 LG 公司授权 Intel 公司销售专利产品后，其专利权随之用尽。但是，对于销售产品时所附加的限制性条件能否限制或排除专利权用尽的问题，美国联邦最高法院并没有做出明确回答，而是对 LG 公司与 Intel 公司之间的许可合同进行解释，认为本案中不存在限制销售。❶

（三）合同法上的效力

在专利权人与购买者的交易中，双方可以在销售产品时约定具体的限制性条件，只要该限制性条件不违反专利权滥用或反垄断法等法律的规定，限制性条件就应当是有效的，同时这也是合同自由的应有之义。当然，要使限制性条件产生合同法上的效力，其本身也应满足一定的条件。美国 CAFC 的判例给出了如下规则：限制性销售条件必须明示、不得晚于销售专利产品时提出、需发生合同约束力的效果。❷ 在 Hewlett-Packard Company v. Repeat-O-Type Stencil❸ 案中，原告在其售出的碳粉墨水匣子上有多项专利，并在墨水匣包装内的使用说明书上印有"请立刻丢弃旧的墨水匣"字样，被告取得原告用过的墨水匣并填充墨水再次出售，法院认为原告并未在销售墨水匣时有任何限制，该用语仅具建议性质，并未产生订立合同的意图，不具有合同上的约束力，仅是出卖者的希望或期望，而非有效力的限制。我国学者对要使限制性条件有效所应具备的条件与 CAFC 的判例规则大体一致。❹ 需要强调的是，因这种限制性条件通常是专利权人基于意思表示所发出的赋予购买者一定义务的要约，因此，购买者需对此限制性条件无异议并且受领。

---

❶ 和育东：《美国专利权穷竭原则的演变——兼评美最高法院对 Quanta v. LG Electronics 案的判决》，载《电子知识产权》2008 年第 9 期。

❷ 尹新天：《专利权的保护》（第二版），知识产权出版社 2005 年版，第 70 页。

❸ Hewlett-Packard Company v. Repeat-O-Type Stencil Manufacturing Corporation, Inc., 123F. 3d1445, 1451 (Fed. Cir. 1997).

❹ 董美根：《论专利产品销售所附条件的法律效力》，载《华东政法大学学报》2009 年第 3 期。

(四) 反垄断法限制

通常认为，知识产权保护独占使用，是一种"合法垄断"，其"存在"本身即是反垄断法的除外领域。❶ 但实质上，知识产权尤其是专利本身只是对技术的"合法垄断"，反垄断法所规制的不是具有"合法垄断"属性的知识产权本身，而是规制滥用知识产权并在某一特定市场形成支配地位从而限制竞争的使用行为。我国《反垄断法》对知识产权领域权利滥用问题的规定只是原则性的，对垄断行为也缺乏具体说明。在对专利权滥用的规制中，专利权用尽原则是对专利权的内部限制，是专利法自身规范的限制；而反垄断法框架内的规制则是外部限制。在被视为美国对专利权进行反垄断规制的Motion Picture Patents Co. v. Universal Film Mfg. Co❷案中，美国联邦最高法院认为专利权人指定使用特定胶片的搭售行为超出了专利权的保护范围，属于专利权的滥用，因此该限制无效。专利权用尽的售后限制实乃对专利权本身的一种反限制，此时的反限制仍需与限制一样，均需受到反垄断法的审查。在2015年4月1日公布的第四次《专利法修改草案（征求意见稿）》中，新增第14条限制专利权滥用的一般规定，作为规制专利权具体滥用情形的原则性条款，这一修改将为专利权用尽售后限制条款的反垄断审查提供强有力的支撑。

小结

与美国司法实践形成鲜明对比的是，我国对专利权售后限制问题的研究鲜有涉及，因为应属我国对专利权用尽原则的基本理论还缺乏深入研究。基于法律的体系解释维度，应当承认专利权用尽售后限制条件在专利法上的效力，违背该限制构成专利侵权与违约责任的竞合，而非仅承担合同责任，以此扩大当事人意思自治的范围。为此，建立"专利权保留"制度并明确允许保留专利权的情形显得尤为重要。我国专利法第四次修改的目标在于强化对专利权的保护，基于当事人合意对专利权用尽原则予以适当限制也是符合立法方向的。当然，专利权的限制本身不是目的，"自由只有为了自由本身才能

---

❶ 吴汉东：《知识产权总论》（第三版），中国人民大学出版社2013年版，第276页。
❷ Motion Picture Patents Co. v. Universal Film Mfg. Co., 243U. S. 502, 508, 51618（1917）.

被限制"。❶ 专利权用尽的售后限制本身不是为了阻止专利权的实现,而是为了更好地使专利权得到实现。专利权的限制与反限制实属一体两面的对应存在,两者都应基于专利制度激励专利权人创新并促进科学技术发展的本旨发挥不同的功效。

---

❶ [美] 罗尔斯著,何怀宏、廖申白译:《正义论》,中国社会科学出版社 1988 年版,第234-235 页。

第九章

协同创新战略与专利使用权出资问题

为使协同创新成果得到有效转化，研发单位可能会选择以专利权出资设立新企业进行制造销售并获得经济回报。这种方式比转让专利、许可专利更能实现对转化过程的控制和管理，也更有动力提供技术支持，有利于实现技术成果的优化实施。然而，利用专利权出资意味着需要转移专利权利，研发单位将失去对专利权本身的控制，不能再行转让或者许可，因此更倾向于利用使用权出资。但是，公司并未明确允许这种出资形式，需要在法律上探讨实务操作的可行性。

一、专利使用权出资概述

（一）专利使用权出资概念

在协同创新过程中，专利权人为了实现优势互补，可以通过成立公司的方式将技术成果与其他投资者的资本相结合。股东既可以通过专利权出资，也可以利用专利使用权出资。专利使用权出资是指专利权人以自己所有的专利权中的部分权能，即专利使用权，向公司出资入股的行为。❶ 其实质是专利使用权资本化的过程。在此过程中，专利权人继续享有专利的所有权，而仅将专利的使用权转移给被投资的企业作为注册资本❷。

值得说明的是，专利使用权出资并不等同于专利实施许可，而是专利实施许可与公司出资形式相结合的产物。专利实施许可一般是指专利权人作为许可人许可被许可人在一定的期限和范围内实施专利技术❸。两者的相似之处

---

❶ 关于专利使用权的性质学界主要有两种观点：第一种是债权说。第二种是认为专利使用权是专利权的一种权种。笔者赞同第二种观点，认为专利使用权是专利权的部分权能。因不是本章的主要问题，故不在此展开论述。

❷ 杨为国、李品娜：《专利使用权出资法律问题探讨》，载《科技与法律》2006 年第 3 期。

❸ 刘春田：《知识产权法》，高等教育出版社、北京大学出版社 2007 年版，第 218 页。

为：主要内容都是实施方（被投资方）因专利权人（投资方）的行为获得在约定范围内实施某项专利技术的权利。其不同之处在于，对于专利使用权出资来说：首先，出资方以专利使用权出资后可以获得股东身份，并参与所投资企业的经营管理，可以控制专利使用权的使用过程❶；其次，出资方没有获得专利技术使用权的实施许可费，而是由此获得了所投资企业的一部分股权，并享有获得股权收益的权利。

（二）专利使用权出资的可行性

公司成立过程中，作为协同创新方的不同股东可以根据各自优势决定缴纳出资形式。公司法对此采用较为灵活的出资方式。公司出资根据标的不同分为现金出资和现物出资。现金出资是指出资人以现实生活中流通的货币出资；现物出资则是指以除现金以外的其他非货币财产出资。显然，对于专利使用权出资的可行性应放在现物出资的范畴内探讨。在理论上，对于公司现物出资标的物的要求，尽管理论界一直存在争议，但普遍还是认同日本学者志村治美提出的现物出资四要件说，即现物出资的标的物需要满足确定性、现存性、评价的可能性和可独立转让性。❷ 专利使用权出资符合确定性和现存性要求，此外还需要达到另外两项要求。

其中，评价的可能性是指出资标的物的价值具备用现实流通的货币进行评估并折算成相应股份的可能性。笔者认为，事实上，对于标的物是否具有评价的可能性一定程度上取决于评价的标准和方法，更多属于技术层面的问题。而在现实中，关于专利使用权价值评估的实例已有许多。例如专利实施许可，被许可要为此支付一定的许可费用，就会涉及对专利权价值以及实施专利预期能产生的收益进行评估。并且根据国外学者的研究，对于专利等知识产权，实务中主要根据使用权的种类、范围和期限等运用收益法进行评估。❸ 因此专利使用权具备评价的可能性。

可独立转让性是出资人履行给付义务的前提条件，即标的物必须存在独立转让的可能。❹ 根据公司资本制度的要求，出资物必须依法转让给公司，出资人才算履行完自己的出资义务。而出资标的物具有可独立转让性的前提就

---

❶ 杨为国、李品娜：《专利使用权出资法律问题探讨》，载《科技与法律》2006 年第 3 期。

❷ ［日］志村治美著，于敏译：《现物出资研究》（第一版），法律出版社 2001 年版，第 134 页。

❸ 陈焘：《论外国投资者知识产权使用权出资及其法律风险》，载《求索》2013 年第 9 期。

❹ 王虎、李长健：《专利权出资客体的法律探微》，载《理论月刊》2005 年第 10 期。

是出资人对其享有所有权。专利权是专利权人经申请、登记获得的，一经获得专利权人即享有独占实施的权力，具有排他性。专利权人对其专利权享有完整的所有权，除不能实际占有以外，依法拥有使用、收益和处分的权利。由此可见，专利权具有可独立转让性是无须争议的，专利使用权作为专利权的一部分权能，也随之具有可独立转让性。

二、专利使用权出资的功能

（一）克服部分法人不能成立公司的法律障碍

由于法律法规的限制，部分参与协同创新研发活动的法人不能从事成立公司等营利性活动。例如，军队具有高度集中、统一的特性，其主要职责是完成特殊任务、维护国家安全，其各方面都受到国家的严格管理。在 20 世纪末，中央精简编制、改革体制，开始执行"军事不经商"的政策[1]。并且根据《国防法》（1997 年颁布）、《军队国有资产管理规定》（2004 年发布）、《物权法》（2007 年颁布）等其中一些条款的规定，军事法人的知识产权成果都属国家所有。时至今日，虽然军事不经商的政策框架依然存在，但是随着市场经济与科学技术的发展、"军事法人知识产权"对于国防的作用越来越大，其中对于科技成果更有效、直接转化的需求越来越迫切，相关规定也有所变化。例如，按照有中国版《拜杜法案》之称的《科技进步法》（2008 年实施）第 20 条第 1 款的规定，除涉及国家安全、国家利益和重大社会公共利益的外，军事法人可以取得部分知识产权的所有权。然而，即便如此，军事法人碍于自己的特殊地位，相对于其他法人主体，其科技成果转化过程中的知识产权运用得更加复杂与艰难。因此，在第三方运营下，中介机构（即第三方）没有军事法人特殊地位的限制，有良好的专业经营能力，能投入和资源整合，利用法律规定军事法人拥有所有权的专利技术，以其中的专利使用权向公司出资入股。这样既能有效跨越军事不经商的制度障碍，获取市场收益，又能促进军事法人专利成果的转化运用。

（二）降低以协同创新成果作为出资的风险

协同创新主体利用专利权资本向公司投资，在公司设立、运营与发展过

---

❶ 张春霞、郑绍钰：《军队法人国防知识产权第三方委托问题研究》，载《装备学院学报》2015 年第 3 期。

程中都会遇到不同程度的风险。首先，专利权资本作为一种无形资产，从公司取得专利权并用于公司运营到最终产生经济效益，过程中不仅要依附于设备或生产线等载体，还需要与公司其他资本配合协调。其次，专利权的价值从某种程度上来说与货币等资产相比，很大程度上具有不确定性。即使在出资时进行严格的价值评估，若出资后在公司实际运营中对其有效性不加以维护保持或是对其进行继续开发，专利的价值也会大大降低。最后，由于专利权出资的特性，在公司设立出资以及公司运营过程中受到的法律管制不仅限于《公司法》，还涉及《专利法》等，出资人也具有一定的风险。前文已经指出，军事法人碍于自己的特殊地位，即使利用一些不涉及国家安全、公共利益的财产或技术参与民事活动，进行起来也会比一般法人困难和复杂。因此，在第三方运营下进行专利使用权出资，第三方中的专业人员能够更好地与被出资公司协同配合，对专利权更好地利用。并且，还会继续对其有效性进行维护或者进一步开发以提升其价值。这样既降低了军事法人的专利权出资风险，使得军事法人能更专注到进一步科研中，又能维持甚至提升专利权价值。除此之外，利用专利使用权出资，专利所有权依然属于专利权人，若所投资公司出现问题也可依约定将所投资的专利使用权收回，同样在一定程度上降低了出资风险。

（三）充分发挥协同创新成果的经济价值

协同创新所产生的专利成果价值要通过其市场化、商品化和资本化来实现。[1] 国家授予专利权的目的不是为给予专利权人荣誉性称号，而是为了能够通过包括将专利权资本化在内的多种形式将其进行转化实施。[2] 对于专利权人来说，如果其本身碍于自己特殊身份等特殊原因，不具备实施或运用其专利的条件，专利成功将会得不到转化和运用。并且，进行专利运用时若仅仅停留在对于其所有权的转让，仅作为静止标的物进行所有权的转移，那么专利权的知识产权特性也就随之消失，经济价值会受损。因此，专利权人利用专利使用权出资，首先可以弥补专利权人不能或不宜实施专利权的不足。[3] 公司能够整合更多资源用于专利权的市场化和商品化，使得其技术功能得到更好发挥。其次可以扩大专利转化的有效途径，促进专利转化实施。专利转让或

❶ 赵旭东：《从资本信用到资产信用》，载《法学研究》2003年第5期。
❷ 徐红菊：《专利许可法律制度问题研究》，法律出版社2007年版，第62—63页。
❸ 马碧玉：《论公司注册资本登记制度改革对专利权出资的影响》，载《法学杂志》2015年第4期。

许可，按照惯例转让费或者许可使用费是采用入门费加提成收取的办法❶，虽然在转让或许可时专利权人可以获得一笔可观的收益，但是其后续收益却无法获得。并且若公司未对此专利进行重视，那么其价值也会逐渐贬低。专利使用权出资，出资人不仅可以继续拥有对专利的所有权，并且可以参与公司经营，利用公司资源与公司共同维护自己的专利，对专利技术进行产业化开发。

三、我国专利使用权出资法律规定的解读

（一）我国与专利使用权出资的有关法律条款及规定

对于目前我国与专利使用权出资的有关法律条款及规定，笔者主要从其法律效力等级的角度进行列举。我国立法对于出资形式的规定是部分列举加排除的方式。这种方式使得专利使用权处于一个尴尬的地位：法律既未列举可以专利使用权出资，又未予以排除，专利使用权处于一个模糊的地带。2013 年修订《公司法》第 27 条规定，"知识产权等可以用货币估价并可以依法转让的非货币财产作价出资"，2015 年修订的《促进科技成果转化法》第 16 条第（5）项规定，"可以该科技成果作价投资，折算股份或者出资比例进行科技成果转化"，2014 年修订的《公司登记管理条例》第 14 条和发布的《公司注册资本登记管理规定》重申了《公司法》的上述规定。

在法律与行政法规均未明确的情况下，国务院《关于支持科技成果出资入股确认股权的指导意见》（2012 年发布）等部门规范性文件只是鼓励以科技成果出资入股确认股权，扩大无形资产占注册资本的比例。最终上海市、浙江省等地的地方规范性文件明确可以专利使用权出资，推行专利使用权出资试点工作。❷ 2014 年湖南省科学技术厅、工商行政管理局、知识产权局联合发布的《关于支持以专利使用权出资登记注册公司的若干规定（试行）》（以下简称湖南省《若干规定》），对专利使用权出资进行了进一步较为详细的规范。因此，专利使用权出资已经得到认可，仍期待较高效力等级的规定

---

❶　刘春霖：《知识产权资本化研究》，法律出版社 2010 年版，第 71 页。

❷　上海市工商行政管理局《关于积极支持企业创新驱动、转型发展的若干意见》（2011 年发布）第 12 条规定，拓展出资方式，开展专利使用权、域名权等新类型知识产权出资试点工作。浙江舟山市定海区工商局《定海推出十项登记新政对接海洋综合开发试验区建设》（2011 年发布）规定，开展专利使用权、域名权等新类型知识产权出资试点工作。

对其进行规范，消除模糊地带。

(二) 现行专利使用权出资规定的特点

1. 明确可以专利使用权出资

湖南省《若干规定》第 2 条明确表示，在登记注册公司时，专利权人可以用专利使用权作价出资，并且入股比例不受限制，目的是促进财产性权利转化为资本。❶ 从 1993 年我国颁布第一部《公司法》以及到目前为止四次修订，在其中概括性很强的条款中始终未明确专利使用权可以用来作价出资入股。即使从有关条款的效力等级来看，法律、行政法规既未明确规定，也没直接否定；国务院以及部门规范性文件仅对知识产权出资以及科技成果转化持积极引导和鼓励的态度❷，对于专利使用权出资问题，也未明文支持。因此，在上海市、浙江省等发布的地方规范性文件提出开展专利使用权出资试点工作以后，湖南省《若干规定》符合我国公司资本制度改革目的，为创新投资创业创造了更好的政策环境，同时为军事法人专利使用权出资提供了有力的政策支持。

2. 明确专利使用权的性质

湖南省《若干规定》第 1 条明确了专利使用权出资的概念，专利使用权出资是专利权人将其作为资本进行投资，与资金投资方提供的资金共同出资入股。❸ 其中对专利使用权的性质明确为：专利使用权是专利权人使用该项专利应用于生产并获得收益的权利，属于知识产权范畴。笔者认为，湖南省《若干规定》排除了理论界对于专利使用权性质定性为债权的观点，而明确专利使用权为专利权的一种。根据我国《专利法》第 11 条的规定，专利权人享有的专利权内容包括排除他人未经其许可实施其专利的权利，可以单独予以让渡。❹ 明确了专利使用权的性质使得该规定在运用中更加明确具体，消除因专利使用权的性质模糊而导致对于出资标的物无法认定的情况，避免实践中不必要的争议。

---

❶ 该条规定：在登记注册公司时允许专利权人用专利使用权作价出资，入股比例不受限制，促进财产性权利转化为资本。

❷ 张玲、王果：《论专利使用权出资的制度构建》，载《知识产权》2015 年第 11 期。

❸ 该条规定：专利使用权是专利权人使用该项专利应用于生产并获得收益的权利，属于知识产权范畴。专利使用权出资是将其作为资本进行投资，与资金投资方提供的资金共同投资入股。

❹ 罗芳、陶甄：《以专利使用权向公司出资问题的法律分析》，载《湖北职业技术学院学报》2015 年第 3 期。

3. 规定出资程序以及资本维持要求

相比上海市、浙江省等地出台的地方规范性文件中仅表示开展专利使用权出资试点工作，对专利使用权出资的概念、条件、程序等都未作进一步规定，湖南省《若干规定》第 3 条至第 6 条对专利使用权出资的条件、程序以及资本维持要求均做了相关规定。首先，用于出资的专利使用权必须由专业评估机构进行评估作价、出资符合注册公司相关规定。其次，各级专利主管部门应对出资方提供的专利登记簿副本、专利实施许可合同以及专利实施许可合同备案证明进行有效性审查。除此之外，专利权人和所投资公司要按时缴纳专利年费，共同保证专利权的有效性。并且出资方可以新的专利权或专利使用权作价用于资本维持。在 2013 年修改《公司法》以后，公司资本制度在我国发生重大的变革，政府为鼓励公司设立、促进投资以及活跃市场降低了注册登记门槛、放宽了许多限制，对促进市场经济效率获得收效的同时为公司运营的安全稳定性带来了新的问题，瑕疵出资、利用公司法人逃避责任等问题层出不穷。因此，对于专利使用权出资若不进行详细规定以提高出资的可操作性与规范性，防范由此带来的对于市场秩序稳定的破坏，不符合《公司法》改革的初衷，带来严重后果。

四、现行专利使用权出资规定的不足

（一）效力等级较低

前文已经指出，现行对专利使用权出资予以明确的仅有湖南省《若干规定》，其效力等级为地方规范性文件。根据我国《立法法》的规定，属于"法"的范畴的主要有宪法、法律、行政法规、地方性法规、国务院部门规章、地方政府规章、自治条例、单行条例等[1]。由此可以看出，地方规范性文件不属于"法"的范畴，没有法律效力。其效力在地域上仅对在特定地域范围内的人和事有普遍约束力，在时间上仅在规定的有效期限内发生效力，在司法实践中能否被法院认可没有统一规定，视具体情况而定。由此可见，湖南省《若干规定》虽然明确了出资人可以专利使用权出资，并且对出资有关条件、程序都做了进一步规定，但是其仅属于地方规范性文件。因此，该规定无论在时间、地域以及司法裁判中，其效力等级都处于较低位置，对于专

---

[1] 刘国强：《地方政府规范性文件法治化问题探析》，载《铁道警官高等专科学校学报》2010 年第 3 期。

利使用权出资的支持力度还不足。参考其他国家在法律中明确规定的有:《美国标准公司法》(修订本) 6、21 (b) 规定:"董事会可以认可发行股票,为此而收受价金。该价金可包括一切有形或无形财产,或者能使公司享受的利益。还包含现金付款证书、已提供的劳务、提供劳务的合同或公司的其他证券。"❶ 其中,无形财产包括专利权使用许可等专利权利内容。

(二) 出资方式仅限于独占许可

按照湖南省《若干规定》第 3 条第 (二) 项的规定,专利许可方式仅为独占许可,即双方应签订独占专利实施许可合同,由此包括专利权人在内的任何第三方都不得具有对该项专利技术的使用权。专利使用权出资虽然不完全等同于专利实施许可,但是两者在一定程度上有相似之处。专利实施许可具有多种类型,按实施条件分,有普通实施许可、排他实施许可、独占实施许可、分实施许可和交叉实施许可。正因为专利实施许可的类型多样,其在促进专利技术成果的转化、应用和推广方面有着不同的作用。在实践中,专利使用权出资通常以普通实施许可、排他实施许可、独占实施许可三种方式,并且在一些案例中也得到了法院的认可。因此,专利使用权出资方式若仅限于独占许可,一定程度上限制了专利使用权价值的发挥,不利于促进专利成果的转化。

(三) 对资本维持原则的体现和维护不足

资本维持原则又称资本充实原则,是指公司在其存续过程中,应经常保持与其资本额相当的财产。❷ 公司资本不仅是公司赖以生存和经营的物质基础,也是公司对债权人的总担保。❸ 湖南省《若干规定》中仅第 6 条对资本维持原则有所体现,但从条文内容来看,更像是一种鼓励和建议。然而专利使用权出资在实践中还是会产生许多问题。首先,专利使用权作为一种无形财产,其价值与市场变化、维持开发程度等因素有密切关系,具有不稳定性,利用专利使用权出资虽然需要经过专业机构评估作价,但是其后续价值的变化是难以预料的。其次,专利使用权作为专利权的部分权能,其有效价值也

❶ 沈四宝译:《最新美国标准公司法》,法律出版社 2006 年版,第 158 页。
❷ 范健:《商法》,高等教育出版社、北京大学出版社 2007 年版,第 135 页。
❸ 范健:《商法》,高等教育出版社、北京大学出版社 2007 年版,第 135 页。

是在固定的期限内。❶ 当专利使用权到期时，出资人是否需要继续补充以维持公司登记设立时的出资承诺并不明确。再者，在实践中，在专利权人取得专利权后由于各种原因又被宣告无效的现象屡见不鲜。那么当出资人（专利权人）以专利使用权出资后，在公司的运营过程中，因出资人未能积极维持自己专利的有效性或者专利权本身有瑕疵，专利权被宣告无效，此时出资人是否相当于未履行出资义务而要承担相应的法律责任值得商榷。

五、专利使用权制度的完善建议

（一）提高立法层级

无论是从历史发展的角度，还是从目前有关专利使用权出资规定的效力等级来看，虽然我国始终未在法律层面上明确在公司登记设立时，出资人可以专利使用权出资，但是在这过程中体现出，随着公司资本制度的变化和实践中专利使用权出资的现象越来越普遍，专利使用权出资亟待法律明确规定。

1993 年我国第一部《公司法》第 24 条：法律允许出资人以专利权出资，限额为注册资本的 20%，以及 1995 年发布的《公司注册登记管理暂行规定》（已废止）第 9 条和 2004 年发布的《公司注册资本登记管理规定》（已废止）第 9 条：以专利权出资需要办理财产转移手续。根据当时的社会状况，公司资本制度在我国才刚刚起步，在严格的法定资本制下不管是对于现金还是现物出资都有非常严格的规定。在实际公司事务中，以专利使用权出资的情况尚未出现。因此，此时上述条款的规定停留在确认专利所有权可以用来出资。

但是在 2005 年《公司法》修改后，公司登记有关规定也作出相应改变。如 2005 年发布的《公司注册资本登记管理规定》（已废止）第 8 条并未明确要求以专利权出资时需办理"转让登记手续"或是"办理过户手续"❷。特别是 2013 年修改《公司法》，是对资本制度很大程度上的革新：确立注册资本认缴登记制。取消对于股东出资首次缴纳的比例、期限，完全由股东在公司章程中自主约定；取消货币出资的最低限制和非货币出资的最高限制；取消公司注册登记时的验资程序。这一系列的改变意味着降低出资门槛、拓宽出

---

❶ 根据我国《专利法》第 42 条的规定，发明专利权的期限为 20 年，实用新型专利权和外观设计专利权的期限为 10 年。

❷ 罗芳、陶甄：《以专利使用权向公司出资问题的法律分析》，载《湖北职业技术学院学报》2015 年第 3 期。

资渠道，体现促进投资、活跃市场的目的。因此，此时的专利权出资若仍局限于专利使用权出资就显得不合情理。其次，在上海市、浙江省等地接连出台规范性文件开展专利使用权出资试点工作，湖南省《若干规定》明确可以专利使用权出资。再加上司法实践中，法院也以判决认定、调解默认、不依法无明文规定直接否定等方式确认专利使用权出资的效力。❶ 我国《公司法》对于出资标的物采取的是部分列举加排除的方式。因此，即使法律层面没有规定，专利使用权出资在地方规范性文件当中也得到了确认，实践中也迫切需要法律进行规定。若专利使用权出资规定上升到法律层面，可以拓宽至全国范围内适用。在时间上也相对稳定，司法裁判中能直接而有效地加以适用。

（二）拓宽专利使用权出资方式

在协同创新成果实施过程中，独占实施许可、排他实施许可都是专利实施许可的类型。❷ 两者的本质差别就在于许可方（专利权人）是否保留自己在该范围内实施该专利的权利。前文已经指出，专利使用权出资不完全等同于专利实施许可，出资方以专利使用权出资后即以股东身份参与所投资企业的经营管理，与公司共同维护与开发所投资的专利。以排他性许可的方式出资，允许专利权人（出资人）自己也可以在相应范围内实施专利，可以更加促进专利成果的转换。对于用于出资的专利，专利权人（出资人）对相关技术秘密十分了解，能维持专利的有效性和提升价值。并且某种情况下，因公司管理能力有限，出资的专利往往被束之高阁，得不到有效利用，若采用排他性许可的方式，专利权人（出资人）能督促对专利的利用。除此之外，出资人能利用公司的强大能力和资源，与其他股东一起，尽力调动所有资源对专利技术进行产业化开发，给予专利权有效性更周全的保护，以此促进专利转化实施。❸

---

❶ 张玲、王果：《论专利使用权出资的制度构建》，载《知识产权》2015年第11期。

❷ 所谓独占实施许可是指在独占实施许可有效期间，被许可人以外的任何人，包括专利权本人，都不得实施该项专利，只有被许可人享有实施该项专利的权利的许可方式。排他实施许可是指专利权人将许可他人实施专利的权利仅仅授予某一位被许可人，在该实施许可有效期间，专利权人不得再度许可任何第三人实施该项技术，但专利权人本人仍保留实施权，即专利权人本人仍可以实施该项专利的许可方式。刘春田：《知识产权法》，高等教育出版社、北京大学出版社2007年版，第218页。

❸ 例如：2011年9月22日在中小板上市的罗普斯金（002333），在公司第四次增资时接受了投资人利用专利排他许可使用权的方式出资。并且罗普斯金公司接受专利权排他许可使用权出资的方式，得到了主管部门苏州市工商局的批准认可，公司至今也没有因此卷入有关纠纷。

（三）体现资本维持原则

资本维持原则对于维持公司资本运营和保护债权人利益有重要的作用。因此在专利使用权出资的规定中要对这一点明确规定。首先，要明确专利使用权期限的最低标准。专利使用权作为专利权的部分权能，具有时间限制。若没有专利使用权最低期限的限制性规定，那么出资人会以即将到期的专利权中的专利使用权出资，或者在出资协议中仅许可实施一年，由此会对公司的资本稳定造成很大的破坏。其次，明确出资人在专利权失效后的补充义务。专利权到期失效后，专利权人出资相当于只完成了一段期限，在剩余公司的存续期间，出资人应当利用其他方式补充出资。否则公司资本对于这一部分将会空缺，相当于公司减资，而公司减资需要履行相当复杂的程序，这也不符合公司最初登记设立的初衷。最后，明确专利权失效或者被无效宣告后专利权人的责任。专利权作为一种无形资产，其价值具有不稳定性，其有效性需要专利权人的维持，并且一旦专利权的有效性丧失或者被宣告无效，专利使用权也会无效。因此，当出资人以专利使用权履行完出资义务后，其仍要积极维持专利权的有效性。同理，不能以有瑕疵的专利权出资，否则当专利权被宣告无效，出资人相当于瑕疵出资或者未出资，公司会因此遭受损失。

第十章

协同创新战略与专利权担保融资

　　协同创新过程需要持续有效的资金支持，利用专利权进行质押融资是实现研发企业与金融机构协同创新的重要法律形式，对于促进中小企业，尤其是科技型中小企业的研发活动起到了非常重要的作用。中小企业融资难是长期困扰我国经济发展的问题。中小企业主要通过直接融资和间接融资获得外来资金。在间接融资方面，通过专利权质押担保获得融资是我国中小企业获得资金的重要途径，也成为银行等金融机构扩展金融服务业务的重要领域。❶我国 2013—2016 年专利权质押融资规模分别达到 254 亿元、489 亿元、560 亿元和 436 亿元，2017 年上半年更是达到 318 亿元，起到为中小科技型企业提供融资担保的重要作用。

　　我国在建立专利权融资基本法律框架的基础上，国务院 2008 年颁布的国家知识产权战略纲要明确提出"要促进自主创新成果的知识产权化、商品化、产业化，引导企业采取知识产权转让、许可、质押等方式实现知识产权的市场价值"。国家知识产权局于 2008 年 12 月正式启动知识产权质押融资试点工作。在直接融资方面，人民银行表示在完善中小企业板和创业板股票市场基础上，适当鼓励中小企业发行公司债券，为科技型和文化创意型中小企业利用知识产权作为公司债券的融资担保提供了发展空间。金融危机背景下，各国将中小企业发展作为推动经济持续增长和解决就业问题的重要途径。事实上，为中小企业提供贷款不仅是借款人的需要，也是金融机构业务发展的需要。许多金融机构的中小企业贷款已经超过其业务量的一半甚至更多。科技创新型中小企业是经济增长的重要潜在动力，也是克服金融危机不利影响的重要力量，如何在控制风险的情况下加强对中小企业贷款需要金融机构和中

小企业共同努力，也需要在完善与专利权融资有关的法律制度方面做出新的尝试。我们需要在专利权质押贷款需求增加和规模扩大的情况下，研究有效的应对措施。

一、专利权融资担保的新发展

金融危机爆发以来专利权融资担保业务已经有了长足的进步。我国专利权融资担保有三大发展趋势。

（一）有关专利权融资的法律法规不断完善

我国《物权法》规定，注册商标专用权、著作权和专利权等知识产权中的财产权利可以作为权利质押的对象，为专利权融资担保提供了基本法律框架。法律对质押对象的规定进行了拓展，中国人民银行 2007 年制定的《应收账款质押登记办法》规定知识产权权利人许可他人使用而要求义务人付款的权利，包括现有的和未来的金钱债权及其产生的收益，可以作为应收账款登记的对象。对于专利权所产生的未来预期收益，可以采用应收账款质押的办法进行融资。《物权法》在针对权利质押的规定中已经将应收账款作为质押客体，从制度层面为专利权收益的质押融资提供了基础。专利权的许可收益是比较稳定的现金流，可以为专利权人的债务提供更为有效的担保。此外，在质押登记程序方面的法律规定也得到了完善。2009 年 9 月国家工商行政管理总局出台了《注册商标专用权质权登记程序规定》。相对于 1997 年制定的《商标专有权质押登记程序》，增加了"在申请质权登记时应当提交质权所担保的主合同"的规定。此外，新的规定还要求提交出质商标专用权的价值评估报告，但是如果质权人和出质人双方已就出质商标专用权的价值达成一致意见并提交了相关书面认可文件，申请人可不再提交。也就是说新规定对于商标专用权的价值评估不再做强制性规定，有利于当事人根据双方协商情况灵活选择，也尊重当事人就商标权质押进行交易的商业秘密。2010 年 10 月 1日起开始实施的《专利权质押登记办法》对于专利权质押也作出了类似规定。另外，2010 年 2 月 26 日对著作权法的重要修正内容，就是增加规定"以著作权出质的，由出质人和质权人向国务院著作权行政管理部门办理出质登记"。从而为著作权质押明确了登记主体机关，保障了著作权质押登记依法有序开展。

（二）专利权融资担保规模迅速扩大

商业银行等金融机构发放专利权质押贷款意愿提高。有资料显示，1996

年至 2006 年 9 月，全国仅有 682 项专利在国家知识产权局进行专利权质押登记，质押总额不足 50 亿元人民币，这一数字不及发达国家一个风险投资项目的金额❶。而 2005 年，全国仅办理专利权质押 66 件，质押金额 18.9 亿元，担保债务金额 12.6 亿元，截至 2010 年 9 月底，全国已有 24 家商业银行和 16 家担保机构直接参与专利权质押融资工作，累计实施质押贷款项目约 2000 个，融资金额近 250 亿元，为经济社会发展提供了重要支撑❷。贷款规模得到空前的扩张，已经对解决中小企业融资难问题起到非常重要的作用。北京、广州等城市的商业银行所提供的知识产权担保贷款或者授信额度达到数百亿元。2009 年 8 月，由北京市工商局与北京银行、交通银行北京分行共同打造的"商标质押融资平台"正式启动，这是国内首个由政府建立的以商标专用权质押为企业解决融资困难的平台。北京市知识产权局与北京银行签署知识产权质押融资战略合作协议，计划在未来 3 年由北京银行拿出 50 亿元，作为知识产权质押贷款专项资金，以扩大北京知识产权质押贷款规模。以北京市海淀区知识产权局为例，自 2008 年 8 月以来，共有 150 多家区内高新技术企业提出知识产权质押贷款申请。截至 2009 年 12 月，已有 34 家企业共获得贷款 39 笔，贷款余额 3.14 亿元。其中单笔贷款余额最高为 5000 万元，最低为 200 万元。上海市浦东新区于 2006 年正式启动知识产权质押融资试点工作。上海浦东知识产权融资担保模式属于政策性主导的间接质押融资，通过成立上海联合产权交易所下属的知识产权交易中心，促进对科技型中小企业的知识产权担保融资中的资产评估、知识产权交易和竞价拍卖等，主要为集成电路、电子、先进制造、新材料、软件等行业的企业提供融资担保服务❸。以上海联合产权交易所知识产权交易中心为代表的中介机构的功能主要体现在 3 个方面：一是在事前参与中，可以参与对作为质押标的的知识产权进行价值评估，协助对相关知识产权质押进行备案，并协助在商业上对知识产权流转方式进行协商；二是在交易平台上，知识产权质权实现时，利用交易中心平台实施知识产权有序流转；三是在流转方式上，知识产权流转可以采用通行的资产变价拍卖方式，包括竞价拍卖等途径。培育质押物的流转市场体系，

---

❶ 张卫、罗彩云：《我国知识产权质押若干问题研究》，载《河南省政法管理干部学院学报》2007 年第 5 期。

❷ 赵建国：《专利权质押融资工作成效显著，全国融资近 250 亿元》，载《知识产权报》2010 年 9 月 30 日。

❸ 高改芳：《上海知识产权质押融资业务开展顺利》，载《中国证券报》2009 年 11 月 16 日。

可以为知识产权质押融资提供源头定价及退出操作等市场支撑。截至 2009 年 12 月底，上海市银行系统已向 84 家企业发放了知识产权质押贷款 106 笔，总额度为 1.602 亿元，至今尚未出现逾期不还贷情况或者坏账。广州市的"国家知识产权质押融资试点"也已经全面启动，广州市政府联合建设银行、工商银行等 5 家银行，在 3 年内将为广州市的中小企业提供 200 亿元的知识产权融资授信额度。湖南省永州、湘潭、长沙、衡阳、湘西等地先后开展了知识产权质押融资工作，为拥有专利、商标等知识产权的 14 家中小企业发放贷款 15 笔，累计融资达 1.364 亿元，最高单笔融资额高达 2300 万元❶。目前我国商业银行的中小企业贷款余额，已经占到新增贷款余额的一半以上。在大型企业贷款业务难以快速增长的情况下，中小企业成为金融业务新的增长点。

（三）政府积极发挥主导协调角色的作用

2008 年 12 月，国家知识产权局在充分调研的基础上，分别确定北京市海淀区知识产权局、吉林省长春市知识产权局、江西省南昌市知识产权局、湖南省湘潭市知识产权局、广东省佛山市南海区知识产权局、宁夏回族自治区知识产权局 6 家单位为第一批全国知识产权质押融资试点单位，此后共批准了 3 批共 16 个城市开展试点工作。在此期间，政府部门充分发挥金融机构、行业协会及各类中介机构的作用，引导企业采取专利权质押等方式实现专利权的市场价值，开展专利权成果的转化工作，积极探索基于专利权价值所体现的创新融资机制，完善了我国的专利权质押融资体系。政府在专利权融资担保领域主要发挥 3 个方面的作用。首先，对参与专利权融资的企业进行筛选。以湘潭市为例，该市确定了一批符合国家产业政策、科技含量高、创新性强、成长性好、有良好产业发展前景的企业，作为该市专利权质押贷款的预选企业。根据《湘潭市专利权质押贷款管理办法（试行）》的规定，相关部门对借款企业进行初步审查，然后向贷款银行出具推荐意见，银行最后确定贷款企业。其次，政府为专利权融资进行评估。政府职能部门根据企业提交的相关材料确认质押专利的最新法律状态，分析专利文件记载的内容与企业产品的关联度，检索查清同类的相关专利并判断该专利的有效性等。对于以实用新型专利作为质押的，要求企业提交由国家知识产权局出具的实用新型专利检索报告。贷款银行在收到出具的推荐意见后，详细调查借款企业的

---

❶　陈先军：《湖南知识产权质押融资已过亿元》，载《知识产权报》2009 年 6 月 26 日。

财务状况、经营情况、诚信记录和偿债能力后，最终确定贷款事宜。最后，政府为专利权融资贴息。银行对于专利权质押贷款所设定的利率要高于同期银行贷款的基准利率，导致了中小企业的融资成本较高。为此，有的地方政府为中小企业的此类贷款提供贴息的财政补助。重庆市的《知识产权质押贷款贴息办法》第 6 条就规定，根据该市财政贴息资金年度预算总额、科技企业申报知识产权质押贷款贴息总额和科技企业出质的知识产权类型合理确定补贴比例，一般为科技企业实际获得的知识产权质押贷款金额按同期人民银行贷款基准利率计算利息的 30% ~70%，但一家科技企业连续 3 年享受的贴息资金补贴总额不超过 50 万元。而北京市海淀区则规定，企业从其他政府有关部门获得的知识产权质押贷款财政资金利息补贴超过应付利息总额 50% 的，不再给予知识产权质押贷款利息补贴。而且，知识产权质押贷款贴息比例为企业应支付贷款利息额的 50%，每个企业每年贴息额度不超过 40 万元。当然，政府的介入不应当损害市场机制的基础性作用。国外的实证研究说明，"如果一项知识产权在成果转化阶段上更多地依赖政府的政策性贷款，那么该项知识产权未来的商业化程度就会越低"❶。

二、专利权融资担保存在的限制

尽管专利权担保融资业务取得了重要进展，但是仍然面临诸多法律和实务方面的限制。

（一）专利权质押贷款对专利权实施状况的限制

目前银行要求质押的专利权所涉及的项目处于实质性的实施阶段，并形成了产业化经营规模，具有一定的市场潜力和良好的经济效益。实际上，专利权产品具有较高市场回报的周期并不会很长。由于市场竞争日趋激烈，许多专利权保护的产品，例如消费电子类的产品的淘汰比原来更快。如果要求专利权得到充分实施后才能获得质押贷款，实际上在贷款到期时可能专利权已经过了效益最好的时期，此时实现质权所取得的转让价款不能体现专利权的经济价值。此外，对于专利权在企业获得竞争优势中的作用，也不能仅从其是否得到实施来加以判断，某些专利权是为了禁止对手实施替代技术而取得的，尽管其本身没有带来现实经济价值，但是对于保证企业核心产品获利

❶ Roger Svensson. Commercialization of Patents and External Financing During the R&D-Phase, Research Policy, 2007, 36 (7)：1052-1069.

起到了关键作用。应当在专利权质押中充分考虑到其对维持企业竞争优势的功能，不能将没有实施或者尚未充分实施的专利权排除在质押范围以外。

（二）对专利权融资用途的限制

《浙江省专利权质押贷款管理办法》规定："借款人以专利权出质贷款人取得的信贷资金，只能用于技术研发、技术改造、流动资金周转等生产经营，不得从事股本权益项投资，不得用于有价证券、股票、期货等高风险的投资经营活动。"这种限制有其合理性，对中小企业贷款的用途进行监管本来就比较困难，因此有必要在发放贷款时就做出严格的限制，并且提高挪用贷款的违约成本。特别是获得政府贴息支持的专利权质押贷款，有必要要求其在超出合同约定范围使用贷款时，返还政府所支付的贴息款项。事实上，贷款项目均有其用途限制，如果违约会造成银行风险难以控制。如果贷款用于与技术开发与实施有关的费用，包括向其他专利权人支付必要的许可费，或者为获得中介服务而支付报酬等，应当认定为属于与贷款目的相符的事项，从而方便企业充分利用贷款资金促进技术开发和技术转化。

（三）专利权融资贷款期限的限制

作为出质的专利权与其他动产和权利的重要区别是其保护期有限，特别是多数创新型科技企业所质押的专利权更是如此。根据我国专利法的有关规定，发明专利权的保护期为 20 年，实用新型技术专利的保护期为 10 年。况且，鉴于技术和市场的成熟程度，并非每项专利在授权以后就实施并投入市场。美国学者爱德蒙多·凯奇在论证其勘探理论时就指出，许多专利在申请时乃至授权时都没有找到其商业化的最佳模式，而且是在商业化前很长时间就申请或者授权的[1]。他认为，实现发明对产业能做出的贡献具有重要意义，实际上能够在产业上做出的贡献可能比完成发明时所能够预计的成果要重要得多[2]，而这在生物科技等领域的实验方法专利中有明显的体现[3]。况且，从产品研发到市场拓展和成熟需要一定的周期。对于专利权质押的贷款期限均有比较严格的限定。浙江省专利权质押贷款管理办法规定，双方当事人约定

---

[1] Edmund W. Kitch. The Nature and Function of the Patent System, The Journal of Law and Economics, 1977, 20 (2): 267.

[2] Edmund W. Kitch. The Nature and Function of the Patent System, The Journal of Law and Economics, 1977, 20 (2): 281.

[3] Eng Teong See, Revisiting Anti-commons and Blockings in the Biotechnology Industry: A View from Competition Law Analysis, The Journal of World Intellectual Property, 2008, 11 (3): 139-175.

的专利权的质押期限不得超过该专利权的有效期限，而借款人有维护专利权有效的义务。温州市专利权质押贷款管理办法规定专利权质押短期流动资金贷款期限不超过 1 年（含 1 年），中长期贷款期限不超过 2 年（含 2 年），且均不能超过专利权的有效期限。事实上，如此严格的期限限制是没有必要的，也难以给创新型中小企业以稳定的贷款支持。

三、专利权融资担保发展的新方向

（一）专利权质押对象仍然需要扩大

具有流通性并可以依法转让的财产应当能够成为权利质押的客体。❶ 专利权开发需要支付高昂的成本，企业在开发期间需要获得资金支持，有必要将未来预期取得的专利权作为质押客体。北京是我国创意文化产业的重要地区，2009 年北京市政府发布的《北京市人民政府关于实施首都知识产权战略的意见》提出："以高新技术和文化创意产业为支撑，以现代服务业为纽带，以知识产权制度为基础，大力发展以专利和版权为核心的知识产权产业，北京银行等金融机构探索版权质押贷款的新业务模式。"2010 年 4 月，北京银行与北京市广播电影电视局签订战略合作协议，承诺设立 100 亿元专项授信额度，开辟了文化产业与金融资本对接通道。❷ 版权质押融资服务的创新与推广，使得该项业务取得不错的业绩。北京银行通过版权质押融资已经支持了多部电影和电视剧的拍摄，如《兵圣》《我的团长我的团》《画皮》《叶问》和《白银帝国》等。但是，版权期待权质押合同获得版权质押登记仍然存在法律障碍。根据电影拍摄合同等具有法律约束力的文件，电影或者其他影视作品根据合理的预期能够完成并取得著作权，其经济价值使其具备了作为质押标的的条件，但是《物权法》对于现有权利才能质押的要求形成了法律障碍。影视作品的版权质押如果不能在期待权质押上获得突破，将造成文化创意性企业融资的重大阻碍。英国著作权法明确规定，"将来著作权可以转让，对于因将来一部或者一类作品的创作或未来事件的发生而将要或者可以获得之著作权许可其转让"❸，因而未来著作权应当可以成为融资质押的标的。针对目前

❶ 潘道广：《对两种特殊财产权利质押问题的法律探讨》，载《湖南文理学院学报（社会科学版）》2007 年第 1 期。

❷ 熊焱：《北京银行 100 亿授信广播影视，扶持文化创意产业》，载《北京晚报》2010 年 4 月 9 日。

❸ 费安玲主编：《比较担保法——以德国、法国、瑞士、意大利、英国和中国担保法为研究对象》，中国政法大学出版社 2004 年版，第 417 页。

影视行业等创意产业的发展需求，应当允许以期待可以取得的版权为标的进行融资，从而帮助影视制片企业通过许可或转让以及衍生品的开发获得收益，而无须附加其他的担保条件。

（二）专利权质押贷款方式应当进一步扩展

特别是拓展直接质押贷款以外的间接质押贷款方式，帮助中小企业以更小的成本取得专利权质押融资。在成都生产力促进中心与四川三甲农业科技股份有限公司、陶在辉、杨云川追偿权纠纷案中，成都生产力促进中心在接受被告提供的专利权质押反担保后，为其获得银行贷款提供担保。❶

此外，政府可以设立专利权质押担保基金，为专利权人提供信用担保，但是专利权人应当将所持有的专利权向该担保基金进行反担保。上海市制定的《关于本市促进知识产权质押融资工作的实施意见》规定，企业可以将知识产权质押给银行等金融机构进行直接的借贷融资外，还可以将知识产权质押给融资担保机构、保险公司等第三人，由融资担保机构或保险公司作为知识产权质权人，并为企业融资向银行提供信用担保或信用保险，银行等融资服务机构向企业出借资金，企业按期向银行等融资服务机构偿还本息。间接质押的优势在于，担保机构对于专利权价值能够进行更为专业的评估，从而合理确定专利权能够融资金额和担保的范围。此外，考虑到专利权的变现能力较弱所导致的第二还款来源较差一直是金融机构不愿意接受专利权质押作为担保的重要原因，通过政府机构或者政策性机构提供支持可以解决一部分问题，但中小企业自身通过中介机构解决最为有效。有的学者甚至认为，参与资产评估的律师事务所也应当分担部分责任。❷ 2009 年 10 月 1 日生效的修正以后的《保险法》将保证保险正式纳入财产保险的保险险种加以规定。在借款人购买的保证保险的贷款中，根据保险公司承保的条件由商业银行向借款人提供贷款，若借款人失去清偿能力银行根据贷款 5 级分类法确认为损失类后，由保险公司承担贷款的全部或部分本金和利息。债务人购买了保证保险以后，该笔贷款就被认为是保险贷款，更能获得银行对其在还款能力方面的信任。在信用保险中，由于有专利权作质押，保险公司收取的保证保险费用可以降低。

---

❶　成都高新技术产业开发区人民法院（2016）川 0191 民初 12473 号民事判决书。
❷　宋伟、胡海洋：《知识产权质押贷款风险分散机制研究》，载《知识产权》2009 年第 4 期。

（三）给予专利权人更多意思自治空间

首先，应允许流质预约。在制度设立上，我国《物权法》禁止让与担保的规定在专利权融资担保领域可以放宽。参与专利权融资担保的双方均为企业，应当考虑在商事领域的流质预约效力问题，也就是说在商事交易中允许当事人进行让与担保，由双方约定在债务人无法清偿到期债务时，将专利权的权利转移给债权人所有。《日本商法典》第 515 条即规定，民法关于禁止流质预约的规定不适用于因商行为债权而设定的质权。《韩国商法典》亦有类似的规定。对于民事领域的质权而言，由于强调公平原则，因此不允许债权人借流质预约损害债务人的权益。但是，在商事领域，作为营利性企业的当事人能够更为精确地权衡商业上的得失，法律应当更为尊重当事人的意思自治。我国《物权法》完全禁止流质预约显得没有必要，可以在适当时候通过立法加以解决。在向担保机构进行间接质押时，可以允许当事人进行流质预约，从而更能够促进专利权价值的实现。而专业担保机构比银行等金融机构更有商业上的意愿持有专利权并使其发挥更好的效益。

其次，可以允许重复质押，以充分实现专利权的担保价值。在《民法典知识产权篇》学者建议稿中就规定，"知识产权出质后，该知识产权的价值大于所担保债权的余额部分，可以再次出质，但不得超出其余额部分"。[1] 如果专利权价值明显超过担保债券金额，或者在质押后权利价值显著增加，则应当允许专利权再次质押。由于专利权属于无形资产，不必实际转移占有，因此不会妨碍其通过登记再次质押。

（四）发挥专利权担保在直接融资中的作用

考虑到专利权已经为中小企业上市等直接股权融资方面提供了有力的资产、业绩和发展前景的支撑[2]，在发行公司债券等直接债权融资方面也有必要针对新情况进行深入研究。2008 年 11 月，中国人民银行副行长兼上海总部主任苏宁在出席"2008 上海中小企业融资峰会"时表示，针对目前中小企业遭遇的融资困境，央行将采取针对性的支持举措，灵活应用货币政策信贷工具，加强政策引导，加大对中小企业的支持力度；积极拓宽中小企

---

[1] 在多个质权人行使权利时，同一知识产权向两个以上的债权人出质的，拍卖、变卖知识产权所得的价款，按照出质登记的先后顺序清偿；顺序相同的，按照债权比例清偿。

[2] 刘刚毅：《我国生物制药上市公司融资结构的特征分析》，载《湖南文理学院学报（社会科学版）》2007 年第 1 期。

业融资渠道，允许符合条件的中小企业直接发行短期融资券和小企业债券，初步推进商业银行信贷资产证券化业务，促进中小企业证券化，支持中小企业贷款。根据证监会 2007 年发布的《公司债券发行试点办法》的规定，为公司债券提供担保的，应当符合下列规定：担保范围包括债券的本金及利息、违约金、损害赔偿金和实现债权的费用；以保证方式提供担保的，应当为连带责任保证，且保证人资产质量良好；设定担保的，担保财产权属应当清晰，尚未被设定担保或者尚未采取保全措施，且担保财产的价值经有资格的资产评估机构评估不低于担保金额。当然，设定担保物权还要符合《物权法》和《担保法》的其他规定。以专利权作为公司债券发行中的担保客体，从法律规定来说是没有限制和禁止的，但是由于不同于融资贷款中债权人主体比较特定的特点，因此在质押登记、价值评估方面还必须进行更为细化的制度设计才能有效保障投资者的利益，从而更好地发挥专利权在直接融资中的担保作用。在质押登记方面，由于发行公司债券时债权人是不特定的多数人，要其参与质押登记在实际上并不可能。因此，既可以采用上面提到的间接质押方式，由担保机构在接受专利权质押后为公司债券提供担保，也可以在专利权质押登记机构设立独立的程序，从而方便由公司债券发行人在证监会允许的情况下单独向其进行质押登记。在价值评估方面，如果出现专利权价值发生波动低于担保金额的情况，应当要求发行人另外提供足额担保。

四、专利权的实现与"专利螳螂"问题

值得注意的是，我们在专利权融资担保的实务操作中，往往更多地考虑设定融资担保时发生的法律问题，而没有考虑到专利权被债权人实现以后所产生的后续法律问题。目前我国专利权融资贷款的违约率很低，金融危机以来发放的专利权融资担保贷款也多数尚未到期，不存在逾期不能偿还贷款现象，因此上述问题被暂时掩盖起来。但是我们在制度设计上应当具有前瞻性。专利权对于企业的生产经营将产生重要影响，而专利权质权实现后，通过受让取得专利权的企业或者个人通常不具备短期内实施的能力，可能会变成美国专利诉讼中的"专利螳螂（Patent Trolls）"等。这类市场主体主要通过许可费获得利益，对生产性企业的正常经营将造成法律上的风险。❶ 因此，如何

---

❶ John M. Golden, "Patent Trolls" and Patent Remedis, Texas Law Review, 2007, 85（4）: 2111-2161.

应对质权实现后，由于专利权人变更而带来的后续问题，必须从法律制度上加以解决。随着我国专利权质押越来越普遍，出现这种问题的可能性也越来越大。如果市场上出现特殊的机构，专门收购作为质押对象而进行拍卖的专利权，然后用来对原专利权人或者潜在的专利权实施者收取许可费获得利润，将会扰乱正常的竞争秩序。美国司法机构对于该问题已经作出相应的判决。在2006年eBay案中，美国联邦最高法院就认为，如果对专利侵权行为颁发禁止令不符合平衡原则时，不应当支持权利人颁发禁止令的请求，其法律效果将等同于专利强制许可。该判决推翻了此前美国各级法院普遍采用的认定专利侵权行为后自动颁发禁止令的传统，使得法院在为专利权人提供救济时的自由裁量权扩大。

"专利螳螂"作为特殊的市场主体，自身并不实施专利技术，而靠收取专利许可费获得经济收益。这种情况使得专利权获得的回报不是由其技术贡献决定，而是由技术实施者转换使用替代技术的成本所决定。当专利权技术贡献较小时，会造成许可费不适当的提高。❶ 2003年Rambus案中涉及隐含在技术标准中的专利问题，权利人对于已经采用技术标准的实施者要求支付3.5%的许可费，而对于未采用技术标准者则只要求支付0.75%的许可费，原因就在于采纳技术标准者已经在实施准备方面投入了沉淀成本。❷ 如果不接受许可条件而被控侵权成立的话，可能导致此前的投资全部无法收回，因此不得不接受苛刻的许可条件。 "专利螳螂"所实施的行为被称为专利阻遏（Patent Holdup），这种行为扭曲了专利许可谈判的正常过程。当然，并不是说许可谈判中专利权利人不能威胁采用法律诉讼解决问题，但是在谈判地位不平等的情况下，特别是由于产业状况使得专利权人处于优势谈判地位的情况下，专利权人滥用诉讼威胁会获得超过其技术贡献价值的经济回报，特别是实施专利技术者所支付的沉淀成本较高时更是如此。❸ 专利权质权实现后可能出现的这类问题，法院在审理专利侵权案件时应当有所警惕，并在涉及有关专利侵权的诉讼中有效平衡相关利益主体的权益。2007年11月，时任最高人民法院副院长的曹建明曾经表示，"根据具体案件的情况，平衡当事人之间以及社会公众的利

❶ Mark R. Patterson. Commentary, Antitrust and the Costs of Standard-Setting: A Commentary on Teece and Sherry, Minnesota Law Review, 2003, 87 (6): 1995-2013.

❷ Mark A. Lemley, Ragesh K. Tangri, Ending Patent Law's Willfulness Game, Berkeley Technology Law Journal, 2003, 18 (3): 1085-1125.

❸ 刘强：《交易成本与专利强制许可问题研究》，载《行政与法》2009年第4期。

益，如果停止侵权会造成当事人之间利益的重大失衡，可以采取充分金钱赔偿或者其他替代性措施，但不判决停止侵权行为"。因此，对于专利权融资担保中质权实现后出现的问题，在审理专利权侵权案件过程中，应当考虑到专利权权利变动对当事人权利的影响，采用更为灵活和平衡的方法对停止侵权的禁止令进行处理。

小结

　　自主创新是促进我国经济持续、稳定、健康发展，转变经济增长方式和调整经济结构的必由之路，我国 2009 年相继发布的十大产业调整和振兴规划以及《文化创意产业振兴规划》都强调自主创新的重要作用，而专利权在激励自主创新和推动科学技术成果转化方面有着不可替代的作用，利用专利权融资不仅可以为权利人带来直接的资金支持，而且可以推动实现专利权的经济价值。为中小企业提供融资不仅是中小企业克服金融危机不利影响长期发展的需要，也是金融机构业务不断拓展的需要。大型企业可以通过发行股票或者公司债券等直接融资的方式获得资金，而中小企业仍然需要通过银行贷款或者成本较高的民间融资方式获得资金，这样不利于促进中小企业获得良好的生存环境。专利权证券化等融资方式尚未有法律规范作为实施基础。专利权融资担保在金融危机背景下有着其独特的使命，也需要得到政府、企业、金融机构和中介机构的重视，以便充分发挥其功效，帮助企业利用市场化的手段而不是依赖政府扶持获得发展空间，为促进经济增长和增加就业机会做出贡献。

第十一章

协同创新战略与创业板市场
专利权评价报告制度

上市公司是协同创新的重要组织载体，能够集合多种资源从事协同创新研发和实施活动。在上市公司，尤其是创业板上市公司运作过程中，通过专利权创造、保护状况对其进行客观有效的评价是重要途径。专利权评价报告制度对于构建公开透明的创业板市场具有重要作用。E. F. Fama 教授曾在其著名的《股票市场价格行为》论文中提出：如果市场信息都被充分准确地公开，由于不存在市场操控，投资者的理性决策会在市场自由竞争的作用下，驱使股票价格反映其应有价值。❶ 因此，一个健全的市场应当赋予每一位投资者利用公开信息，比较准确地判断相关股票的价格、收益率以及风险因素等发展趋势的条件。股市信息披露制度的根本目的是保护投资者利益，使投资者获得公平决策所需要的一切信息，真实自愿地从事股市行为，从而维护交易安全，保障市场秩序。

一、创业板上市公司专利信息的现状

我国上市公司信息披露制度发展尚不成熟，上市公司信息披露虚假，披露不充分的现象普遍存在。创业板市场的推出，是为加快国家整体创新战略的实施，促进自主创新企业的成长而设立的，创业板上市公司大多从事高新技术产业，理论上应当具备较大的成长性。创业板上市公司财务信息披露失实也由此带来对创业板上市公司自主创新能力的质疑。目前，企业拥有的专利情况，是相对直观反映企业自主创新能力的指标信息❷，创业板上市公司对

---

❶ Fama. the Behavior of Stock Market Prices, Journal of Business, 1965, 38: 34-105.

❷ Judith McNamara, Lucy Cradduck. Can We Protect How We Do What We Do? A Consideration of Business Method Patents in Australia and Europe, International Journal of Law and Information Technology, 2008, 16 (1): 96-124.

专利信息的公开，也引导了投资者对公司竞争力强弱及未来发展潜力的认知评估，因此对于专利信息准确真实有效地披露，是投资者判断创业板上市公司基本情况的核心要素。

鉴于实用新型和外观设计专利授权程序简便、标准较低的特点，其法律价值和技术价值难以得到充分披露和客观评价，使得上市公司实施虚假信息披露或者选择性信息披露等机会主义行为，损害投资者利益。《专利法》第2条规定：本法所称的发明创造是指发明、实用新型和外观设计。为提高创新热情和行政审批效率，我国对实用新型和外观设计专利的审批实行初步审查制度，即只对专利申请做初步审查，并不对其技术方案的实质内容进行审核。特别是不会对此类专利申请进行现有技术的检索，并且基本上不对其新颖性和创造性进行评价和判断。初步审查制度，以一种快捷的手段赋予了实用新型和外观设计以法律保护，企业对实用新型和外观设计专利只要进行了符合形式条件的申请，绝大部分都可以获得专利权。

创业板上市以来，多数上市公司为展示其高科技企业的身份，往往在其招股说明书中罗列大量实用新型、外观设计专利以彰显其创新能力。表5对2012年8月至10月间创业板上市公司IPO招股说明书进行统计发现，上市公司获得国家知识产权局授权的实用新型、外观设计专利占专利总量的76.9%。创业板上市公司专利信息能否说明企业具有实质创新能力，还是仅仅在通过专利做"高新"文章，对投资者来说是至关重要的信息。

表5　实用新型和外观设计专利比例

公司名称	证券代码	上市时间	专利总量	实用新型、外观设计数量	比例
光一科技	300356	2012-10-9	14	14	100%
蒙草抗旱	300355	2012-9-27	8	3	37.5%
永贵电器	300351	2012-9-20	41	40	97.6%
东土科技	300353	2012-9-27	62	47	75.8%
东华测试	300354	2012-9-20	5	4	80%
北信源	300352	2012-9-12	2	1	50%
华鹏飞	300350	2012-8-21	0	0	——
金卡股份	300349	2012-8-17	21	21	100%

续表

公司名称	证券代码	上市时间	专利总量	实用新型、外观设计数量	比例
长亮科技	300348	2012-8-17	0	0	——
泰格医药	300347	2012-8-17	0	0	——
南大光电	300346	2012-8-7	8	7	87.5%
红宇新材	300345	2012-8-1	5	4	80%
太空板业	300344	2012-8-1	25	2	8%
联创节能	300343	2012-8-1	21	20	95.2%
总量	——	——	212	163	76.9%

数据来源：巨潮资讯

二、创业板上市公司专利信息的经济和法律特点

（一）市值影响的关联性更强

我国创业板降低财务标准的门槛设计，主要是为了促进创新型企业的成长。❶ 但现阶段的创业板市场，由于存在着严重的信息非对称现象，投资者对把握上市公司创新能力的真实价值存在困难。创业板上市公司的账面价值，通过会计事务所依据会计准则审核，可以以直观的数据向投资者表达。而对于创业板上市公司其未来价值的预期，创业板被定位为高科技板块，因此专利信息成为至关重要的评估组成。理论上，创业板上市公司在市场竞争中要取得相对优势，需要有技术创新，拥有更多有价值的专利。❷ 专利作为自主知识产权核心技术的基本标志，在市场中有很强的指向作用。专利信息与上市公司实力的贴近度，是投资者对股市交易行为的重要判断依据，直接反映未来的交易增值。在一个理性发展市场中，专利信息在很大程度上左右了投资者的市场行为。❸ 1999 年美国 CHI 研究机构对纽约证券交易所、美国证券交

---

❶ 张琰：《从会计信息角度看创业板上市门槛的设置》，载《商业时代》2009 年第 27 期。

❷ Powers T L, Leal R P. Is the U. S. Innovative? A Crossnational Study of Patent Activity, Management International Review, 1994, 34: 67-78.

❸ H Dou, V Leveillé, Manullang S, et al. Patent analysis for competitive technical intelligence and innovative thinking, Data Science Journal, 2005, 4: 209-236.

易所及美国证券业协会行情自动传报系统进行交易的百家公司，进行长期的股票跟踪分析，通过对比利用专利指数分析法选出和标准普尔 500 指数选出的前 25 名上市公司，在 10 年内的年回报率，结果发现"通过专利方法选出的前 25 名上市公司比标准普尔 500 指数选出的回报率更优异"。❶ 可见专利价值对于评价公司股票投资价值具有重要作用。

（二）信息内容的瑕疵性

证监会发布的《首次公开发行股票并在创业板上市管理暂行办法》第 14 条第 3 款规定，发行人在用的商标、专利、专有技术、特许经营权等重要资产或者技术的取得或者使用不应存在重大不利变化的风险。目前，多数创业板上市公司均会在其 IPO 招股说明书第六章节"业务与技术"部分列举公司所有的发明、实用新型、外观设计专利，作为主要无形资产进行阐述。这种信息披露本并无不当，然而由于我国立法和审批的原因，专利法对实用新型和外观设计提出了高标准而富有弹性的要求，具体审核过程中，又主要集中在文件的形式缺陷审查。在初步审查制度中，专利审查部门不对申请专利的技术方案是否具有新颖性和创造性进行评判，其不具备授权实质性要件的可能性较高。"从 1986—2007 年，我国专利无效请求量的 50% 集中于实用新型专利，发明专利大概不过 30%。"❷ "在现阶段，中国企业整体创新能力并不太强的情况下，实用新型专利在国家专利局复审委员会被宣告无效的比率超过发明专利。"国外有些国家并未将实用新型称为"专利"，国内也有学者指出应该将未经过实质审查的实用新型与外观设计称为"专利登记"。❸ 因此，由于已经被授予专利权的实用新型、外观设计实际是否符合专利法规定的专利要求并不明确，创业板上市公司披露其带有不稳定性的专利信息以对其高创新能力进行证明，对投资者来说具有一定的误导，普通投资者并不可能对上市公司创新能力进行审核，这较财务报表的清晰性差异很大。如表 5 中，太空板业在 IPO 招股说明书中公开了 25 件专利，只有 2 件是实用新型或外观设计，较其他上市公司专利审批难度上，有明显不同。

（三）法律保护的不稳定性

最高人民法院知识产权庭原庭长杨金琪教授在一次知识产权研讨会上曾

---

❶ 黄迎燕、张伟、周湘陵：《上市公司创新能力的专利评价》，载《知识产权》2008 年第 4 期。
❷ 夏欣：《新〈专利法〉提高实用新型审批"门槛"》，载《中国经营报》2009 年 6 月 27 日。
❸ 郭桂峰：《实用新型专利制度之痛》，载《中国发明与专利》2009 年第 8 期，第 24—26 页。

说过："目前我国问题专利和垃圾专利，占所有授权专利的80%以上。"❶ 国家知识产权局原局长田力普也对相关问题提出看法，他认为："我国专利制度对外观设计和实用新型专利不进行实质审查是造成出现这类低质量专利的客观原因，这在节约社会公共资源的同时，必然带来良莠不齐的可能性，这是无法避免的。"❷ 截至2011年年底，在国内有效实用新型专利中，维持3年以上的实用新型专利占52.8%，维持6年以上的实用新型专利占12.9%。❸ 实用新型、外观设计专利因未经过新颖性、创造性审查就获得了专利权，在授权后仍然可能被依法宣告无效。根据最高人民法院相关司法解释，涉及实用新型及外观设计的案件，若上市公司主动诉他人侵权，只要在答辩期内对方提起无效宣告请求，受理法院无特殊原因也会中止案件审理。❹ 实用新型、外观设计专利保护的法律稳定性并未得到有力支持，因此带来的问题在以高新企业作为融资平台的创业板市场上至关重要。为保护投资者利益，有效防止对业绩错误评估，创业板市场高风险性和上市公司高成长性之间的对立矛盾使得对相关专利信息的稳定性审核需有更高标准。

三、专利权评价报告的制度价值及其不足

（一）专利权评价报告具有客观评价专利价值的作用

投资者对创业板上市公司专利信息的不"真实"理解，可能导致逆向选择风险，驱使股票市值不"真实"地反映其价值：例如高创新能力的企业由于专利被低估，不能有效融资，低创新能力的企业充分做好了知识产权外衣的包装，使投资者错估了盈利能力，致使收益难以满足预期。❺ 对创业板上市公司专利信息的识别上，不能仅凭上市公司的数据公开，还需要一定的法律甄别手段。

---

❶ 李慧燕、缪一岚、黄玉霞：《专家指国内授权专利八成是垃圾专利和问题专利》，载《南方日报》2005年11月16日。

❷ 李薇薇：《国家知识产权局局长田力普谈中国知识产权制度》，http://www.gov.cn/zwhd/2005-12/28/content_140332.htm，最后访问日期：2012年12月5日。

❸ 中华人民共和国国家知识产权局：《中国实用新型专利制度发展状况》，http://www.sipo.gov.cn/yw/2012/201212/t20121221_781008.html，最后访问日期：2012年12月5日。

❹ 方诗龙：《外观设计专利诉讼流程的横向比较与改革建议》，载《2010年中华全国专利代理人协会年会暨首届知识产权论坛论文集》，2010年中华全国专利代理人协会年会暨首届知识产权论坛，2010年4月。

❺ 俞颖：《中国股市IPO收益率实证研究》，西北大学2005年博士学位论文。

实用新型、外观设计专利未经实质审查即授予专利权的问题，我国《专利法》设计了专利权评价制度给予补充和救济。国家知识产权局做出的专利权评价报告，基本涉及了全部实用新型、外观设计无效的理由，专利评价报告不仅对专利的新颖性、创造性进行检索，还全面分析和评价了实用新型、外观设计的可专利性。《专利审查指南》第 10 章第 4 条中指出：未发现被评价专利存在不符合专利法及其实施细则规定的授予专利权条件的，审查员应当在专利权评价报告中给出明确结论。专利权评价报告制度，作为实用新型、外观设计专利没有经过实质审查后的补充，增加了这两类专利权利的公信力。❶ 专利权评价报告是我国知识产权制度的重要组成部分，是国家知识产权局根据我国《专利法》《专利法实施细则》《专利审查指南》等法律法规对实用新型、外观设计专利出具的审查报告，弥补了实用新型、外观设计专利在获得专利权时没有进行新颖性、创造性审查的缺陷，报告对于说明创业板上市公司专利信息的价值上，也起到了很好的专家意见作用，投资者以此为参考，评估上市公司的创造性较上市公司对其专利信息进行数量上的列表更有说服力。同时，专利权评价报告一旦被要求在 IPO 招股说明书中披露，也将使得一般上市公司不敢轻易披着知识产权外衣进行创新能力的包装，公平公正地体现了创业板市场的高新技术产业定位。

（二）目前专利权评价报告制度的不足

专利法规定的专利权评价报告制度主要是针对专利侵权纠纷程序设置的，不能适应证券市场信息披露的程序性要求。首先，在请求主体上，只有人民法院或者管理专利工作的部门可以要求专利权人或者与其有专利侵权纠纷的利害关系人出具。对于证券市场的参与主体，包括股票投资者和证券监管部门均无权要求出具相应的专利权评价报告，限制了其适用范围。其次，在请求程序上，现有规定要求必须是在专利侵权纠纷中才能提出相应的要求，而对于证券发行上市程序不在其列，因此不能在此情况下要求专利权人等主体出具报告。最后，在报告使用目的上，现有规定要求将其"作为审理、处理专利侵权纠纷的证据"，而不能作为投资者判断专利价值的依据，也没有将该报告主动向投资者和社会公众公布的要求。因此，即便专利权评价报告是能证明实用新型、外观设计具备专利性的法律证据，

---

❶ 国家知识产权局条法司：《关于专利权无效宣告与专利权评价报告制度》，载《电子知识产权》2010 年第 4 期。

也可以起到稳定投资者信心的作用，但是在证券市场信息披露中加以运用仍存在法律障碍。

另外，在操作层面，考虑到专利权评价报告信息比较全面，因此有一定篇幅量，对于动辄披露几十件实用新型、外观设计专利的上市公司，要求其在 IPO 招股说明书中出具全部专利权评价报告并不现实。国家知识产权局《专利审查指南》第 10 章第 5 条规定："国家知识产权局在做出专利权评价报告后，任何单位或者个人可以查阅或者复制。"故对于出具专利权评价报告的实用新型、外观设计专利，上市公司如果不能提供相关披露信息，供投资者在 IPO 招股说明书等目前法定公开材料外进行查询参考，则专利权评价报告制度的信息披露功能不能有效实现。

四、创业板上市公司专利权评价报告制度构建的设想

规范高效的证券市场应当引导投资者对上市公司有个清晰的认识，在市场中依法公开的信息必须真实、完整、实效。基于创业板的特殊定位以及相关制度法规的特点，在创业板构建公平、公正、公开的专利权评价报告制度，对完善现有上市公司专利信息披露制度将起到重要作用。

（一）基本原则

1. 强制披露原则

上市公司与投资者面对专利信息之间的不对称接触，导致投资者对创新能力判断的不一致和误差风险评价。❶ 针对目前创业板上市公司对创新能力的宣传普遍大于其实际能力的问题，作为市场监管部门应当强制要求上市公司将能够实质上评价其创新能力的专利信息均公之于众，专利权评价报告是对创业板上市公司现有专利信息公开方式准确性的有效弥补，充分降低了投资者在获取专利信息评估上市公司创新能力时的不对称劣势。设置专利权评价报告的强制披露原则将有助于市场专利信息资源的优化配置，减少创业板市场中的创新能力欺诈行为，增强投资者分析预判能力，实质上督促了上市公司积极提升其创新能力。

2. 提高信息效率原则

创业板市场的相对不稳定性，加大了其信息对股票价格的基础性配置地

---

❶ 张程睿、褰静：《我国上市公司违规信息披露的影响因素研究》，载《审计研究》2008 年第 1 期。

位，创业板市场的信息效率往往能够决定市场的运行效果。❶ 由于专利技术开发的周期性及做出专利权评价报告的时间需要，专利权利的实体取得和信息公开往往客观上已经滞后。根据《专利法实施细则》第 57 条规定：国务院专利行政部门应当自收到专利权评价报告请求书后 2 个月内作出专利权评价报告。对此，为减少市场的消极波动性，应当建立及时披露制度，其不仅包含对专利权评价报告本身的公开，也应该包括对其流程的披露，以此充分高效地反映专利信息的价值变化，提高专利信息的披露效率，有助于将上市公司的内在价值及时真实地反映到股票价格中去。

3. 充分救济原则

专利权评价报告制度的建立，对实用新型、外观设计专利信息将起到类似实质性审查的作用，因此无形中增加了部分上市公司的融资压力，特别是知识产权"外衣"包装过多的上市公司对此将会有一定的抵触。专利权评价报告制度的建立及维护，是完善专利信息公开的基本补充，上市公司对专利权评价报告制度执行的消极做法，将影响到投资者及时获取信息的知情权。保证专利信息披露的准确性及高效性，是市场监管部门的基本职责，在强制披露机制出现缺陷，市场监管部门对专利权评价报告制度及时的行政监督检查，也将是这项制度能否产生实效的基本要求。

(二) 执行方式

1. 上市审核

目前，我国证券市场上市审查主要集中于财务信息的披露情况，对于无形资产价值的风险控制严重不足。鉴于当前我国创业板对创新能力的较高要求，为了维护投资者利益，市场监管部门应将专利权评价报告制度作为上市审核的基本组成，完善并发展现有以知识产权为内容的上市准入标准。《首次公开发行股票并在创业板上市管理暂行办法》对于发行人在用的商标、专利、专有技术、特许经营权等重要资产或者技术的取得或者使用有"不存在重大不利变化的风险"的要求，因此市场监管部门在审核上市公司主要无形财产之一的实用新型、外观设计专利时，应当履行对相关风险的审慎审查义务。建立专利权评价报告制度将降低实用新型、外观设计专利存在重大不利风险

---

❶ Dorota Dobija，Karol Marek Klimczak，Narcyz Roztocki，Heinz Roland Weistroffer. Information technology investment announcements and market value in transition economies：Evidence from Warsaw Stock Exchange，The Journal of Strategic Information Systems，2012，21 (4)：308-319.

的可能性，市场监管部门要求上市公司在提交创业板发行审核委员会（以下简称"发审委"）相关实用新型、外观设计等专利信息的同时附交国家知识产权局出具的专利权评价报告，发审委只要审查相关报告的真实性，即在一定程度上保障了专利信息的有效价值，间接维护了创业板的"创新"地位。

2. 主动公布

创业板上市公司在 IPO 招股说明书中列举实用新型、外观设计等专利作为公司的主要无形财产进行披露，已经成为当前 IPO 招股说明书撰写的默认规范。披露实用新型、外观设计专利信息，因其内容核准对于公众投资者来说成本较高，将导致投资市场产生一定的波动。上市公司作为融资责任主体，应当借助我国相关政策法规的相对权威性弥补这一缺陷。主动提供并公布由国家知识产权局出具的专利权评价报告，是对其未经实质审查的主要无形财产实用新型、外观设计专利价值的真实说明，是上市公司积极履行披露义务，公平创业板资本市场的内在要求。

同时，在完成首次公开发行后，建立定期公布机制，继续积极对其实用新型、外观设计专利的专利权评价报告进行披露，有助于投资者对上市公司前瞻性发展的真实理解，充分认识创业板上市公司的市场趋向，降低投资者的误判风险，履行上市公司市场义务。

（三）监管途径

有效专利权评价报告制度的建立，必须依赖有效的市场监管规则。建立上市门槛的刚性要求配合入市后以专利信用评价为主体的柔性监管模式，有助于创业板市场知识产权意识的自发形成。对创业板上市公司主要无形财产实用新型、外观设计专利出具专利权评价报告作为创业板上市公司入市的门槛要求，将有效减少知识产权外衣包装化的虚假现象，降低投资风险。专利信用评价则由市场监管部门根据上市公司专利申请量、专利申请公开情况、专利权评价报告履行情况等专利信息的披露为依据，向市场投资者提供的权威评价信息。专利信用评价将确保专利权评价报告制度发挥持久有效的作用。当然，随着市场逐渐成熟，可以扶持第三方知识产权咨询评价机构参与专利信息的披露监管。此外，构建舆论引导机制，借助信息传媒力量，扩大专利权评价报告制度的影响，将加强制度的社会生命力，丰富监管途径。

小结

我国创业板证券市场尚不成熟，上市公司披露不实信息时有发生，对此并不能完全指责是企业诚信缺失导致的，制度本身存在漏洞给上市公司提供了合法规避的途径。专利权作为取得自主知识产权的基本途径之一，决定了专利信息在创业板上市公司创新评价体系中的重要地位。❶ 由于我国知识产权制度的特殊性，投资者对专利信息实质意义的认知普遍不高，披露信息的理论价值与投资者理解的价值存在一定差距。专利权评价报告制度的建立，将解决目前专利信息不能很好地说明创业板上市公司真实创新能力的问题，真正使专利信息的功效落到实处，而不再是简单的数量价值。对创业板市场来说，完善专利信息披露制度将加大创业板市场创新力度，实质上引领我国知识产权战略建设。

---

❶ Darshak Patel, Michael R. Ward. Using patent citation patterns to infer innovation market competition, Research Policy, 2011, 40 (6): 886-894.

第四篇 专利保护篇

第十二章

协同创新战略与 3D 打印专利侵权问题

"3D 打印",中文称为三维打印,是一种"快速成型"技术。该技术根据计算机辅助设计图(CAD),利用 3D 打印机制造三维真实物体。在 3D 打印领域,呈现产品设计主体社会化和行为民主化相互促进的态势,使得参与产品设计的主体范围得到拓展,并呈现社会化趋向。涉及 3D 打印的产品研发活动,已经从仅限于专业性生产企业或者研发机构的"封闭式"创新,发展到社会公众广泛参与的"开放式"创新,是协同创新的重要表现形式。[1] 该技术用于打印各种模型和日常用品,其中既包括不受专利保护的产品,也包括受到专利权保护的产品,因此将会带来一系列专利侵权方面的问题。

一、3D 打印技术的特点

(一)3D 打印对于产品制造和传播提供了便利

首先,3D 打印对于新产品制造更为简便。其一,可以节约开模成本。由于 3D 打印机可以不必开模就直接打印出产品,因此可以节约制造模具的时间和经济成本。随着 3D 打印采用的材料和打印的精度不断拓展和提高,能够适用的产品范围也将不断延伸。对于产品设计者来说能够比较方便地用 3D 打印来测试产品性能。其二,个人将有能力制造更为专业化的产品并加以消费。3D 打印使得产品制造的技术和经济门槛大为降低,消费者将有能力参与到本属于专业经营者从事的产品生产环节中去。因此消费者将不必从经营者,特别是开发新产品的经营者那里购买产品,转而可以在互联网上获得产品设计文档之后直接通过 3D 打印进行产品的制造。

其次,3D 打印可以使得产品传播更为简便。其一,减少了流通环节。3D 打印可以节约产品生产制造和销售运输的时间和费用。消费者要获得产品,

---

[1] 刘强:《3D 打印与知识产权法》,知识产权出版社 2017 年版,第 11 页。

无须经过实际制造产品并销售、运输等诸多环节，在自己家里就可以打印并获得该产品。其二，简化了流通方式。由于产品设计文件（例如计算机辅助设计 CAD 文件）可以通过电子文件形式在互联网传播，因此新产品的传播可能就像文学艺术作品通过电子形式在互联网上传播那样便捷。

（二）3D 打印将形成较大的专利侵权风险

3D 打印一方面使得新产品快速地为消费者所拥有和使用，促进其产品传播和更新换代；另一方面使得复制传播和侵权盗版行为变得容易。如果 3D 打印的产品是专利产品，则可能构成对专利权的侵犯，因为这种打印行为没有取得专利权人的许可，并且损害了专利权人的市场利益。如同互联网对于音乐、电影作品传播使得盗版侵权行为更加便利一样，3D 打印也使得未经许可的产品制造行为更加便利化。❶ 当新产品在网络上流传时，3D 打印将使得专利权人对于产品制造和使用行为的控制更加困难，想要从产品营销中获得经济利益的可能性将变小。美国臭名昭著的盗版网站"Pirate Bay"就声称，产品的 3D 打印电子设计文件将成为消费者广泛复制的主要对象之一。3D 打印技术更为个人化、分散化和隐蔽化的特点使得专利侵权的风险更高，而流通环节的减少也使得专利权人调查取证的难度增加，客观上造成对侵权行为的纵容。

二、3D 打印专利侵权认定的困境

3D 打印技术本身可能受到专利保护，但是在侵权行为认定问题上受到挑战的主要是未经许可进行新产品 3D 打印的行为。为了应对 3D 打印技术带来的挑战，权利人可能适当地扩大专利保护范围，设计三种类型的专利权利要求对于新产品进行保护：（1）产品专利；（2）3D 打印该专利产品的方法；（3）专门用于打印该产品 3D 打印机。其核心是第 1 类，而第 2、3 类专利则构成外围保护。然而，在遇到专利侵权行为时，由于构成要件问题均会造成认定的困难。

从市场利益来说，3D 打印行为虽然构成产品设计专利权人合法权益的侵害，然而根据现有的专利侵权认定规则却难以有效地规制，并要求其承担侵权责任。不论是对于直接侵权还是间接侵权，要给予认定均存在相应的法律

---

❶ 刘步青：《3D 打印技术的内在风险与政策法律规范》，载《科学·经济·社会》2013 年第 2 期。

障碍，需要通过制度完善加以应对。

（一）直接侵权

首先，非经营性行为不构成专利侵权。由于我国专利法第 11 条规定的专利侵权行为必须以"生产经营为目的"，因此如果经营者利用 3D 打印技术制造产品并销售获利，则应当承担侵权责任，这与传统的专利侵权行为并无不同。然而，由于个人利用 3D 打印机制造产品并使用不具备营利性，因此其行为并不构成专利侵权。专利法对于主观要件的规定，主要是考虑到个人制造专利产品的规模和所产生的经济利益不大，追求侵权责任对于权利人来说并不经济，因此将非商业性的实施行为排除在侵权范围之外。在 3D 打印技术时代，到个人使用正成为该技术广泛应用的领域。随着产品制造的门槛降低，这种个人制造行为的实施范围将大大增加，其对于专利权人利益的影响也将逐步扩大。❶

值得注意的是，美国专利法上对于专利侵权行为并无营利目的或者生产经营目的的要求，因此对于 3D 打印产品而言并不能因为其属于个人行为而免除侵权责任。德国专利法、欧洲专利公约等立法虽然将私人非商业性使用不视为侵权，但是并未考虑到 3D 打印技术对于专利产品制造和传播的影响。在实践中，权利人出于成本考虑很少对个人侵权行为提起诉讼，但是认定该行为具有侵权性质仍然具有法律意义，特别是涉及产品设计文件传播者和网络经营者的间接侵权行为时更是如此。

其次，产品设计文档的传播和销售行为本身并不构成直接侵权。此类行为人可能是获得商业利益比重较高的市场主体，专利权人可能倾向于向其主张专利权，但是会遇到法律障碍。其一，此类行为并不属于对专利产品及其零部件的制造或者使用。专利权人的竞争对手为了规避侵权责任，可能不销售实际产品，转而销售可用于 3D 打印的产品设计文档，从而不必承担责任。美国 Centillion 案的法官认为，为了制造受专利保护的计算机系统，被告必须将所有专利权利要求的技术特征组合在一起，如果是消费者而非经营者完成对于计算机系统的组装则不构成侵权。❷ 如果连制造销售专利产品零部件的行为都不构成专利侵权，那么作为 3D 打印模型文档并不构成专利产品的组成部

---

❶ Daniel Harris Brean. Asserting Patents to Combat Infringement via 3D Printing：It's No "Use"，Fordham Intellectual Propert，Media & Entertainment Law Journal，2013，2：771-814.

❷ Centillion Data Sys. Llc v. Qwest Communications Int'l Inc，631 F. 3d at 1288（Fed. Cir 2011）.

分，对其进行传播和销售的行为就更难以构成直接侵权行为了。

其二，此类行为也不属于销售或者许诺销售专利产品的行为。销售或者许诺销售专利产品的行为是以产品已经实际制造出来为前提的。美国联邦巡回上诉法院（CAFC）对于销售行为的界定是：（1）对于财产或者权利以一定价格进行转让；（2）对于转让协议进行了履行。而 Ecodyne Corp. 案中认为，"销售行为在产品被完全制造出来之前是不能产生的"，甚至"部分占有产品也不能满足"产品销售行为的要求，"需要制造出完整的产品并准备使用"。❶法院还认为，仅有销售合同而未生产产品的不构成销售和许诺销售，因为卖方如果违约则可能不生产产品或者生产其他产品。另外，对于涉嫌侵权产品是否落入专利保护范围的比对，也必须以产品实际生产为前提，因为进行比对的是产品和专利权利要求，而不是用产品设计图来进行比对。Lang v. Pacific Marine & Supply Co. 案中，CAFC 就拒绝在产品制造出来以前对其是否侵权作出判定。即使该标准在 Transocean Offshore Deepwater Drilling, Inc. 案中有所缓和，即如果建设工程领域存在销售合同及工程设计图，可以认为存在销售行为，但是销售的对象仍然限于具有物理形状的产品，而非产品设计图本身。❷ 对于许诺销售行为所针对的产品也应当采用类似标准，并限于有形产品。因此，销售或者许诺销售应用于 3D 打印的模型文档不会构成直接专利侵权行为。

（二）间接侵权

专利间接侵权制度是在难以证明或者追究直接侵权行为时给予权利人的延伸救济。如果提供应用于 3D 打印的产品设计文档，并诱使他人通过 3D 打印实施侵权行为，则可能构成间接侵权；如果提供设计文档的行为本身构成方法专利中不可或缺的步骤，则有可能构成帮助侵权。目前我国尚未建立该制度，而仅根据民法共同侵权规则则难以认定。其他国家专利法关于间接侵权的规定，主要涉及引诱侵权和帮助侵权两类行为，而要认定销售和传播 3D 打印的产品设计文档构成上述两类行为均存在困难。

首先，对于引诱侵权行为而言，在主观要件上通常需要行为人具有主观

---

❶ Ecodyne Corp. v. Croll-Reynolds Eng'g Co. 491 F. Supp. 194, 197（D. Conn. 1979）.

❷ Transocean Offshore Deepwater Drilling, Inc. v. Maersk Contractors, 617 F 3d 1296, 1300（Fed. Cir 2010）.

故意才能构成间接侵权。❶ 美国专利法第 271 条第（b）款规定，"任何人故意教唆实施侵犯专利权的行为，应当承担和侵权人同样的法律责任"。通常而言，对于引诱侵权行为要求行为人明知专利权存在，并且其引诱他人实施的行为明确或者有很大可能性侵犯他人的专利权，两者缺一不可。在 Global-Tech 案中，美国联邦最高法院就对 CAFC 采用的认定标准进行了更为严格的限制。后者曾经采用了"对于已知侵权风险故意漠不关心"（deliberate indifference to a known risk）的标准，即行为只要知道有侵权风险，并且只要消极地无视该风险而实施行为就构成引诱。但是，联邦最高法院则将认定标准提高为"故意无视"（willful blindness），在客观上要认识到有很高的侵权可能性，在行为上要采取积极行为避免对侵权事实的查证才能构成。此外，在证明责任分配上，需要由原告证明被告明知其行为构成专利侵权并加以实施，如果不能证明将难以要求其承担侵权责任，因此增加了认定被告侵权的难度。

其次，在帮助侵权行为中，被告提供 3D 打印模型文档的行为是否构成专利发明的零部件存在争议。行为人提供的产品属于专用于专利产品或者方法，或者对于完成专利产品或者方法必不可少并且没有其他实质性非侵权用途，是认定其构成帮助性专利侵权的基本要求。在认定帮助侵权时，存在两个方面的困难。其一，抽象的信息不能作为产品零部件。联邦最高法院在 Microsoft v. AT&T Corp. 案中，认为零部件必须是有形物，而抽象的信息类似于蓝图或者指引，并不能认定为零部件。❷ 另外，除非该信息被记载在有形的计算机可读介质上，否则不能被装配到专利产品中。而 3D 打印模型文档更多是在互联网上以 CAD 设计图等电子文档形式进行传播，文档上传者并未将其固定在特定的介质上，因此难以构成零部件。其二，对于 3D 打印该专利产品的方法而言，由于专利方法的步骤不属于"零部件"，因此用于专利方法的 3D 打印模型文档进行传播或者销售，并不属于帮助侵权行为。原因在于美国专利法第 271 条第（c）款对帮助侵权的规定仅限于设备、产品、组合物等有形物专利。CAFC 在 Cardiac Pacemakers, Inc. 案中就拒绝将方法专利的步骤视为产品的"零部件"。❸

再次，网站经营者间接侵权问题。根据间接侵权规则，对于分享 3D 打印

❶ 王迁、王凌红：《知识产权间接侵权研究》，中国人民大学出版社 2008 年版，第 4 页。
❷ Microsoft v. AT&T Corp., 550 U. S. 437（Supreme Court, 2007）.
❸ Cardiac Pacemakers, Inc. v. St. Jude Med. Inc., 576 F. 3d 1348, 1364（Fed. Cir. 2009）.

模型文档的网站（例如美国的 Thingiverse 网站）而言，如果网站经营者不明知其网站上提供链接的产品设计图属于能够用于 3D 打印专利侵权产品的设计，但是在专利权人发出通知的情况下仍然不撤除或者屏蔽的则构成帮助性侵权，应当承担共同侵权的责任。但是，考虑到我们可以针对专利侵权在网站间接侵权责任方面，借鉴著作权领域的"避风港"规则。但是在制度设计时，有两个问题值得关注。其一，在网络进行产品设计文档的展示甚至指导使用并不构成专利侵权。因为对于 3D 打印模型进行展示不会产生使用产品所产生的技术效果，所以其并非对于产品的使用，如果仅针对其展示行为发出涉嫌侵权通知存在对象不适格的缺陷。其二，专利权人发出的涉嫌侵权的通知是否有效的问题。根据调查，在美国的网络著作权侵权通知中有 31% 是存在缺陷的，比如通知发出者的著作权存在瑕疵，或者被通知的对象具有明确的合理使用抗辩等❶，还有一些要求将网站在搜索结果排名下调的通知是由竞争对手发出的。对于专利权人而言，权利稳定性问题更为突出，特别是实用新型和外观设计专利并未经过实质审查，可能存在重复授权等非正常现象，如果允许其作为发出涉嫌侵权通知的权利基础，可能纵容权利滥用问题。

（三）技术措施

专利权人为了推广专利产品，可能通过自行设计、发布 3D 打印模型文档并提供给消费者进行下载、打印和使用。为了对于文档传播和使用进行控制，权利人可能会在其中采用加密等技术措施来加以保护。技术措施在著作权领域关于维护权利人在网络环境下对于作品的有效控制，改善著作权人对于作品保护所处的不利地位，有效保护其著作权权益起到了积极作用。❷《世界知识产权组织著作权条约》（WCT）第 11 条规定，缔约各方应规定适当的法律保护和有效的法律补救办法，制止规避由作者为行使本条约或《伯尔尼公约》所规定的权利而使用的、对就其作品进行未经该有关作者许可或未由法律准许的行为加以约束的有效技术措施。美国《千年数字版权法》（DMCA）就明确规定，任何人不得规避有效控制访问受保护作品的技术措施或者为实施此类技术措施提供便利。在 3D 打印环境下，专利产品的传播与使用方法与数字

---

❶ Mike Masnick. Copyright as Censorship: Newport Television Abusing DMCA To Try To Silence Criticism, TECHDIRT. http://www.techdirt.com/articles/20110712/03450915054/copyright-as-censorship-newporttelevision-abusing-dmca-to-try-to-silence-criticism.shtml, 最后访问日期：2013 年 11 月 20 日。

❷ 冯晓青：《技术措施与著作权保护探讨》，载《法学杂志》2007 年第 4 期。

作品更为接近，因此专利权人也会更加通过技术措施来维护其控制产品并获取经济利益的权利。

专利权人可能采取的技术措施主要有两种类型：（1）对于产品设计文档电子文件的传播、下载或者打印行为进行控制的技术措施。这种技术措施同对数字作品加密并且进行权利管理的方式类似，可以禁止或者限制未经许可对于文档进行接触、修改或者 3D 打印，从而为许可使用该文档并收取使用费提供技术支持，避免对于未经许可使用行为难以查证的困扰；（2）对于 3D 打印机能够打印的产品内容进行控制的技术措施。例如，美国专利商标局 2012 年 10 月授权的第 8286236 号"（打印）制造控制系统"专利权，该技术可以限制用户打印供个人使用的违禁品。根据该专利说明书的描述，通过内置在 3D 打印机里的对象数据软件进行管理，只有用户要打印的物品符合相关规定时才能获得软件的授权。通过此方式可以将违禁品排除在 3D 打印范围之外，并防止有害技术的传播。❶ 如果将识别的范围从违禁品拓展到涉嫌侵犯专利权的产品，禁止用户打印与特定数据库内设计高度匹配的 3D 打印模型，将有效地控制专利产品被侵权性的制造、销售和使用。❷ 对于上述两类保护专利权的技术措施，法律也应该加以保护，将突破或者损害技术措施的行为视为专利侵权，并要求行为人承担相应的侵权责任。

三、专利侵权认定规则的完善

（一）取消生产经营为目的的主观要件

为了应对 3D 打印技术的广泛使用给专利产品权利人市场利益带来的损害，有必要取消专利法第 11 条在专利侵权行为认定时对"生产经营为目的"的要求。这符合我国承担的知识产权保护国际义务。TRIPS 协定第 28 条规定的专利侵权行为，不论是对于产品专利还是方法专利而言，均未要求以"营利为目的"或者具有"生产经营目的"，我国对于该主观要件的要求应当视为在侵权认定上的一种豁免和例外。而根据该协定第 30 条规定，成员国如果要规定对于专利权的例外，应当符合"三步法"的标准，即该例外应当属于一种例外规定；不能与专利正常利用相冲突；不能合理地损害专利权人的合法

---

❶ 刘强：《有害技术专利问题研究》，载《武陵学刊》2013 年第 1 期。
❷ 姚强、王丽平：《"万能制造机"背后的思考——知识产权法视野下 3D 打印技术的风险分析与对策》，载《科技创新论坛》2013 年第 2 期。

利益。在 3D 打印时代以前，考虑到个人制造产品的门槛和限制，对于非经营性的制造行为给予豁免对于专利权人来说是可以接受的，因为个人根据专利说明书制造产品确实是例外情况，并且不会与专利权人销售产品并获得市场利益产生直接冲突。但是，随着 3D 打印技术的推广，这种利益冲突将不可避免并会愈演愈烈，仍然坚持生产经营为目的的主观要件将不合时宜。因此，有必要取消或者限制此主观要件。

值得注意的是，对于生产经营目的要件的撤销具有法律意义。这不仅可以解决 3D 打印实施者与专利权人的冲突，而且可以为认定间接侵权提供法律基础。对于 3D 打印模型文档的传播者和共享该文档的网络经营者，由于其并未实施专利技术，因此不存在构成直接侵权问题，但是他们可能是 3D 打印模型文档传播的实际受益者。专利权人可能更愿意追究他们而非个人使用者的侵权责任。根据其他国家的立法例，如果不存在直接侵权行为，间接侵权行为也很难得到追究。因此，将个人 3D 打印专利产品界定为侵权行为将有助于权利人通过主张间接侵权责任等方式维护其市场利益。

（二）规定并拓展间接侵权行为

为了制止专利权人的竞争对手通过传播或者销售 3D 打印模型文档侵害权利人的市场份额，有必要在专利法中增加规定专利间接侵权行为，包括引诱专利侵权行为和帮助专利侵权行为。首先，在引诱侵权领域，对于 3D 打印模型文档提供者而言，如果明知根据其提供的文档打印出来的产品有很大的风险会构成专利侵权，或者其产品设计直接抄袭于他人专利的说明书或附图，那么其在互联网或者通过其他手段提供该文档的行为构成引诱侵权行为。为了避免行为人以自己不知道所提供的文档会引诱他人侵权为由规避责任，可考虑取消对于引诱侵权行为在主观要件方面必须存在故意的要求，或者拓展需要承担责任的过错范围，以囊括对于专利权人利益构成严重损害的行为。可以回归到美国 CAFC 所采用的"对于已知侵权风险故意漠不关心"标准中并制定我国相应的规则，只要行为人认识到具有侵权风险（例如该设计并非其原创而是来源于其他设计人），并且未采取有效措施（例如经过专利检索比对等合理努力）排除这种侵权风险，就可以认定存在过错，并要求其承担引诱侵权责任。

其次，在帮助侵权领域，可以采取两种行动进行拓展。第一，对于帮助侵权行为所协助的对象从直接侵权行为拓展到帮助性侵权行为。对于为 3D 打印模型提供链接的网络提供者而言，与提供侵权数字作品经营者的区别在于，后者所帮助的对象是直接侵权行为，而后者所帮助的提供模型行为仅属于帮助性侵权行为，因此有必要对于帮助侵权行为的对象进行适当的延伸，否则网络经营者的间接侵权责任难以得到追究。第二，拓展专利产品"零部件"的内涵。一方面，可以将行为人所提供的3D打印模型电子文件视为产品的部件，而这种部件专门用于实施3D打印产品的专利方法，或者用于组装成能够3D打印专利产品的打印机，因此构成帮助性侵权。另一方面，可以将3D打印专利产品工艺的专利方法步骤视为专利的"零部件"，突破美国专利法第271条第（c）所规定的只能由有形产品零部件构成的要求。这样可以鼓励专利产品的权利人在设计权利要求时增加对3D打印专利产品的方法发明的保护，形成更为有效的专利保护布局，同时避免由于3D打印模型文档不属于专利产品部件而带来的侵权认定困难。

（三）构建专利领域的"避风港"规则

"避风港"规则减轻和限制了网络经营者需要承担的著作权间接侵权责任，该规则同样可以经过适当改造并移植到专利间接侵权豁免当中，以应对3D打印技术对产品传播带来的变化。如果网络服务经营者只提供存储空间，并不制作网页内容，实际上不知道也没有意识到存在侵权行为的情况，当接到专利权人的通知其提供链接的3D打印模型文件存在侵权（主要是帮助性侵权）时，有义务将其删除或者屏蔽。❶由于网络经营者无法对所链接产品事先进行专利侵权性质的审查，这种"通知+移除"规则能够为其经营活动提供法律保障，因此有必要在专利法中加以体现。

在制度设计时，可以做两方面的改进。第一，拓展侵权通知的对象。涉嫌侵权通知的对象不仅可以针对直接侵权行为，而且可以针对帮助性侵权行为，因为通过信息网络传播3D打印模型的行为仅构成间接侵权，不同于著作权领域已构成直接侵权。第二，严格侵权通知的法定条件。考虑到专利权的或然有效性和专利保护范围认定的复杂性，应当对权利人在证明权利有效性方面提出更高的要求，避免存在瑕疵的专利权成为网络领域滥用权利的依据。例如，网络经营者可以要求专利权人提供专利登记簿副本以证明专利权有效存在；对于实用新型和外观设计专利权，还可以要求其出具专利权评价报告。

---

❶ 胡开忠：《"避风港规则"在视频分享网站版权侵权认定中的适用》，载《法学》2009年第12期。

目前，只能是在专利侵权诉讼过程中由负责审理的法院或者专利管理部门要求出具专利权评价报告，有必要放宽到在主张权利的各个领域，负责维权审查的机构均可要求专利权人出具，以使得 3D 打印模型提供者和网络经营者有效判断是否需要移除。

（四）对专利权人采取的技术措施给予保护

专利权人对于其提供的 3D 打印模型文件采取了授权管理的技术措施时，法律应当给予这种技术措施以法律保护。判定破坏技术措施的行为人构成侵犯专利权，以维护权利人限制他人接触和使用文件的权利及相关的合法权益。与此同时，对于技术措施可能造成的负面影响也应该予以规制。值得注意的是，对于技术措施来说应当具有正当性。❶ 如果专利权人利用技术措施来垄断专利产品以外的相邻市场，那么可能构成对其权利的滥用，因为其构成对公众自由选择权的限制。美国的 Lexmark International 案中，原告称其链接激光打印机和硒鼓之间的电脑芯片遭到被告提供的晶片"SMARTEK"的破解，使得其他品牌的硒鼓也能用于其打印机。❷ 法院认为原告希望通过该项"技术措施"垄断与打印机相邻的硒鼓市场，因此不能主张获得保护。

就前述两种类型的技术措施而言，在能否获得保护的标准上可以分别对待。对于第一种，即针对 3D 打印模型文件设置相应的技术措施，只要其目的是为了制止侵权盗版，并且具有有效控制对文件进行访问或者使用的功能，就应当给予技术措施的保护。出于利益平衡的考虑，如果使用者已经获得该产品设计文档并打印 3D 产品，技术措施是否会影响或者限制其获得的专利权用尽豁免。对于第二种，即对于 3D 打印机所能够打印的产品内容进行控制的技术措施，则应当看其是否涉及不合理的扩张专利权保护范围。如果技术措施使得某种（特别是占有市场支配地位企业生产的）3D 打印机只能打印某个专利权人所提供的 3D 打印模型文件，那么就涉及利用滥用市场支配地位获得非法垄断利益的问题，不能以采取了技术措施为由要求保护。

小结

3D 打印技术在给创新者和消费者带来产品制造和营销便利的同时，给专

---

❶ 朱红英、钱江：《论著作权技术措施法律保护制度的完善》，载《电子知识产权》2010 年第 12 期。

❷ Lexmark International v. Static Control Components，02-571-K5F（E. D. Ky. 2002）.

利权人带来前所未有的遭受侵权的风险。现有专利制度所设计的规则并未考虑3D打印对于技术创新和市场运作模式所带来的影响和冲击。产品制造和销售门槛的降低可以使消费者较快地获得新产品，但是互联网加3D打印技术也给专利权人对于产品生产和销售的控制带来难题，同互联网当时对作品传播的影响类似。因此，我们有必要改进专利制度以应对技术发展带来的新挑战。

第十三章

协同创新战略与网络化技术专利侵权判定

协同创新战略不仅体现在技术研发过程中，也体现在技术实施过程中。通过合作创新完成研发的技术，在实施过程中也会涉及多个主体，从而导致在专利侵权判定中产生新的问题。以云计算为代表的新兴技术领域呈现典型的网络化特征，在充分利用网络通信技术的基础上，为提高计算服务、拓展服务内容和范围解决了技术难题。从技术发展趋势来说，云计算是基于信息网络而提供新型的网络计算、数据存储和应用程序服务，是一整套通过网络通信连接起来的计算机资源。就技术特点而言，云计算具有网络化、分散性和跨国性的特点，改变了传统的软件服务。❶ 目前，云计算已经成为专利诉讼争夺的焦点领域。❷ 但是由于其具有的技术网络化特点，对于专利制度设计时所针对的传统技术形态形成冲击，特别是专利侵权行为分离化趋势明显、专利侵权跨境化情形增多以及举证责任倒置法律适用产生困难，给专利侵权判定带来的新问题，必须通过制度设计加以解决。

一、分离式专利侵权判定问题

（一）分离式专利侵权的构成和产生原因

分离式侵权，是指在方法专利权利要求中并非由单个主体全部实施所有的工艺和步骤，而是由多个相对独立的主体分别实施其中若干步骤的侵权行为。例如，某方法专利包含步骤甲、步骤乙和步骤丙，其中步骤甲和步骤丙由网络服务提供商实施，而步骤乙由该服务商的客户实施。从专利侵权判定

---

❶ 云计算服务提供商将服务提供给程序开发者，目前服务提供商包括 JOYNET，Amazon Web Service，Google App Engine 等。

❷ 云计算领域专利诉讼显著增加。例如，2010 年 5 月，微软控告 Salesforce.com 侵犯其 9 项云计算专利。同年 6 月，被告反诉微软侵犯 5 项云计算专利。参见 Sharon Pian Chan, Salesforce.com suing Microsoft in patent case，The Seattle Times，June 25，2010。

的角度，网络服务提供商和客户均未实施全部三个步骤，因此均不能判定其
构成对方法专利权的侵犯。产生这种现象的原因可能是专利申请人为满足专
利法对于申请文件的要求，特别是要求专利权利必须包含为实施发明创造技
术方案不可或缺的必要技术特征（即所有必要的工艺步骤），否则不能授权。
然而，为了满足专利法的该要求，加上专利申请人对于侵权判定标准中关于
完成主体单一性要求的不了解，可能导致专利授权以后进行侵权诉讼时面对
分离式行为，难以使其被认定为落入专利权保护范围，造成权利人处境的尴
尬。分离式侵权从形式要件来看可能并不构成侵权，但是从实质上看侵害了
专利权人的独占性市场利益，因此应当受到《专利法》的规制。

产生分离式侵权行为的原因包括技术原因和法律原因。首先，在技术原
因方面，技术网络计算服务技术是根据客户需求提供的动态服务，因此强调
技术实施的交互性，而服务提供商提供服务的过程与客户进行计算消费服务
的过程是有机联系在一起的。因此，从技术实施过程来看，必然有客户参与
到网络计算服务的具体步骤中来，而且要根据客户所提供的计算指令来提供
有针对性的服务。而在网络软件服务和网络数据存储服务中，也必然要求客
户实质性地参与到最终产品的制造过程中。而在客户参与的环节，网络服务
提供商会提供明确而细致的指导，因此客户是在服务提供商的指导下完成其
所需要参与的步骤的。既然有客户参与，就为网络化技术的分离式专利侵权
行为提供了技术上的可能性，并且这种可能性随着网络通信和网络服务技术
的发展有逐步扩大的趋势。

其次，在专利法律方面，既有专利权人申请专利的权利要求撰写技巧问
题，也有专利保护范围的法律认定出现僵化和缺乏灵活性的制度漏洞问题。
其一，从专利申请人的角度来看，为了避免分裂侵权抗辩而采取的专利权利
要求撰写策略可能会与专利法对清楚限定专利权要求保护范围的要求产生冲
突，因此在撰写云计算等网络化技术专利权时要注意采用合理的撰写策略以
平衡两方面的风险。其二，从专利侵权判定所针对的假设性技术模型来看，
技术网络化发展超出了传统专利法所设计的"一项专利对应一种产品"的技
术发展模式，有可能导致两个以上相互独立的主体共同参与到技术实施中来。
网络通信技术让实施方法专利的指令发送更为便捷，普通的客户也能够通过
点击鼠标而发出指令，因此能够方便地参与到技术实施过程中。而在专利侵
权判定中，技术网络化使得全面覆盖原则将难以对权利人构成有效保护，规
避侵权可能变得更为容易，特别是云计算方法专利更加难以得到执行和救济。

因此，必须对分离式侵权行为进行特别规制。

（二）分离式专利侵权行为判定的困惑

对于分离式行为，要判定其构成直接侵权或者间接侵权均存在法律困境。就直接专利侵权判定而言，难以符合全面覆盖原则的要求而判定其构成侵权。该原则要求被控侵权人的技术实施行为包含系争专利的所有技术特征，对于方法专利而言，即必须完成所有技术步骤。全面覆盖原则适用的前提条件是落入专利保护范围的技术实施行为应当由单个主体完成，并且必须由其完成所有的专利权利要求所涵盖的步骤，才能够认定其侵权。如果将侵犯专利权的产品作为零部件由另一行为人制造另一产品，可以认定为"共同侵权"，但条件是"被诉侵权人之间存在分工合作"，也就是其主观上必须有故意侵权的意思联络并基于该意思联络实施侵权行为。因此，排除了不存在侵权意思联络的情况下将不同主体的行为合并而判定为构成专利侵权的法律依据。

美国专利法对于直接侵权也采用类似的立场，该法第 271 条第（a）款对于直接侵权在行为主体数量方面的要求为单独主体。❶ 对于方法专利而言，全面覆盖原则也是针对被控侵权人主体的单一性而言的。在 2000 年的 Canton Bios Medical 案❷中，美国联邦巡回上诉法院认为："多步骤方法专利的直接侵权判定要求行为人实施了专利方法的全部步骤。"因此，如果不能认定被控侵权人单独或者与具有共同侵权故意的其他主体共同实施了全部方法专利步骤，则不能构成直接侵权。

分离式侵权行为，由于其由多个主体完成，特别是要通过接受网络计算服务的客户完成部分专利权利要求当中所包含的步骤，然后再由网络服务提供商完成其余的步骤。因此，对于客户和服务提供商而言，都难以认定其构成直接侵权。专利权人能否直接援引作为一般民法的《侵权责任法》第 8 条和第 12 条要求承担共同侵权责任呢？行为人的主观要件可能成为法律障碍。美国法院在专利共同侵权问题上的意见也有一个发展的过程。2006 年的 On Demand

---

❶ 该条原文为：Except as otherwise provided in this title, whoever without authority makes, uses, offers to sell, or sells any patented invention, within the United States, or imports into the United States any patented invention during the term of the patent therefor, infringes the patent. 由于其谓语动词使用了针对第三人称单数的特别语态，因此其主语应当限定为只能由单数构成，而不可能是两个以上的复数。

❷ Canton Bio-Medical, Inc. v. Integrated Liner Techs, Inc, 216 F. 3d 1367, 1370, 55 U. S. P. Q 2d（BNA), 1387, 1379（Fed. Cir. 2000).

案❶中曾采取比较宽松的"参与和复合标准"（participation and combined action），
即"如果侵权行为是由多个主体参与或者复合情况下完成的，则所有参与者
均是共同侵权人并应当承担侵权责任"；"方法专利中的部分步骤由其他人实
施不能免除侵权责任"，并且同样要求"各个参与者承担共同侵权责任"。尽
管单个专利侵权行为在归责原则上采取无过错责任，但是并不意味着在共同
侵权或者帮助性侵权时也可以要求行为人承担无过错责任。"参与和复合标
准"作为侵权判定标准在随后的 BMC Resource 等❷案件中被弃用。共同侵权
通常要求行为人具有侵权的故意❸，而作为网络技术实施者，特别是服务提供
商和客户之间是缺乏侵犯专利权的意思联络的。再加上作为专利侵权必须具
有《专利法》第 11 条规定的"生产经营的目的"，而作为接受网络服务的客
户来说，其营利性目的是难以得到证明的。因此，对于网络技术实施者来说，
不能认为具有认定其行为构成直接侵权的前景。

　　如果难以认定为直接侵权，还可以考虑通过间接侵权对于分离式侵权进
行规制，但是仍然存在法律上的障碍。其中重要的障碍是，对于间接侵权而
言，必须有直接侵权行为才能认定。然而对于网络化技术而言，认定直接侵
权行为本身就是比较困难的。在美国联邦巡回上诉法院 2004 年判决的
Dynacore 案❹中，法院认为原告不能证明被告或者被告的客户构成了对系争专
利的直接侵权，尽管被控间接侵权人的产品可能被用于直接侵权行为，但是
也存在实质的非侵权商业化用途，因此谈不上要求被告为"虚构的直接侵权
行为"承担间接侵权责任。作为专利权人，必须证明是由被控间接侵权人的
行为引起直接侵权，其前提条件是存在直接侵权行为才具有认定的事实基础。
在此基础上，被控间接侵权人要明确了解侵权行为的存在，在此情况下仍为
其提供专利技术实质部件等帮助，才能够认定间接侵权存在。另外，间接侵
权人所提供的产品必须除侵权用途以外，没有其他合理的商业用途。

　　（三）实质性直接侵权判定——联合侵权行为

　　由于根据传统专利侵权判定标准，云计算等网络化技术在认定直接或者

---

❶ On Demand Machine Corp. v. IngramIndustries, Inc., 442 F. 3d 1331（Fed. Cir. 2006）.

❷ BMC Res., Inc. v. Paymentech, L. P., 498 F. 3d 1373, 1380（Fed. Cir. 2007）.

❸ 杨立新：《〈侵权责任法〉规定共同侵权责任若干问题研究》，载《政治与法律》2008 年第 4 期。

❹ Dynacore Holdings Corp. v. U. S. Philips Corp. Nos. 03–1305，–1306（Fed. Cir. Mar. 31, 2004）.
该案专利涉及一种具有较强操作控制能力的局域网系统，而该技术要求必须具有三个以上的计算机节
点，其中两个节点具有增强型通信能力。

间接专利侵权上存在困难。因此，必须克服专利法对于构成直接侵权行为在形式上的单个主体要求，转而对形式上属于多个主体但实质上属于单个主体的行为要求承担直接侵权责任。基于上述目的，为了寻找解决方案，美国法院通过近年来的一系列案例发展出"控制和管理标准"（Control and Direct Test）来对联合侵权行为进行法律规制，要求行为人在非传统侵权领域承担直接侵权责任。联合侵权行为类似于共同侵权，但是在证明主观故意比较困难的情况下，通过当事人之间的法律关系来认定其行为具有联合侵权的属性，并且为寻求专利保护确立法律依据。在确立该规则之前，联邦巡回上诉法院在 Shields 案❶中就认为，如果专利方法不得不由除被告以外的第三人实施其中某个步骤，并且第三人是作为被告的代理人实施技术的，或者由被告向第三人提供技术指导，则可能认定由被告单独承担或者被告和第三人共同承担侵权责任。正式确立"控制和管理标准"是在联邦巡回法院 2007 年 BMC Resources 案❷，并且在 Muniaution 案❸和 2010 年 Akamai 案❹中得到发展和澄清，使得该标准的适用范围和使用方式得到优化。

"控制和管理标准"的目标是要求被控侵权人为受其控制或者管理的其他当事人实施部分方法专利步骤的行为承担替代责任（vicarious liability），从而要求其承担直接侵权责任。适用该规则的前提条件是被控侵权人和其他当事人的单独行为均不构成直接侵权，否则无须适用该规则即可认定侵权行为成立。在此基础上，如果被控侵权人控制和指挥了整个方法专利的实施过程，特别是对于实施其中部分步骤的其他当事人的意志和行为具有控制能力，则需要对其整个实施行为负责。法院在 BMC Resources 案❺中认为，"如果被告对于整个方法专利实施过程进行'控制或者指导'，以至于所有方法专利的工艺步骤的实施可以归因于被告"，则可以认为被告必须"为其所控制的具体行为主体的行为承担替代责任"。

在适用标准方面，被控侵权人和其他技术实施者之间存在委托代理关系

❶ Shields v. Halliburton Co., 493 F. Supp. 1376, 1389, 207 U. S. P. Q. （BNA）304, 315（W. D. La. 1980）.

❷ BMC Res., Inc. v. Paymentech, L. P., 498 F. 3d 1373, 1380（Fed. Cir. 2007）.

❸ Muniaution, Inc. v. Thomson corp. 532 F. 3d 1318；2008 U. S. App. LEXIS 14858；87 U. S. P. Q. 2D（BNA）1350.

❹ Akamai Techs., Inc. v. Limelight Networks, Inc. （Fed. Cir. 2011）.

❺ BMC Res., Inc. v. Paymentech, L. P., 498 F. 3d 1373, 1380（Fed. Cir. 2007）.

是满足"控制和管理标准"的关键要素。联邦巡回上诉法院在 Akamai 案❶中将认定的核心因素从具体的技术实施指导行为转变为考察被告和第三人之间的法律关系,特别是是否具有委托代理关系。联邦最高法院在 1984 年 Dixson案中,认定具有委托代理关系的标准是基于代理人代表委托人的利益并且受到委托人的控制而产生的信托关系(fiduciary relationship)❷,并且对于双方当事人而言均同意存在委托代理关系才能确保该关系成立,而只有委托方的意思表示是不够的。联合侵权行为当事人之间必须具有代理关系或者负有合同义务。值得注意的是,独立承包人(independent contractor) 身份不足以排除委托代理身份的存在。同样在 Akamai 案中,法院根据普通法的一般原则认为,委托代理关系不仅包含信托关系,而且所谓独立承包人也可能包括在内,只要根据其他环境因素认为存在委托代理关系即可。2007 年 Hudson 案❸中,法院就根据法律习惯和传统认为,只要其他因素支持委托代理关系存在,即使当事人具有独立承包人的身份也不能排除其受托于委托人。法院作出上述意见的依据是,形式上的独立承包人可能在实质上是负有信托义务的。

此外,合同义务也可能构成符合"控制和管理标准"的因素。如果双方当事人不具有委托代理法律关系,那么一方当事人对另一方负有的实施方法专利步骤的合同义务可能成为认定符合"控制和管理标准"的依据。在 BMC Resource 案中,法院曾经表示"当事人不能用通过合同方式让第三人实施步骤的方式规避专利侵权责任"。当然,对于这种合同义务应当做狭义的理解,如果对于当事人来说有是否履行合同约定的方法专利步骤的选择权,则不能将其所享有的合同权利理解为合同义务。在 Akamai 案中,专利权人就认为被告 Limelight 公司提供了标准服务合同,因此对于 Limelight 的客户(即网络内容提供商) 而言就有义务提供相应的内容并实施方法专利的部分步骤。但是,对于客户而言,只有在其决定使用 Limelight 公司所提供的网络数据传输服务后,才会实施标记等技术步骤,并且这种实施行为从性质来说是技术上的必要而非法律上的义务。对于其他网络技术服务的普通客户来说,由于其享有接受服务的权利,而不负有实施方法专利步骤的义务,因此也不能认为其具有合同义务,也不得认为客户的行为受到网络服务提供商的控制和指挥。法

---

❶ Akamai Techs., Inc. v. Limelight Networks, Inc. (Fed. Cir. 2011).

❷ Dixson v. United States, 465 U.S. 482 (1984).

❸ United States v. Hudson, 491 F.3d 590, 595 (Fed. Cir. 2007).

院在 Muniaution 案中就指出，当事人之间仅具有"长臂"商业交易关系（arm's-length business transaction）不会引起任何一方承担直接侵权责任的问题。❶ 因此，要通过合同义务来认定当事人之间存在"控制和管理"关系必须是稳定的长期合同关系，而非基于偶然或随机因素而订立的合同关系。

二、跨境专利侵权行为判定问题

（一）技术跨境化引发专利侵权判定困境

技术网络化带来的另外一个问题是对于跨境专利实施行为如何进行专利侵权判定。网络技术发展使得技术实施行为有可能跨越国界，超出特定国家的地理边界，从而造成专利保护难以实现。从技术角度来说，云计算的特点是打破了地域信息和物理信息的界限，整合物理上相对分散的网络资源提供计算服务，其使用的网络资源完全可能分布在世界各地。云计算提供商可以利用分布在全国范围（甚至世界范围内）的庞大数据中心资源，并且将数据通过网络连接起来，因此在云计算中数据可以传播于不同国家境内。云计算中心数据服务器位于境外可能因此引发专利权是否具有域外效力的问题，其实施行为能否受到内国专利法管辖将成为专利侵权诉讼的焦点问题。

专利保护具有严格的地域限制，任何国家的专利法效力并不及于国家主权管辖以外的行为。如果对于在国境以外的专利侵权行为进行管辖，则可能构成对其他国家司法主权的侵犯，也不符合专利保护的宗旨——对于特定国家内技术产品独占性市场利益的保护。美国专利法第 271 条第（a）款明确要求被控侵权行为发生在美国境内才能构成直接侵权。❷ 美国 1856 年 Brown 案❸中，法院就明确指出，"'专利权的效力本质上仅及于国内而且必须局限于美国国境之内'，美国国会在专利立法时'并没有而且无意产生超出美国国境的效果'"。2006 年的 Zoltek❹案中法院重申了由于被告部分方法专利步骤发生在美国以外，因此不构成直接侵权的立场。因此，作为专利权人来说，必须面对云计算等网络计算服务领域的行为能够得到其受保护国专利法管辖问题

---

❶ Marley Mouldings Ltd. v. Mikron Indus., Inc., No. 02 C 2855, 2003 WL 1989640, at *2 (N. D. Ill. Apr. 30, 2003).

❷ 该条规定："除本法另有规定的以外，任何人未经授权在专利保护期内在美国制造、使用、许诺销售或者销售任何专利产品，或者向美国进口任何专利产品的，构成对专利权的侵犯。"

❸ Brwon v. Duchesne, 60 U. S. 183, 195 (1856).

❹ Zoltek Corp. v. United States, 442 F. 3d 1345, 1364 (Fed. Cir. 2006).

的挑战。

美国专利法第 271 条第（f）款对于跨境侵权问题进行了有限制的立法突破。美国联邦最高法院 1972 年 Deepsouth 案中曾认为，被控侵权人在美国境内所实施的制造零部件行为本身不构成侵权时，不能以在境外发生的对设备的组装和使用行为作为判定其侵犯美国专利权的事实依据。美国国会在 1984 年专利法修正案中，专门针对 Deepsouth 案中的涉案事实和行为模式增加了第 271 条第（f）款❶，以期在特定条件下有限制地突破严格的专利权地域要求，从而对明显属于规避侵权责任但损害到权利人在美国国内市场利益的行为认定为侵权。根据该条规定，如果要对部分发生在美国境外的侵权行为认定为专利侵权，必须符合五个方面的要件：（1）未经专利权人许可；（2）所提供的产品是发明的所有部分或者实质部分，或者所提供的零部件在商业上只能用于侵权而没有其他非侵权用途；（3）行为人主动提供或者促成向境外提供发明组成部分或者零部件；（4）如果组装该零部件的行为在美国境内发生则构成侵权；（5）行为人具有促成其在美国境外组装的主观故意。通过该条款，美国专利法对于形式上并未在其境内实施完整侵权行为，但是在实质上构成对专利法所保护的独占性市场开拓权侵害的行为也进行类推适用，可以称为法律上拟制的侵权行为。2001 年的 Waymark 案❷就认为行为人对外输出并未在境外实际组装的产品零部件，但只要有组装的意图，也具有侵权性质。

（二）方法专利跨境侵权行为

跨境实施专利方法行为存在两种情况。第一种情况是方法专利的所有步骤均在境外实施，但是其实施的商业效果和技术效果发生在境内，并且构成对专利权人在境内排他性权利和独占性商业利益的损害。对于方法专利而言，专利法所提供的保护固然延及依照专利方法直接获得"产品"。问题在于，如果该"产品"仅指有形产品，那么在境外通过实施专利方法向境内提供网络计算服务就不受专利法限制。美国法院在这一点上持比较谨慎的态度。2003

---

❶　该案中被告为了规避对原告设备专利的侵权责任，从美国出口该专利设备的零部件到巴西并销售者美国境外的消费者，并让消费者在美国境外自行组装并使用该设备。美国联邦最高法院在该案审理中，严格遵循专利地域性原则，指出美国专利制度并不具有域外效力（extraterritorial effect），除非国会通过立法形式明确表示，否则法院在审理案件时不应当将专利权的效力扩展到境外。

❷　Waymark Corp. v. Porta Systems Corp., 245 F. 3d 1364 (Fed. Cir. 2001).

年的 Bayer AG 案❶中，联邦巡回上诉法院就认为美国专利法中对于方法专利直接获得的产品仅指有形产品，而不包括数据。该意见在 2005 年的 NTP 案❷中得到重申。另外，在国内实施对境外使用方法专利的指导，包括在境内对侵权产品的具体式样进行设计并向国外提供设计图样（design），尚不构成向境外提供专利方法实施的实质部分或者零部件。❸

第二种情况是部分方法专利步骤在境外实施，行为人是否构成对专利权的侵害。美国法院对此问题的意见存在争议，争议焦点在于方法专利步骤以及为实施方法专利步骤而提供的产品能否成为美国专利第 271 条第（f）款所规定的产品组件或者零部件。首先，对于方法专利步骤的法律性质而言，法院更倾向于不支持认定其属于认定跨境专利侵权构成要件中的"可提供性"。尽管有法院在 Eolas 案❹中认为第 271 条第（f）款所说的受专利保护的发明并未限定在产品专利领域并排除方法专利，但是持否定意见的法院占多数。包括 1998 年的 Enpat 案❺和 2005 年的 NTP 案❻中，法院从方法专利的本质属性出发认为组成专利的步骤不可能属于产品的实质部分或者零部件，也无法由境内主体向境外提供，因此不能构成跨境专利侵权。其次，对于为实施方法专利步骤而提供的设备或者工具而言，通常认为其不属于方法专利的实质部分或者零部件，因此即使存在向境外提供使用的情况也不构成对美国专利法第 271 条第（f）款的违反。联邦巡回上诉法院在 1991 年的 Standard Havens 案❼中认为实施一项方法专利但自身并未受专利保护的设备销售给美国境外消费者的行为不构成侵权。由于方法专利所包含的技术特征是具有时间顺序的步骤，而不是具有空间结构的产品，不能因为第 271 条第（f）款不限制技术领域的理由，就认为该条款可以适用于并非方法专利组成要素的零部件。

---

❶ Byaer AG v. Housey Pharmaceuticals, 340 F. 3d 1367, 1377 – 78, 68 U. S. P. Q. 2d（BNA）1001, 1008-09（Fed. Cir. 2003）.

❷ NTP, Inc. v. Research in Motion, Ltd. 418 F. 3d 1282（Fed. Cir. 2005）.

❸ Pellegrini v. Analog Devices, Inc., 375 F. 3d 1113, 1117-18, 71 U. S. P. Q. 2d（BNA）1630, 1633（Fed. Cir. 2004）.

❹ Eolas Technologies Inc. v. Microsoft Corp., 399 F. 3d 1325, 1338-1339（Fed. Cir. 2005）.

❺ Enpat, Inc. v. Microsoft Corp., 6 F. Supp. 2d 537, 538（E. D. Va. 1998）.

❻ NTP, Inc. v. Research in Motion, Ltd. 418 F. 3d 1282（Fed. Cir. 2005）.

❼ Standard Havenx Products, Inc. v. Gencor Industries, Inc., 953 F. 2d 1360, 1374（Fed. Cir. 1991）.

(三) 计算机软件专利跨境侵权行为

对于不具有物理形态而以代码形式出现的计算机软件或者数据能否成为跨境侵权行为中向境外提供的发明实质部分或者产品零部件，美国法院通常持开放的态度。涉及计算机程序的发明如果其利用了自然规律解决了相应的技术问题，应当属于专利权保护的客体。而计算机软件作为驱动设备的关键性要素，可以构成认定跨境侵权行为中向境外提供的发明创造实质部分或者零部件。在 Eolas 案中，法院就排除了美国专利法第 271 条第 (f) 款对于技术领域的限制，涉及计算机软件的发明从性质上说应当被包含在跨境侵权行为所认定的范围之中。

值得注意的是，通过软件方式向境外提供产品设计与实际提供产品部件的界限有时候是比较模糊的。一方面，如果认为专利产品仅限于有形产品，通常会因为软件是对产品进行设计而完成的蓝图 (blueprint)，因而被定性为对境外专利实施行为的指导，例如 2004 年的 Pellegrini 案[1]中法院就采用该意见。另一方面，如果专利产品本身就是包含软件的机器设备，那么向境外提供的软件将会被认为是专利产品的实质组成部分。在 Eolas 案中，法院就将 Microsoft 公司向境外提供的软件母盘作为专利产品的组成部分而认定为构成第 271 条第 (f) 款下对专利权的侵犯。当然，在向境外供应软件的行为模式上不能仅将体现软件的代码传送到国外，还必须实际提供拷贝，否则仍然属于指导技术实施的蓝图性质，不会在实际上构成跨境专利侵权。

因此，在涉及软件的跨境侵权行为中是否需要像实体产品零部件那样要求所有加载了软件的实物拷贝均从境内向外供应，是否可以用对软件代码的拟制输出代替实际的拷贝输出？美国联邦巡回上诉法院此前持肯定的立场，但是在美国联邦最高法院对 AT&T 案[2]作出判决后情况有所变化。在 Eolas 案中，被告微软公司是将记载有软件的母盘 (golden master disk) 或者将软件通过网络输出给美国境外的经营者，再由后者将软件安装在实际出售的电脑产品当中，法院认定其行为是对作为零部件的软件的跨境"输出"，因此构成跨境侵权行为。在 AT&T 案中，微软公司对外"输出"Windows 软件产品的行为模式类似，而其 Windows 操作系统在境外被安装在电脑后，将会侵犯到原

---

[1] Pellegrini v. Analog Devices, Inc., 375 F. 3d 1113, 1117-18, 71 U. S. P. Q. 2d (BNA) 1630, 1633 (Fed. Cir. 2004).

[2] Microsoft v. AT&T, 550 U. S. 437 (2007).

告在美国获得保护的语音处理设备专利。微软公司的抗辩理由是安装在实际销售的电脑中的 Windows 操作系统软件是在美国境外制造而并非从美国境内供应。美国联邦巡回上诉法院遵循此前判决的 Eolas 案，在肯定软件可以作为产品部件得到供应的基础上，对于向境外"供应"的行为模式也根据软件业的特点进行了扩张解释，将对软件"复制"作为"供应"的组成部分看待，因此可以替代"供应"在跨境专利侵权行为当中的作用，并认定微软的跨境软件传输行为构成侵权。然而，随着网络化技术的发展，第 271 条第（f）款所规定的跨境侵权行为从专利范围到侵权行为类型的扩张有超出立法原意，并打破当事人利益平衡的趋势。在专利立法确认之前，法院审理案件时对于跨境专利侵权行为的认定标准进行从宽或者扩张解释应当更为谨慎。

（四）"影响因素"标准与实质性境内侵权行为的判定

为了解决技术网络化带来的跨境专利侵权行为判定问题，可以摆脱传统的完全境内实施原则，即要求境内实施专利技术行为全面覆盖专利权利要求的所有技术特征，避免由于法院拘泥于形式上的侵权判定要求而造成行为人有可能利用制度漏洞对于专利侵权责任的策略性规避。通过专利实施行为对于国内市场的影响因素进行分析，从而在实质上判定是否构成侵权将成为可行的制度选择，也符合专利法对于权利人所享有的独占性市场开发地位进行保护的目标。为此，作为法院如果认定在国内发生实质性侵权行为，可以将本国作为侵权行为地（locus of infringement）❶，判别依据是侵权行为与本国具有最为紧密的联系，并判定其构成侵犯该国专利权。当然，基于对其他国家司法主权采取的礼让原则，要避免国内专利法产生域外效力。

综合美国法院对于跨境侵权行为进行审判的经验，我国在对于跨境侵权行为规制时，可以发展出一套"影响因素"标准对于实质性专利侵权行为进行判定。根据该标准，如果行为人跨境实施专利技术的行为对于权利人在国内的专利许可或者实施活动造成实质性的影响，则即使其部分实施专利行为发生在境外，也构成专利侵权。因此，即使行为人在境内的实施专利行为并非完全覆盖系争专利的全部技术特征，也将构成专利侵权。对于专利权的域外效力问题，专利法尚无须突破地域性要求，因为仅针对境内行为进行侵权判定已可规制实质性而非形式性的境内侵权行为。另外，即使判定跨境行为

---

❶ Mark A. Lemley, etc. Divided Infringement Claims, AIPLA Quarterly Journal, 2005, 33（3）: 255-284.

构成专利侵权，在赔偿数额上也应当仅以境内行为部分所造成的市场损害金额作为依据，而不应延及境外行为所产生的市场效益，原因在于境外市场效益的是否合法以及如何分配应当根据所在国的专利法进行判定。

对于判定专利侵权实质性的影响因素，可以结合技术因素和经济因素两方面来考察。技术因素方面，如果在美国境内实施的部分是产品专利技术的设备、零部件或者方法专利技术的某些步骤，特别是体现专利创造性的技术特征，而这些技术特征将专利权利要求区别于现有技术，则构成判定其侵权的技术因素，可以认定其构成专利侵权。可以采用"技术效果标准"（tech-nology-based effect tests）❶。在具体判定侵权行为时要注重三个方面的内容。首先，在境内实施行为的技术重要性判断上，针对产品专利或者系统设备专利要采用"控制与收益性使用标准"（control and beneficial use test）❷，对于整体系统的控制性部件而非单纯的数据处理服务器是否在境内作为判定专利侵权的技术因素进行考察。在 2005 年的 NTP 案中，联邦巡回上诉法院认为即使有部分产品部件位置在国外（该案中为加拿大），但是美国作为整体系统投入服务的场所，就可以认定为侵权行为地，因此构成对美国专利权的侵犯。而认定场所的标准是对系统的控制和使用系统获得收益的地点位于美国境内即可。其次，对于专利技术相对于现有技术具有创造性的"可专利技术特征标准"（patentably distinctive test）❸，将最体现专利权利要求创造性的产品零部件所在地作为侵权行为地。也就是将区别技术特征（与现有技术相区别）覆盖的产品部件所在国作为侵权行为发生的国家。再次，在认定技术因素时，应当同等对待方法专利和产品专利，并且在产品专利中不能对于实物产品和数据产品进行区别对待。❹ 否则，将不符合专利法的立法原意，在认定跨境专利侵权行为时不应当进行这样的区别对待。

此外，可以考虑经济方面的因素。如果境外专利实施行为对于权利人对国内市场的经济利益造成显著影响，那么专利法将具有约束力。对于构成显

---

❶　Timothy R. Holbrook, Extraterritoriality in U. S. Patent Law, William and Mary Law Review, 2008, 49 (6): 2119-2192.

❷　NTP, Inc. v. Research in Motion, Ltd. 418 F. 3d 1282 (Fed. Cir. 2005).

❸　John W. Osborne, A Rational Analytical Boundary for Determination of Infringement by Extraterritori-ally-Distributed Systems, IDEA, 2006, 46: 588.

❹　Keith Bradley, The Ghost Is the Machine: Protection of Process Patents Under 35 U. S. C. § 271 (f), Texas Intellectual Property Law Journal, 2006, 15: 123-159.

著影响的情形，包括专利权销售专利产品数额的减少、损失潜在的颁发专利许可机会以及稀释了被许可人销售专利产品的市场份额等情况。❶ 不能仅根据部分实施行为发生在境外而认为其不构成侵权。如果构成显著影响，则即使被告的部分技术实施行为发生在境外，仍然需要承担侵权责任。

三、专利侵权诉讼的举证责任倒置

（一）云计算专利侵权诉讼举证困难

专利侵权诉讼举证责任的分配对于云计算专利权能否得到有效保护具有至关重要的作用。由于云计算技术专利通常属于方法专利，其技术特征由实施该技术的步骤组成，而实施该步骤的过程均在网络计算服务提供商的控制之下，即处于其作为经营信息和技术信息保密状态之下。作为专利权人，要通过正常手段获得作为对方秘密信息的技术实施情况，并与方法专利步骤进行详细比对以判断是否构成侵权是相当困难的。❷ 因此，专利权人更倾向于利用专利制度中对于举证责任倒置的有利规定，从而增加赢得专利诉讼的机会。

作为举证责任倒置的法律依据，《专利法》第 61 条第 1 款规定，"专利侵权纠纷涉及新产品制造方法的发明专利的，制造同样产品的单位或者个人应当提供其产品制造方法不同于专利方法的证明"。因此，只要方法专利所获得产品属于新产品，并且能够证明被告所生产的产品与方法专利所获得的产品属于同样的产品，那么被告应当承担证明其使用的方法不同于专利方法的责任，否则将要承担败诉的不利后果。该条款看似为云计算专利权利人减轻了证明责任，有利于其主张专利权，但是，由于云计算技术具有网络化和数字化的特点，在适用举证倒置问题上存在诸多法律问题亟待解决。

第一，对于"产品"的定义，能否将以代码形式出现的信息产品认定为该条款中的产品存在疑义。普遍认为，在宏观上或者微观上具有空间结构的物质属于专利法上所规定的产品，包括机器设备或者化合物等。❸ 作为云计算专利实施所产生的结果，计算机软件代码和数据并不能成为专利法上的产品，也阻碍了将其认定为作为举证责任倒置法律要件的产品。值得注意的是，将

---

❶　Melissa Feeney Wasserman, Divided Infringement: Expanding the Extraterritorial Scope of Patent Law, New York University Law Review, 2007, 82 (1). 281-309.

❷　Carlos M. Correa, Trade related aspects of intellectual property rights: a commentary on the TRIPS agreement, Oxford University Press, 2007: 85.

❸　国家知识产权局条法司：《新专利法详解》，知识产权出版社 2001 年版，第 10 页。

信息产品纳入产品部件已经得到司法案例的支持，特别是上面提到的美国法院在 2007 年 AT&T 案中应对信息产品能够构成对专利产品零部件方面对此做出了认定，因此如果拓宽产品范围或者允许产品零部件作为构成要件，则云计算专利可以作为举证责任倒置的对象在专利侵权诉讼中加以适用。

第二，对于"新"产品的认定。新产品的认定问题是涉及方法专利举证责任倒置司法适用中的核心问题，同样是疑难问题。《专利法》和 TRIPS 协定第 34 条对于新产品的含义均没有做出解释。2002 年 Merck 案❶中认为通过专利方法让产品具有更优品质的改变或者改进可以满足"新产品"的要求。我国司法机关对于新产品含义的界定也有一个发展的过程。起初，"新产品"被界定为在国内市场没有出现或者在国内没有生产出来的产品，并且该产品在组分、结构或者质量、性能和功能方面与现有产品存在明显差异。❷ 最高人民法院 2009 年司法解释将判断专利新颖性的标准适用到新产品的认定上，认为"产品或者制造产品的技术方案在专利申请日以前为国内外公众所知的，人民法院应当认定该产品不属于专利法第 61 条第 1 款规定的新产品"，因此不适用举证责任倒置规则。但是，将申请日作为判断新产品的固定时间标准，不能适应云计算等快速发展的网络化计算服务领域，因为该领域的替代技术发展较快，在进行专利侵权诉讼时很可能已经出现了不同于专利方法但能够实现同样功能的计算方法，因此将动摇以新产品作为举证责任倒置条件的法理基础，将不适当地扩大举证责任倒置适用的范围。

第三，对于"相同"产品的认定。我们固然在认定相同产品时可以根据产品组分、结构或者质量、性能、功能等因素加以考虑，对于不存在实质差异的产品作为相同产品加以认定。然而，在云计算领域，如果要认定"相同"产品可能存在更多的困难。应当注意到，认定相同产品的前提是产品本身应当是稳定的，专利方法启动以后，可以按照方法步骤所要求的内容得到能够预期的稳定产品。但是对于云计算专利而言，方法专利中的若干步骤是由接

---

❶ Merck and Co. Inc v. Pharmaforte Singapore Pte Ltd，[2002] 3 SLR515.

❷ 最高人民法院 2003 年司法解释征求意见稿第 63 条规定，"新产品，是指在专利申请日之前未曾在国内市场上出现过的产品，该产品与专利申请日之前已有的同类产品相比，在产品的组分、结构或者其质量、性能、功能方面有明显区别"。北京市高级人民法院在《专利侵权判定若干问题的意见（试行）》第 122 条第 1 款明确指出，"（2001 年）专利法第 57 条第 2 款规定的'新产品'，是指在国内第一次生产出的产品，该产品与专利申请日之前已有的同类产品相比，在产品的组分、结构或者其质、性能、功能方面有明显区别"。

受网络计算服务的客户或消费者来完成的，因此体现为结果数据的信息产品具体构成是不能够预期的。对于信息产品，"相同"产品的认定不能简单将产品结构进行比对，而必须从信息产品质量或者功能方面进行对比才能得出结论。

第四，依照专利方法直接获得的产品范围过于狭窄，并且可操作性较差。原告要利用举证责任倒置规则，都需要证明被告制造的产品与方法专利获得的产品相同，并且通常都仅限于直接获得的产品。此处直接获得的产品范围与专利法方法延伸保护中所延及的产品范围应当是相同的。根据我国现有法律的解释，对于依照专利方法直接获得的产品范围限制过于严格，导致专利权人举证责任倒置权利难以实现。我国最高人民法院 2009 年司法解释第 13条明确规定，"对于使用专利方法获得的原始产品，人民法院应当认定为专利法第 11 条规定的依照专利方法直接获得的产品"，也应当成为举证责任倒置认定中进行比对的产品对象。由于该司法解释还规定："对于将上述原始产品进一步加工、处理而获得后续产品的行为，人民法院应当认定属于专利法第11 条规定的使用依照该专利方法直接获得的产品"，因此，除原始产品以外的其他后续产品均不属于使用专利方法直接获得的产品。考虑到云计算专利方法直接获得的产品是计算结果等数据信息，通常还需要经过一定的后续处理才能够提供给客户实际使用。这种处理可能是比较简单的加工，比如进行存储或者压缩处理；也有可能是比较复杂的处理，比如图形化处理或者转变为可远程传输信号等。药品制造方法中由于存在中间物质等环节，已经出现方法专利延伸保护不足和举证责任倒置困难的问题。❶ 如果因此就切断了方法专利与最终产品之间的联系，不认为其是方法专利直接获得的产品，将使得竞争对手轻而易举地绕开方法专利延伸保护的领域，最终导致专利权难以得到司法保护。

第五，云计算专利权利人要获取方法专利所得到的产品本身可能就比较困难。由于云计算中的数据和软件储存地点对于用户而言都是保密的，并且云计算服务提供商不愿意公开其数据来源，除服务提供商以外的第三人也缺

---

❶ 在 2009 年最高人民法院提审的张喜田诉欧意药业有限公司等侵犯发明专利权纠纷再审案，最高人民法院（2009）民提字第 84 号（2010 年 9 月 9 日再审）。该案中，最高人民法院认定的依照专利方法直接获得的产品是制造左旋氨氯地平或右旋氨氯地平的中间产物，而并非作为药品的左旋氨氯地平或右旋氨氯地平本身。因此，将被告制造的最终产品而非中间产物作为与原告专利方法直接获得的产品进行比对将不能得到两者相同的结论，被告也无须承担证明其方法不同于专利方法的举证责任。

乏相应的地域和物理信息，因此对于专利权人来说要进行调查取证，证明被控侵权人作为产品所提供数据或者软件的事实情况是非常困难的。2000 年 Eng'g 案❶中法院认为，如果要提起专利侵权诉讼，专利权人必须证明其在申请专利以前就有合理的机会和能力证明存在侵权行为。在调查涉嫌侵权的云计算服务行为时，并没有从公开渠道可以访问和调查云服务提供平台的程序、软件和物理机构。因此，云计算的保密性和不可确定性为专利权人通过举证责任倒置进行诉讼维权带来了诸多困难和挑战。

（二）　实质性举证困难与举证责任倒置制度的选择

云计算方法专利在侵权诉讼过程所产生的举证责任倒置法律障碍等问题，是由于其技术网络化属性带来的。我们必须把握技术发展和竞争的特点，从实质上把握举证责任倒置制度产生的法律基础和技术原因，从打破现有制度安排产生的思维定式束缚，解决举证倒置制度适用方面的困难，从制度完善方面寻求突破。

第一，可以拓展"产品"范围或者增加产品部件作为认定依据。作为构成表面证据的要素，"产品"概念是对被告所生产的能够进行交易并具有经济价值的物质、能量和信息的法律概括，但是其概括得未必准确。对于不能纳入传统产品范畴的某些材料，但是又构成经济价值的主要来源，比如可以装载到计算机并为人所利用的软件或者数据信息，应当对其作为"产品"或者产品部件进行类推适用。对于云计算技术等产生信息产品的方法专利能够适用举证责任倒置的问题，必须对产品的含义进行拓展。另外一种可供选择的制度设计是将产品零部件或者产品组件作为认定依据，而计算机软件或者信息数据作为产品组件得到法律认可的障碍较少，原因在于其是实现产品技术功能的重要部件，而单独作为产品尚存有一定困难。

第二，选择根据 TRIPS 协定第 34 条第 1 款第（a）项进行举证责任倒置立法。TRIPS 协定第 34 条在方法专利的举证责任给予 WTO 各成员相应的义务，但是成员实际上可以在其允许的范围内加以适当选择。我国目前是根据该条第 1 款第（a）项内容进行立法，但是考虑到"新产品"等举证责任倒置法律要件的设置而引发的证明困难和实质正义缺失，因此可以考虑根据 TRIPS 协定第 34 条第 1 款第（b）项进行立法。TRIPS 协定第 34 条规定，对

---

❶　Eng'g, Inc. v. Robotic Vision Sys., 208 F. 3d 981, 986 (Fed. Cir. 2000).

于涉及产品制造方法专利民事诉讼中，则法院应有权要求被告证明获取相同产品的方法不同于专利方法，并举证责任。在可供选择的两种情形中，我国选择了看似较为简便的第（a）项。但是，对于云计算方法专利（也包括药品专利等领域）而言，新产品要求并不容易得到证明。因此，该举证责任倒置的规定无助于云计算方法专利的有效保护。我国在专利立法中可以考虑采用TRIPS 协定第 34 条第 1 款第（b）项的规定，如果该相同产品有实质可能是以该工艺生产的，而专利权人又不能通过合理的努力确定实际使用的工艺，则被告要承担举证责任。采用第（b）项立法，可以避免由于难以对"新产品"概念进行界定而导致的困境。❶ 我国如果仍然坚持采用第（a）项作为立法依据，也灵活确定"新产品"认定时间界限，不能一概以申请日作为标准。如果起诉时间距离申请日已经 5 年以上，则应当从产品实际投入市场日开始计算。若投入市场时已经出现了替代制造方法或者产品替代制造商，则被告使用方法专利的概率大为下降，不应当适用举证责任倒置规则。

第三，拓宽"依照专利方法直接获得的产品"的范围。现有司法解释对于产品的解释过于狭窄，应当在借鉴美国专利法立法例的基础上，结合相关判例的经验合理确定。美国专利法第 271 条第（g）款规定，依照专利方法获得的"产品只要没有在实质上被后来的方法所改变"或者"产品成为另一项产品的不重要的和非实质的组成部分"即可。英国法院通常采用"本质消亡检验标准"（the loss of identity test）。❷ 根据该规则，除非后续步骤实质性地改变了依照方法专利获得产品的本性，依照专利方法获得的产品并不会因为后续处理就确定不再是专利方法直接获得的产品。我国在确定方法专利延伸保护范围和举证责任倒置比对产品范围时，应当突破专利法条款上关于直接获得或者制造的文字规定，转而寻求让保护范围拓展到在实质上并未改变产品性质或者功能的后续处理措施之后的产品形态，使得举证责任倒置规则具有在云计算专利侵权诉讼中得到应用的可能性。

第四，合理确定举证责任与商业秘密权利界限。TRIPS 协定第 34 条第 3 款规定"在举出相反证据时，应考虑被告保护其生产和商业秘密的合法权益"，因此，在实体上和程序上合理划分举证责任和商业秘密权益之间的边界

---

❶ Aaradhana Sadasivam, Reversal of burden of proof: a tough nut to crack, Journal of Intellectual Property Law & Practice, (2010) 5 (10): 713-723.

❷ 参见 Pioneer Electronics Capital Inc. and anther v. Warner Music Manufacturing Europe GmbH and another [1995] R. P. C. 487。

非常重要。在举证程序上可以从两个方面进行制度优化。首先，其在披露证据的人员范围方面应当只提交给法院以及法院指定的技术专家，并且尽可能排除向原告及其员工披露。法院固然可以"责令原告及其委托代理人、鉴定人、证人等诉讼参与人对被告的商业秘密承担保密义务"，也可以根据民事诉讼法的要求"不得在公开开庭时出示"，但是只要原告及其员工接触了被告商业秘密，对于被告应当享有的商业竞争优势可能已经构成了损害。法院不仅要保护法律上规定权利，更要保护被告的合法利益（legitimate interests）❶，而商业利益应当在考虑范围之内❷。其次，考虑到对被告商业秘密的保护，其提出的证明制造产品方法的证据无须经过质证即可进行采信，防止商业秘密遭到泄露。因此最高人民法院 2003 年司法解释征求意见稿中被告提交证据"应当经过质证，方能采信"的规定不够合理，可能导致司法程序被滥用。国外对于举证责任倒置的司法理论认为，基于制造的产品对生产方法构成侵权的认定属于"可以用反证推翻的法律推定"（juris tantum presumption）。❸ 有鉴于此，英国 2009 年 Generics（UK）Ltd. v. H Lundbeck A/S 案❹中法院认为，通过被告可以在中间程序（interlocutory stage）提出反驳，无须向对方披露所提供的证据。法院甚至驳回了原告要求进行完整质证程序的请求，并认为可以直接做出不必举证责任倒置的裁决。

小结

专利制度的正当性体现在促进技术发展，专利制度的改革动力也来自技术发展。云计算等网络化技术近年来得到迅速发展，使得专利制度固有的侵权判定规则不能适应新的技术环境，形式上的侵权构成要件或者证明责任可能轻而易举地遭到被告规避，专利法规定的侵权责任也难以得到落实。专利法蕴含的权利法定主义原则固然使得立法机关进行的利益平衡可以得到较高程度的实现。然而随着技术网络化的发展趋势日益明显，专利立法者所设想的利益平衡格局将被打破，正如网络传播技术对著作权法所产生的挑战那样。严格按照专利法条文进行司法适用，特别是进行专利侵权判定，将陷入法律形式主义的误区，使得云计算等领域的专利权难以得到有效保护，也有违实

❶ 参见 WTO 争端解决案 Canada-patent protection of pharmaceutical，WT/DS 114R，17 March 2000。

❷ UNCTAD-ICTSD，Resource Book on TRIPS and Development，Cambridge University，2005，page 502.

❸ UNCTAD-ICTSD，Resource Book on TRIPS and Development，Cambridge University，2005，page 502.

❹ [2009] UKHL 12.

质正义原则。专利制度的发展让我们避免面对技术变革所带来的冲击，并有效解决云计算专利保护的问题。从专利权人的角度来看，要避免维权困难，固然可以在专利权利要求撰写时采取比较谨慎的策略，使得单项权利要求所涉及的步骤能够为单个主体所完成，避免可能出现的证明侵权行为成立的困难程度的增加。但是，从立法者和司法者角度来说，制度漏洞仍然应当得到解决。我国必须在专利侵权判定制度上加以革新，以实现专利制度激励技术创新、维护市场竞争秩序和增进社会福利的终极目标。

第十四章

协同创新战略与专利等同侵权原则实证分析

　　协同创新战略实施过程中，针对技术含量较高的协同创新成果，应当在专利等同侵权判定方面给予倾斜保护。我国专利制度最早建立于 1984 年❶，与西方各国相比在理论基础和法律规则成熟程度等方面有待提高。随着技术和产业的发展，专利侵权方式也发生了很大的改变。过去"原封不动"的抄袭式侵权已经日益稀少，更多情况下是对他人获得专利保护的技术方案进行研究，通过对该技术方案中的一项或几项技术特征进行不具备创新性的简单替换。行为人实施此类等同的侵权行为，既能达到原方案的技术效果，又能免于承担专利侵权的法律责任。如果不对此类侵权行为严加规制，不仅是对专利权人利益的侵害，也将使得通过专利保护激励创新的社会目标难以实现。但值得肯定的是，通过短短三十年的专利制度建设取得了丰硕的成果。我国最高人民法院的 2001 年《关于审理专利纠纷案件适用法律问题的若干规定》（以下简称 2001 年司法解释）和 2010 年《最高人民法院关于审理侵犯专利权纠纷案件应用法律若干问题的解释》（以下简称 2010 年司法解释）两个司法解释虽然明确等同判定的标准，但是该法律条文只对等同原则做出原则性的规定，并没有对其具体标准做出明确规定，导致司法实践的适用结果千差万别，给当事人在该问题的适用上难以产生一致的预期。

　　等同侵权原则源自国外的司法实践。首个适用该原则的案例是 1814 年的欧迪恩诉温克莱一案。❷ 在此案中，原告专利权利要求所界定的发明创造得到扩大解释，即将包含该运作方式并具有相同效果的运煤车纳入了专利保护范围。显然，这种对等同技术方案保护的思想强调维护专利权人的利益。而真正确立等同原则的则是 1997 年的沃纳·金肯逊诉希尔顿·戴维斯案。美国联

---

❶　赵元果：《中国专利法的孕育与诞生》，知识产权出版社 2003 年版，第 208-300 页。

❷　Winans v. Denmead, 56 U. S. 343（1853）.

邦最高法院在该案中认定：整体等同理论过度地扩张了权利保护范围，违反了专利法的立法初衷。并且，对禁止反悔原则进行了阐述，指出并非任何修改或意见都会适用禁止反悔原则，只有修改与专利性有关时，才能适用禁止反悔原则❶。同时，Scott Boone 教授认为，"对权利要求的解释是界定专利权保护范围的重中之重，权利要求的字面解释并不足以明确其专利范围。因此，还需要通过一种非字面解释来确定"❷。此外，德国在 1978 年也采纳了等同原则，并将判断是否构成等同侵权分为两条标准。一是功能相同原则，即技术方案实现类似的功能和效果；二是技术方案原则，即要求被控侵权产品或方法为实现相同功能和效果而采用了相同的技术解决方案。德国司法实践普遍认为，判断等同侵权最主要的依据为"是否缺乏创造性"。

我国虽然对等同原则有着深入的理论探讨，但实证研究却较少。在 2001 年司法解释当中指出，"人民法院判定被诉侵权技术方案是否落入专利权保护范围，应当审查权利人主张的权利要求所记载的技术特征，被控侵权技术方案包含与权利要求记载的全部技术特征相同或者等同的，人民法院应当认定其落入专利权保护范围；被诉侵权技术方案的技术特征与权力要求记载的技术相比，缺少权力要求记载的一个以上的技术特征，或者有一个以上技术特征不相同也不等同的，人民法院应当认定其没有落入专利权保护范围。"该司法解释是实际审判当中法官进行等同侵权判定的法律根据。同时也为专利权人进行新的创造发明应当注意的地方指明了方向。因此，有必要在司法实践中对等同原则的具体适用进行进一步的实证研究，这对于正确适用等同原则有着重要的借鉴意义。

一、研究对象和方法

通过对法院已经生效的等同侵权司法案例进行分析，以探求等同侵权在司法实践中的具体适用情况，以求对今后该原则的适用提供指导与参考。笔者数据来源为北大法宝网，利用"等同侵权"等关键词检索了 2001 年 1 月到 2012 年 12 月所有公开等同侵权司法案例（时间跨度为 12 年），收集了相关的 452 个司法案例作为分析对象。

---

❶ Warner-Jekinson on Co. Inc v. Hilton Davis Chemical Co. 520 U. S. 17（1997）.

❷ See M. Scott Boone，Defining and Refining the Doctrine of Equivalents，The Journal of Law and Technology，2003：45.

　　笔者主要采用实证分析方法对于有关的司法案例进行分析，并得出司法审判的现实状态及其与立法精神和规则的衔接与冲突。需要指出的是，本章研究对象仅限于法院公开宣判的案例，但也有很多案件由于涉及当事人的商业秘密等原因没有公开，可能会对研究结果产生影响。

二、等同侵权案件司法判决分析

（一）总体分析

1. 等同侵权案件时间分析

　　表6是我国等同侵权案例受理的时间分布整体态势。总体上，呈前后年份案件数量较少，中间年份数量较多的态势。其中 2005—2007 年连续三年超过 50 件。这说明随着 2001 年司法解释的颁布，法官在适用该原则裁判专利侵权案件曾经出现过积极态度，但是随后又逐步趋于谨慎。这在一定程度上反映出我国专利司法审判逐步趋于成熟，实践当中可能取得了比较好的法律效果。

表6　等同侵权案件时间分布

案件审理年份	案件数量	整体比例
2001	12	2.7%
2002	25	5.5%
2003	34	7.5%
2004	41	9.1%
2005	58	41.4%
2006	50	10.4%
2007	67	13.9%
2008	42	8.7%
2009	58	12.1%
2010	36	7.5%
2011	22	4.6%
2012	7	1.5%
总计	452	

2. 等同侵权案件区域性分析

从表 7 体现了等同侵权案例的地区分布。从地区看，等同侵权案例多发生于经济发达的地区，其中广东省案件发生 142 起，占总数的 31.4%；浙江省案件 66 起，占总数 14.6%；北京案件 37 起，占总数的 8.2%；湖南案件 44 起，占总数的 9.7%。相对而言，经济欠发达地区中的河北省、云南省案件数量之和只占总数的 3.6%。此外，广东省等经济发达地区法院的法官法律专业水平相对比较高，对等同原则的理解比较深入全面，而且在判决文书中适用等同原则进行侵权判定时，法律逻辑推理比较详细具体，而经济欠发达地区的法院裁判文书内容则相对简单。

表 7   等同侵权案件地区分布

法院	数量	整体比例
浙江省	66	14.6%
上海市	20	4.4%
广东省	142	31.4%
云南省	13	2.9%
江苏省	11	2.4%
山东省	25	5.5%
安徽省	12	2.7%
北京市	37	8.2%
湖南省	44	9.7%
福建省	6	1.3%
河北省	3	0.7%
重庆市	18	4.0%
贵州省	9	2.0%
辽宁省	19	4.2%
陕西省	27	6.0%
总计	452	

3. 等同侵权案件法院审级分析

在我国，由于知识产权案件事实认定和法律适用通常较普通案件更为复杂，尤其涉及一系列的技术判定问题，所以除部分经济发达地区中的基层法院以外，其余专利侵权纠纷案件仍由中级人民法院进行一审。从表8可见从案件整体比例可以看出，二审审结的案件数量明显多于一审。这表明，专利案件尤其是涉及等同侵权的案件所涉及的案件事实往往非常复杂，更多地需要通过上诉审才能解决纠纷。如在大连蜀连金属卷帘有限公司与鑫茂房地产开发有限公司专利纠纷一案中，一审法院认定双方采取的长轴和定滑轮在手段、功效、效果上均不相同，二者不构成同等替代，由于被控侵权产品缺乏必要技术特征，所以不构成侵权。原告蜀连公司进行上诉，二审法院认为两种产品的所有钢丝绳都系于一根长轴，长轴的转动使得钢丝绳上升。其次，蜀连公司也认可，其专利中定向滑轮的作用在于固定钢丝绳，保证钢丝绳垂直，而被控侵权产品使用的是长轴侧方的横杆，从而形成一个"『"形受力面，使得钢丝绳垂直。因此，两者不构成等同。由于专利技术和侵权行为的复杂性，需要法官具有较高的法律专业素质，甚至需要同时具备一定的理工科知识，对法官的业务能力提出了较高要求。

表8　一审、二审法院审结案件数量对比

	案件数量	整体比例
一审审结	192	42.5%
二审审结	260	57.5%
总计	452	

法院在涉及等同侵权的案件进行技术特征是否等同的技术判定时，在必要情况下会求助于专家技术帮助。❶ 专家的技术帮助可能对于法官最终的法律判决产生重大影响，以至于影响到法官心中的法律天平，这个问题值得关注。另外，根据表5的数据对比，等同侵权案件的一审结案率只有42.5%，远低于全国知识产权案件一审结案率❷，甚至不到后者的一半。这说明，等同侵权

---

❶　胡淑珠：《判定专利侵权的等同原则在我国审判实践中的适用与限制》，载《法学》2006年第8期。

❷　根据最高人民法院发布的《2013年中国法院知识产权司法保护状况》，2013年全国地方人民法院知识产权民事案件一审结案率为87.95%。

案件在一审中较难以使双方当事人都满意，而是将诉讼进程拖延到二审。这不仅是司法资源的浪费，也可能浪费双方当事人的时间、金钱，甚至影响了专利司法保护的权威性。

(二) 等同侵权案件具体分析

1. 当事人类型分析

从表9可以看出，原告主体分为企事业单位和个人两类，其所拥有的专利分别为职务发明和非职务发明专利。从数量对比来说，原告属于公司或者个人的案件数量相差不大。专利权作为一种智慧成果是由个人的脑力劳动所得的物质收益权利❶，公司作为一个创新资源的聚合体，本身就为人的创造才能的发挥打下了良好的物质基础，更有利于智力成果的创新。但不可否认的是，单独的个人也是科技发明创新的重要主体。从表6可以看出个人对自己专利权益的重视程度并不低于公司，独立发明人对自身专利权利的积极行使，同样有利于培养整个社会尊重知识产权的良好氛围，进而促进社会科学技术的发展和进步。

表9　主体类型数据分布

原告	数量	整体比例	被告	数量	整体比例
企事业单位	232	51.3%	企事业单位	322	71.2%
个人	220	48.7%	个人	130	28.8%
总计	452				

从表6的被告类型分布来看，公司作为被告主体的案件数量要远多于个人。公司经营的最终目的就是获取更多利润，因此在利益驱使下也更有侵犯他人专利的动机与可能。但值得注意是，公司对他人专利权的侵犯多数属于改进型侵权❷，即并不是专利权的技术特征完全被侵权产品所覆盖，而是对技术特征进行"改进"，从而制造"不同"的产品在市场上进行销售。如在广东飞鹿电器有限公司与许世军专利纠纷一案中，广东省高级人民法院认为被诉专利产品中的技术特征"定子安装前壳与后壳处凸缘并不相贴"。与专利权利要求1中技术特质3"所述定子安置前壳与后壳的端口处有凸缘，定子安置

---

❶ 丁丽瑛：《知识产权法》，厦门大学出版社2007年版，第5页。

❷ 刘惠明：《试论确定专利保护范围的等同原则》，载《外国法译评》1999年第4期。

前壳与后壳经过凸缘上的螺钉孔固定，定子安置前壳与后壳固定后构成容置电机定子和转子的空间"构成等同，其余的技术特征a、b、d与专利权权利要求1中的技术特征1、2、4相同。因此，该产品落入了专利权保护范围，构成等同侵权。这种隐蔽的侵权方式使得法院在进行案件审理时，对其"不同"的技术特征进行判定的难度比普通侵权案件更大。而从数据上来看，个人实施改进型等同侵权的案件数量要低于公司侵权。

2. 专利类型分析

从表10可以得知，实用新型被判定受到等同侵权的案件占总数的65.5%，而发明专利的等同比例只占整体比例的34.5%。究其原因有以下几点。第一，我国开始加入WTO起，专利数量开始突飞猛进，但就其专利类型而言，增长速度最快的是实用新型专利。正因为实用新型专利基数大，所以对实用新型进行等同侵权的案例占多数。第二，实用新型专利和发明专利的一个重要区别在于对于创造性程度的要求不同。❶ 实用新型专利一般是在现有技术的基础上进行创新，创新程度较低。如在广州金鹏实业诉上海国东建筑一案中，其争议焦点："其技术特征是否落入发明专利权保护范围。"上海中院认为："从发明说明书来看，利用龙骨的孔槽进行连接的技术，其创新点在于自行连接，外观整体美观，简化了工序，提高了效率。因此，该发明专利的发明点无须其他部件配合就能直接连接。其必要技术特质为主龙骨一端两边有向外凸出，并单向侧斜受力的卡钩、另外一端双边有与卡钩相贴切配合的卡孔，是以不构成侵权。"所以，如果专利技术是在现有技术的基础上进行的创新，本身就具有更易侵权的风险。而发明不同，发明专利的实质创新程度在三种专利类型中最高，其发明过程一般是一个从无到有的创新过程，其本身的特性就决定了它能很大程度上绕开其他现有专利技术的各种方案进行创造发明。第三，市场需求不一样，实用新型专利一般是对技术相对成熟的现有技术进行改进发明，由于其现有技术通常都已为市场所接受，占有一定的市场份额。因此，对实用新型专利的技术特征进行等同替换，从而能够更快地抢占市场，获得不法利益。而发明专利虽然创新程度较高，但市场占有率则相对较低，对发明专利的技术特征进行等同替换难度较大，使得其获得的利益不及对实用新型专利的等同替换。

---

❶ 袁秀挺、王翠平：《等同侵权的司法实践：原则、限制和案例——"专利等同侵权的司法认定"研讨会综述》，载《知识产权》1999年第4期。

表 10　专利类型数据分布

专利类型	专利数量	整体比例
实用新型	296	65.5%
发明	156	34.5%
总计	452	

3. 技术特征覆盖程度分析

　　技术特征覆盖程度是指被控等同侵权产品的技术特征与被侵权产品的技术特征等同替换的技术特征项数。从表 11 的数据分布中可以明确得出，被控侵权产品的技术特征覆盖项数在 1~4 项内的有 204 件，占到总数的 45.1%。而技术特征覆盖项数在 5~9 项内的只有 19 件，占总数的 4.2%。笔者认为，这是由于进行等同替换的专利权利要求的技术特征项数越多，侵权行为人的替换成本就越高，所最终获得的非法利益越少。所以，被控等同侵权物的技术特征覆盖项数在 1~4 的数量要远远大于其他技术特征覆盖项数。而技术特征完全覆盖的案件数量则只有 52 件，占总数的 11.5%。这是由于在司法实践当中，行为人完全模仿他人专利产品，致使与被侵权产品的技术特征完全一致的专利侵权行为并不常见。较为普遍的是被控侵权人对他人的专利技术方案进行剖析，然后采取无须创造性的智力劳动就可以进行的替换方法来替换专利权利要求中的某些技术特征。❶ 如在青岛金盾诉北京汉威达专利纠纷一案中，专家小组认为涉案双方的技术特征不相同的只有四项，相同的则达到六项。❷ 其中，针对技术特征 C-c 专家小组认为构成等同。❸ 二审法院也对于专家小组意见予以采纳。这种侵权方式正是试图通过技术特征的简单变换，以逃避专利侵权的法律责任。

---

　　❶ 尹新天：《专利权的保护》（第二版），知识产权出版社 2005 年版，第 448 页。

　　❷ 青岛金盾电动门有限责任公司与北京汉威达交通运输设备有限公司、青深公路设施公司专利侵权纠纷案，（2002）青知初字第 3 号。

　　❸ 国家知识产权局条法司：《新专利法详解》，知识产权出版社 2006 年版，第 310 页。

表 11　等同侵权技术特征覆盖程度数据分布

技术特征覆盖程度	数量	整体比例
1—4	204	45.1%
5—6	13	2.9%
7—9	6	1.3%
完全覆盖	52	11.5%
总计	275	

在判定是否构成等同侵权中，对技术特征进行比较方法主要分为两种，即整体等同❶和逐一技术特征等同❷。整体等同理论是将被控侵权产品和被侵权产品作为一个整体来考虑，如果功能、效果、手段基本相同的话，就认为属于等同侵权，而不是从专利技术的局部考虑是否缺少某一技术特征。这一理论可能导致权利要求范围不适当的扩大，与专利侵权的全面覆盖原则相违背，不能很好地平衡专利权人与公众之间的利益，所以不再适用。与此相对应，逐一技术特征等同侵权理论要求逐一比对技术特征，该理论虽然在我国法律中没有明文规定，但是在司法实践当中已经被广泛采用。根据该理论，专利权利要求的每一项技术特征都是其专利的重要组成部分，必须全面对被控侵权专利产品的技术特征进行逐一审查，必须找到每一个技术特征的同等替代，才能认定构成等同侵权。相对而言，逐一比较法不仅保护了专利权人的利益也兼顾了公众的利益，因此该理论是目前世界各国的通行方法。

（三）等同侵权案件结果分析

1. 判决结果及理由分析

从表 12 审判结果的统计可以得知，在等同原则适用时，对于权利要求技术特征的替换是否具备创造性是法院判定是否构成等同侵权最重要的依据，其引用次数达到 269 次，占整体的 59.5%。在司法实践当中，主要是依据"三要素"标准来进行等同侵权判定，即"被控侵权产品与被侵权产品相比，

---

❶　田力普：《关于专利保护与专利侵权中若干基本问题的研究》，专利文献出版社 1998 年版，第156 页。

❷　张勇、顾明华：《美国专利侵权的认定与救济规则解读》，载《情报科学》2005 第 6 期。

是否具有以相同的方法，实现基本相同的功能，达到基本一样的效果。"❶ 其中，被告对于技术特征的替换是否具备创造性是其在实质上是否构成等同的重要判定标准。出于对促进科技进步的考虑，如果被控侵权产品的专利技术确比被侵权产品的专利技术更具创造性，即使是以相似的手段，达到相似的效果❷，也不应当被认定构成等同侵权。

表 12　审理结果数据分布

判决结果	判决理由	案件数量	占比
原告胜诉	不具有创造性	269	59.5%
	变劣侵权	6	1.3%
	小计	275	60.8%
原告败诉	未落入专利保护范围	169	37.4%
	专利权无效	6	1.3%
	无法做出判定	2	0.4%
	具有创造性	29	6.4%
	小计	177	39.2%
	总计	452	

专利保护范围也是法院认定是否构成侵权的重要依据。❸ 从表 12 可以得知，在判决原告败诉的案件中，法院以未落入专利保护范围作为理由的占总数的 37.4%。而以专利被宣告无效和无法认定落入保护范围而判决原告败诉的案件数分别为 6 次和 2 次，占整体比例的 1.3% 和 0.4%。由于专利申请只有经过法定程序获得专利授权后才能得到相应的法律保护，如果双方当事人所争议的专利权被宣告无效，那么由于其专利本身已经不具有合法性，因此再判别被告是否构成专利侵权就已经毫无意义。我国经济发展虽然迅速，但是权利人的专利保护意识不高，同时法官普遍不具有理工科专业知识，所以司法实践当中偶尔会出现专利技术无法判定的情形。但是，笔者认为这种情形会随着专利对国民经济和企业竞争重要性的日益凸显而得到有效改善。

---

❶ 尹新天：《专利权的保护》（第二版），知识产权出版社 2005 年版，第 115-185 页。

❷ 杨树林：《知识产权案件技术鉴定实物与研究》，人民法院出版社 2003 年版，第 61 页。

❸ 史际春：《香港知识产权法》，河南人民出版社 1997 年版，第 316 页。

从表 12 可以得知构成等同侵权的一个重要依据是变劣侵权，它的数量只有 6 件，只占整体比例的 1.3%，但其意义显著。北京市高级人民法院也指出："故意忽略某些技术特征，使得专利方案最终在技术效果上不如原专利方案优异的变劣技术方案，应当认定构成等同侵权。"[1] 该规定明确指出变劣行为是指忽略专利技术一个或者若干个技术特征，使得专利技术退步的行为。[2] 有的观点认为，变劣行为不构成等同侵权[3]，因为专利的保护范围是以权利要求书为主，说明书或者附图为辅，其权利要求的技术特征本身并不能唯一地确定保护范围。还有一种观点认为，专利权人出于商业的考虑目的，通常将较好的技术方案纳入专利技术保护范围，从而使得专利申请顺利通过专利审查，而较差的技术方案应视为已经放弃。在此情况下，若专利权人在侵权纠纷时就较差的技术方案寻求保护，不仅使得权利人两头得利，而且破坏了专利权利要求书的公示作用。因此，对于变劣行为，只要是通过省略或者等同替换的手段[4]，虽表面上没有落入专利权的保护范围，但其忽略技术特征的做法并不具有创造性，应当构成等同侵权。在万特福科技诉北京朝阳医院案中，其争议焦点为"粉碎血肿穿刺针"是否为专利侵权。北京高级人民法院认为，在判断是否存侵权时，既要考虑制造、销售产品的状态，有时还要考虑到该产品的使用状态；在该案中，从技术效果上来说，虽然被诉产品没有使用"血肿粉碎器"，但用以替换的普通注射器明显降低了技术效果[5]，因此该案应当适用等同原则。需要值得注意的是，并不是所有的变劣行为都构成侵权，如果变劣的技术落到了现有技术的范畴，其现有技术的技术效果又低于被侵权的专利技术，被告可以援引专利法上的现有技术抗辩，那么应当认定其不构成侵权。

2. 被告抗辩事由分析

从表 13 抗辩事由的数据分布可以得知，在侵权诉讼当中，被告经常以被侵权专利技术为现有技术为由进行抗辩。在所有案例中，法院采纳以公知技术作为抗辩事由的只有 10 次，占整体比例的 2.2%；相应地，被告主张被侵权专利技术为公知技术，但在诉讼中无法提交证据或者有效证据，而导致驳

---

[1] 2001 年北京市高级人民法院关于《专利侵权判定若干问题的意见（试行）》第 41 条。

[2] 刘晓军：《变劣行为侵犯专利权之研究》，载《学术论坛》2006 年第 4 期。

[3] 程永顺：《中国专利诉讼》，知识产权出版社 2005 年版，第 248 页。

[4] 孙南申：《产品技术特征与专利侵权的判定标准》，载《判解研究》2003 年第 3 期。

[5] 魏玮：《等同原则在专利侵权诉讼中的适用与利益平衡》，载《法律适用》2005 年第 3 期。

回的次数有 55 次，占整体比例的 12.2%。同时公知技术的判定方法也值得注意，如在邱则有诉长沙航凯建材侵权纠纷一案中，被告提出公知技术的抗辩❶，理由为：一是该技术已经在相关出版物上发表，二是该技术已经在相关文献中公开。湖南省高级人民法院认为，没有证据可以证实被控侵权空心箱体的技术方案已经公开，因此被告提出的公知技术不侵权的抗辩理由不成立。因此，只要被控侵权的专利技术与现有专利技术方案相同或等同，则均不构成侵权。❷ 这也是对于专利权人和公众之间的一种利益平衡考虑。

表 13　抗辩事由数据分布

抗辩理由	次数	整体比例
公知技术（采纳）	10	2.2%
驳回（未提交证据等）	55	12.2%
禁止反悔（采纳）	1	0.2%
驳回	12	2.7%
总计	78	

　　禁止反悔原则是对等同原则适用的限制，防止专利权保护范围的任意扩大。❸ 从表 13 可以得知，禁止反悔原则被法官采纳的次数只有 1 次，整体比例仅为 0.2%，说明我国法官对于该原则的适用仍是持比较慎重的态度。在实践当中，申请人在申请专利时，为迅速获得授权，而限定或摒弃部分专利保护范围，使得专利申请具备创新性。专利权人一旦放弃其权利要求，就应当承受可能遭受的限制。我国 2010 年专利法司法解释也规定："专利申请人、专利权人在专利授权或无效宣告程序中，经过对权利要求，说明书的修改或者意见陈述而摒弃的技术方案，权利人在侵权专利纠纷中又将其纳入专利保护范围的，人民法院不予支持。"禁止反悔原则体现了民法上的诚实信用原则，专利权人行使权利不得损害善意第三人的合理信赖。在实践当中，专利权人通过放弃部分权利要求而快速获得了专利审批，而在侵权诉讼当中又试图将已经放弃的专利技术方案重新得到法律保护❹，从而两次获得利益。尹新

❶　杨志敏：《专利侵权诉讼中"公知技术抗辩"适用之探讨》，载《专利法研究》2002 年第 1 期。
❷　陈旭：《法官论知识产权》，法律出版社 1999 年版，第 131 页。
❸　程永顺：《专利侵权判定中几个主要原则的适用》，载《人民司法》2001 年第 11 期。
❹　王伟艳：《专利侵权判定中禁止反悔原则的适用》，载《中国发明与专利》2011 年第 10 期。

天认为："法官本身不能主动适用禁止反悔原则，只有当专利申请人做出实质的修改下，才能按照法律规定进行严格适用。"笔者也赞同这种观点，并非专利申请人对专利文件的所有改动都适用禁止反悔原则。对专利文件改动应当区分为两个类型，即"实质性修改"和"非实质性修改"，对于专利授权或应对无效宣告请求有实质性作用的改动应当适用禁止反悔原则，而为了解决权利要求限定不清楚的问题对其进行非实质上的改动，则不应当适用禁止反悔原则。当然，当事人做出限定的理由不在考虑之列，"重要的问题在于专利权人放弃了什么东西，而不是以什么理由放弃"❶。因此，只要专利权人已经对专利权的保护范围做出限制或者排除、放弃某些实质性的权利要求，就应当推定专利权人不会反悔，否则专利权人就应承担对其不利的法律后果，如此公众才能在公开的专利文件中获得稳定的预期，从而更好地满足公众利益。

三、我国等同原则适用的制度完善

（一）正确识别必要技术特征

在专利侵权诉讼中，需要判别出专利权利要求书中所有的技术特征及性质、功能，然后与被控侵权专利产品的技术特征相比对，以判断是否构成同等侵权。首先，要明确必要技术特征，即对解决专利所涉及的技术问题起到实质性效果并且必不可少的技术特征。其次，应当注意，该技术特征可以独立地实现一定程度的创新效果，并且对整个技术方案产生不可替代的影响，而无须与其他技术单元组合就能实现其功能。❷ 因此，在司法实践中，在审查专利的技术方案时，必须先明确该技术方案所期待实现的技术效果，然后对整个技术方案进行区分，根据技术方案所实现的不同技术效果推断出不同的技术特征。最后，要注意区分非必要技术特征和必要技术特征。由于我国目前专利仍处于较低水平，发明人本人对专利法不甚了解，通常是由专利代理人代为撰写，但由于专利发明本身具有复杂性的特点，专业代理人难以用精确的语言文字描述出适当的技术特征，同时发明创造人也很难将该领域内的专业术语转化成恰当的公知词语以提出恰到好处的权利要求。通常情况下，发明创造人及其专利代理人将必要技术特征以及非必要技术特征都囊括在技

---

❶　尹新天：《专利权的保护》（第二版），知识产权出版社 2005 年版，第 342–361 页。

❷　程志伟：《等同原则在专利侵权诉讼中的法律适用》，载《湖北社会科学》2012 年第 11 期。

术方案中，使得专利保护范围过窄且存在不确定的风险。

尽管根据 2010 年司法解释要求同等对待权利要求中的必要和非必要技术特征，将其都作为限定专利保护范围的依据，但是对于等同侵权而言，还是有必要对两者区别以对待。日本最高法院在该问题上认为，专利技术方案应当分为本质部分和非本质部分，对于本质部分的替换则不构成侵权，而对于非本质部分的替换则构成侵权。❶ 究其原因，主要是对于必要技术特征进行替换是对专利发明点的重新调整，其难度通常较高，即使在技术效果上有类似之处，也足以体现被控侵权人的创造性。而非必要技术特征则不具备这样的特性。因此，在适用等同原则时，如果被控侵权人对于必要技术特征进行替换，应当采用更为严格的标准，因为此时说明该必要技术特征并非不可替代，应当限制权利人利用等同侵权拓展保护范围；而对于非必要技术特征的替换则可以采用更为宽松的标准，即使进行了相应的替换只要没有避开原告的技术构思，实现的技术效果也基本相同，就应当认定构成等同侵权。当然，必须注意等同侵权和所谓"多余指定原则"的区别，构成等同侵权的应当是技术特征的替换而不是对所谓多余技术特征的省略。所以，在司法审判中，将专利技术方案中的技术特征去芜存菁，以必要技术特征作为限制等同侵权原则适用的主要对象，如果能够对其进行替换，则应当承认被控侵权人做出该替换的创造性，进而限制该原则适用，以利于对等同侵权案件进行合理裁决。

（二）正确认定等同侵权判定方法

2001 年司法解释对于等同侵权做出了原则性规定，而要在司法实践当中明确该标准的适用要注意以下几个问题：首先，基本相同的手段，该基本相同的手段应该是指对专利权利要求所记载的某一项技术特征进行等同替换的一种方式，该等同替换方式不需要该领域内的普通技术人员进行创造性联系。如简单的产品各部分之间的组合顺序、分解或者合成。其次，实现基本相同的功能，是指等同替换后的技术特征所实现的功能与等同替换前的技术特征所实现的功能无实质区别。有种观点认为，该功能的实现应当从技术方案的整体角度来认定。但是，采用这种观点无异于扩大了技术特征所实现的功能范围。因此，应当严格按照每一个技术特征的角度来一一认定其技术特征所实现的功能，这也能有效地保护专利权人的合法利益。最后，达到基本相同

---

❶ 张广良：《论我国专利等同侵权原则的适用与限制》，载《知识产权》2009 年第 5 期。

的效果，等同替换后的技术特征不仅实现了被侵权专利某一技术特征相同或者等同的功能，而且达到了被侵权专利技术方案希望达到的技术效果。

笔者认为，对基本相同功能应当从具体技术特征来进行判定，而对基本相同的效果则应当从专利技术方案整体目的来认定，即某一技术特征被等同替换后的技术方案与被侵权专利技术方案所实现的整体技术效果是否等同。此外，对于"该领域内的普通技术人员无须创造性的联想"中的技术人员范围应当做出限制。在司法实践当中，法官遇到专利技术难点问题时，通常求助于该领域内专家，实质上专家出具的专利意见书对于法官认定是否构成等同侵权的问题上有着较大的影响，专家的认定是否等于"普通技术人员"？应当说尚不能做出这样的认定。众所周知，领域内专家的专业水平要远高于普通技术人员，如果以专家的认定意见作为技术特征是否构成等同的判断标准，这无异提高了等同特征的认定门槛。但是由于受到我国目前科技水平以及普通技术人员的专业水平限制，完全以普通技术人员的意见作为是否构成等同的判断标准也是不恰当的。所以，在司法实践当中，应当由法官、该技术领域内的普通技术人员和该技术领域内的专家共同组成小组加以判别，其中法律责任的认定应当由法官负责❶，而技术等同的认定则由专家和普通技术人员共同进行认定，采纳与否最终由法官决定。这种认定方法适宜于我国的司法现状，有助于解决专利技术特征难以认定是否构成等同的技术难题。

（三）严格限制等同原则的适用

从本质上来说，等同原则突破了专利权的保护范围，它侧重于对专利权人的保护，但不可忽视的是其存在对侵害公众利益的潜在风险。正是由于等同原则的不确定性破坏了公众对于法律确定性的期待，使得公众无法预料到自己的行为是否在未来构成侵权。因此，有很多学者认为，权利要求一旦确定就不能任意变更，专利权人应该为自己未预料到的未来可能出现的等同技术方案承担损失，而不能以"等同侵权"取得未在权利要求中所要求的利益。孟德斯鸠曾说过，"每个国家的政治法律和民事法律都应该是非常适合该国公民的……"❷ 对于在我国等同原则的适用的把握固然要考虑到本国的实际国情，但不能一味闭门造车，西方发达国家的有益经验对我国具有借鉴价值。

---

❶ 黑小兵：《论等同原则的法律适用》，载《重庆工商大学学报（社会科学版）》2010 年第 5 期。

❷ ［法］孟德斯鸠，许明龙译：《论法的精神》，商务印书馆 2012 年版，第 67 页。

美国对于等同原则限制非常严格。首先，美国联邦最高法院认为专利权人在申请专利保护范围时，应当将其可以合理预见到的技术方案纳入专利保护范围，否则其不利后果将由专利权人承担。❶ 其次，专利人在申请过程中改变权利要求，缩小权利保护范围，就应当认定专利权人摒弃了部分权利要求，之后也不得再对该部分权利要求请求法律保护。❷ 再次，美国最高法院强调等同原则适用于每一个技术特征，而不能单纯从技术方案整体进行判定。另外，美国最高法院认为，每个专利权人只能从自己的创造发明当中获得合法利益，即现有专利技术与已经进入公众领域的专利技术等同或者相同的话，该项专利将不再得到法律的保护。而专利制度较为完善的德国则认为专利技术特征与保护范围相比，关键在于是否以相同的手段实现相同目的。❸ 德国法院不仅考虑到每一个技术特征在专利方案中的技术效果，而且要求只有具有创造性的等同替换才不构成侵权。

我国目前应用的是"手段、功能、效果以及无创造性"的判定标准，该判定标准只是原则性的规定，法官在司法实践当中具有较大的自主裁量权。正因为该标准主观性太强，如果不严格限制等同原则的适用，将会严重损害公众对于专利技术的合理期待。笔者认为，目前的等同侵权判定标准关键在于被控侵权技术方案是否具有创造性，而这种判断不仅难以认定，也对法官的专业水平提出更高的要求，这与我国司法现状是不合时宜的。并且，以创造性作为等同侵权判定的关键点过于原则化使得该标准实际操作性大打折扣。因此，应当进一步严格限制等同原则的适用，如当被控侵权专利技术方案采用惯用手段进行直接替换时，才适用等同原则进行等同侵权判定。

(四) 对不同专利进行适当区分

等同原则的适用要综合考虑我国专利现状，应当对发明专利与实用新型专利进行适当区分。首先，对于创造性程度较高的发明专利，为了对发明人给予鼓励，可以适度地适用等同原则以加大对发明专利的保护；而实用新型专利，在适用等同原则时须更加慎重。有些学者认为，如果将专利按照创造性进行分类作为是否适用等同原则的前提，将会进一步增加法官业务难度且缺乏可操作性；其次，专利发明的价值应当由市场来决定，而不能由法官按

---

❶ 张乃根：《美国专利法：判例与分析》，上海交通大学出版社 2010 年版，第 72 页。
❷ 王伟艳：《专利侵权判定中禁止反悔原则的适用》，载《中国发明与专利》2011 年第 10 期。
❸ 杨志敏：《德国法院对专利等同原则的适用及其启示》，载《法商研究》2011 年第 4 期。

照个人主观判断其专利是否具有价值，从而在适用等同原则时进行区别对待；最后，具有开拓性的专利发明和一般创造发明应该一视同仁，不必要在法律上进行区别对待，所有的发明专利都是对现有技术的改进，所有在法律保护上应当平等对待，这也是符合"法律面前人人平等"的法律精神。

就我国目前的专利状况而言，实用新型的专利数量多，但是整体质量却不高，创新程度偏低。发明专利不仅授权难度较高，而且所蕴含的创新性是其他类型专利所不可比拟的。首先，有必要对发明专利和实用新型专利进一步进行区分，在发明专利侵权上，充分考虑等同原则可能使用的情况；而实用新型专利侵权上，除非必要情况，则要严格限定适用等同原则，这也有助于激发专利人的发明积极性。其次，专利权人的类型也应当进行适当区分，专利权的类型主要分为个人和企事业单位两种，从实际情况来看，整体上企事业单位无论是专利申请数量和质量上都要高于个人专利的数量和质量。不仅如此，企事业单位的职务专利多数情况下，并不是一个孤立的专利，其企业事业单位的专利申请往往与该企业事业单位的专利整体布局相关，其职务专利不仅耗费企事业单位大量时间与资源，同时是企事业单位的核心资产，如果不注重对职务专利的保护，轻则影响到企业抢占市场的时机，重则可能导致该企业一蹶不振。在这种情况下，在企事业单位涉及重大专利侵权时，应当适当考虑适用等同原则，这不仅有助于保护企事业单位的核心利益，也能进一步促进企事业单位加大在创新发明上的投入。

同时，笔者认为针对具有机会主义因素的等同侵权行为的规制，从当事人角度来说，首先，要强化诚实信用原则，当权利的行使超越诚信的界限，就是一种权力的滥用。当事人在实施各种行为时，应以诚实信用原则从事各项活动，否则应承担不利的法律后果。其次，要尊重当事人的意思自治，当事人通过合同条款等措施防范机会主义行为时，在权利义务恰当的基础上，法律应当谨慎干预。最后，要强化知识产权信息的披露，机会主义产生的重要根源就在于信息的不对称，而在专利权人申请专利时，应当强化专利权人的信息披露义务，尤其是现有技术方案以及不利后果的信息披露，使得公众能充分了解现有进入公共领域的专利技术，有利于其他发明人在现有技术基础上进行创造发明而避免侵权行为的发生。❶ 法律是维护公平正义最坚强的后盾，由于专利本身的复杂性，对于专利权人利益的保护也更依赖于法律。因

---

❶ 刘强：《机会主义行为规制与知识产权制度完善》，载《知识产权》2013 年第 5 期。

此，如果司法人员在司法审判过程中受到机会主义的影响，进行选择性司法，这不仅将导致法律存在不确定性，破坏公众对其的合法预期❶，也将损害专利权人的合法利益。其规制的关键不仅需要在理论上界定司法领域内的机会主义行为表现特征，更需要在制度上进行程序规制。

（五）将技术特征数量作为适用依据

在司法实践当中，判断被控侵权产品是否构成侵权，关键在两个技术方案之间的技术特征比对，每一项技术特征对于该技术方案都不可或缺。因此，应当在专利保护范围内就每一项技术特征进行逐个比对，而不是从技术方案的整体目的出发来进行考量。完全与被侵权产品的技术方案一致的侵权行为并不多，更常见的是对某些技术特征进行非实质性变化的等同替换，从而规避专利保护。针对上述情况，单独依靠被控侵权产品的技术方案与被侵权产品的技术方案之间的技术特征对比，进而判定被控侵权产品的技术特征是否与被侵权产品的技术特征完全等同，这无疑增加了等同判定的难度。就侵权成本情况而言，侵权人每对一个被侵权产品技术方案中的技术特征进行等同替换，就增加一份侵权成本。就笔者统计的数据而言，大多数等同侵权案件中的等同技术特征在 1~4 项以内，这说明侵权人在实施侵权行为时，也有意识地考虑到对他人专利技术特征进行等同替换的技术成本。在大多数情况中，替换他人专利技术方案中技术特征的数量越多，所花费的精力与资源就越多，出于对最大利益的追求，侵权人自然在实施侵权行为时就他人专利技术方案较少的技术特征进行等同替换从而获取更大的利益。因此，在判断该行为是否构成等同侵权的判定中，等同技术特征在所有技术特征中所占比重应当作为等同原则适用的标准之一。如果被控侵权产品的技术特征覆盖专利技术方案中的技术特征程度较高，而构成相同侵权的技术特征较少，则应当慎重考虑等同原则的适用，并减少认定为构成侵权的可能性；相反，如果被控侵权产品的技术特征等同覆盖专利技术方案中的技术特征程度较低，而构成相同侵权的技术特征比重较高，则应当充分考虑判定构成等同侵权。

小结

专利权是对人类创造性智力成果的保护，并对人类社会的发展有着重要

---

❶ 张乃根：《美国专利法：判例与分析》，上海交通大学出版社 2010 年版，第 70 页。

的促进作用。因此，对于专利权的保护关键在于利益冲突的解决，在利益平衡中寻求完善。目前，在我国的司法实践当中，对专利的保护仍然存在着一些问题，这既是专利技术本身复杂性所导致，也和法官专业水平相关。等同侵权原则的确立和有效适用考验着一个国家专利制度成熟的程度。我国有必要在现有的等同原则规则基础上，以此前的司法实践为基础总结经验，更为合理地对其进行适用，以推动专利制度的发展与完善。

第十五章

协同创新战略与等同侵权认定

协同创新战略实施过程中，会出现涉及数值范围的选择发明等同侵权判定问题。我国专利侵权判定等同原则的法律依据主要是《专利法》第59条❶以及最高人民法院2015年新修改的《关于审理专利纠纷案件适用法律问题的若干规定》第17条。❷ 传统上，在专利等同侵权判定的司法实践中，存在忽视专利群中固有的个性化差别，或者因主观倾向的不同致使在客观层面上对判定方法进行随性化应用的缺陷，应从具体涉案专利类型的角度出发有针对性地予以规制。"科力远与爱蓝天专利侵权纠纷案"就反映了当选择发明专利中涉及明确端点的数值范围时，等同侵权范围的界定问题。

一、案例介绍及争议焦点

（一）案情概况及判决结果

该案件的基本情况如下：原告科力远公司认为，被告爱蓝天公司未经许可，以生产经营为目的大规模且长时间地使用原告"一种海绵状泡沫镍的制备方法"发明专利方法（公布文献号CN1109922A）生产相关泡沫镍产品，侵犯了原告的发明专利权。被告爱蓝天公司的主要答辩理由是，不仅涉案专利发明被美国相关发明专利说明书❸和其他文献所公开，其生产产品所使用的方法也未落入原告发明专利权的保护范围。

该案一审法院及二审法院❹均适用等同原则判定被告产品构成侵权。再审

---

❶ 该条规定："专利权的保护范围以权利要求书的内容为准，说明书和附图可以用于解释权利要求。"

❷ 该条规定："专利权的保护范围应当以权利要求记载的全部技术特征所确定的范围为准，也包括与该技术特征相等同的特征所确定的范围。等同特征，是指与所记载的技术特征以基本相同的手段，实现基本相同的功能，达到基本相同的效果，并且本领域普通技术人员在被诉侵权行为发生时无须经过创造性劳动就能够联想到的特征。"

❸ 1988年6月8日申请的美国第4882232号"多孔金属结构及其制造方法"发明专利。

❹ 湖南省高级人民法院（2010）湘高法民三终字第1号民事判决书。

法院在判决❶中则对等同原则的适用进行了严格控制，并由此判定被告不构成侵权。尤其是判决理由中对涉及数值范围的选择发明专利适用等同原则的方式，在专利侵权案件中具有特色，为合理地界定等同侵权的边界进行了阐释。

（二）本案争议焦点

本案争议的焦点在于：由于涉案专利权利要求是在现有技术基础上做出的选择发明，而且在技术特征中包含端点明确的数值范围，因此适用等同侵权原则的方式是否有特殊之处。❷

本案涉及的发明专利与对比文献相比，是在制作电镀阴极方法的现有技术中，优选了最佳的磁控溅射方法，属于《专利审查指南》所规定的选择发明。被控侵权技术方案与涉案专利中技术特征9（关于本底真空度和工作真空度）之间的对比是本案侵权行为认定的核心。

一审法院认为爱蓝天公司生产工艺的真空度参数特征与涉案专利真空度参数特征构成等同。其依据是爱蓝天公司在较低的真空度下进行相关工艺流程操作，会导致镀膜质量降低的结果是显而易见的。被告技术实质上是利用与涉案专利权利要求所记载的技术特征基本相同（改劣）的手段、功能以及效果，并且所属领域普通技术人员获得启示时无须创造性劳动。二审法院在判定侵权时，对于权利要求1所涉及的全部14项技术特征进行了比对，仍然得出了技术变劣结论，因而肯定了一审判决中构成专利等同侵权的意见。

再审中，爱蓝天公司认为："对于经过技术优选而得出的'工作与本底真空度'技术特征，须仅限于涉案专利在申请时所选择的保护范围，而不应超越这一范围。"再审法院也认为，涉案专利中本底及工作真空度的技术特征系专利申请人从现有技术中优选得出的技术方案，故不应当将那些处于涉案专利数值范围之外，并且与该范围数值差异较大的特征纳入等同技术特征所属范围内。由于涉及数值范围和选择发明两个方面的原因，等同侵权原则的适用范围应当受到限制，因此被告不构成等同侵权。

---

❶　江苏省高级人民法院（2011）苏知民再终字第0001号民事判决书。

❷　最高人民法院公布的2013中国法院十大知识产权案件 http://www.bj12330.com/bj12312/bzdt/bdxw/828554.shtml，最后访问日期：2015年3月14日。

二、等同侵权 "捐献原则" 及其不足

(一) 捐献原则的含义

捐献原则 (也称 "公开贡献原则") 的产生可追溯到美国联邦巡回上诉法院审理的 Maxwell 案❶和 Johnson & Johnston 案,❷ 主要是指如果一项有效专利的说明书中披露了某个技术方案, 但是此技术方案却未记载在权利要求书中, 则视为专利权人已将其捐献给社会公众, 不能适用等同原则将其重新纳入保护范围。

捐献原则的法理基础是利益平衡原则和公平原则, 具体表现在以下两点: 一是基于对专利权人处分意思表示的推定, 即在不超出其发明所做技术贡献的前提下, 专利权人有选择要求其专利保护范围的权利。如果发明人本来能够就更宽的范围获得授权, 但是在其权利要求书记载的范围较窄, 则应当推定专利权人放弃了其余部分的权利。二是对社会公众基于国家专利行政管理部门已公开专利信息之信赖利益的保护。如果专利权人在其他部分披露了多个技术方案, 而专利权利要求书只对其中有限部分技术方案要求保护, 社会公众在应然性层面上会将其理解为专利权人放弃了对其他技术方案要求保护的权利。此时, 如果再将这部分技术方案纳入专利权保护范围, 则会造成 "社会公众对专利的保护范围产生不可预测之恐慌, 从而影响国家专利行政管理部门已公开专利信息的公信力, 进而影响社会公众的进一步发明创造",❸ 违背了专利制度的社会意义。❹

"捐献原则" 体现在我国最高人民法院《关于审理侵犯专利权纠纷案件应用法律若干问题的解释》第五条中❺。由此, 对于在 (说明书等) 其他部分有所描述而权利要求并未记载的技术方案, 视为已被 "捐赠", 其在专利侵权

---

❶ Maxwell v. J. Baker, Inc. United States District Court, D. Minnesota, Fourth Division, March 18, 1993.

❷ Johnson & Johnston Associates Inc., Plaintiff-Appellee, v. R. E. Service CO., INC. United States Court of Appeals for the Federal Circuit 99-1076, -1179, -1180.

❸ 赵志强:《论专利权利要求的解释》, 载刘春田主编:《知识产权判解研究》, 法律出版社 2010 年版, 第 125 页。

❹ 刘斌斌、付京章:《论专利制度的本质及其社会效应》, 载《甘肃社会科学》2013 年第 5 期。

❺ 该条规定: 专利申请人在申请文件中仅将某个技术方案描述在说明书或者附图中, 却未曾将其记载在权利要求中, 在专利侵权纠纷中专利权人又主张将其归位于专利保护范围的, 人民法院对此主张不予支持。

纠纷中不得诉请将前述已捐献的部分认定为等同特征所涵盖之范围❶。本案中，爱蓝天公司认为在对技术特征 2（聚酯聚氨酯）的对比过程中应当适用"捐献原则"。但是，涉案专利说明书中并没有披露聚酯聚氨酯，再审法院是将被控侵权产品的该特征与涉案专利的技术特征 2 直接进行比对，故并不涉及技术"捐献"的争议。

(二) 捐献原则的不足

捐献原则对于等同侵权原则的范围起到了明显的限制作用，防止其不恰当地扩张专利权利要求的范围。但是，根据现行规定，只有涉案专利说明书本身公开的技术方案才能作为捐献对象，对于其他对比文件中公布的技术方案则不能适用。然而，由于涉及数值范围选择发明的特殊性，如果不将此类发明的对比文件中未受保护的技术方案也纳入捐献的范围，可能使得等同原则的适用范围不合理地扩大。

首先，选择发明一般以已经公开的较大范围作为基础。2010 年版《专利审查指南》中规定，选择发明是指具有目的性地从现有技术所公开的一个宽范围中，选择现有技术中未提到的，且与现有技术相比能带来预料不到的技术效果的较窄范围或个体的发明。❷ 因此，尽管要求所选出的小范围或个体具有特别突出的作用、性能或效果，但是其创造性程度仍然受到限制。❸

其次，利用数值范围表达权利要求具有更大的确定性。《专利审查指南》中对权利要求中包含有数值范围的情况作了特殊要求❹，应尽量以数学方式进行表达。用数值范围来表达权利要求时，也可以分为"一个明确端点的数值范围"与"两个明确端点的数值范围"。其中前者通常表现为"≥40℃""＞10"等，且一般认定"大于""小于""超过"等表示不包含本数；"以上""以下"

---

❶ 导致专利"捐献"的情形大致有以下两种：其一是申请人不具有主观目的性，只是由于过失或因其客观层面上欠缺应有的专利撰写水平而导致；其二是申请人主观上为了容易通过审查，采用保护范围相对较窄的权利要求，而说明书又对其进行了扩大解释，从而在专利侵权纠纷中利用等同原则扩大其专利保护的范围。但无论何种情形，专利权人都应当承担"捐献"的法律后果。

❷ 《专利审查指南》2010 年版，第二部分第四章第 4.3 节。

❸ 洪恩山、李微、毕道毅、彭晓玲：《试析选择发明》，载《发明与创新》2003 年第 2 期。

❹ 《专利审查指南》2010 年版，第二部分第三章第 3.2.4 节"数值和数值范围"。体现在部件的数量、尺寸，操控的温度、压力，相关的时间、速度以及组合物的组分含量等方面。涉及数值范围的选择发明是指在可能的、有限的范围内，结合具体操作条件，综合调整各个工艺参数，在技术开发者通力计算的客观基础上进行多量化的具体操作实验，从而获取合适参数范围内的技术方案。

"以内"等表示包含本数;❶ 后者数值范围通常的表现形式为"其用量比大于30%（mol）、小于等于50%（mol）""控制温度在30℃~40℃之间"等。本案中科力远公司的选择发明专利就涉及具有"两个明确端点的数值范围"。

选择发明专利数值范围的具体情形如图1~图7所示：

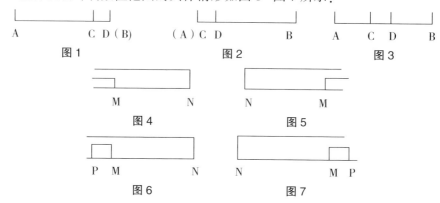

其中图1至图3中，以A、B为端点的线段表示现有技术中的数值范围，以C、D为端点的线段表示选择发明专利权利要求所涉及的数值范围；图4至图7中，以N为端点的射线表示现有技术中的数值范围，以M为端点的射线或者以M、P为端点的线段则代表选择发明专利权利要求所涉及的数值范围。❷

对于涉及数值范围的选择发明而言，同时存在创造性较低和数值限定的确定性问题，应当限制等同侵权原则适用，而目前"捐献原则"狭窄的适用范围已经不合时宜。发明人在现有技术基础上缩小数值范围以获得更优技术方案，如果排除专利申请撰写上的失误，那么此项选择发明专利的保护范围本身应当是相对有限的。由此，在专利侵权纠纷阶段，若再允许专利权人利用等同侵权原则将权利保护范围进一步扩大，则欠缺法理和逻辑上正当性。本案中再审法院也认为，专利申请人在撰写权利要求时会尽最大限度地要求其发明的保护范围，权利要求书中没有涉及相应数值的范围是专利申请人的

---

❶ 《专利审查指南》2010年版，第二部分第二章第3.3节。
❷ 需要强调的是，当现有技术与选择发明均具有"两个明确端点的数值范围"时，有可能出现数值端点重合的现象（如图1和图2所示），此时若被控侵权技术方案是在超出重合端点以外的数值部分进行取值，则对其进行专利侵权判定时不再适用涉及数值范围选择发明专利的等同侵权标准，而应将涉案专利视为涉及数值范围的普通发明专利来进行判断。原因在于，超出重合端点以外的数值部分已不属于现有技术之范畴，即已失去了"选择发明"这一必备的前提条件。

自由选择。因此，对于专利权人来说，该数值范围以外并与该数值范围有较大差异的内容应当视为不能或不应得到专利保护。

（三）有必要对捐献原则做扩张性解释

在专利侵权纠纷中，等同原则应当限于填补专利权人的合理损失，尤其是弥补权利要求在字面表达上的不足而可能带来的损失。根据涉及数值范围选择发明专利的特点，由于数值范围在表达权利要求时只具有更优的确定性而非绝对之确定，因此，在对其保护范围进行字面含义解释时可能会使专利权人的利益受损。若对此类损失进行补偿，应当注意以下两点：一方面，涉及数值范围选择发明专利在目的上具有从现有技术中优选更小专利保护范围的特点，可做扩大解释的程度也应更为狭窄；另一方面，使用数值范围的形式表达，使得其本身对于社会公众而言具有更强的公示功能，在解释方面应当以尽量不脱离涉案专利权利要求字面含义为基础的，对保护范围的扩大予以更为严格的限制。

为了实现以上目标，有必要对捐献原则进行扩张性的解释，从而限制等同原则的适用范围。本案再审判决阐释了对于涉及数值范围选择发明专利，在等同侵权原则适用过程中扩张捐献原则的理论依据：其一，权利要求书中的数值范围是专利权人（或者专利申请人）从现有技术的数值范围中自主选择的结果，该数值范围以外且与数值有明显差异的技术方案应当视为专利权利人认为其不能或不应得到专利制度之保护；其二，如果选择发明所涵盖的数值范围过于宽泛，可能会因为不具备意料不到的技术效果而不能获得授权，由此不得通过等同原则再将其囊括到专利保护范围之内，否则对于社会公众来说是欠缺公平性的。

从利益比较角度而言，既然连专利权人所发明的具备授权条件的技术方案，也会因为未记载在权利要求书中而认为被"捐献"，那么对于涉及数值范围选择发明而言，专利权人是在现有技术范围内所做的研发，对于其权利要求书中未曾记载且与字面保护范围有明显差异的部分，更不应该主张专利权等同保护。本案再审判决也正是从这一角度出发认定被控侵权技术方案不构成专利等同侵权的。因此，"涉及数值范围选择发明专利的等同保护"应当对"捐献原则"做扩张性解释。

三、明确限定原则

（一）明确限定原则的含义

根据再审法院判决所适用的标准，可以发展出一套"明确限定原则"，从而有针对性地解决涉及数值范围选择发明专利的等同侵权判定问题。该原则的核心立场是：严格限制等同原则在此类发明中的适用；除特殊情形外，一般性地排斥了等同原则适用的可能性。

笔者将"明确限定原则"概括为，对于选择发明权利要求中有明确端点的数值范围，其适用等同特征之范围理应相对狭窄，即应当对其等同保护进行严格控制，特别针对与权利要求所限定范围有明显差异的技术特征；也即除特殊情形（如被控侵权技术方案与涉案专利技术方案只有极其微小的差别且达到的功能和产生的效果实质相同）外，不应当将处于选择发明权利要求范围之外的其他技术特征纳入等同技术特征范围。

考虑到选择发明必然以现有技术中的对比文件作为研发基础，因此将对比文件中记载但是未纳入选择发明的数值范围视为对社会公众的技术"捐献"，从而从严控制通过等同原则重新将其纳入专利保护范围。因此，明确限定原则限制并进一步缩小了涉案专利权等同特征之解释范围。

（二）本案对明确限定原则的适用

从本案判决可以分析明确限定原则是如何对等同适用范围进行严格限制的，从而体现涉及数值范围选择发明的特殊性。

首先，"技术手段是否基本相同"问题。一审、二审所代表之传统标准立场认为双方当事人的本底及工作真空度虽然相差一个数量级，但因二者均属高真空范畴，尽管被控侵权技术方案对真空度有所降低，但是涉案专利所采用的技术手段相比并无实质性差异。再审所持观点则表明：被控侵权技术方案中真空度的参数与涉案专利对应技术特征相差一个数量级，从而得出案件双方所涉技术手段明显不同的结论。由此可见，明确限定原则在认定"技术手段是否基本相同"时，认为仅从数值范围是否存在较大差异的角度考虑即可，无须再进一步推理来扩大专利等同范围。

其次，"技术效果是否基本相同"的问题。对于因本底与工作真空度参数的不同所引起的技术效果是否相同进行分析时，一审、二审法院认为爱蓝天公司没有提供证据对法院得出其技术效果变劣的推理进行否定，因此认定被控侵权技术方案与涉案专利达到了"基本相同的功能和效果"；再审法院则认为，当无直接证据证明大约一个数量级的压力变化不会影响靶材溅射效率的情形下，不应认定被控侵权技术方案与相应涉案专利相比达到了基本相同的效果。由此可见，明确限定原则在认定"技术功能或者效果"是否相同时，对于证据规则的适用较为严格。若无直接证据证明功能或者效果相同，则认定被控侵权技术方案与相应的涉案专利技术特征之间并不构成"基本相同的功能或者效果"，无须再进一步运用其他相关证据进行间接推理。

最后，"是否无须创造性劳动就可以联想到"的问题。一审、二审法院认为由于被控侵权技术方案的真空度较涉案专利低一个数量级，且其充入氩气分压值是在现有技术范围内选用的较大的送氩量，以提升溅射速率，并保证镀膜纯度和质量，属于"假定人"不需创造性劳动就能联想到的替换技术手段，故而符合等同特征认定中的"显而易见性"标准；而再审法院则认为涉案专利中的磁控溅射所涉及工艺条件均系专利申请人耗费诸多人力与物力成本进行反复不断实验所得出创造性的发明内容，是从现有技术中优选出的具有意料不到效果的技术方案。而被控侵权技术中所采用的本底及工作真空度参数则系所属领域普通技术人员不需创造性劳动亦能够轻易地从现有技术中获得。因此再审法院认为不能轻易地以被控侵权技术方案与涉案专利之间可能存在简易性联想来支持等同特征的适用。

综上所述，明确限定原则对于等同特征范围的限制比传统的"捐献"原则更为严格，对于等同特征认定的基本方法要求也更显苛刻，这主要是对于涉及数值范围选择发明专利特殊性的体现。

（三）明确限定原则适用中的问题

如前分析，明确限定原则的实质，是在专利侵权中以排斥等同原则为一般性原则，以适用等同原则为例外。本案中，爱蓝天公司认为经过反复试验选择确定的保护范围，不应在解释时被逾越。笔者认为此观点欠妥，因为这并非意味着绝对排斥等同原则的适用。具体原因如下：

其一，不应忽略选择发明数值范围的非绝对确定性特点。数值在表达权利要求保护范围上，受制于科学实验本身的误差，加之专利撰写中不可避免地在有效数字精确位数层面存在一定的欠缺，导致其仅具有更优的确定性，而不能绝对准确地界定其保护范围。竞争对手可以通过有限次的实验在选择发明数值范围的端点附近进行取值，从而绕开专利保护范围，但是对于专利

权人来说明显欠缺公平理性。从"大连新益公司与大连仁达公司专利侵权纠纷案"和"安徽强强公司与新疆岳麓公司等的专利侵权纠纷案"来看，除非专利申请人在权利要求中用"至少+数值"或者"超过/低于某个数值范围就达不到本发明方案的技术效果"等类似的表述来明确排除所选数值范围以外的所有技术方案，否则仍然有扩大解释的可能性。❶ 如若绝对地排斥等同原则的适用，等于允许竞争对手利用数值范围在选择发明专利权利要求的表述上的缺陷进行仿冒行为。如此，则与最高人民法院在"东方机芯诉江阴五金专利侵权案"中指出的"要明确受保护的专利技术方案"的原则相悖。❷

与纯文字描述易出现范围边界模糊的缺陷不同，数值天然具有更优的准确性与确定性之表达功能，使得专利申请人能够更明确地选择专利所保护的范围，也使得授权专利文本具有更加稳定的公示性。但是，一方面，由于确定选择发明技术方案中数值范围的科学实验本身就存在不可避免的系统性误差。从客观规律的角度来看，真值通常是未知的，实验参数的得出一般都是通过对多次实验数据采用不同的误差计算方法来获得一个相对精确的数值，即从多次的测量数据中，估算出最接近真值的实验测量结果，❸ 同时其受制于相对有限的辅助技术手段，从而无法准确认定发明人所获得的参数是否为实现发明的唯一临界值；另一方面，权利要求在有效数字精确表述层面存在不可避免的漏洞，假如涉案专利在技术开发时，生产测量仪器对温度、压力、转速等参数的控制和检测的精确位局限于小数点后两位。而随着科技水平的提高，在侵权发生之日❹的生产测量仪器已经可以对相应参数进行检测并控制的数值精确位在小数点后三位以上，那么必定有在有效数字的最大限度内取出极为接近涉案专利的部分数值来加以利用并获得基本相同效果的可能性。❺因此，单纯利用数值范围用来表示权利要求保护范围时并不具有绝对的确定

---

❶ 在大连新益建材有限公司与大连仁达新型墙体建材厂侵犯专利权纠纷案，以及安徽强强新型建材有限责任公司与新疆岳麓巨星建材有限责任公司、乌鲁木齐市建工（集团）有限责任公司专利侵权纠纷案中，法院均认为因其采用了"至少"这样严格限定的词语，应理解为对单层这一技术特征的明确排除，不能作扩大解释。参见最高人民法院民事判决书（2005）民三提字第1号和新疆维吾尔自治区高级人民法院（2005）新民三终字第15号判决书。

❷ 最高人民法院（2001）民提字第1号民事判决书。

❸ 李潮锐、郑碧华：《实验误差分析中的概念及意义》，载《中山大学学报（自然科学版）》2003年第3期。

❹ 我国在司法实践中采用的等同特征判定的时间界限是"侵权发生之日"。

❺ 例如：选择发明的催化剂用量比为（0.02%摩~0.2%摩），可以提高产率36.7%~50.3%，那么，竞争对手完全可在端点值附近将用量比改为效果相近的0.019%摩。

性，只是使得保护范围相对具有更优的确定性。

其二，应当保持不同类型选择发明适用的统一性。有观点认为，"单边开放性数值范围"（即只有"一个明确端点的数值范围"）会使申请人获得较为宽泛的专利保护范围，故而适用等同原则应当更为严格。然而，常见的选择发明以"两个明确端点的数值范围"为权利要求的情形居多，而以"一个明确端点的数值范围"为权利要求的情形较少。究其原因，前者需要满足的条件是：无论现有技术的数值范围是只有一个端点还是有两个端点，从《专利审查指南》对实施例的规定来看，选择发明过程中涉及数值范围时的最低要求一般只是需要从现有技术的数值范围内试验两端点（或者两端点附近）的值，即使是数值范围较宽时，也只需再从中试验出一个满足条件的中间值;❶ 而后者需要满足的条件至少应是：现有技术中公开的数值范围是"一个明确端点的数值范围"，且选择发明过程中需要在此范围内找到一个临界值，并有充足的实验数据证明在此临界值以下（如图 6 所示）或以上（如图 7 所示）都能产生意料不到的技术效果，可以看出，满足前述条件的具有"一个明确端点的数值范围"选择发明虽然得到的保护范围较宽，但是其满足条件的难度和所付出的工作量及成本在正常情况下却比"两个明确端点的数值范围"大得多。因此，选择发明中的"一个明确端点的数值范围"与"两个明确端点的数值范围"在适用等同原则的标准上具有一致性与统一性，不应对前者在等同原则适用层面上予以更为严格的对待。

小结

对于专利等同原则的适用范围，在涉及数值范围的选择发明时要顾及其双重属性，使得专利保护范围界限具有更优的确定性。有必要引入"明确限定原则"，对涉及数值范围的选择发明专利的等同保护起到严格限制的作用，也为适用等同原则预留了相应的例外空间，以促进此类发明不断涌现并得到合理的保护。

---

❶ 《专利审查指南》2010 年版，第二部分第二章第 2.2.6 节，当权利要求相对于背景技术的改进涉及数值范围时，通常应给出两端值附近（最好是两端值）的实施例，当数值范围较宽时，还应当给出至少一个中间的实施例。

第十六章

协同创新战略与专利侵权案件赔偿数额实证分析

协同创新成果获得专利权后，需要得到有效保护才能激励进一步的创新活动。在遭遇专利权时获得足够赔偿额是对于其进行有效保护的重要途径。专利侵权赔偿是权利人获得救济的重要方式，也是对于补偿权利人所遭受损失的主要途径。我国专利侵权案件中由法院判决的赔偿数额较低是长期以来广受诟病的突出问题，有必要在实证调研与分析的基础上提出相应的制度解决对策。本章对我国法院近 30 年来的专利侵权案件进行实证研究，并对相关统计数据进行比较分析，在此基础上对我国专利侵权案件赔偿数额的司法实践进行评析，并提出相应的完善建议。本章数据来源于北大法宝收录的审结的专利侵权案件判决文书和裁决文书。

一、实证数据和比较

（一）调查样本概况

1. 判决书样本概况

以 1993—2012 年我国人民法院受理的一审、二审专利民事侵权诉讼案件为样本，共搜集到 1868 份专利侵权案件判决书，再按照以下标准进行筛选与统计：（1）专利权人败诉或因专利无效被撤销的案件予以剔除。（2）案件在一审后出现二审上诉情形，则剔除一审案件而采用二审案件做统计，避免重复计算案件。（3）判决书因统计要素信息不全的（如案件指定再审而判决结果不明的、案件判决时间或专利分类信息不全等）予以剔除。（4）对于判决金额为 0 的案件予以剔除。

排除以上案件，最后纳入统计的判决书共 1674 份。数据覆盖了 26 个省、自治区、直辖市的人民法院的判决结果。按照原告类别、被告类别、审理法院、案件编号、审级、涉案专利号、涉案专利分类、判决时间、赔偿金额确定标准、赔偿金额等信息，对法院就这些案件的判决进行了分门别类的统计和研究。

2. 调解书样本概况

以 1988—2012 年我国人民法院受理的一审、二审专利民事侵权诉讼案件为样本，共搜集到 853 件专利侵权调解案件，再按照以下标准进行筛选与统计：（1）调解成功但没有获得赔偿的案件予以剔除。（2）案件在一审后出现二审上诉情形，则剔除掉一审案件而采用二审案件做统计，避免重复计算案件。（3）调解书因专利申请年份等统计信息不全的予以剔除。

排除以上案件，最后纳入统计的调解案件共为 647 件。数据覆盖了 22 个省、自治区、直辖市的人民法院的裁决结果，按照原告类别、被告类别、审理法院、受理年份、案件编号、审级、专利申请年份、涉案专利类型、判调解书年份、调解的赔偿金额等信息，对法院就这些案件的调解进行了分门别类的统计和研究。

（二）调查结果

1. 总体概况

（1）专利侵权案件判决赔偿数额总体情况及区域分布。

表 14 是对我国人民法院受理的 1674 件专利侵权判决赔偿案件的平均赔偿数额的描述。可以看出，沿海发达东部地区的专利侵权案件明显多于其他地区（中部和西部），占全国专利侵权案件的 80.6%。全国平均判决赔偿金额为 104733 元。其中，西部地区的平均赔偿金额最高，为 180239 元。而东部地区的平均判决赔偿金额却低于其他地区。很明显，专利侵权案件高发的东部发达地区给予专利权人的赔偿金额不及其他地区。正如杨福军先生指出的，在确定侵权赔偿数额时，应考虑我国东、中、西三个经济区域的经济发展水平与差异，真正做到公平保护当事人双方的合法权益。❶

表 14　专利侵权案件赔偿数额总体情况及区域分布

	案件数	平均判决赔偿金额（元）
东部地区	1349	94922
中部地区	185	112007
西部地区	140	180239
合计（全国统计）	1674	104733

---

❶ 杨福军：《浅析专利侵权损害赔偿数额的确定》，载《法制天地》2012 年第 12 期。

纳入统计的 1868 份专利侵权判决书中，法院判决的赔偿额最高为 500 万元，最低为 2000 元。其中赔偿额最高的是湘北威尔曼制药有限公司诉苏州二叶制药有限公司等侵犯发明专利权纠纷案。在本案权利人的损失或者侵权人获得利益难以确定的情况下，涉案专利许可使用费是法院确定赔偿数额的重要参考依据。法院支持了原告提出 500 万元的赔偿请求。在本案中，原告提供的证据相对来说是比较充分的，法院判决 500 万元赔偿额，在类似案件中是属于比较高的。

（2）专利侵权案件调解赔偿数额。

表 15 是对排除个案（正泰集团诉施耐德一案）的前后平均调解赔偿额的对比情况。可以看出，由于正泰集团诉施耐德一案的调解金额高达 1.5 亿元，排除该案后，法院调解的赔偿额最高为 150 万元，平均调解赔偿额降低到排除前的 21.4%。很明显，正泰集团诉施耐德一案对统计数据的影响巨大，故在下文统计数据分析中予以剔除。

表 15　专利侵权案件调解赔偿数额

	案件数	平均调解赔偿金额（元）
排除个案前	647	309480
排除个案后	646	66151

表 16 是对我国人民法院受理的 646 件专利侵权调解赔偿案件的平均赔偿数额的对比。可以看出，沿海发达东部地区的专利侵权案件明显多于其他地区（中部和西部），占全国专利侵权案件的 87.5%。全国平均调解赔偿金额为 66151 元。其中，西部地区的平均赔偿金额最高，为 101986 元。而东部地区的平均调解赔偿金额却低于其他地区。由此可见，专利侵权调解案件中东部发达地区对专利权人的赔偿额也不及其他地区，这是不合理的。排除正泰集团诉施耐德一案后，纳入统计的 646 件调解案件中，法院调解的赔偿额最高为 150 万元，最低为 1000 元。

表16　调解案件平均赔偿数额的描述

	案件数	平均调解赔偿金额（元）
东部地区	565	61358
中部地区	50	98105
西部地区	31	101986
合计（全国统计）	646	66151

2. 职务发明与非职务发明的侵权赔偿数额

表17是判决案件中职务发明与非职务发明的对比。可以看出，职务发明与非职务发明的案件数比为1.5：1，职务发明的平均判决赔偿金额是非职务发明的平均赔偿金额的1.5倍。说明我国已经改变了过去职务专利申请量少于非职务专利申请量的状况❶，而且对职务发明的保护力度大于非职务发明。

表17　职务发明与非职务发明专利侵权案件判决赔偿金额

专利权人类别	案件数	平均判决赔偿金额（元）
职务发明	956	119608
非职务发明	661	81571

表18是调解案件中职务发明与非职务发明的对比。可以看出，职务发明与非职务发明的案件数比为1.4：1，职务发明与非职务发明的平均判决金额相差不大。说明我国职务发明与非职务发明在调解案件与判决案件中的案件数比接近，但在调解案件中，对两者的保护力度并没有体现出应有的区别。

表18　职务发明与非职务发明专利侵权案件调解赔偿金额

专利权人类别	案件数	平均调解赔偿金额（元）
职务发明	370	69711
非职务发明	268	61166

---

❶ 代晶、黄幼陵：《关于国内企业职务发明申请现状的思考》，载《西南民族大学学报（自然科学版）》2004年第3期。

3. 单位侵权与个人侵权的赔偿数额

表 19 是对判决案件中按被告身份类型的不同进行赔偿金额的对比。可以看出，单位侵权的案件数远远多于个人侵权案件数，单位侵权的平均判决赔偿金额远远高于个人侵权。如单个单位侵权与单个个人侵权的案件数比为 2.4∶1，单个单位侵权的平均判决赔偿金额是单个个人侵权的 2.4 倍。说明我国专利侵权人主要是单位，而法院判决中也对单位侵权判决更高的赔偿数额。

表 19　判决案件中被告身份赔偿金额

被告身份类型	案件数	平均判决赔偿金额（元）
单个单位侵权	955	119181
单个个人侵权	397	49102
多个单位侵权	163	172363
多个个人侵权	28	106636
单位个人联合侵权	131	81840

表 20 是对调解案件中按被告身份类型的不同进行赔偿金额的对比。同样可以看出，单位侵权的案件数远远多于个人侵权案件数，单位侵权的平均判决赔偿金额远远高于个人侵权。说明被告身份类型的不同对调解案件中调解赔偿数额的影响同判决案件大体上一致。

表 20　调解案件中被告身份赔偿金额

被告身份类型	案件数	平均判决赔偿金额（元）
单个单位侵权	440	79578
单个个人侵权	180	38627
单位个人联合侵权	26	66151

4. 三种类型专利的侵权赔偿数额

表 21 是对判决案件中按照专利类型的不同进行赔偿金额的对比。很明显可以看出，发明、实用新型、外观设计的判决案件数比为 1∶2.1∶4.3，而平均判决赔偿金额按大约 50% 的比例依次递减。可以得知我国专利诉讼中，其中的产品以申请实用新型专利较多；在法院判决赔偿数额方面，赔偿金额受

专利类型的影响，法院充分考虑了专利质量的影响。一般来说，专利质量越高，赔偿额也越高。专利质量越低，赔偿额也越低。

表 21 判决案件中专利类型赔偿金额

专利类型	案件数	平均判决赔偿金额（元）
发明	225	243123
实用新型	476	123612
外观设计	973	63868

表 22 是对调解案件中按照专利类型的不同进行赔偿金额的对比。可以看出，发明、实用新型、外观设计的调解案件数比为 1：2.1：5.3，而平均调解赔偿金额比为 3.2：3：1。同判决案件相比，发明和实用新型的平均调解赔偿金额基本相同，这没有体现出发明所应有的专利质量，不利于对发明专利的保护。

表 22 调解案件中专利类型赔偿金额

专利类型	案件数	平均调解赔偿金额（元）
发明	77	139935
实用新型	163	132276
外观设计	407	44300

5. 专利侵权案件的审级与赔偿金额

表 23 是对判决案件中按审级进行平均赔偿金额的对比。可以看出，二审案件占判决案件的 32.8%，二审案件的平均判决赔偿金额略高于一审案件的平均判决赔偿金额。表明在专利侵权案件审理过程中，当事人倾向于提高审级，提起二审。而提高审级并没有使平均判决赔偿金额极大地提高，这在很大程度上浪费了我国的司法资源。

表 23 判决案件中按审级进行平均赔偿金额

审 级	案件数	平均判决赔偿金额（元）
一审	1125	99418

审　级	案件数	平均判决赔偿金额（元）
二审	549	115405

表 24 是对调解案件中按审级进行平均赔偿金额的对比。可以看出，在调解案件中，二审案件占调解案件的 14.7%，二审案件的平均调解赔偿金额是一审的 2.8 倍。表明当事人在二审期间接受法院调解的情况下，法院调解的平均赔偿金远远高于一审（约 3 倍）。在司法实践中，由于二审案件中案情更加清晰，证据更加充分，双方当事人基于诉讼成本和各自利益考虑，更愿意接受高额的赔偿金。

表 24　调解案件中按审级进行平均赔偿金额

审　级	案件数	平均调解赔偿金额（元）
一审	551	61461
二审	95	172303

6. 专利侵权赔偿裁决理由与金额

根据《专利法》第 65 条的规定，对于专利侵权案件赔偿数额有四种方式加以确定，包括被侵权人受到的实际损失、侵权人所获得的利益、专利许可费用的合理倍数以及法定赔偿额等。法院采用其中哪一种标准确定赔偿数额将影响最终的结果，有必要研究两者之间的关系。

从上述的简单描述中可知，我国《专利法》第 65 条对于赔偿数额的规定，仅仅规定了数额的确定方式，过于简单笼统，在操作中缺乏具体的量化标准，给法官审理案件造成了一定的困难。例如，因专利侵权具有专业性强、涉及面广等特点，一般人很难获得侵权的证据，这就给当事人在证明自己的实际损失时造成一定困难，因此在实践中法官多采用法定赔偿的方式予以确定赔偿数额。而《专利法》对法定赔偿额的确定只规定了专利权的类型、侵权行为的性质及情节三种因素，这就赋予了法官很大的自由裁量权，增加了裁判的不确定性。

表 25 是对判决案件中按判决理由进行赔偿金额对比的描述。从表 22 可以看出，赔偿额≤20 万元的案件占绝大多数（占约 91.8%），赔偿数额较高的案件总数非常少。例如，超过 50 万元的案件一共只有 23 件（占约 1.4%），

其中超过 100 万元的案件只有 13 件（占约 0.8%），没有超过 1000 万元的案件。在所统计的 1674 件判决案件中，采用"权利人所受损失"方法的只有 13 件（占约 0.8%），采用"侵权人所获收益"方法的只有 29 件（占约 1.7%），采用"专利许可费的合理倍数"方法的只有 34 件（占约 2%），其余 1598 件全部采用法定赔偿方法确定赔偿额，使用率为 95.5%。

表 25 判决案件中不同裁决理由的赔偿金额

判决理由	权利人所受损失	侵权人所获收益	专利许可费的合理倍数	法定赔偿额（元）
1 万以下	1	8	3	178
超过 1 万、10 万以下	4	10	16	1121
超过 10 万、20 万以下	1	7	7	180
超过 20 万、50 万以下	3	0	3	109
超过 50 万、100 万以下	2	1	1	6
超过 100 万、1000 万以下	2	3	4	4
超过 1000 万	0	0	0	0
合计	13	29	34	1598
平均赔偿金额（元）	487984	433248	444617	87757

这说明法定赔偿标准在司法实践中极受青睐，同时暴露了我国现有专利侵权赔偿标准适用上存在的问题：纵观关于赔偿数额的判决理由部分，绝大多数为"原告未提供证据证明（或提供的证据不足以证明）其因被侵权所受到的实际损失或者被告因侵权所获得的利益，也未提供可以参照的有效专利许可使用费，故本院结合原告专利权的类型、侵权行为的性质和情节等因素，适用法定赔偿方式，确定赔偿额为……"即选用法定赔偿方式。❶ 下面引用一则案例的判决书作具体说明：

在 2012 年 5 月 18 日，由上海市第一中级人民法院做出一审判决的广东雅某五金有限公司诉某锁业有限公司等侵害外观设计专利权纠纷一案中，法院对于确定赔偿数额的方式是这样表述的："因原告未提供证据证明其因侵权所

❶ 赵烽：《浅议我国专利侵权赔偿标准的完善》，载《法学论坛》2008 年第 3 期。

受损失或者被告所获利益，且无专利实施许可费可以参照，本院将综合专利权的类别、被控侵权产品的销售价格、被告侵权的性质和情节、原告为诉讼支出的合理开支等因素，酌情判定被告的赔偿数额……"由此可见，法院依据现实证据材料无法精确计算损失额以及利润额，即使证据充分，这两种方式的计算有很大的难度，需要考虑的因素很多，在一定程度上说是技术性大于法律性的问题。法官最终通常以法定赔偿数额结案，但对于法定赔偿方式也没有具体的量化因素比例，绝大多数判决书没有具体分析侵权行为的性质和影响、侵权时间长短、侵权行为人的主观过错程度等各个因素与最终赔偿额之间的具体关系，导致法定赔偿在适用和表述方式上的千案一律，未能体现个案确定法定赔偿数额的因素以及这些因素与赔偿数额之间的量化关系。

据 2001 年最高人民法院《关于审理专利纠纷案件适用法律问题的若干规定》，法定赔偿额一般在 30 万元以内，最多不超过 50 万元。2009 年 10 月起施行的《专利法》将法定赔偿的上限和下限各增加了一倍，提高到 1 万元以上 100 万元以下。而统计数据显示，2010 年之后，共有 304 件受理案件采用法定赔偿的方法，其平均判决赔偿额却只有 73620 元，其中超过 50 万元的案件只有一件（广东美的制冷设备有限公司与珠海格力电器股份有限公司侵犯发明专利权纠纷案）。可以看出，《专利法》对法定赔偿额的修改在实际赔偿额中的影响不显著，表明虽然《专利法》实施已经超过了三年，但是法院判决的法定赔偿额并没有显著提高，法官对新法的适用还有一个适应的过程。在我国的司法实践中，法官通常会遵循先例，法官对法律修改的反应滞后。这是我国《专利法》修改后，赔偿额没有显著提高的原因之一。

然而，笔者发现广东美的制冷设备有限公司与珠海格力电器股份有限公司侵犯发明专利权纠纷案的赔偿额却高达 200 万元，高于法定最高限额 100 万元。本案中，由于难以证明侵权受损和侵权获利的具体数额，但根据双方提供的证据认为前述数额明显超过法定赔偿最高限额，法院综合全案的证据，综合考虑到涉案专利的类型、市场价值、侵权主观过错程度、侵权情节、参考利润、维权成本等因素，在法定最高限额以上合理确定赔偿额 200 万元，在近三年中属于相当高的赔偿额了。笔者认为此判决于法有据且结果适当，如此侵权赔偿才能尽量弥补被侵权人的损失，体现侵权赔偿的填平原则。

另外，法院确定赔偿额采用"权利人所受损失"计算方法的平均判决金额约为 49 万元，采用"侵权人所获收益"和"专利许可费的合理倍数"计算方法的平均判决金额大体一致，约为 44 万元，采用"法定赔偿"计算方法的平均判决金额却只有约 8.8 万元。而"法定赔偿"的使用率高达 95.5%，因此造成我国赔偿金额总体上处于较低的水平。

表 26 是对判决案件中按照专利类型进行赔偿金额对比的描述。可以看出，判决赔偿金低于 20 万元的案件，在发明专利案件中占约 74.7%，在实用新型专利案件中占约 88.4%，在外观设计专利案件中占约 97.3%；判决赔偿金超过 50 万元的案件，在发明专利案件中占约 5.8%，在实用新型专利案件中占约 1.5%，在外观设计专利案件中占约 0.3%；判决赔偿金超过 100 万元的案件，在发明专利案件中占约 3.1%，在实用新型专利案件中占约 0.8%，在外观设计专利案件中占约 0.2%。很明显，虽然发明专利案件相比实用新型和外观设计专利案件小额赔偿案件占比更低，高额赔偿案件占比更高。表明法院判决的赔偿金额受专利类型的影响，法院在判决赔偿时，充分考虑到了专利质量的影响。但总体来说，判决赔偿金额绝大部分集中在 20 万元以下，而 50 万元以上的案件寥寥无几，是相当不合理的。说明我国对专利的保护力度有待提高。

表 26　判决案件中各专利类型的赔偿金额

		发明	实用新型	外观设计	合计
案件数量	1 万以下	7	33	150	190
	超过 1 万、10 万以下	118	296	737	1151
	超过 10 万、20 万以下	43	92	60	195
	超过 20 万、50 万以下	44	48	23	115
	超过 50 万、100 万以下	6	3	1	10
	超过 100 万、1000 万以下	7	4	2	13
	超过 1000 万	0	0	0	0
	合计	225	476	973	1674
平均赔偿金额（元）		243123	123612	63868	104733

表 27 是对调解案件中按照专利类型进行赔偿金额对比的描述。可以看出，调解赔偿金低于 20 万元的案件，在发明专利案件中占约 80.5%，在实用新型专利案件中占约 93.2%，在外观设计专利案件中占约 98%；调解赔偿金超过 50 万元的案件，在发明专利案件中占约 3.9%，在实用新型专利案件中

占约 1.2%，在外观设计专利案件中占约 0.2%；调解赔偿金超过 100 万元的案件，在发明专利案件中占约 1.3%，在实用新型专利案件中占约 0.6%，在外观设计专利案件中没有。很明显，发明专利案件相比实用新型和外观设计专利案件小额赔偿案件占比更低，高额赔偿案件占比更高。表明法院调解的赔偿金额受专利类型的影响，法院在调解时，充分考虑到了专利质量的影响。

表27　调解案件中各专利类型的赔偿金额

		发明	实用新型	外观设计	合计
案件数量	1 万以下	7	20	112	139
	超过 1 万、10 万以下	43	111	266	420
	超过 10 万、20 万以下	12	20	21	53
	超过 20 万、50 万以下	12	9	7	28
	超过 50 万、100 万以下	2	1	1	4
	超过 100 万、1000 万以下	1	1	0	2
	超过 1000 万	0	0	0	0
	合计	77	162	407	646
平均赔偿金额（元）		139935	85979	44300	66151

但经对比发现，不论何种专利类型，相比判决案件，调解案件调解金额更加集中于 20 万元以下，高于 50 万元的案件相比更少。说明与法院判决相比，法院调解的赔偿金额更加有限。

二、专利侵权赔偿制度的改革

（一）总体建议

1. 有必要提高专利侵权赔偿数额

从上述分析可知，我国专利侵权案件的赔偿额较低（大部分案件赔偿额低于 20 万元），特别是与欧美国家动辄上亿美元的赔偿相比，更显得微不足道。虽然我国侵权赔偿采用的是"填平原则"，但在实践中，侵权诉讼获得的赔偿一般难以弥补专利权人的损失，在有些案件中，赔偿总额甚至不足以弥补诉讼开支。因此，在没有特别充分的证据用于支持所请求的高额赔偿金的情况下，通过诉讼和调解获得高额赔偿金的机会是很渺茫的。在这样的情况下，打赢专利侵权诉讼的意义可能主要体现在停止侵权上；就获取高额的赔偿金的目的而言，通过和解结案也许是一个不错的选择，因为通过付出巨大的努力将侵权诉讼进行到底的结果，很可能只获得数万元的赔偿金，基本上可以被认为是安慰性的。因此，企业提起诉讼的积极性在逐渐降低，即便提起诉讼，也常常无奈地将诉讼目的设立为驱赶竞争对手，而不是获得相应的损失赔偿。在这样的形势下，为了充分保护专利权人的合法利益，有效遏制故意侵权行为，提高专利侵权赔偿数额是非常有必要的。

2. 充分发挥判决案件数额对调解案件的指导意义

民事诉讼调解是我国民事诉讼法中一项重要的基本原则。做好专利侵权案件的民事诉讼调解工作，对于及时化解矛盾，促进社会交易的正常流转，具有十分重要的现实意义。应当承认，调解制度在我国民事领域存在已久并有其优越性，坚持调解有利于和谐地解决问题。然而，在专利侵权领域，我们似乎难以看到调解所体现出来的积极意义。专利侵权领域的调解，更多的是专利权人的让步与自我牺牲，而结果是赔偿金的偏低。例如，2009 年中国专利赔偿数额进入亿元时代的第一案，即正泰集团股份有限公司诉施耐德电器低压（天津）公司实用新型专利侵权案，据中间机构评估审计，施耐德的销售额为 8.8 亿元，正泰集团据相关证据认为施耐德天津公司利润率在 30%以上，提起诉讼请求额为 3.3 亿元。法院一审判决侵权成立，赔偿 3.3 亿多元。而二审期间，双方达成全球和解，经法院调解，赔偿额却只有 1.5 亿多元。

较普通的民事案件而言，专利侵权纠纷具有很强的专业性。一桩普通的专利侵权案件，各地法院的调解结果可能相差甚大。因此，笔者建议充分发挥判决案件数额对调解案件的指导意义。

（二）具体建议

1. 有必要区别对待职务发明与非职务发明的专利赔偿数额

在确定专利侵权案件赔偿额时，有必要考虑知识产权所有人因素，区别对待职务发明与非职务发明的专利赔偿数额。职务发明与非职务发明专利权人将拥有知识产权的科学技术成果转化为现实生产力的主观愿望与能力，为保护知识产权采取的维权措施以及侵权所损害的商誉两者是不同的。如果权利人是单位，专利侵权有可能造成对商誉的损害，人们对企业信誉的负面评价不仅使权利人的产品销售额减少，还会给权利人造成广告费等额外的支出，

比如权利人利用广告宣传方式重建自身的企业形象。

所以，法院在确定专利赔偿数额的时候，应该考虑案件涉及的专利类型，区别对待职务发明与非职务发明的专利赔偿数额，加大对职务发明专利人的保护力度，防止侵权人恶意侵权。但同时应当警惕由于区别对待，会导致产生大量职务发明专利的权利人以此来获得高额的赔偿，从而导致发明人和单位之间的利益不对等。因此，现行《专利法》应当建立发明人优先和当事人意思自治的专利权权利归属制度，体现法对私权的充分保护。❶ 同时，现行的职务发明构成要件的设计使得职务发明包含范围过宽，应该明晰和简化职务发明的要件，避免发明人处于不利的位置。

2. 需要着重对单位侵权给予制裁

在确定专利侵权案件赔偿额时，有必要考虑侵权人因素，区别对待单位侵权与个人侵权的专利赔偿数额。很明显，个人侵权由于侵权能力有限，而单位拥有知识产权、生产设备等生产资料和劳动力，单位侵权一般情况下对权利人造成的损失更大。因此，在确定适用法定赔偿方式确定赔偿额时，人民法院需要着重对单位侵权给予制裁。

3. 有必要区别对待发明、实用新型和外观设计的专利赔偿数额

专利类型分为发明、实用新型和外观设计，这种分类的意义在于不同类型的专利凝结的智力成果不同，因此专利的价值也不同。在确定专利侵权案件赔偿额时，有必要考虑被侵权客体的类型因素，区别对待发明、实用新型和外观设计的专利赔偿数额，因为其中保护的内容存在一定的差别。发明、实用新型涉及的是技术方案，或者说是技术方面的创造，一般对产品的性能、技术进步等具有积极意义，而外观设计仅涉及产品外观与技术无关，基本不包括结构设计，只是赋予产品一个装饰性外表和样式。发明专利凝结了较高的智力成果，并且经过了实质性审查，创新度较实用新型、外观设计更高。刘远山教授指出，在适用法定赔偿过程中，应当考虑被侵权客体的类型，不同类型的专利权价值不同，就是同一类型中不同专利权价值也各异，不同价值的专利权受到侵害，权利人所受的损失不一样，获得的赔偿数额也应当有别。❷ 笔者认为从专利价值的角度出发，专利侵权案件赔偿额应高于侵犯实用

---

❶ 谭艳红等：《试论我国职务与非职务发明专利权的权属界定及其完善》，载《南京工业大学学报（社会科学版）》2011 年第 2 期。

❷ 刘远山等：《我国专利侵权损害赔偿额计算方法适用论要》，载《行政与法》2011 年第 1 期。

新型专利和外观设计专利的赔偿数额，而实用新型专利的赔偿数额应高于外观设计专利的赔偿数额。

因此，针对法定赔偿未根据专利权的类型确定赔偿幅度的问题，笔者认为，在确定法定赔偿数额的时候，应当首先明确的是被侵犯专利权的类别和性质，在专利法第三次修改设定的法定赔偿幅度 1 万~100 万元之内，允许各地高级人民法院根据各地情况规定各个类型专利的法定赔偿幅度，如侵犯发明专利的，赔偿 30 万~100 万元；侵犯实用新型的，赔偿 10 万~50 万元；侵犯外观设计的，赔偿在 30 万元以内。

4. 防止当事人随意提高侵权案件审级

据统计数据可知，1993—2012 年间，我国平均二审案件占比为 32.8%。而二审案件在 2009 年占比为 33.9%，在 2010 年占比为 45.6%，在 2011 年占比为 37.7%。可以看出，我国的专利上诉案件近年来一直居高不下。依照我国民事诉讼法的规定，除使用简易程序审理的案件外，其他案件均由合议庭审理。在提倡合理、有效利用现有司法资源的前提下，一些事实清楚、简单的无须上诉的案件，由于当事人随意提高案件审级，浪费了人力和时间。正如学者指出，"在讨论审判应有的作用时不能无视成本问题。因为无论审判能够怎样完美地实现正义，如果付出的代价过于昂贵，则人们往往只能放弃通过审判来实现正义的希望。"而究其原因，正是法定赔偿方式的随意适用，缺乏量化的标准，使当事人很难信服法院的判决，而二审法院在一审法院是按照法定赔偿方式确定赔偿金的情况下，如果认为一审法院认定侵权事实准确，一般会维持原判。因为法定赔偿方式缺乏具体的计算过程，不同于按权利人损失、侵权人获利等方式具有推理的过程。

5. 鼓励当事人采用专利法第 65 条前三条标准确定赔偿数额，明确侵权数额证据标准

专利法第 65 条规定了四条标准，确定了权利人损失—侵权人获利—专利许可费的合理倍数—法定赔偿的顺序。民事侵权理论对损害赔偿采用的一般是填平原则，即权利人损失多少，侵权人赔偿多少，使权利人在经济上不受损失。以权利人损失来确定专利侵权赔偿数额无疑是最合理的，正如最高人民法院民三庭原庭长蒋志培所言，侵权行为造成的实际损失，应当是损害赔偿计算的中心。而实践中，由于按照权利人损失或侵权人获利作为赔偿标准，对当事人举证和对法院的查证要求高等问题，法院很少愿意采用这两种赔偿方式确定数额。而在没有许可使用费可以参照或者许可使用费明显不合理的

情况下，法院更愿意适用法定赔偿方式确定数额。然而，正如上海市高级人民法院民三庭指出的，片面扩大法定赔偿的适用范围不仅于法无据❶，而且当权利人的损失高于法定赔偿的最高限额时，如果仍然机械地适用法定赔偿，就难以充分保护权利人的合法权益。

为提高专利侵权的赔偿额，我们主张，对于有条件适用前三种方法计算赔偿数额的案件，应当鼓励当事人采用专利法第 65 条前三条标准确定赔偿数额，特别是通过前三种方法计算赔偿数额高于 100 万元这一法定赔偿的最高限额，并且当事人明确要求适用前三种方法时，应当适用前三种方法计算侵权赔偿数额，以充分保护权利人的权益。

但我们不主张，为提高专利侵权的赔偿额，而一味地提高法定赔偿的最高限额。这会进一步地提高法定赔偿的采用率，成为随意性赔偿，使判决赔偿的结果让当事人不解和不满。当然，如果专利权人认为 100 万元的最高法定赔偿数额仍然不足以弥补其受到的损失，可以通过举证证明其实际损失以获得更高的赔偿额，按照专利法第 65 条规定，法院应当首先按照其实际损失来确定赔偿额。

笔者认为，为鼓励当事人采用专利法第 65 条前三条标准确定赔偿数额，切实提高专利法第 65 条前三条标准的采用率，需要在具体计算方式上加以改进，比如在权利人损失上❷，降低因果关系证明标准、接纳边际利润的概念❸、在司法实践中引入资产评估机制等。在采用侵权人获利上，应当将侵权行为为其节约的研制成本、开发成本等方式获得好处计入赔偿范围。使按前三种标准确定的赔偿金额远远高于按法定赔偿确定的赔偿金额，这样即使不规定赔偿标准的顺位，专利权人也会倾向于前三种标准。

对于法定赔偿，一方面，由于我国现行法律对法定赔偿规定得过于简单和抽象，赋予法官较大的自由裁量权。曹刚先生建议借鉴《联邦量刑指南》的合理成分，建立一个确定法定赔偿数额的系数表来缩小法官的自由裁量权。❹设想如果把知识产权损害赔偿数额划分为不同的赔偿等级，各等级对应相应赔偿额度。将知识产权侵权诉讼中的各种因素分解为若干个指标，每

❶ 上海市高级人民法院民三庭：《上海法院确定侵犯知识产权赔偿数额的司法实践》，载《人民司法》2006 年第 1 期。
❷ 和育东：《专利侵权损害赔偿计算制度：变迁、比较与借鉴》，载《知识产权》2009 年第 1 期。
❸ 赵烽：《浅议我国专利侵权赔偿标准的完善》，载《法学论坛》2008 年第 3 期。
❹ 曹刚：《简论知识产权损害赔偿数额的确定问题》，载《法律适用》2001 年第 7 期。

个指标又可以划分为不同的级别，不同的级别确定相应的数值。法官可以将诉讼中确认的各种因素及对应的指标数值累加，累加的总值再对应赔偿等级，就可以得到一个相应的赔偿数额。我们赞同以上思路[1]，应对各类型知识产权的法定赔偿数额在法律规定的基础上予以细分，减少适用该制度的不确定性，抑制法官恣意行使自由裁量权。

　　另一方面，我们认为，在法定赔偿中还应当明确权利人的举证责任，防止法定赔偿的泛化和随意化。由于我国的法定赔偿没有确定权利人的举证责任，可能使得法定赔偿的判决变成法官的"独角戏"。[2] 实际上，法定赔偿只是适当减轻了权利人的举证责任，并没有免除权利人的举证责任，而法官在自由裁量时所考虑的因素恰恰需要权利人给予举证。因此，在适用法定赔偿时，权利人主要应从以下两个方面进行举证，一是举证证明其知识产权被侵权；二是举证证明法官自由裁量时应当考虑的因素。

---

[1] 李永明：《知识产权侵害损害法定赔偿研究》，载《中国法学》2002 年第 5 期。

[2] 张春艳：《我国知识产权法定赔偿制度之反思与完善》，载《法学杂志》2011 年第 5 期。

第十七章

协同创新战略与专利侵权损害赔偿责任的过错原则

协同创新所取得的技术成果要得到有效的专利保护，需要对我国专利侵权损害赔偿责任的归责原则进行重构，从而重点制裁侵权高价值专利的行为，使得协同创新主体的经济回报得到有效保障，激励其从事研发活动。专利侵权损害赔偿责任的承担根据民法一般原则确立其主观要件。《侵权责任法》在主观要件归责制度中，明确了过错原则、无过错原则和过错推定原则，落实到专利侵权损害赔偿中成为具体的归责制度。专利侵权诉讼案件中，在认定被告行为构成专利侵权以后，要求其在合理的条件下承担停止侵权和损害赔偿责任对于维护专利权人的合法权益、补偿其因侵权行为而遭受的损失具有重要意义。我国正在进行《专利法》第四次修改的论证工作，有必要结合民法理论，在充分利用 TRIPS 协定相关规则灵活性的基础上，以国外较为成熟的法律制度规则作为借鉴，完善我国专利侵权损害赔偿责任的归责制度。

一、对我国现有专利侵权损害赔偿归责制度的解读

（一）对我国现有法律规定的解释

目前我国专利法对于侵权人承担停止侵权民事责任采用无过错责任，但是针对损害赔偿责任的主观要件则存在无过错说、过错推定说等观点。❶ 也有学者主张，对于使用、许诺销售行为的侵权人采用过错推定规则，而对于其余侵权人采用无过错责任。❷ 笔者认为，我国现行专利法在认定被告构成专利侵权以后要求其承担民事责任时，并未对不同类型侵权行为在主观过错归责原则领域进行区分，原则上不论是承担停止侵权的民事责任还是赔偿损失的

---

❶ 吴汉东：《试论知识产权的"物上请求权"与侵权赔偿请求权——兼论〈知识产权协议〉第 45 条规定之实质精神》，载《法商研究》2001 年第 5 期。

❷ 张玲：《论专利侵权赔偿损失的归责原则》，载《中国法学》2012 年第 2 期。

民事责任，均适用无过错民事责任，原因在于《专利法》第 11 条规定的侵权责任属于无过错责任，并不以行为人具有主观过错作为侵权行为的构成要件，而专利法在主观要件上的免责条款不属于对归责原则的特别规定。

但是有两点需要注意。第一，专利法在设定赔偿损失责任的归责原则时，与停止侵权行为责任一样，并未根据当事人的行为模式进行划分。不论是制造、销售、许诺销售、使用还是进口行为，均一体适用无过错责任，并未对于使用行为和许诺销售行为就在主观要件上特别规定为过错推定。第二，《专利法》第 70 条规定的不承担赔偿损失责任的特别规定不属于过错推定原则，而属于无过错责任原则下的除外责任或者免责事由。理由主要有以下三点。

第一，过错推定原则的适用必须有法律条款的明确规定。❶ 从立法条款的文字表述上，过错推定原则应当采用在某种特定行为模式下"推定"当事人有过错或者规定"除当事人不能证明自己没有错的，应当承担侵权赔偿责任"等表述，前者比如《侵权责任法》第 58 条规定的"患者有损害，因下列情形之一的，推定医疗机构有过错"，而后者如侵权责任法第 85 条、第 88 条和第 90 条规定的"物件所有人、管理人或者使用人""堆放人""林木的所有人或者管理人"，如果"不能证明自己没有过错的，应当承担侵权责任"。法律规定的过错推定责任，应当在文字表述上是统一和一致的，明确将主观过错作为推定的内容，而不是单纯描述免责的行为模式但无推定过错的表示。显然，《专利法》第 70 条并未采用这种立法模式，很难认定其规定属于过错推定。与过错推定原则有一定距离，但是仍然可以归属于广泛意义上的过错推定原则的规定方式是"尽到管理义务"或者"尽到教育义务"，比如《侵权责任法》第 38 条、第 81 条和第 91 条对于学校、施工人员和动物园侵权责任的规定。但是，《专利法》第 70 条既未出现"过错"这一关键性表述也未有"尽到注意义务"的规定，很难被判定为是对过错推定的特殊规定。

第二，《专利法》第 70 条规定的模式不能涵盖具备过错的所有行为模式。由于认定具有过错的行为模式有多种，而《专利法》第 70 条仅仅对于能够"证明不知道未经合法授权"和"证明合法来源"的情形加以规定，尽管涉及"不知道"侵权行为等主观状态，并且与主观过错存在一定联系，但是在法律上显然并非等同于要求其证明主观上"没有过错"。❷ 两者存在交叉之

---

❶ 杨立新：《侵权责任法》，法律出版社 2010 年版，第 62 页。

❷ 李国庆：《侵害知识产权损害赔偿若干问题探讨》，载《法学评论》2006 年第 2 期。

处，但是并非相等同或者相包含的关系。

首先，侵权人要证明自己没有过错，并不限于能够证明"不知道"并且"来源合法"。例如，侵权人虽然知晓其经营的产品可能涉嫌侵权，但是在其产品是否落入保护范围并不明确时咨询独立专利律师的法律意见，并根据其做出的不侵权的意见继续进行经营活动，如果可以从法律上认定其已经尽到谨慎的注意义务，则可以排除其主观上的过错。

其次，侵权人即使能够证明"不知道侵权"且"来源合法"，也并不意味着其主观上没有过错。在此情况下被告虽有过错却不承担赔偿责任。其中一个典型的例子，就是当事人由于过错而误认为自己所买受并且售出的商品是经过真实的专利权人合法授权的，其应当知道产品侵权但实际情况是不知道。郑成思教授在讨论版权保护的问题时就举过一个例子，在 20 世纪 90 年代中美知识产权谈判期间及结束以后，在国内出版市场的部分出版者因复制他人视盘、唱片而被关闭，其中确有与"作品提供人"签了版权合同而对方作过"不侵权担保"的事例❶。造成这种现象的原因在于授权许可谈判人的真实身份和授权范围方面。其一，与出版业者进行谈判并颁发授权许可的人可能并非实际的权利人或者其合法代表，而是假冒其名义进行所谓的授权事宜洽谈的；其二，即使是合法权利人或者其代表，也有可能超出其授权范围。在专利权领域则情况更为复杂，专利权的保护范围本身就具有基于多种解释原则和方式而产生的模糊性；并且同一个产品所体现的技术方案可能受多个专利权重叠保护❷，导致被控侵权人只获得其中一项专利的授权还不能摆脱其他专利所带来的法律障碍。郑成思教授也认为，事实上"不可能要求任何厂家明确无误地了解全世界的作品提供者孰真孰假"。

第三，被控侵权人证明自己主观没有过错的法定标准不明确，不宜认定为采用过错推定原则。从侵权责任法对于过错推定原则的特别规定来看，不论是医疗机构、学校、动物园、施工单位、林业单位等，在履行执业责任和

---

❶ 郑成思：《知识产权论》（第三版），法律出版社 2003 年版，第 275 页。

❷ 例如，在两项或者多项专利之间可能属于基础专利和从属专利，其中从属专利是在基础专利的技术方案基础上做出的改进发明，其包含基础专利的全部技术特征，并且附加了新的技术特征，其保护范围也落在了基础专利的保护范围之内。基础专利和从属专利可能同时处于有效的状态，使得从属专利保护的技术方案的实施同时受到该两项或者多项专利的限制，实施人需要同时获得基础专利和从属专利权利人的许可，否则将会构成侵权。

安全保障义务方面均有法定标准，比如《高层建筑消防管理规则》等❶；如果没有法定标准，也有比较明确的善良管理人标准或者一般标准。但是，企事业单位在预防专利侵权方面，则尚未形成有效的比较统一的标准❷，当事人要通过企业内部对于专利侵权风险进行管理和防控，并证明自己在未经许可实施他人技术进行生产经营的过程中没有过错是相当困难的。当前，企业比较普遍采用的专利管理制度包括聘任知识产权顾问并在发生专利侵权纠纷前后咨询其法律意见、对产品进行专利检索和预警分析、要求上游企业提供具有自主专利或者经专利权人合法授权的证明等，这些措施均可以在一定程度上预防专利侵权，但是要在法律上认定其没有过错，尚无规范性制度文件作为依据。《专利法》第 70 条规定的情形只是能够证明自己不存在过错的多种行为模式中的一种，并且是最为简便的一种证明方法。因此，采用过错推定原则将提高企业专利侵权赔偿损失的风险，增加企业为预防专利侵权风险要支付的成本，甚至影响企业合理的开发新产品并制造、销售和经营的权利。

（二）现有法律规定存在的问题

我国专利法规定的专利侵权赔偿损失的无错过责任，在实际的司法实践中带来的诸多问题，因此存在进行改进和完善的现实必要性。

首先，无过错损害赔偿责任使得专利权人怠于主张自己的权利。由于让被控侵权人承担损害赔偿责任不需要证明其有过错，而 2001 年最高人民法院《关于审理专利纠纷案件适用法律问题的若干规定》第 23 条规定专利权人可以在起诉日基础上回溯两年主张被控侵权人的损害赔偿责任，因此专利权往往并不在侵权行为发生时就主张权利并通知被控侵权人，使得侵权行为规模不断扩大。在此情况下再提起诉讼有两个方面的好处。一是可以获得较高数额的赔偿。二是与被告进行谈判时可以基于被告已经在专利技术实施时支付的沉淀成本而获得较高的许可费收益。❸ 如果专利权及时通知涉嫌侵权者专利权的存在以及对方侵犯专利权的嫌疑，则被告可能及时停止侵权行为或者积极与专利权谈判许可事宜，但是专利权人看似消极的态度却纵容了侵权行为

---

❶　杨立新：《论违反安全保障义务侵权行为及其责任》，载《河南省政法管理干部学院学报》2006 年第 1 期。

❷　江苏省、广东省、湖南省等出台了地方性企业知识产权管理标准，但是其规定仍然是比较原则而缺乏可操作性的。

❸　刘强：《专利阻遏与专利强制许可》，载《安徽大学法律评论》2010 年第 2 期。

的扩大和蔓延，而权利人却能够从自己怠于行使权利的行为中获益，其原因至少部分在于专利法在损害赔偿责任中采用无过错原则所导致的。

其次，无过错损害赔偿责任造成专利权人怠于对经济损失进行举证。在专利侵权诉讼过程中，存在一个值得注意的现象就是法院的认定被告需要支付的赔偿数额时适用法定赔偿额的案件占案件总数的比例过高，而能够通过权利人遭受的损失、侵权人所获得经济收益或者专利许可费合理倍数标准来认定赔偿数额的比例过低。❶ 应当看到，法定赔偿额只是对于专利权人所应获得的赔偿数额在通过证据难以证明的情况下进行的法律推定，通常与实际损失数额是不一致的。但是，由于专利权人无须对被控侵权人的主观过错进行举证，进而导致专利权人不愿意对于被控侵权人实施专利技术的真实生产经营规模、范围、持续时间和性质等情况进行调查取证，从而导致适用法定赔偿额这一顺位最后的数额确定标准比例反而最高的奇怪现象出现，使得判决数额与填补专利权人损失应当判决的数额存在差距。

再次，无过错原则在专利侵权损害赔偿领域的适用方面容易造成损害分配上的不公平现象。无过错责任原则是在认定被告构成侵权并承担民事责任时不考虑主观作为侵权行为要件。我国侵权责任法对于无过错原则的表述已经从《民法通则》规定的"没有过错，但法律规定应当承担民事责任的，应当承担民事责任"调整为"行为人损害他人民事权益，不论行为人有无过错，法律规定应当承担侵权责任的，依照其规定"。因此，无过错责任并非只有当事人没有过错时法律才要求其承担。❷ 作为被控侵权人的主观状况仍然存在有过错和无过错两种情况，主观过错的有无对于是否构成专利侵权和是否承担停止侵权的责任不产生影响，但是要求并无主观过错的侵权人与存在过错者承担同样的赔偿损失责任则有失公平。在无过错责任案件中不区分加害人有无过错，统一实行全部赔偿原则，从而造成确定赔偿责任中存在较大的问题，无法体现有过错和无过错的加害人在法律谴责和制裁程度上的差别。❸ 我国专利法受侵权行为法一般规定的影响，在损害赔偿责任上不对主观要件进行区

---

❶ 以上海法院系统审判的专利侵权案件为例，适用法定赔偿额出现"泛化"现象，判决被告承担侵权赔偿责任的案件基本上都适用法定赔偿方法确定侵权赔偿数额。其他省市法院存在类似状况。参见上海市高级人民法院民三庭：《上海法院确定侵犯知识产权赔偿数额的司法实践》，载《人民司法》2006 年第 1 期。

❷ 魏振瀛：《侵权责任方式与归责事由、归责原则的关系》，载《中国法学》2011 年第 2 期。

❸ 杨立新：《侵权责任法》，法律出版社 2010 年版，第 525 页。

分。仅《专利法》第70条不足以弥补这种不公平现象，因为侵犯专利权的主体不存在过错的情况显然要比该条规定的特定情形要广泛得多。而专利法着重要规制的是恶意侵权行为，甚至可以对其进行惩罚性赔偿，而对于无过错专利侵权行为要承担超过其合理收益的赔偿额则难以找到法理依据。但是，根据我国现行专利法，无过错侵权人仍然有可能支付合理许可费1~3倍的赔偿，其他赔偿标准也与有过错侵权人无异。由此可见，我国专利法笼统地对所有主观状态的侵权人适用同样的损害赔偿标准是有违公平正义标准的。

最后，在损害赔偿领域采用无过错责任不是解决专利保护特殊性问题的有效手段。认为专利侵权损害赔偿应采用无过错责任的观点，主要是从扩大无措过责任适用范围、加强专利保护、维护专利独占性和应对专利复杂性等角度进行分析的。但是，应当说无过错责任既不是解决上述问题的有效对策，也难以承担对专利保护特殊要求的回应。从无过错责任适用范围的发展角度来说，固然经历了从限于危险责任拓展到替代责任等领域的进程，但是其范围不应无限扩大，否则造成专利权人的竞争对手在采用新技术时要负担过高的法律风险，妨碍了新技术的有效开发和商业化。由于对专利权的侵犯属于观念侵权，而并非物理侵权，因此竞争对手侵权的风险较侵犯物权可能性大为提高。在此情况下，立法者面临的是坚守过错责任原则还是采用无过错责任，是迁就于证明能力问题还是通过类型化等立法技术解决合理证明途径的选择。作为较为成熟的专利立法，显然不能因为当事人证明困难就简单地取消其证明的责任，否则当事人实体权利义务的平衡难以保证。另外，对于专利权排他性的保护不必完全依赖于损害赔偿责任的扩张，要求被告承担停止侵权的责任已经可以起到确立独占性的作用。对于物权的不同保护模式采用不同的归责原则就是很好的借鉴。另外，对于专利保护范围和侵权判定的复杂性，不仅对于专利权维权来说造成风险，也对竞争对手合理回避专利侵权风险带来困难，因此不能单纯地偏向专利权人来扩张损害赔偿的适用范围。

二、专利侵权损害赔偿归责制度的理论基础

（一）停止侵害和赔偿损失针对不同的行为

我国对于专利侵权案件中停止侵权和损害赔偿责任笼统地采用无过错原则，表明在该制度上还未根据专利侵权行为在不同阶段的性质进行精细化的区别设计，从而导致未能进行针对性的制度设计。应当注意，对于停止侵权

和损害赔偿责任在主观要件上进行区分，并不是针对同一侵权行为在不同民事责任上进行不同的规定，而是针对表面特征相同实则有本质差异的行为进行的差别化要求。停止侵害民事责任所指向的客体是在判决时存在的妨害行为，该行为有可能在法院对案件宣判之后继续进行❶；而赔偿损失民事责任则是针对起诉时已经结束的侵权行为，该行为已经完成并且其损害不可恢复。

从性质上说，妨害是在某个时间点，特别是在判决时存在的；而侵权行为则是在侵权人开始时实施侵权行为到法院判决这一时间段内存在的，可能是一次性侵权行为或者连续性侵权行为，具有发生在过去某个时间段的性质。从是否有可能由法院判决要求停止来说，侵权行为已经发生并且其产生的损害不可逆转。对于侵权行为而言，从民法角度给予权利人救济的优选方式仍然是恢复原状，除非恢复原状在经济上或者事实上是不可能的，比如对于人身造成的损害。就专利侵权来说，对于已经发生的侵权行为恢复原状意味着从专利产品买受人处收回，并由专利权人再次提供，从而弥补由侵权人篡夺本属于权利人独占的商业机会而带来的损失。但是这存在两方面的困难，首先，专利权难以与物权对抗，当同一财产上既存在物权，也存在专利权时，物权要优先于专利权；其次，从买受人处收回专利产品从经济上来说也是得不偿失的。而妨害行为则仍然持续并且有可能继续产生损害后果，因此停止侵权只能针对持续的妨害行为，其所适用的规则原则并不等同于针对侵权行为而产生的损害赔偿责任。

因此，不宜将停止侵权责任所适用的无过错原则简单套用损害赔偿责任上，否则可能造成对当事人民事责任和损害结果分配上的不公平现象。

（二）对于不同对象在归责原则上采用不同的立场

知识产权与物权在权利性质上存在相同之处，均属于支配权。按照支配权的性质，是权利人对于特定客体进行自由支配并排除他人非法干涉的权利。在积极权能上，权利人对于受保护的客体具有支配权，在消极方面，权利人在权利受到侵害时对于侵害人享有物权请求权和债权请求权。民法理论中关于物权保护手段结构的理论可以帮助我们明确对知识产权保护所设定民事责任之间应当具备的层次关系。史尚宽教授认为："因他人物权之侵害，得同时发生物权请求权和损害赔偿请求权"，此时"为两个请求权之并存物权请求

---

❶ 谢在全：《民法物权论（上）》，中国政法大学出版社 1999 年版，第 26 页。

权"。❶ 物上请求权"在所有权存在之期间不断地发生",是"独立请求权","与因物权侵害所生损害赔偿请求之相对人的债权不同"。❷ 从性质上说,物权请求权是物权的完满状态受到妨害或者有妨害之虞时,向妨害行为人提出请求或者获得司法保护的权利。对于他人所有权加以妨害者,无论是否有过失,均负有排除妨害的义务。因此,妨害排除请求权不以妨害者有过错为前提。❸ 只要行为违法,权利人即可要求排除妨害。

在专利保护领域,该请求权具有类似性质,权利人在发现存在侵权行为,并且侵权行为处于持续状态时,可以向对方或者司法机关提出要求侵权方停止侵权行为,从而使得专利权人的权利恢复到完满状态。王泽鉴教授也认为,"妨害应当具有违法性,权利才能要求行为人排除妨害";"如果权利人有义务忍受者,则无妨害排除请求权。在民法上体现为对用于紧急避险、正当防卫、相邻关系等规定"❹,而在专利法可以体现为专利权用尽、先使用抗辩、科学实验例外和临时过境等例外情形,在这些情形下专利权人有义务对行为实施专利技术的行为给予容忍。

而损害赔偿请求权在民法上也是保护物权的手段,是在无法恢复物的原状的情况下,由物权人或者占有人向侵害人提出的以货币方式赔偿损害的请求权。❺ 债权请求权仍然是以回复原状为原则,但是其目的在于损害的去除。损害赔偿在物权保护中具有重要作用,当不能回复物之原状时,应当由侵权人进行金钱赔偿。侵害物权而产生的损害赔偿请求权应当在主观过错要件上与停止侵害请求权有所不同。

在专利侵权责任认定方面,应当将停止侵权责任和赔偿损失责任进行区别对待,特别是在归责原则上应当根据两者性质分别适用无过错原则和过错原则。原因在于,停止侵害责任针对的是在权利人起诉或者宣判时在继续的侵权行为,如果任其持续将妨碍专利权正常行使,为防止其继续产生对权利造成侵权的后果,可以请求法院责令其停止侵权行为,也可以要求法院责令其消除今后可能再次实施侵权行为的危险;与此相对,赔偿损失针对是过去已经发生的侵权行为,要求侵权人停止已经完成的侵权行为并无实际意义,

❶ 史尚宽著:《物权法论》,中国政法大学出版社 2001 年版,第 11 页。
❷ 史尚宽著:《物权法论》,中国政法大学出版社 2001 年版,第 11 页。
❸ 王泽鉴:《侵权行为法》(第一册),中国政法大学出版社 2001 年版,第 172 页。
❹ 王泽鉴:《民法物权〈通则·所有权〉》,中国政法大学出版社 2001 年版,第 179 页。
❺ 孙宪忠:《中国物权法总论》,中国政法大学出版社 2003 年版,第 330 页。

因此只能在法律上要求其支付一定的赔偿金，使得权利人的利益得到公平的补偿。

（三）主观过错是承担专利侵权损害赔偿责任的构成要件

有学者认为专利权的公布或者公告不能视为推定侵权人应当知晓专利权存在并认定其具有主观过错，并以此认为应当将过错推定原则并转变为无过错原则❶。其隐含的逻辑是既然不能推定其有过错，则免去权利人举证证明对方有过错的责任和负担。这种论证方式存在逻辑问题，既然基于专利权公布推定竞争对手应当知晓专利权的存在，或者即使知晓其存在就一概推定其具有主观过错并不合理，那么根据民法一般原理得出的合理推论应当是强化对过错的举证责任，明确该领域的过错责任原则，从而平衡当事人的权利义务，免除当事人可能动辄要承担的损害赔偿责任，妨碍当事人自由选择技术并加以利用的经营自主权，而不是对制度规定向相反的方向进行修改。根据对《美国专利法》第 284 条的解读，该条款说明不能仅靠专利权公布推定侵权人有过错，而必须通过在专利产品上加注专利标记来实现，其隐含的观点应当是赔偿损失应当采用过错责任。因此，不能否认该条款是对过错责任的规定，进而将美国专利法的规定理解为无过错责任。事实上，美国专利法一直是将主观过错作为赔偿损失责任的构成要件，从未在该领域实行的无过错责任。

笔者认为，主观过错应当成为专利侵权赔偿责任的构成要件，否则将构成对当事人权利义务设定的不公平现象。损害发生后应由何人承担此不利后果，美国大法官霍姆斯认为基本原则是"让损害停留在其发生之处"❷。特别是对于侵害物权行为应当以恢复原状作为原则，而损害赔偿的成立则必须有法定的理由，否则应当由权利受害人本人承担。王泽鉴先生认为损害赔偿领域的过错责任立法主要有三方面理由：首先，行为人为自己的过失负责符合正义的要求；其次，行为人为自己的过失负责既保证了行为人的行动自由又促进了行为人之注意，可避免损害发生，维护社会安全；再次，采用过失责任是对行为人意志自由的肯定，是对个人尊严的尊重❸。侵权责任法对于侵权责任的设定是以损害赔偿为核心的，因此根据该法规定的无过错责任在停止

---

❶ 张玲：《论专利侵权赔偿损失的归责原则》，载《中国法学》2012 年第 2 期。

❷ "Sound policy lets losses lie where they fall except where a special reason can be shown for interference." O. W. Holmes, The Common Law, 1891：50.

❸ 王泽鉴：《侵权行为法》（第一册），中国政法大学出版社 2001 年版，第 13 页。

侵权和损害赔偿方面均适用无过错责任。更何况针对交通事故、医疗损害、环境污染、动物饲养等领域，不能因为发生了损害后果就停止行为人从事交通运输、医疗诊治、排放污染物或者饲养动物等合法活动，其造成损害的行为多为即发性行为，不存在停止侵权的可能性，因此侵权责任的焦点就集中在损害赔偿责任方面。在此无过错责任原则自然延伸到了损害赔偿方面。但是，专利侵权不能简单地比照适用此原则，过错责任仍然应当作为损害赔偿的基本原则加以规定。

民法上，主观过错作为损害赔偿构成要件的理论得到充分论证。侵害物权的责任人的善意与否，对于损害赔偿的确定意义重大。善意相对人享有抗辩权，而恶意相对人不享有；在相同的行为模式下，恶意人应当承担较重的赔偿责任。❶ 在这一点上，损害赔偿请求权与停止妨害请求权、消除危险请求权具有明显区别。在专利侵权损害赔偿责任的归责原则确定时，也必须根据当事人是否具有主观意见加以区分。德国物权法理论上对于物的善意占有人给予特别的保护，也就是对于权利未决状态开始之前，原则上不承担损害赔偿责任。只有在权利未决状态或者恶意状态开始之后，且仅当由于占有人的过错导致物之原状恶化或者不能返还时，占有人才承担损害赔偿责任。❷

在知识产权领域，认定构成侵权不需要主观过错要件并不意味着损害赔偿责任也适用该规则。日本东京知识产权研究所研究员岩田敬二等专家在阐述主观过错与专利侵权损害赔偿责任时也谈到，针对原告停止侵权的"物权主张"，对被告适用无过错责任原则；而针对原告赔偿损失的"债权主张"对被告适用过错责任。❸ 也就是说，主观过错将是认定被告是否需要承担损害赔偿责任的共同要件。在专利侵权领域，比照前述德国物权法理论对善意占有人的保护，专利权人的竞争对手有自由开发或者合法受让新技术并加以实施的经营权利，如果侵权人使用的新技术是自己开发的（如果他使用的技术属于专利法上的现有技术，则本身构成法定的侵权抗辩），并不知晓专利权的存在，则其实施该技术的权利并未受到专利权人的挑战，即属于权利未决状态开始之前，加上其属于善意，因此原则上应当不承担侵权损害赔偿责任。

值得注意的是，对于有形财产侵权形成的损害赔偿责任，虽然是以过错

---

❶　孙宪忠：《中国物权法总论》，中国政法大学出版社 2003 年版，第 331 页。

❷　［德］鲍尔·施蒂尔纳，张双根译：《德国物权法（上）》，法律出版社 2004 年版，第 248 页。

❸　郑成思：《知识产权论》（第三版），法律出版社 2003 年版，第 272 页。

为前提的，但是并不以过错程度作为确定赔偿范围的依据。❶ 该条在确定赔偿标准时仅考虑财产的经济价值。但是，对于专利侵权来说，主观过错程度将很大程度上影响赔偿标准。究其原因，首先，考虑到专利侵权的实质是篡夺了本应专属于权利人的专利产品商业交易机会，难以简单地以财产损失的数额来衡量赔偿数额；其次，考虑到专利权属于无形财产，专利权人发现侵权行为和被告避免专利侵权风险均较为困难，而侵权人恶意侵权行为应当是专利法主要惩处的对象；最后，由于专利权已经除罪化，无法向对侵犯财产类犯罪那样对侵权人实施刑事制裁，因此有必要在判定民事赔偿数额时将侵权人的主观过错程度作为重要因素考虑在内，对于故意侵权行为可以考虑施加惩罚性赔偿，而对于轻微过失可以减少赔偿数额。

（四）专利侵权领域应存在返还不当得利之债

在专利侵权损害赔偿责任承担的归责原则中，要求侵权人具有主观过错是普遍认可的原则。在制度设计上应当从无过错原则调整为过错原则。那么，侵权人没有主观过错时是否要承担经济责任，以及该责任的法律性质，学者存在不同见解。如果将专利侵权经济责任一概认定为承担侵权赔偿责任，则排除了在无过错情况下承担经济责任的可能性。是否可以认为对于无过错的专利侵权人，在适当的情况下要承担返还不当得利之责呢？也就是在不能要求其承担侵权赔偿责任时，仍然根据公平原则承担返还由经营专利产品或者方法而获得的合理利润呢？如果我们认为侵权责任和返还不当得利责任是决然分开的，既然要求侵犯专利权者承担侵权责任，则如果涉及经济责任，则只能根据侵权责任法承担赔偿损失的责任，绝不会出现返还不当得利的情况。❷ 如果还坚持专利侵权损害赔偿无过错责任，固然不会有侵权人主观过错不同而承担不同性质责任之说。但是，由于我们要根据民法侵权损害赔偿归责基本理论要求专利侵权者在损害赔偿领域承担过错责任，则必须考虑在侵权人无过错时如何对专利权进行合理经济补偿的问题，原因在于侵权人的行为已然构成对专利权人本应独占享有的商业机会的剥夺和削弱。笔者认为，将侵权人无过错时承担的经济责任界定为不当得利之债并无理论上的障碍，而且可以进一步明确专利侵权损害赔偿的过错责任性质，应当成为立法的选择。

---

❶ 杨立新：《侵权责任法》，法律出版社 2010 年版，第 142 页。
❷ 郑成思：《知识产权论》（第三版），法律出版社 2003 年版，第 294 页。

有学者认为，被告在无过错情况下承担的经济责任应当被定性为侵权之债。其理由有二，一是在于被告已经构成侵权行为，因此其具有可归责性，不应当再以不当得利之债加以认定；二是我国司法实践中不当得利诉讼有泛滥之趋势，不宜再度扩大不当得利之诉的范围。❶ 但是，应当说是否构成侵权行为和是否需要承担损害赔偿责任两者在认定上是相对独立的，这在之前已经分析，不再赘述。在构成侵权行为时，对于善意侵害人是有可能要求其返还不当得利的。我国物权法已经确立了这样的规则。对于善意占有他人不动产或者动产的行为人，由于其占有行为妨害了物的所有人对其财产的占有，因此已经构成对物权的侵犯。根据《物权法》第 34 条的规定："无权占有不动产或者动产的，权利人可以请求返还原物"；《物权法》第 243 条甚至还进一步规定权利人可以要求占有人返还孳息。因此返还原物与孳息应当是占有人所获得的收益，即使对于善意占有人也应当承担该责任，权利人有权基于自身所享有的物权而提起返还不当得利之诉。但是，对于损害赔偿责任，尽管《物权法》第 37 条规定"侵害物权，造成权利人损害的，权利人可以请求损害赔偿，也可以请求承担其他民事责任"，并未涉及主观过错；但是《物权法》第 242 条对于其中一种主要情形在主观要件上进行了限制，即"占有人因使用占有的不动产或者动产，致使该不动产或者动产受到损害的，恶意占有人应当承担赔偿责任"。对于物本身的价值造成损害，是侵害物权造成权利人损失的重要方面，其他还包括造成权利人使用、收益和处分利益的损失等。在此情况下，如果要求侵权人赔偿损失，则仅限于其有过错的情形，而且过错程度必须达到"恶意"，因此轻过失可能还不足以要求其承担此类责任。类推到专利权，未经专利权人许可对专利技术的使用在法律上缺乏依据，侵权人由此获得的收益可以被视为不当得利。要求侵权人承担停止侵权责任不需要其主观有过错，要求其承担损害赔偿责任则需要证明其主观过错，而返还利润的经济责任应当定性为不当得利责任。在侵权责任中不存在返还不当得利的观点是不能成立的。而对于不当得利之诉过于泛滥的理由，在专利侵权诉讼领域也不具有现实基础，一概将侵权人的经济责任归类为侵权赔偿责任则有违公平原则。

专利侵权经济责任中是否存在不当得利之债的理论依据还可以从我们对外国侵权责任法的认识中得到明确。从而我国在借鉴英美国家立法经验时，

---

❶　张玲：《论专利侵权赔偿损失的归责原则》，载《中国法学》2012 年第 2 期。

应当充分利用其侵权领域立法术语上的区别，特别是 infringement 和 tort 两者的区别。语言的障碍可能阻碍我们进行成熟的知识产权立法。❶ 他认为，在一定意义上，tort 的范围要稍窄些，只覆盖了负有损害赔偿责任的侵权行为。我国《侵权责任法》所规定的侵权责任也多属于这个范围。而 infringement 所涉及的范围较宽，除包含 tort 涵盖的范围以外，还包括一切侵权他人权利或者利益范围的行为。我国《物权法》所规定的对物权保护的途径针对的就是 infringement 的行为。对于英美法来说，只要有了"侵入"的事实，就构成 infringement，不论主观状态如何就可以要求停止侵害或者恢复原状。黄晖博士在其著作中曾经论及侵权者在被法院认定侵权、被制止侵权、被要求销毁侵权用品后，还要"返还不当得利"，这是因为在英美国家虽然侵权之债和不当得利之债时相互独立的，但是其行为模式可能存在交叉之处。❷ 因此在侵权行为中绝不能出现返还不当得利的观点是错误的。如果按照 infringement 和 tort 的区别而言，在 tort 范围内只可能有侵权损害赔偿之债发生，而在 infringement 范围内，则很有可能有返还不当得利之债出现。

三、关于国外专利侵权损害赔偿制度的立法借鉴

（一）《TRIPS 协定》第 45 条的规定

对于各国在知识产权立法和司法制度进行比较后可以认为，除极少数国家以外，都在确认是否侵害了知识产权并要求侵权人停止有关侵权活动时采用"无过错原则"；而在确定是否赔偿被侵权人或者确定赔偿额度时，适用"过错责任"。这一点上在国际知识产权界并无多大争议。❸ 但是，在我国知识产权法，特别是专利法制定和实施的过程中却出现了偏差。根据《TRIPS 协定》第 45 条第 2 款规定，实际上允许各国立法授权司法机构在侵权人无过错的情况下要求其返还合理使用费或者法定赔偿额，说明认定侵犯知识产权并承担停止侵权责任应当遵循无过错原则，而不是认为对于损害赔偿责任也应当承担无过错责任，该条款规定了不可以在一切场合排除对侵犯知识产权的无过错责任。

对于《TRIPS 协定》第 45 条的解读关系到我国是否能够在国际义务的框

---

❶ 郑成思：《知识产权论》（第三版），法律出版社 2003 年版，第 295 页。
❷ 黄晖：《驰名商标与著名商标的法律保护》，法律出版社 2001 年版，第 290 页。
❸ 郑成思：《侵害知识产权的无过错责任》，载《中国法学》1998 年第 1 期。

架下找到最符合国际立法经验的模式，从而对于我国在专利侵权损害赔偿归责制度上进行进一步的完善。总的原则应当是充分利用该条款所体现的立法精神和赋予的灵活度，弥补我国专利法中该制度立法过程中尚未得到充分讨论的缺失。《TRIPS 协定》第 45 条分为两款，其中第一款规定，"如果侵权人已知或有充分理由应知自己从事的系侵权行为，司法当局应有权责令其向权利人支付足以弥补因侵犯知识产权而给权利人所造成之损失的损害赔偿费"。从该款可以看出，其采用的是过错责任原则。❶ 司法机关在判决被告赔偿损失时，并非不必考虑当事人的主观过错，而是可以仅限于当事人对于自己行为是否构成侵权有明确认知或者应当有相应认知时才判令其赔偿。❷ 而我国目前的专利立法显然过于僵硬，设定了过于宽松的主观要件判别标准，扩大了被告应负赔偿责任的范围。目前我国的立法模式固然没有违反 TRIPS 协定的最低保护标准要求，而 TRIPS 协定也允许各国在承担义务的基础上提高保护标准❸，但显而易见的是我国还没有充分利用 TRIPS 协定该条款所提供的灵活性，并且不适当地提高了对权利人在获取损害赔偿方面的法律保障水平。对于侵权人具有主观过错的认定标准，TRIPS 协定该条款的规定比较原则，而当事人的主观过错也只能通过可以识别的行为和环境来加以判断。在此方面，需要在专利立法和司法过程中通过类型化手段来加以明确，特别是针对专利授权和实施过程中可能出现的典型行为模式来认定。在该制度立法过程中，要充分利用《TRIPS 协定》第 45 条所赋予的灵活性，不必在制度设计时将保护标准提高到超出国际义务标准的程度。

在确立了损害赔偿过错原则的基础上，TRIPS 协定对于侵权无过错的情况下需要承担的经济补偿责任也进行了授权性的规定。《TRIPS 协定》第 45 条第 2 款后半段规定，"在适当场合即使侵权人不知，或无充分理由应知自己从事的属于侵权行为，成员仍可以授权司法当局责令其返还所得利润或令其支付法定赔偿额，或二者并处"。该款后半段的规定并非强制性的，各成员可以选择适用。对于该经济责任是否属于侵权赔偿责任，尚存在不同理解。总体而言，认定其属于不当得利之债较为合理。而且，该款中将被告需要返还的不当利益推定为其所获得的利润或者法定赔偿额，对于原告来说减少了对

❶　尹新天：《中国专利法详解》，知识产权出版社 2011 年版，第 669 页。
❷　UNCTAD-ICTSD, Resource Book on TRIPS and Development, Cambridge University Press, 2005: 592.
❸　TRIPS 协定第 1 条规定："各成员方可以，但不应受强制地，在其本国法律中实行比本协议所要求的更加广泛的保护，只要这种保护不与本协议条款相抵触。"

不当利益数额的证明责任。因为原告基于不当得利之债要求被告返还利益的话，需要证明自己遭受了损失，并且该损失与被告行为之间具有因果关系，而专利侵权行为获利具有多因一果的复杂性，被告生产销售专利产品所获利润受到除专利权以外的市场因素影响❶。原告要证明其应获利润与损失之间的因果关系比较困难。TRIPS 协定在此处为各国专利立法在认定被告应返还的不当得利数额方面提供了指导性意见，我国在专利立法时应慎重对待并选择采纳。

（二）各国专利法相关规定的借鉴

第一，从立法体例上看，在专利侵权损害赔偿责任归责原则上分为统一立法和分别立法两种模式。其中，对于认定构成专利权并停止侵犯专利权的责任与损害赔偿责任在主观要件上规定同样归责原则的属于统一立法模式。采用这种立法模式的国家较少，其中又分为采用无过错责任和采用过错推定责任两种类型。采用无过错责任的国家中，法国知识产权法典是典型代表。在该法典中，对于侵犯专利权统一规定要承担民事责任，而并未对两种责任在主观要件上加以区分。而日本、韩国和我国台湾地区是采用过错推定责任，即只要专利权被公告授权并被记载在专利登记簿等文件中，如果没有特殊事由作为抗辩，则被告行为构成侵权本身即可推定其具有主观过错。另外，更多的国家采用分别立法模式，即对于停止侵权责任与损害赔偿责任规定不同的归责原则。德国、英国、美国、加拿大等多数国家采用这种模式。采用分别立法模式体现了立法者对于停止侵权和损害赔偿责任在归责原则方面的差别化思考，也符合两者在所针对的行为的性质和构成要件方面存在的差异。

第二，对于损害赔偿责任的归责原则，有过错责任、过错推定和以无过错责任为原则、过错责任为例外的三种模式。

第一种类型，采用过错责任的主要是德国专利法，该法第 139 条第 2 款规定，"任何故意或者过失侵权人，对被侵权人因此产生的损害负有赔偿责任"。在德国司法实践中，为了缓和权利人证明侵权人主观过错方面存在的举证困难，同时为了对竞争对手施加更为严格的注意义务，原则上要求经营者对其经营活动所涉及的专利状况保持注意，如果专利授权决定公布 4 个星期以后，推定竞争对手知晓专利权的存在，并且侵权依赖于初审法院判决或者

---

❶ 杨崇森著：《专利法理论与实践》，台北三民书局 2007 年版，第 501 页。

专家建议而做出的误认为其不构成侵权的判断，不能免除其过失责任。❶ 然而，对于这种司法实践做法，有矫枉过正之嫌，德国学者也提出了诸多批评意见，认为这种做法等同于要求被告承担危险责任或者无过错责任。考虑到识别专利权的存在以及判断自身产品是否落入专利保护范围是相当困难的，即使少数专利法律专家也未必能下决断，因此将此"模糊地带"的风险分配给侵权人并不合理。❷ 更何况对于确实无过错的侵权人还可以要求其承担返还不当得利之责，因此学者普遍认为不应当从根本上动摇过错责任在专利侵权损害赔偿领域作为基石的地位。

第二种类型，实行过错推定的以英国专利法为代表，该法第 62 条第 1 款有类似规定："在侵权诉讼中，对于证明其在侵权行为发生之日不知道也没有合理的理由知道专利的存在的被告，不得要求其给予损害赔偿，也不得责令其交出营利账册。"《澳大利亚专利法》第 123 条有类似规定。❸ 日本和韩国专利法也有过错推定的规定，不过其采用的是从正面描述，认为："侵犯他人专利权或者专有实施权的，推定其有过失。"❹ 采用过错推定原则对于原告来说减轻了举证责任，其可以比较容易地证明被告具有主观过错，再加上专利授权公告等过错推定的事由是不能推翻的，因此实质上具有无过错责任的属性。尽管过错推定责任是对过错原则的修正，但是并不一定能合理地平衡当事人之间在损害分配上的权利义务。

第三种类型，法国采用的是以无过错责任为原则，过错责任为例外的立法模式。《法国知识产权法典》第 L.613 条规定，"侵权人应当对其任何侵权行为承担侵权的民事责任"，同时还规定"许诺销售、投放市场、使用、为使用或者投放市场的目的持有侵权产品的，只要该行为是侵权产品制造者以外的人所实施，则其仅在明知的情况下承担民事责任"。

第三，对于损害赔偿领域的过错责任原则，有概括式立法和列举式立法两种模式。对于概括式立法，主要是上面提到的德国专利法的模式，要求原告证明被告存在过错，至于如何证明由原告根据案件情况来举证，并由法院分配举证责任。这样做的优点是明确了损害赔偿的过错责任原则，缺点是原

---

❶ 范长军：《德国专利法研究》，科学出版社 2010 年版，第 127 页。

❷ 范长军：《德国专利法研究》，科学出版社 2010 年版，第 128 页。

❸ 该条规定，"被告使法院确信，其在实施侵权行为时不知道也没有合理理由相信有关发明存在专利的，法院可以拒绝给予原告赔偿或者责令被告交出利润"。

❹ 参见日本专利法第 103 条、韩国专利法第 130 条。

告对于如何证明被告有主观过错存在不确定性，可能造成不可知的证明难度。法官的判断时只能根据民法一般原则，也存在自由裁量权过大的嫌疑。对于列举式立法，通过对原被告行为的类型化列举出若干行为模式，从而便于原被告对于自己的证明责任和法律后果。采用列举式立法模式的主要是美国专利法，该法第 287 条第 1 款主要列举了三种行为模式：（1）如果专利权利自己制造或者授权他人制造产品，那么可以在专利产品或者产品包装上进行专利标记，从而表明其履行了告知专利权存在的义务；（2）专利权人自己并不生产产品或者并未在所生产的产品上进行标记，但是对于所发现涉嫌侵权的行为人发出律师警告信或者其他通知，视为其履行了告知义务；（3）权利人针对涉嫌侵权的当事人提起专利诉讼，视为其履行了通知义务。美国专利法没有采用最为简便的过错认定（等同于过错推定）标准，即专利商标局对于专利权的授权公告意味着行为人应当知晓专利权的存在并对侵权行为存在过错，而是要求权利人用不同方式来实施特别的通知行为。当侵权人被告知或者应当知晓专利权存在，但继续实施专利侵权行为，则即使其在实施过程中咨询过专利律师意见，仍然不能免除对专利侵权行为的主观过错。因此说明，美国专利法的规定明确采用了过错原则。❶ 尽管没有采用"过错"的文字，但是其具有过错责任的性质是不容置疑的。

为了进一步明确专利权人的通知义务，应当减少竞争对手在接收和辨别通知内容是否真实合法方面所负担的不确定性，同时为收到通知的经营者给予合理的抗辩事由。英国专利法第 62 条第 1 款后半段就明确要求权利人在进行专利标记时要加注专利号，否则不能构成有效的权利提示。❷ 美国专利法对于通知的内容和接收者能够采取的合理措施进行了规定。该法第 287 条第 5 款第 A 项规定，"侵权通知是指同能够说服一个理智的人让其相信产品可能是在美国利用专利方法制造的信息有关的确切知识或者当事人收到的书面通知或者两者的结合"；该款第 B 项还规定，"专利权人指控他人侵权的书面通知应当详述被声称使用的专利方法和善意地确信该方法被使用的原因。专利权人发出的通知中应当包括对于解释专利权人相信的事实具有合理必要性的信息，除非没有要求专利权人披露商业秘密信息。"因此，专利权人在发出侵权

---

❶ 尹新天：《中国专利法详解》，知识产权出版社 2011 年版，第 668 页。

❷ 该条规定：任何人不应被认为已经知道或有充分理由假设他已经知道专利的存在，如果理由仅仅是一项产品上附有"专利"或"已获专利"等字样，或任何表示或暗示该项产品已获准专利的字样，除非这类字样注明专利证号码。

警告信或者其他类似通知时，不能笼统地告知对方已经构成专利侵权，也不能仅仅指名涉及的专利号或者专利名称，而因将能够确认被告侵权的相关证据进行列举和对比，否则所提供的信息过于简单将不能构成一个合理的通知行为。

被告能否在收到专利侵权通知或者通过其他方式知晓专利权的存在以后采取合理措施回避被认定为具有主观过错，并以此对损害赔偿责任进行适当的抗辩，关系到其能否在合理的法律预期内从事正常的经营活动。采取必要措施可以避免被认定为故意侵权。例如，日本专利案件判例就指出，被告在悉知他人专利以后，但确信自己行为不侵犯其专利权，并且有合理的依据，可以阻却故意。❶ 此外，基于专家通过实验进行的鉴定，认为其产品并不等同于专利权利要求所保护的技术方案，基于此结论进行了经营活动可被认定为不具有主观故意。

第四，对于被告无过错时是否须承担经济责任，各国专利法分为否定说和肯定说两种态度。对于否定说，部分国家和地区专利法不允许在侵权人无过错情况下要求其承担经济赔偿或者补偿，包括赔偿损失或者返还不当得利。典型的代表是澳大利亚专利法，其具体规定前已论及。由于该国要求被告承担过错推定责任，因此被告对于自己没有过错要举例证明。其他多数国家采取肯定说，而其中又分为要求承担损害赔偿责任和返还不当得利两种情况。法国等前述在损害赔偿归责原则中采用统一立法模式的国家，通常将其认定为属于损害赔偿责任。

另外，还有部分国家通过专利法律规定或者适用民法一般规定，要求被告在无过错责任情况下承担返还不当得利之责。《瑞典专利法》第58条第2款规定，"如果并非过失侵犯专利权的，应对使用专利发明的行为进行合理补偿"。这种在法定条件下侵权人应当向权利人返还和支付合理的利润额的立法模式，凸显了不当得利之诉的法律地位。其他部分国家和地区的专利法，虽然并无返还不当得利的明确规定，但是并不意味着不能根据其民事法律的一般原则来适用。法院在符合法定条件的情况下可以判定由被告返还不当获益，其数额通常由被告实施专利技术所应支付的合理使用费或者合理利润来确定。

---

❶ 日本大判昭和15.3.22，法律评论29卷诸法，第290页。转引自杨崇森著：《专利法理论与实践》，台北三民书局2007年版，第481页。

协同创新战略 与 专利制度发展

我国台湾地区的专利救济制度就采用这种观点。❶ 德国法院在 1976 年也首次通过案例形式承认了此类请求权。❷ 对于不当得利返还请求权的诉讼时效，在部分国家其期间要长于损害赔偿请求权，因此在法定条件下允许权利人提起返还不当得利之诉仍然具有实质性意义。

第五，对于损害赔偿数额根据侵权人的过错程度适用不同标准加以认定。对于采用过错责任或者过错推定作为损害赔偿责任归责原则的国家，侵权人的过错程度将会对赔偿数额的判决产生重要影响。首先，如何区分专利侵权领域的故意或者过失。过错程度最轻的是，对于由法律推定的过错通常认为属于轻过失，例如以专利公报的公布推定侵权人有过失的情况，因为侵权在实际上可能并不知晓专利权的存在，也无从对自身产品是否构成侵权进行实际的判别，因此过错程度较轻。日本、韩国和我国台湾地区均采用这种认定标准。过错程度较重的是，而由权利人发出专利侵权警告信以后继续自行实施专利技术，但是侵权人通过合理的途径确信自己的行为不构成侵犯他人专利权，并且有合理根据的情形，则可以避免被认定为故意而仅构成重过失。❸ 例如，侵权人根据专家通过实验做出的鉴定，其生产的产品不同于专利权利要求所保护的技术方案，则构成这种情形。过错程度最重的是构成故意侵权，包括直接故意和间接故意。直接故意即明知其行为构成侵权但仍然实施。间接故意行为对于有较高侵权风险的行为继续实施，放任损害结果发生。构成间接故意侵权的行为包括：在收到专利侵权警告信以后，仅根据所掌握的证据就认定专利权应当被无效，但实际上并不构成无效的合法证据；或者侵权人虽然咨询了法律顾问的意见，但是如果该法律顾问是企业内部的雇员而不是独立的专利律师，或者法律顾问只是查阅了已掌握的档案资料，而没有查询其他的现有技术资料，则仍然被认定为构成故意侵权。❹ 采取这样的判别标准，是帮助法官判断当事人是否属于复制他人的发明创造，也是为了督促侵权人采取合理措施避免专利侵权，给予其合理的抗辩事由。

侵权人的过错程度是判定赔偿损失数额的重要标准。《日本专利法》第102 条第 4 款就明确规定，如果侵权人实施侵权行为时"不具有故意或者重大

❶ 杨崇森著：《专利法理论与实践》，台北三民书局 2007 年版，第 501 页。
❷ 范长军：《德国专利法研究》，科学出版社 2010 年版，第 131 页。
❸ 仙台高判昭和 43.9.26 判 22455，第 53 页。转引自杨崇森著：《专利法理论与实践》，台北三民书局 2007 年版，第 481 页。
❹ 李明德：《美国知识产权法》，法律出版社 2003 年版，第 82 页。

过失"，则法官应当将该情况作为判定赔偿数额的因素加以考虑。也就是说，侵权行为主观上存在轻微过失的，可以考虑减轻损害赔偿，以保护轻微过失侵权人的合法权益。❶《美国专利法》第 284 条也规定，只有对于恶意侵权人，才能判给胜诉的专利权人最高不超过三倍的损害赔偿额，以达到惩罚性赔偿的目的。因此，在侵权人具有主观过错并且应当承担损害赔偿责任的情况下，其具有的主观过错程度对专利侵权损害赔偿数额进行认定时应当具有重要作用。一般可以分为轻过失、重过失和故意侵权三个层次，分别适用不同的赔偿数额判别标准。不过，应当注意的是，由于专利权的无形性特点和专利侵权判定的复杂性，当事人的主观过错程度的判别标准的三个层次也并非存在非常严格和客观的标准。美国 1995 年凯利案判决就指出了这种特点，并且认为主观过错是一个程度的问题，从侵权不知道专利权的存在到刻意或者无视专利权的法律权利，存在一个渐变的过程❷。因此，对于故意侵权施加惩罚性赔偿在部分情况下是一种威慑，法院应当综合案件总体情况来判别侵权过错的程度，以保护权利人的经济利益。

四、我国专利侵权损害赔偿归责制度的改进

（一）确立专利侵权损害赔偿的过错责任原则

根据以上分析，为完善相关制度，我国专利法在侵权损害赔偿责任归责原则上应当由目前普遍认为并且已经在司法实践中加以适用的无过错原则，转变为过错责任原则，以体现专利制度作为民法组成部分的基本性质，以及实现专利制度框架内当事人权利义务的平衡。我国目前的专利法对于认定构成侵犯专利权和要求被告停止侵权采用无过错原则，并不意味着对于损害赔偿责任在没有明确规定的情况下也比照适用同样的原则，否则属于对于该领域归责原则的错误解读。即使没有对现有条款进行修改，立法者和司法者在对归责原则进行解释时也应当回归到侵权责任的一般原则，即过错责任原则，作为认定侵权人是否需要承担损害赔偿责任的基本规则。当然，为了明确要求避免误解，可以在专利法中明确规定，被告在实施侵权行为过程中具有故意或者过失的，应当承担损害赔偿责任。

作为专利制度的目的，固然要鼓励市场主体积极从事技术研发和专利申

---

❶　[日] 田村善之著，周超等译：《日本知识产权法》，知识产权出版社 2011 年版，第 303 页。

❷　Rite-Hite Corp. v. Kelley Company, Inc. 56 F 3d 1538, 35 U. S. P. Q. 2d 1065（Fed. Cir. 1995）.

请，但是不能对专利权人的竞争对手施加过重的专利侵权注意义务和法律风险，否则可能破坏企业独立的商业人格，损害其自主的开发，取得新技术并加以利用的积极性和自主经营的权利，损害市场机制功能的发挥。对于专利侵权损害赔偿责任规定无过错责任，将使竞争对手产生过重的经济负担；不论侵权人是否有过错均要求其赔偿损失，并且在赔偿标准上不加区分，不利于将专利制度惩罚的对象集中于恶意侵权等明显挑战专利制度核心价值的行为，也将削弱专利制度主要功能的发挥。

从专利侵权领域的利益平衡角度来说，有的学者可能会认为在损害赔偿领域采用过错原则会导致权利人举证困难，进而妨碍专利权的有效保护。然而，经过仔细分析，该领域的过错原则对于我国现阶段在损害赔偿司法认定过程中出现的诸多问题也颇有裨益。第一，我国目前专利司法审判中存在法定赔偿额适用比例过高的问题。这在于专利权人对于自身遭受的损失或者被告所获得的利润要么难以举证，要么不愿意举证。其中不愿意花费精力和时间去搜集被告侵权所获利润的相关证据，而依赖于法定赔偿额的心态是造成这种现象的重要原因。第二，侵权损害赔偿数额过低的问题。造成这种现象的原因，一方面是国内专利技术的科技含量不高，另一方面原告举证不充分，导致法院难以判决更高赔偿数额。第三，权利人对待侵权行为存在"放水养鱼"的纵容心态。发现侵权行为后，并不主动采取措施维权或者通知对方当事人存在侵权嫌疑，而无过错责任原则混淆了侵权人有无过错情况下专利侵权赔偿数额的差别，从而导致权利人和法院不愿意花费更多的时间对侵权行为的真实状况调查取证。而将损害赔偿归责原则调整为过错原则以后，由于权利人要获得赔偿就必须对对方的主观过错进行举证，应当会调动其进行调查取证和及时主张权利的积极性，反而加大其证明侵权行为所造成损害的可能性，从而根据证据请求法院判决较高的专利侵权赔偿数额，使得其权益得到更为有效的维护。

（二）对于认定侵权人具有过错的行为模式采用类型化手段处理

部分学者对于专利侵权损害赔偿采用过错责任持怀疑态度在于权利人难以通过证据证明被告具有主观过错，特别是证明被告明知专利权的存在而刻意实施侵权行为，因此实施过错责任将不利于保护专利权人获得经济赔偿的权益。诚然，对于归责原则的设计不能不考虑证明难易程度，但也不能对其过于迁就，特别是在我们尚有其他立法技术可以利用对此问题加以解决时更应谨慎。其他国家对于过错认定所采取的类型化处理措施可以借鉴。规定专利权被公告或者记载在专利登记簿上即推定被告有过错的立法模式过于简单化了，并不可取。美国等国家采用的笔者称为"两步法"的检验标准可加以借鉴，第一步是认定在侵权人是否知晓专利权存在，第二步是侵权人在知晓专利法律状态后是否谨慎地判断自身构成侵权。第一步主要通过原告的若干积极行为加以认定，而第二步主要通过被告的消极不作为加以查明。两者相结合认定被告具有错过的行为模式，具有实践可操作性。

我国在明确了过错责任原则的基础上，可以通过三种行为模式认定被告知晓专利权存在，并且作为其具有过错的初步证据：（1）原告在其生产或者经过其许可生产的专利产品或其外包装上标注专利标记以及专利号；（2）原告向被告发出专利侵权警告信或者其他通知，使得被告合理地相信其行为构成侵犯专利权；（3）原告向法院提起专利侵权诉讼。类型化处理对于权利人明确证明侵权人具有过错的标准有了比较明确的预期，有助于在确立过错责任以后克服专利侵权案件难以证明被告过错的问题。

从侵权人角度来说，为了避免承担损害赔偿责任，也可以通过类型化的行为模式来证明自己没有过错，从而主动达成免除赔偿责任的法律效果。例如，作为收到警告信或者起诉状的被告，如果经过独立的法律专家及技术专家鉴定确定自己不构成侵权，则可以免除自己具有故意或者过失（至少是故意）的责任。因而，被告构成侵权也可以基于无过错或者轻过错回避或者减轻专利侵权损害赔偿责任。另外，对于仅从事销售行为的经营者，对于确不知晓其经营产品属于侵权产品，并且能够证明其合法来源的，可以证明没有过错，从而免除损害赔偿责任。对于进口行为而言，属于跨国购买行为，在剥夺专利权人独占商业机会的效果上等同于制造行为，经营者应当负担更重的专利风险注意义务。再者，如果对进口行为免除赔偿责任，将使得海关查处侵权产品进出口的力度削弱。因此，不宜将进口行为纳入上述免责事由。

（三）对不同过错程度的侵权人在损害赔偿数额上适用不同标准

我国目前采用的无过错责任原则妨碍了对不同过错程度的当事人在赔偿数额上采用不同标准的努力，法院在判决赔偿金额时也几乎不考虑侵权人是否属于故意侵权，或者仅属于过失侵权。然而，从专利法的目的来说，鼓励技术研发和实施，首要打击的目标是对明知属于侵权行为但是继续实施的故意（恶意）侵权行为，这种差别化立法政策在停止侵权责任的认定上难以明确体现，因此必须通过损害赔偿责任根据主观恶意的区别对待来实现。如果被告的过错是由于法律的规定来加以推定的，比如专利公报的公布或者权利人在专利产品上加注专利标记，而无明确证据表明侵权人实际知晓专利权的存在，比如收到过专利权人的侵权警告信等，则只能认为侵权人构成过失甚至是轻微过失，其承担侵权损害赔偿的数额应当受到限制。事实上，我国司法机关在处理案件时已经在某种程度上体现了对主观恶性的关注。2001 年最高人民法院颁布的《关于审理专利纠纷案件适用法律问题的若干规定》第 20 条第 3 款就规定，"侵权人因侵权所获得的利益一般按照侵权人的营业利润计算，对于完全以侵权为业的侵权人，可以按照销售利润计算。"所谓以"侵权为业"，就是在明知属于侵权行为仍然实施，并且主观恶意较重的经营者，对其判决的赔偿标准可以比一般侵权者更高。但是，由于我国普遍采用的无过错责任原则，不论当事人是否有过错均要承担赔偿责任，一个负面影响是导致法院普遍有忽视对侵权人主观恶意进行调查取证并加以判别的倾向，因此该条适用比例极低。❶

专利法在制度设计时，首先要在法律层面明确法官在判定侵权赔偿数额时要将侵权人的主观过错程度作为重要因素加以考虑，以实现专利法基本价值目标。此外，明确对于若干属于轻过失的侵权人可以减轻或者免除损害赔偿责任，对于故意侵权或者反复侵权的行为人应当在法定的赔偿数额计算标准基础上施加惩罚性赔偿，最高可以达到一般赔偿标准的三倍。当然，在认定构成故意侵权时，应当明确其标准，并且给予被告基于其对专利侵权的识别和防范的努力而享有的抗辩权利。比如，如果侵权人基于专家建议而继续实施涉嫌侵权技术，可以考虑认定其已经尽到合理的努力避免侵权，并考虑到被告有参与市场竞争的平等权利和合理的市场预期，因此不应认定其构成故意侵权而需承担过重的赔偿责任。

（四）明确无过错情形下侵权人返还不当得利的义务

目前采用无过错责任原则的制度下，当事人确无过错时要承担的经济赔偿责任通过侵权损害赔偿责任来解决，其实际上是掩盖了无过错侵权人与有过错侵权人在损害赔偿方面应当具有差别待遇。如果我们回归到本应采用的

---

❶ 经过调查，到目前为止在生效判决中认定被告是以侵权为业，并以销售利润判决赔偿金额的专利侵权纠纷案件仅有浙江瑞安恒丰棕垫厂诉贵阳车辆厂等专利侵权纠纷案（〔2002〕黔高民二终字第 37 号）一例。

过错责任原则制度下，则无过错侵权人应当承担的经济责任性质和范围问题则凸显出来，必须认真考虑和解决。我们可以参照《TRIPS 协定》第 45 条第 2 款的规定，并借鉴瑞典、德国和我国台湾地区专利制度的经验，在此情况下允许当事人基于不当得利要求侵权人返还合理的利润，或者由法院判决由侵权人返还合理利润。对于无过错情形下返还不当得利的认定，可以从另一方面强化对损害赔偿过错责任原则性质的认识，同时弱化无过错侵权人在损害赔偿方面的责任性质和范围，加强对善意相对人利益的保护，符合专利法对于恶意侵权人加强惩处的立法取向。

对于返还不当得利的范围，法律可以进行相应的拟制。采用这种方式，一方面可以简化权利人证明自己损失与被告获益之间的因果关系，另一方面可以对其能够取回的不当得利数额进行适当限制。从法律认可不当得利的数额来说，应当仅限于被告确有获益的情况，因此被告需要返还的不当得利限于其实际获得的经济收益，并且据此推定该数额即为原告所损失的利润。不存在根据侵权损害赔偿原则中原告实际损失、专利许可费的倍数来确定赔偿数额的问题。当然，在被告所获利润难以查明时，法院也可以根据案件实际情况判令返还法定赔偿额，以解决数额证明困难的问题。尽管返还不当得利的数额计算上采用了侵权损害赔偿的两种方式，但是由于其责任基础是无过错责任，而非过错责任，因此两者性质仍然是不同的。

小结

专利侵权损害赔偿责任的归责原则具有特殊性，有必要对其在制度设计上与停止侵权责任的归责原则进行区别对待，以便让专利侵权损害赔偿制度既从价值核心上回归到民法一般原则的合理框架内，同时充分体现专利制度的特殊性。明确损害赔偿的过错责任原则，是我国充分利用 TRIPS 协定灵活性的举措，也是体现我国专利立法主动性的重要标志。唯此才能在保护专利权人合法权益的基础上，彰显对于拥有独立市场主体资格、商业人格和公平竞争地位的无过错侵权人的权利也进行合理保护的政策取向，并将法律制裁的重点集中在社会危害性较高的恶意侵权行为上。理性的立法者应当看到，严格对损害赔偿责任的主观过错要求，在司法实践中非但不会削弱对专利权人的保护，反而会激励权利人积极地主张权利和调查取证，并最终在损害赔偿数额方面也取得更为有效的保护，从而提高专利法对权利人合法权利进行维护的效率，促进专利法立法宗旨与目的的实现。

参考文献

一、中文著作

[1] 陈旭. 法官论知识产权 [M]. 北京：法律出版社，1999.

[2] 程永顺. 中国专利诉讼 [M]. 北京：知识产权出版社，2005.

[3] 程永顺. 专利纠纷与处理 [M]. 北京：知识产权出版社，2006.

[4] 崔国斌. 专利法：原理与案例 [M]. 北京：北京大学出版社，2016.

[5] 丁丽瑛. 知识产权法 [M]. 厦门：厦门大学出版社，2007.

[6] 范健. 商法 [M]. 北京：高等教育出版社、北京大学出版社，2007.

[7] 范长军. 德国专利法研究 [M]. 北京：科学出版社，2010.

[8] 费安玲. 比较担保法——以德国、法国、瑞士、意大利、英国和中国担保法为研究对象 [M]. 北京：中国政法大学出版社，2004.

[9] 冯果. 现代公司资本制度比较研究 [M]. 武汉：武汉大学出版社，2000.

[10] 冯晓青. 知识产权法 [M]. 北京：中国政法大学出版社，2010.

[11] 韩其峰. 专利池许可的反垄断法规制 [M]. 北京：中国政法大学出版社，2013.

[12] 胡恩华. 企业集群创新行为理论与实证研究基于复杂系统适应理论视角 [M]. 北京：科学出版社，2007.

[13] 黄晖. 驰名商标与著名商标的法律保护 [M]. 北京：法律出版社，2001.

[14] 洪银兴. 产学研协同创新研究 [M]. 北京：人民出版社，2015.

[15] 李明德. 美国知识产权法 [M]. 北京：法律出版社，2003.

[16] 刘春霖. 知识产权资本化研究 [M]. 北京：法律出版社，2010.

[17] 刘春田. 知识产权法（第四版）[M]. 北京：高等教育出版社，2010.

[18] 刘春田. 知识产权法 [M]. 北京：高等教育出版社、北京大学出版社，2007.

[19] 卢现祥，刘大洪. 法经济学 [M]. 北京：北京大学出版社，2007.

[20] 曲振涛，杨恺均. 法经济学教程 [M]. 北京：高等教育出版社，2006.

[21] 施天涛. 商法学 [M]. 北京：法律出版社，2010.

[22] 史际春. 香港知识产权法 [M]. 郑州：河南人民出版社，1997.

[23] 史尚宽. 物权法论 [M]. 北京：中国政法大学出版社，2001.

[24] 孙宪忠. 中国物权法总论 [M]. 北京：中国政法大学出版社，2003.

[25] 汤宗舜. 专利法解说 [M]. 北京：知识产权出版社，2002.

[26] 田力普. 关于专利保护与专利侵权中若干基本问题的研究 [M]. 北京：专利文献出版社，1998.

[27] 王迁. 知识产权法教程（第二版）[M]. 北京：中国人民大学出版社，2009.

[28] 王迁，王凌红. 知识产权间接侵权研究 [M]. 北京：中国人民大学出版社，2008.

[29] 王永伟. 技术合同司法解释实例释解 [M]. 北京：人民法院出版社，2006.

[30] 王泽鉴. 民法物权（通则·所有权）[M]. 北京：中国政法大学出版社，2001.

[31] 王泽鉴. 民法总则 [M]. 北京：中国政法大学出版社，2001.

[32] 王泽鉴. 侵权行为法（第一册）[M]. 北京：中国政法大学出版社，2001.

[33] 吴汉东. 知识产权总论（第三版）[M]. 北京：中国人民大学出版社，2013.

[34] 谢在全. 民法物权论（上）[M]. 北京：中国政法大学出版社，1999.

[35] 徐红菊. 专利许可法律制度问题研究 [M]. 北京：法律出版社，2007.

[36] 杨崇森. 专利法理论与实践 [M]. 台北：台北三民书局，2007.

[37] 杨立新. 侵权责任法 [M]. 北京：法律出版社，2010.

[38] 杨立新. 共有权理论与适用 [M]. 北京：法律出版社，2007.

[39] 杨立新. 共有权研究 [M]. 北京：高等教育出版社，2003.

[40] 杨树林. 知识产权案件技术鉴定实务与研究 [M]. 北京：人民法院出版社，2003.

[41] 尹新天. 中国专利法详解 [M]. 北京：知识产权出版社，2011.

[42] 尹新天. 专利权的保护 [M]. 北京：知识产权出版社，2006.

[43] 张国键. 商事法论 [M]. 台北：台北三民书局，1980.

[44] 张玲. 日本专利法的历史考察及制度分析 [M]. 北京：人民出版社，2010.

[45] 张乃根. TRIPS 协定——理论与实践 [M]. 上海：上海人民出版社，2005.

[46] 张乃根. 美国专利法：判例与分析 [M]. 上海：上海交通大学出版社，2010.

[47] 张学文，陈劲. 面向创新型国家的产学研协同创新：知识边界与路劲研究 [M]. 北京：经济科学出版社，2014.

[48] 赵元果. 中国专利法的孕育与诞生 [M]. 北京：知识产权出版社，2003.

[49] 郑成思. 知识产权论（第三版）[M]. 北京：法律出版社，2003.

二、中文论文

[1] 蔡晓东. 论美国专利侵权的不公平行为抗辩 [J]. 中南大学学报（社会科学版），2012，18（3）：93-96.

[2] 曹刚. 简论知识产权损害赔偿数额的确定问题 [J]. 法律适用，2001（7）：

16-18.

[3] 曹新明. 知识产权法哲学理论反思——以重构知识产权制度为视角 [J]. 电子知识产权, 2005 (2): 60-71.

[4] 曹新明. 知识产权制度伦理性初探 [J]. 江西社会科学, 2005 (7): 39-45.

[5] 曹兴权. 认真对待商法的强制性: 多维视角的诠释 [J]. 甘肃政法学院学报, 2004 (5): 18-22.

[6] 曹阳. 专利的非显而易见性判断——对美国最高法院 Teleflex 案判决的解析 [J]. 北方法学, 2008 (2): 144-151.

[7] 曹玉婷, 张忠榕. 基于关键词分析的我国专利制度研究进展——以面向国家利益和公共利益的制度设计为视角 [J]. 现代情报, 2017, 37 (4): 13-19.

[8] 陈波. 政产学研用协同创新的内涵、构成要素及其功能定位 [J]. 科技创新与生产力, 2014 (1): 1-3.

[9] 陈家宏. 共有专利权普通许可研究——兼评郭禾 "简评 2008 年《专利法》第十五条" 一文 [J]. 湖南社会科学, 2016 (3): 72-75.

[10] 陈健. 知识产权默示许可理论研究 [J]. 暨南学报 (哲学社会科学版), 2016 (10): 82-93.

[11] 陈劲. 协同创新与国家科研能力建设 [J]. 科学学研究, 2011 (12): 1762-1763.

[12] 陈劲, 阳银娟. 协同创新的理论基础与内涵 [J]. 科学学研究, 2012 (2): 161-164.

[13] 陈恺悌. 专利交易的潜在风险分析和对策 [J]. 知识产权, 2011 (3): 37-42.

[14] 陈焘. 论外国投资者知识产权使用权出资及其法律风险 [J]. 求索, 2013 (9): 197-199.

[15] 陈之荣, 王智源, 王辉. 知识产权共有问题研究 [J]. 知识产权, 2013 (12): 66-70.

[16] 陈震. 从专利共有制度看产学研合作方的风险——专利法修改对自主创新的影响 [C] //中国科学学与科技政策研究会. 科教发展战略论坛, 2007: 27-33.

[17] 陈震. 专利共有制度的法经济学分析——兼议专利法修改对自主创新的影响 [J]. 科技管理研究, 2008 (9): 24-26.

[18] 程志伟. 等同原则在专利侵权诉讼中的法律适用 [J]. 湖北社会科学, 2012 (11): 162-164.

[19] 程亮. 论产学研合作中的知识产权纠纷及解决 [J]. 科技管理研究, 2012, 32 (6): 164-166.

[20] 储敏, 赵文灵. 专利法视角下的校企合作技术创新 [J]. 南京理工大学学报 (社会科学版), 2016 (2): 44-49.

［21］楚旋，郑超．协同视域下高校与产业集群协同创新的机制分析［J］．重庆高教研究，2015（3）：40-45.

［22］崔国斌．中国专利共有制度述评（上）［J］．电子知识产权，2010（6）：12-19.

［23］崔国斌．中国专利共有制度述评（下）［J］．电子知识产权，2010（7）.

［24］代晶，黄幼陵．关于国内企业职务专利申请现状的思考［J］．西南民族大学学报（自然科学版），2004（1）：53-55.

［25］邓志新，黄金火．职务发明专利权共有制可行性质疑［J］．科技进步与对策，2007（2）：11-13.

［26］丁锦希．浅析新药研发注册过程中的专利侵权问题——从三共制药诉北京万生药业专利侵权案谈起［J］．中国新药杂志，2006（18）：1520-1522.

［27］丁甜甜，赵威．国家创新驱动战略与企业专利战略协同机制的法治化研究［J］．中共山西省直机关党校学报，2015（5）：76-78.

［28］董美根．论专利产品销售所附条件的法律效力［J］．华东政法大学学报，2009（3）：53-60.

［29］杜妍洁，江洪．创客知识产权保护策略研究［J］．图书情报知识，2016（4）：110-118.

［30］范晓波，孟晓星．专利实验使用侵权例外研究［J］．知识产权，2011（2）.

［31］方诗龙．外观设计专利诉讼流程的横向比较与改革建议［C］//中华全国专利代理人协会．实施国家知识产权战略，促进专利代理行业发展——2010年中华全国专利代理人协会年会暨首届知识产权论坛论文集，2010：735-751.

［32］冯晓青，刘淑华．试论知识产权的私权属性及其公权化趋向［J］．中国法学，2004（1）：61-68.

［33］冯晓青．利益平衡论：知识产权法的理论基础［J］．知识产权，2003，13（6）：16-19.

［34］冯晓青．知识产权制度与技术创新之内在联系研究——以两者内在协同机制、模仿和知识产权保护强度为考察视角［J］．时代法学，2013（2）：10-16.

［35］冯晓青．技术措施与著作权保护探讨［J］．法学杂志，2007（4）：20-23.

［36］付晔，欧阳国桢．基于知识链的产学研合作中知识产权问题研究［J］．科技管理研究，2014（11）：126-131.

［37］傅剑清，李艺虹．我国专利法对职务发明规定之不足与完善——由一起专利纠纷案引发的思考［J］．知识产权，2006（5）：50-55.

［38］耿磊．协同创新成果知识产权法律界定与创新激励［J］．科学管理研究，2014（6）：5-8.

［39］郭桂峰．实用新型专利制度之痛［J］．中国发明与专利，2009（8）：24-26.

[40] 郭禾. 简评2008《专利法》第十五条 [J]. 电子知识产权, 2009 (6)：11-13.

[41] 国家知识产权局条法司. 关于专利权无效宣告与专利权评价报告制度 [J]. 电子知识产权, 2010 (4)：32-35.

[42] 郭永辉, 郭会梅. 设计链协同创新与知识产权的矛盾探析 [J]. 科技进步与对策, 2011 (5)：26-29.

[43] 何炼红, 陈吉灿. 中国版"拜杜法案"的失灵与高校知识产权转化的出路 [J]. 知识产权, 2013 (3)：84-88.

[44] 和育东. 美国专利权穷竭原则的演变——兼评美最高法院对 Quanta v. LG Electronics 案的判决 [J]. 电子知识产权, 2008 (9)：48-51.

[45] 和育东. 专利侵权损害赔偿计算制度：变迁、比较与借鉴 [J]. 知识产权, 2009 (5)：7-18.

[46] 贺新闻, 辛吉勋. 跨组织横向协同创新研究综述 [J]. 科学管理研究, 2015 (2)：9-11.

[47] 黑小兵. 论等同原则的法律适用 [J]. 重庆工商大学学报 (社会科学版), 2010 (5)：108-112.

[48] 侯庆辰. 论企业共同开发完成后之专利权共有——以我国台湾地区法律为论述基础 [J]. 科技与法律, 2014 (5)：778-797.

[49] 洪恩山, 李微, 毕道毅, 等. 试析选择发明 [J]. 发明与创新, 2003 (2)：8-10.

[50] 胡波. 专利法的伦理基础——以生物技术专利问题为例证 [J]. 法制与社会发展, 2008 (2)：109-122.

[51] 胡朝阳. 国家资助项目职务发明权利配置的法经济探析 [J]. 法学杂志, 2012 (2)：33-38.

[52] 胡鸿高. 商法价值论 [J]. 复旦学报 (社会科学版), 2002 (5)：82-87.

[53] 胡开忠. "避风港规则"在视频分享网站版权侵权认定中的适用 [J]. 法学, 2009 (12)：70-81.

[54] 胡淑珠. 判定专利侵权的等同原则在我国审判实践中的适用与限制 [J]. 法学, 2006 (8)：153-160.

[55] 胡潇潇. 我国专利实验例外制度的不足与完善 [J]. 贵州社会科学, 2010 (5)：122-125.

[56] 黄迎燕, 张伟, 周湘陵. 上市公司创新能力的专利评价 [J]. 知识产权, 2008 (4)：43-47.

[57] 菅利荣, 张瑜, 于菡子. 复杂产品协同创新专利管理研究——以客机协同研制为例 [J]. 科技进步与对策, 2015 (14)：11-16.

［58］蒋建湘．企业社会责任的法律化［J］．中国法学，2010（5）：123-132．

［59］蒋庆哲．服务国家重大战略需求，有效推进产学研协同创新［J］．中国高等教育，2013（3）：27-29．

［60］蒋小慧．职务发明权利归属的理论探讨［J］．商场现代化，2007（15）：279-280．

［61］蒋逊明，朱雪忠．专利权共有的风险及其防范对策研究［J］．研究与发展管理，2006（1）：97-100．

［62］解学梅，方良秀．国外协同创新研究述评与展望［J］．研究与发展管理，2015（4）：16-24．

［63］解学梅，刘丝雨．协同创新模式对协同效应与创新绩效的影响机理［J］．管理科学，2015（2）：27-39．

［64］金明浩，郑有德．从 Madey 诉杜克大学案谈实验使用抗辩原则的适用——兼评我国大学知识产权政策的调整［J］．知识产权，2006（3）：50-54．

［65］金泳锋，黄钰．专利丛林困境的解决之道［J］．知识产权，2013（11）：83-88．

［66］李潮锐，郑碧华．实验误差分析中的概念及意义［J］．中山大学学报（自然科学版），2003，42（s1）：150-153．

［67］李凤琴．知识产权有效性争议的可仲裁性研究［J］．仲裁研究，2007（2）：27-33．

［68］李国庆．侵害知识产权损害赔偿若干问题探讨［J］．法学评论，2006（2）：140-146．

［69］李军山，杨明，吴晓明，等．浅论高校技术成果转让合同［J］．中国高校科技，2011（10）：64-65．

［70］李品娜．专利使用权出资探讨［J］．湖北科技学院学报，2014（4）：6-8．

［71］李伟，董玉鹏．协同创新过程中知识产权归属原则——从契约走向章程［J］．科学学研究，2014（7）：1090-1095．

［72］李文江．论共有专利权行使及立法完善［J］．知识产权，2014（12）：39-43．

［73］李文江．我国专利当然许可制度分析——兼评《专利法（修订草案送审稿）》第82、83、84条［J］．知识产权，2016（6）：91-95．

［74］李文江．我国专利默示许可制度探析——兼论《专利法》修订草案（送审稿）第85条［J］．知识产权，2015（12）：78-82．

［75］李晓秋．析商业方法的可专利性［J］．政法论坛：中国政法大学学报，2011，29（2）：150-160．

［76］李扬．重塑以民法为核心的整体性知识产权法［J］．法商研究，2006（6）：17-26．

［77］李扬．专利权无效后实施费等可否作为不当得利处理［J］．知识产权，2010，20

（3）：53-56.

[78] 李永明．知识产权侵权损害法定赔偿研究 [J]．中国法学，2002 (5)：176-178.

[79] 李玉璧，周永梅．协同创新战略中的知识产权共享及利益分配问题研究 [J]．开发研究，2013 (4)：144-148.

[80] 梁宁霞，赵俊，朱滨海，等．浅析医院知识产权保护问题 [J]．南京医科大学学报（社会科学版），2006 (4)：309-311.

[81] 梁志文．论专利申请人之现有技术披露义务 [J]．法律科学：西北政法大学学报，2012 (1)：132-140.

[82] 梁志文．专利权例外的国际标准——TRIPS 协议第 30 条及其适用 [J]．电子知识产权，2007 (1)：26-29.

[83] 刘斌斌，付京章．论专利制度的本质及其社会效应 [J]．甘肃社会科学，2013 (5)：218-222.

[84] 刘步青．3D 打印技术的内在风险与政策法律规范 [J]．科学经济社会，2013，31 (2)：130-132.

[85] 刘国强．地方政府规范性文件法治化问题探析 [J]．铁道警官高等专科学校学报，2010 (3)：52-55.

[86] 刘海波，李黎明．官产学研合作创新与知识产权管理的研究 [J]．科技促进发展，2012 (7)：25-30.

[87] 刘惠明．试论确定专利保护范围的等同原则 [J]．环球法律评论，1999 (4)：98-101.

[88] 刘立程．协同创新机制下的知识产权归属及利益分配问题及对策 [J]．科技信息，2014 (4)：106-107.

[89] 刘琼，刘桂锋，刘红光，等．清华大学产学研协同创新活动分析——基于专利合作网络 [J]．情报科学，2016 (1)：120-124.

[90] 刘晓军．变劣行为侵犯专利权之研究 [J]．知识产权，2006 (4)：22-27.

[91] 刘歆洁，刘冬梅．专利许可和转让中值得注意的若干问题 [J]．合肥工业大学学报（社会科学版），2015 (1)：131-135.

[92] 刘鑫，余翔．3D 打印技术对专利实施的潜在挑战与对策思考 [J]．科技进步与对策，2015 (10)：101-106.

[93] 刘友华．我国知识产权公益诉讼制度之构建——从知识产权公益诉讼"第一案"谈起 [J]．知识产权，2007 (2)：17-23.

[94] 刘远山，魏微，余秀宝．我国专利权转让合同中受让人的权利保护问题——以专利法第 45 条和第 47 条的规定为视角 [J]．中外企业家，2011 (4)：101-103.

[95] 刘远山，余秀宝，李伟文．我国专利侵权损害赔偿额计算方法适用论要 [J]．行

政与法，2011（1）：115-119.

[96] 刘铮．论行政检查的概念：学理研究与法律规定 [J]．宁波大学学报（人文版），
2012（3）：92-96.

[97] 刘自钦．网络环境中专利转化方式的革新及法制完善 [J]．郑州航空工业管理学
院学报，2014（2）：94-100.

[98] 罗芳，陶甄．以专利使用权向公司出资问题的法律分析 [J]．湖北职业技术学院
学报，2015（3）：69-72.

[99] 罗士俐．法经济学视角下的专利权共有类型推定规则 [J]．重庆科技学院学报
（社会科学版），2011（2）：36-38.

[100] 骆严，焦洪涛．面向协同创新的我国"拜杜规则"再设计 [J]．科学学与科学
技术管理，2014（4）：104-110.

[101] 吕炳斌．社区作为传统知识权利主体的基本理论问题研究 [J]．时代法学，
2010（2）：64-68.

[102] 马碧玉．论公司注册资本登记制度改革对专利权出资的影响 [J]．法学杂志，
2015（4）：60-66.

[103] 马秋芬．协同创新中知识产权相关法律问题及利益分配研究 [J]．科学管理研
究，2017（3）：18-21.

[104] 毛昊．创新驱动发展中的最优专利制度研究 [J]．中国软科学，2016（1）：
35-45.

[105] 毛宁，胡令．产学研联盟协同创新中的法律机制缺陷及思考 [J]．信息化建设，
2016（4）：373.

[106] 聂洪涛．知识产权担保融资中的政府角色分析 [J]．科技进步与对策，2014
（24）：104-108.

[107] 宁立志，盛赛赛．论专利许可与专利转让的对抗与继受 [J]．知识产权，2015
（7）：3-13.

[108] 宁立志，周围．非营利性实施专利条款探究 [J]．法律科学：西北政法大学学
报，2015（4）：52-61.

[109] 彭本红，周叶．企业协同创新中机会主义行为的动态博弈与防范对策 [J]．管
理评论，2008（9）：3-8.

[110] 钱玉林．商法的价值、功能及其定位——兼与史际春、陈岳琴商榷 [J]．中国
法学，2001（5）：31-41.

[111] 钱雨，吴冠霖，孙新波，等．产学研协同创新成员协同行为构成要素及关系研
究 [J]．科技进步与对策，2015（16）：15-21.

[112] 秦龙秋．浅析专利独占使用条款在合作开发合同中的问题 [J]．中国高新技术

企业，2016（16）：190-191.

[113] 裘晖．产学研协同创新合作中知识产权保护存在的问题及解决对策［J］．广东轻工职业技术学院学报，2015（2）：74-77.

[114] 曲洪建，拓中．协同创新模式研究综述与展望［J］．工业技术经济，2013（7）：132-142.

[115] 上海市高级人民法院民三庭．上海法院确定侵犯知识产权赔偿数额的司法实践［J］．人民司法，2006（1）：15-16.

[116] 尚广振．我国职务发明创造权利归属契约化路径初探［J］．中国发明与专利，2015（1）：30-33.

[117] 慎理．试论专利权共有制度［J］．科技与法律，2009（2）：92-95.

[118] 盛春光，朱继聪．技术开发合同中技术成果权属问题的探讨［J］．中国科技论坛，2005（2）：85-86.

[119] 石怀霞．产学研协同创新中的知识产权归属制度研究［J］．东方企业文化，2015（8）：179-181.

[120] 舒森，陶箐，董婷，等．医院等级评审系统的构建［J］．中国卫生质量管理，2013（3）：51-54.

[121] 宋春艳．产学研协同创新中知识产权共享的风险与防控［J］．科学管理研究，2016（1）：18-21.

[122] 苏平，覃学．科研协同创新中的专利利益平衡研究［J］．重庆理工大学学报（社会科学版），2015（11）：29-35.

[123] 孙大龙，郭锋，李超凡，等．协同创新对高校专利技术转化的影响［J］．知识产权，2014（2）：88-90.

[124] 孙海龙，曹文泽．计算机软件专利保护法律问题研究［J］．法学家，2002（2）：45-52.

[125] 孙海龙，董倚铭．知识产权公权化理论的解读和反思［J］．法律科学：西北政法学院学报，2007（5）：76-85.

[126] 孙敏洁．专利共有——交易与许可的经济分析［J］．北京化工大学学报（社会科学版），2011（4）：11-14.

[127] 孙敏洁．合作研发中的专利共有新探［J］．兰州学刊，2011（8）：107-113.

[128] 孙南申．专利侵权判定之法律分析［J］．法律适用，2003（10）：44-46.

[129] 谭艳红，黄志臻．试论我国职务与非职务发明专利权的权属界定及其完善［J］．南京工业大学学报（社会科学版），2011（2）：30-35.

[130] 唐震，汪洁，王洪亮．EIT产学研协同创新平台运行机制案例研究［J］．科学学研究，2015（1）：154-160.

[131] 陶鑫良. 落实职务报酬保护知识产权——论国家知识产权战略中的一个关键问题 [J]. 上海企业, 2006 (4): 6-9.

[132] 万琦. 欧美专利权用尽原则售后限制的比较研究 [J]. 知识产权, 2010 (4): 91-96.

[133] 王朝晖. 专利文献的特点及其利用 [J]. 现代情报, 2008 (9): 151-152.

[134] 王虎, 李长健. 专利权出资客体的法律探微 [J]. 理论月刊, 2005 (10): 121-123.

[135] 王进富, 兰岚. 产学研协同创新路径研究——基于知识产权归属视角 [J]. 科技管理研究, 2013 (21): 123-128.

[136] 王利明. 所有权保留制度若干问题探讨——兼评《买卖合同司法解释》相关规定 [J]. 法学评论, 2014 (1): 176-183.

[137] 王利明. 一物一权原则探讨 [J]. 法律科学: 西北政法大学学报, 2009 (1): 64-72.

[138] 王林, 何敏. 对职务发明成果归属的新思考 [J]. 南京师范大学学报 (社会科学版), 2002 (2): 38-41.

[139] 王瑞龙. 知识产权共有的约定优先原则 [J]. 政法论丛, 2014 (5): 42-50.

[140] 王淑君. 自我复制技术语境下专利权用尽原则的困境及消解——以鲍曼诉孟山都案为视角 [J]. 学术界, 2014 (8): 103-110.

[141] 王淑君. 实验使用例外制度的反思与完善——兼评《专利法》第69条第4项 [J]. 知识产权, 2015 (3): 23-29.

[142] 王双厚, 张学敏. 知识产权侵权的归责原则 [J]. 中国发明与专利, 2009 (7): 64-64.

[143] 王伟艳. 专利侵权判定中禁止反悔原则的适用——以一起医药领域专利侵权纠纷案件为例 [J]. 中国发明与专利, 2011 (10): 85-87.

[144] 王政贵, 徐珍, 张可鹏. 促进科技创新目标下的知识产权担保融资及其法律问题 [J]. 行政与法, 2010 (8): 102-105.

[145] 魏玮. 等同原则在专利侵权诉讼中的适用与利益平衡 [J]. 法律适用, 2005 (3): 42-45.

[146] 魏振瀛. 侵权责任方式与归责事由、归责原则的关系 [J]. 中国法学, 2011 (2): 27-37.

[147] 吴汉东. 财产的非物质化革命与革命的非物质财产法 [J]. 中国社会科学, 2003 (4): 122-133.

[148] 吴汉东. 试论知识产权的"物上请求权"与侵权赔偿请求权——兼论《知识产权协议》第45条规定之实质精神 [J]. 法商研究, 2001 (5): 3-11.

[149] 吴汉东. 知识产权的多元属性及其研究范式 [J]. 中国社会科学, 2011 (5)：1-14.

[150] 吴汉东. 知识产权立法体例与民法典编纂 [J]. 中国法学, 2003 (1)：48-58.

[151] 吴汉东. 法哲学家对知识产权法的哲学解读 [J]. 法商研究, 2003 (5)：77-85.

[152] 吴磊. 专利制度变革与企业创新 [J]. 统计与决策, 2016 (11)：181-185.

[153] 武善学. 美国专利权用尽原则的最新发展及其启示 [J]. 中国发明与专利, 2017 (8)：88-93.

[154] 吴晓秋. 法经济学视角下的专利权共有制度研究 [J]. 铜陵学院学报, 2016, 15 (4)：84-87.

[155] 夏佩娟. 东芝一发明人获巨额补偿——职务发明补偿问题引发更多关注 [J]. 中国发明与专利, 2006 (9)：72.

[156] 谢惠加. 产学研协同创新联盟的知识产权利益分享机制研究 [J]. 学术研究, 2014 (7)：58-62.

[157] 熊文明, 顾新, 赵长轶. 产学研协同创新支持战略体系的构建研究 [J]. 决策咨询, 2014 (3)：30-35.

[158] 熊励, 孙友霞, 蒋定福, 等. 协同创新研究综述——基于实现途径视角 [J]. 科技管理研究, 2011 (14)：15-18.

[159] 徐家力, 张军强. 知识产权赔偿损失责任归责原则研究 [J]. 法学杂志, 2017 (7)：52-59.

[160] 徐燎宇, 肖芸, 张进, 等. 中医药战略情报研究体系建设探析 [J]. 湖南中医药大学学报, 2014 (1)：57-60.

[161] 许春. 中国大学专利、技术转移与企业创新——基于累积创新视角 [J]. 科学学与科学技术管理, 2013 (12)：78-86.

[162] 许义文. 职务发明共有制——对我国职务发明专利权归属的思考 [J]. 研究与发展管理, 1996 (1)：40-43.

[163] 翟云岭, 孙得胜. 论所有权保留 [J]. 法学家, 2010 (1)：136-144.

[164] 杨福军. 浅析专利侵权损害赔偿数额的确定 [J]. 法制天地, 2012 (12).

[165] 杨立新. 论违反安全保障义务侵权行为及其责任 [J]. 河南财经政法大学学报, 2006 (1)：24-35.

[166] 杨林瑞. 关于建立职务发明专利权共有制的法律思考 [J]. 辽宁大学学报 (哲学社会科学版), 2000 (1)：100-102.

[167] 杨圣坤. 合同法上的默示条款制度研究 [J]. 北方法学, 2010 (2)：132-142.

[168] 杨为国, 李品娜. 专利使用权出资法律问题探讨 [J]. 科技与法律, 2006 (3)：

66−70.

[169] 杨筱. 德国雇员发明制度研究 [J]. 学习月刊, 2010 (18): 135.

[170] 杨震晖. 论 3D 打印技术所带来的知识产权保护问题 [J]. 北方工业大学学报, 2013 (4): 12−18.

[171] 杨志敏. 德国法院对专利等同原则的适用及其启示 [J]. 法商研究, 2011 (4): 127−134.

[172] 杨志敏. 专利侵权诉讼中"公知技术抗辩"适用之探讨——中、德、日三国判例、学说的比较研究 [C] //国家知识产权局. 专利法研究 (2002): 74−114.

[173] 姚颉靖, 彭辉. "试验性使用"豁免原则的变迁: 德国的立法和司法裁判评介 [J]. 武汉科技大学学报 (社会科学版), 2009 (3): 82−86.

[174] 姚强, 王丽平. "万能制造机"背后的思考——知识产权法视野下 3D 打印技术的风险分析与对策 [J]. 科技与法律, 2013 (2): 17−21.

[175] 余能斌, 侯向磊. 保留所有权买卖比较研究 [J]. 法学研究, 2000 (5): 74−89.

[176] 袁剑锋, 许治, 翟铖. 中国产学研合作网络权重结构特征及演化研究 [J]. 科学学与科学技术管理, 2017 (2): 115−126.

[177] 袁林, 谭文, 邵云飞. 组织创新氛围对企业专利创造能力的影响机理研究 [J]. 科技管理研究, 2015 (9): 1−6.

[178] 袁雯卿. 专利交易的尽职调查 [J]. 电子知识产权, 2007 (9): 65−66.

[179] 袁秀挺, 王翠平. 等同侵权的司法实践: 原则、限制和案例——"专利等同侵权的司法认定"研讨会综述 [J]. 知识产权, 2013 (8): 96−100.

[180] 袁真富. 专利交易的风险调查——以法律风险为主要视角 [J]. 中国发明与专利, 2009 (12): 50−52.

[181] 袁真富. 专利默示许可制度研究 [C] //国家知识产权局. 专利法研究 (2010): 464−483.

[182] 袁真富. 基于侵权抗辩之专利默示许可探究 [J]. 法学, 2010 (12): 108−119.

[183] 袁峥嵘, 杜霈. 我国实现创新驱动发展战略的路径分析 [J]. 改革与战略, 2014 (9): 47−51.

[184] 张炳生, 陈丹丹. 生物技术专利的利益平衡 [J]. 政法论坛: 中国政法大学学报, 2010 (4): 154−160.

[185] 张程睿, 塞静. 我国上市公司违规信息披露的影响因素研究 [J]. 审计研究, 2008 (1): 75−81.

[186] 张春霞, 郑绍钰. 军队法人国防知识产权第三方委托问题研究 [J]. 装备学院学报, 2015 (3): 27−31.

［187］张春艳．我国知识产权法定赔偿制度之反思与完善［J］．法学杂志，2011（5）：118-121.

［188］张冬，范桂荣．评述专利权用尽原则适用范围的发展问题［J］．学术交流，2010（9）：63-65.

［189］张广良．论我国专利等同侵权原则的适用及限制［J］．知识产权，2009（5）：28-33.

［190］张红漫，朱振宇，毛祖开．我国专利申请资助政策分析——以河南、江苏为例［J］．知识产权，2011（1）：27-32.

［191］张丽娜，谭章禄．协同创新与知识产权的冲突分析［J］．科技管理研究，2013（6）：163-166.

［192］张玲，王果．论专利使用权出资的制度构建［J］．知识产权，2015（11）：38-44.

［193］张玲．论专利侵权赔偿损失的归责原则［J］．中国法学，2012（2）：119-130.

［194］张乃根．论TRIPS协议的例外条款［J］．浙江社会科学，2006（3）：83-88.

［195］张茹秀．产品服务化下的供应商与制造商协同创新模式［J］．厦门理工学院学报，2014（2）：30-34.

［196］张婷，肖晶．知识产权质押融资：实践、障碍与机制优化［J］．南方金融，2017（2）：86-90.

［197］张武军，翟艳红．协同创新中的知识产权保护问题研究［J］．科技进步与对策，2012（22）：132-133.

［198］张晓玲．论职务发明人的权利及其立法保护［J］．科技与法律，2004（3）：52-56.

［199］张晓哲．论委托开发合同中技术成果权利归属的争议处理与防范［J］．中国航天，2011（5）：39-41.

［200］张雪梅，李玉声，文洪宇．浅议医院的知识产权保护［J］．医学与法学，2012（1）：23-24.

［201］张琰．从会计信息角度看创业板上市门槛的设置［J］．商业时代，2009（27）：74-74.

［202］张勇，顾明华．美国专利侵权的认定与救济规则解读［J］．情报科学，2005（6）：950-954.

［203］张展，张洪娟．协同创新模式研究综述［J］．沈阳大学学报（社会科学版），2015（6）：751-756.

［204］张兆永．论我国专利等同侵权判定规则的完善［J］．河南科技学院学报，2015（11）：28-33.

[205] 赵烽. 浅议我国专利侵权赔偿标准的完善 [J]. 新学术, 2008 (3): 232-233.

[206] 赵万一. 论民商法价值取向的异同及其对我国民商立法的影响 [J]. 法学论坛, 2003 (6): 12-21.

[207] 赵旭东. 从资本信用到资产信用 [J]. 法学研究, 2003 (5): 109-123.

[208] 赵志强. 知识产权制度与企业技术创新的内在协同关系研究 [J]. 河南商业高等专科学校学报, 2014 (1): 53-56.

[209] 郑成思. 民法草案与知识产权篇的专家建议稿 [J]. 政法论坛, 2003 (1): 36-49.

[210] 郑成思. 侵害知识产权的无过错责任 [J]. 中国法学, 1998 (1): 81-90.

[211] 郑刚, 梁欣如. 全面协同: 创新致胜之道——技术与非技术要素全面协同机制研究 [J]. 科学学研究, 2006 (s1): 268-273.

[212] 钟灿涛. 面向协同创新的大学知识产权管理 [J]. 科技进步与对策, 2012 (22): 127-131.

[213] 周大伟. 论合作开发合同 [J]. 法律科学: 西北政法学院学报, 1989 (2): 35-38.

[214] 周大伟. 论委托开发合同的成果分享原则 [J]. 汕头大学学报 (人文社会科学版), 1989 (1): 82-89.

[215] 周后春. 论货物所有权保留的法律适用 [J]. 中南大学学报 (社会科学版), 2005 (1): 41-45.

[216] 周慧菁, 曲三强. 研究工具专利的前景探析——兼评专利权实验例外制度 [J]. 知识产权, 2011 (6): 9-17.

[217] 周松华, 汪世平. DNA片断专利给基础研究带来的影响与对策 [J]. 科技进步与对策, 2007 (3): 13-15.

[218] 朱红英, 钱江. 论著作权技术措施法律保护制度的完善 [J]. 电子知识产权, 2010 (12): 79-83.

[219] 朱最新, 卢燕珊. 浅议特色中医院的知识产权保护 [J]. 浙江中医杂志, 2005, 40 (9): 369-373.

三、中文译著

[1] [美] Martin J. Adelman 等. 美国专利法 [M]. 郑胜利等译. 北京: 知识产权出版社, 2011.

[2] [美] 伯尔曼. 法律与革命——西方法律传统的形成 [M]. 贺卫方等译. 北京: 中国大百科全书出版社, 1997.

[3] [美] 理查德·波斯纳. 法律的经济分析 [M]. 蒋兆康译. 北京: 中国大百科全

书出版社，1997.

[4]［德］K.茨威格特，H.克茨.比较法总论［M］.潘汉典等译.贵阳：贵州人民出版社，1992.

[5]［澳］彼得·达沃豪斯，约翰·布雷斯维特.信息封建主义［M］.刘雪涛译.北京：知识产权出版社，2005.

[6]［美］道格拉斯·诺思，罗伯斯·托马斯.西方世界的兴起［M］.历以平，蔡磊译.北京：华夏出版社，1999.

[7]［美］德拉特尔.知识产权许可［M］.王春燕等译.北京：清华大学出版社，2003.

[8]［印］甘古力.知识产权：释放知识经济的能量［M］.宋建华，姜丹明，张永华译.北京：知识产权出版社，2004.

[9]［美］亚当.杰夫，乔希.勒纳.创新及其不满——专利体系对创新与进步的危害及对策［M］.罗建平，兰花译.北京：中国人民大学出版社，2007.

[10]［德］拉德布鲁赫.法学导论［M］.米健，朱林译.北京：中国大百科全书出版社，1997.

[11]［美］威廉·M.兰德斯，理查德·A.波斯纳.知识产权法的经济结构［M］.金海军译.北京：北京大学出版社，2005.

[12]［美］罗尔斯.正义论［M］.何怀宏，廖申白译.北京：中国社会科学出版社，1988.

[13]［英］梅因.古代法［M］.沈景一译.北京：商务印书馆，1996.

[14]［法］孟德斯鸠.论法的精神［M］.许明龙译.北京：商务印书馆，2012.

[15]［德］鲍尔·施蒂尔纳.德国物权法［M］.张双根译.北京：法律出版社，2004.

[16]［日］田村善之.日本知识产权法［M］.周超等译.北京：知识产权出版社，2011.

[17]［澳］布拉德·谢尔曼，［英］莱昂内尔·本特利.现代知识产权法的演进（1760—1911英国的历程）［M］.金海军译.北京：北京大学出版社，2006.

[18]［日］志村治美.现物出资研究［M］.于敏译.北京：法律出版社，2001.

四、英文论文

[1] Baldwin C，von Hippel E. Modeling a paradigm shift：from producer innovation to user and open collaborative innovation［J］. Organization Science，2014，22（6）：1399-1417.

[2] Rene Belderbors, Bruno Cassiman, Dries Faems, Bart Leten, Bart Van Looy. Co-ownership of intellectual property：Exploring the value-appropriation and value-creation

implications of co‐patenting with different partners〔J〕. Research Policy, 2014, 43 (5): 841-852.

〔3〕 Sonya J. Bible. Does The Experimental Use Defense to Patent Infringement Still Exist? 〔J〕. SMU Science & Technology Law Review, 2009, 13 (17): 48.

〔4〕 M. Scott Boone. Defining and Refining the Doctrine of Equivalents〔J〕. The Journal of Law and Technology, 2003: 45.

〔5〕 Keith Bradley. The Ghost Is the Machine: Protection of Process Patents Under 35 U. S. C. § 271 (f)〔J〕. Texas Intellectual Property Law Journal, 2006, 15: 123-159.

〔6〕 Daniel Harris Brean. Asserting Patents to Combat Infringement via 3D Printing: It's No "Use"〔J〕. Fordham Intellectual Property, Media & Entertaiment Law Journal, 2013 (2): 771-814.

〔7〕 NunoPires de Cavarlho. The TRIPS Regime of Patent Rights〔J〕. Kluwer Law International, 2005, 18.

〔8〕 Dahlborg C, Lewensohn D, Danell R, et al. To invent and let others innovate: a framework of academic patent transfer modes〔J〕. Journal of Technology Transfer, 2016, 42: 1-26.

〔9〕 Daniel M. Lechleiter. Dividing the (statutory) Baby under anto/bauer: using the Doctrine of implied license to circumvent $ 271 (c) protection for components of a patented combination〔J〕. Journal of Marshall Review of Intellectual Property Law, 2004, 3 (2): 355-396.

〔10〕 Dorota Dobija, Karol Marek Klimczak, Narcyz Roztocki, Heinz Roland Weistroffer. Information technology investment announcements and market value in transition economies: Evidence from Warsaw Stock Exchange〔J〕. The Journal of Strategic Information Systems, 2012, 21 (4): 308-319.

〔11〕 H Dou, V Leveillé, Manullang S, et al. Patent analysis for competitive technical intelligence and innovative thinking〔J〕. Data Science Journal, 2005, 4: 209-236.

〔12〕 Fama. the Behavior of Stock Market Prices〔J〕. Journal of Business, 1965, 38: 34-105.

〔13〕 Fusfeld H I, Haklich C S. Cooperative R&D for competitors〔J〕. Harvard Business Review, 1985, 14 (11): 60-76.

〔14〕 John M. Golden. "Patent Trolls" and Patent Remedis〔J〕. Texas Law Review, 2007, 85 (4): 2111-2161.

〔15〕 Hagedoorn, J.. Sharing intellectual property rights‐an exploratory study of joint patenting amongst companies〔J〕. Industrial and Corporate Change, 2003, 12 (5):

협同创新战略 与 专利制度发展

1035－1050.

［16］ Hagedoorn, J., Van Kranenburg, H., Osborn, R. N. . Joint patenting amongst companies: exploring the effects of inter－firm R&D partnering and experience ［J］. Managerial and Decision Economics, 2003, 24: 71－84.

［17］ Paul J. Heald. A. Transaction Costs Theory of Patent Law ［J］. Ohio State Law Journal, 2005, 66 (3): 473－509.

［18］ Melanie Haindfield. Is The Experimental Use Exception For Patent Infringement Still Needed? ［J］. Journal of Marshall Review of Intelletual Property Law, 2003: 103.

［19］ Laurence R. Helfer. Regime Shifting: The TRIPS Agreement and New Dynamics of International Intellectual Property Lawmaking ［J］. The Yale Journal of International Law, 2004, 29 (1): 1－83.

［20］ Michael A. Heller, Rebecca S. Eisenberg. Can Patents Deter Innovation? The Anticommons in Biomedical Research ［J］. Science, 1998, 280 (5364): 698－701.

［21］ Timothy R. Holbrook, Extraterritoriality in U. S. Patent Law ［J］. William and Mary Law Review, 2008, 49 (6): 2119－2192.

［22］ Mark A. Lemley, etc. Divided Infringement Claims ［J］. AIPLA Quarterly Journal, 2005, 33 (3): 255－284.

［23］ MarkA. Lemley, Ragesh K. Tangri, Ending Patent Law's Willfulness Game ［J］. Berkeley Technology Law Journal, 2003, 18 (3): 1085－1125.

［24］ Edmund W. Kitch. The Nature and Function of the Patent System ［J］. The Journal of Law and Economics, 1977, 20 (2): 267.

［25］ Jifke Sol. Pieter J. Beers, Arjen E. J. Wals E. J. Wals. Social Learning in regional innovation networks: trust, commitment and reframing as emergent properties of interaction ［J］. Journal of Cleaner Production, 2013, 49: 35－43.

［26］ Jennifer A. Johnson, The Experimental Use Exception In Japan: A Model For U. S. Patent Law ［J］. Pacific Rim Law & Policy Journal, 2003: 12.

［27］ Clarisa Long, Patent Signals ［J］. The University of Chicago Law Review, 2002, 69 (3): 625－679.

［28］ Steven Maebius, The University Office Of Technology Transfer: The Attorney's Perspective ［J］. CASRIP Publication Series: Streamlining Int'l Intellectual Property, 1999, No. 5, at 90.

［29］ Philip Mendes, The Economic and Bargaining Implications of Joint Ownership of Patents ［J］. The Licensing Journal, February 2015, 35 (2): 4－11.

［30］ Robert P. Merges, Lawrence A. Locke: CO－Ownership of Patents: A Comparative

and Economic View [J]. Journal of the Patent & Trademark Office Sociaty, 1990, 72
(6): 586-599.

[31] Judith McNamara, Lucy Cradduck. Can We Protect How We Do What We Do? A Con-
sideration of Business Method Patents in Australia and Europe [J]. International
Journal of Law and Information Technology, 2008, 16 (1): 96-124.

[32] Janice M. Muller, No "Dilettante Affair": Rethinking The Experimental Use Exception
To Patent Infringement For Biomedical Research Tools [J]. Washington Law Review,
2001: 47.

[33] Timothy J. Muris, Opportunistic Behavior and the law of contracts [J]. Minnesota Law
Review, 1981, 65: 521-591.

[34] Osborne J W. Rational Analytical Boundary for Determination of Infringement by Extra-
territorially-Distributed Systems, A [J]. Idea, 2005.

[35] Darshak Patel, Michael R. Ward. Using patent citation patterns to infer innovation mar-
ket competition [J]. Research Policy, 2011, 40 (6): 886-894.

[36] Mark R. Patterson. Commentary, Antitrust and the Costs of Standard-Setting: A Commen-
tary on Teece and Sherry [J]. Minnesota Law Review, 2003, 87 (6): 1995-2013.

[37] Powers T L, Leal R P. Is the U. S. Innovative? A Crossnational Study of Patent Activity
[J]. Management International Review, 1994 (34): 67-78.

[38] F. D. Prager. A History of Intellectual Property from 1545 to 1787 [J]. Journal of the
Patent of Ice Society, 1944, 26 (11): 711-760.

[39] Amber Hatfield Rovner. Practical Guide to based Infringement Immunities under the
Doctrines [J]. Texas Intellectual Property Law Journal, 2004, 12 (2): 227-276.

[40] Aaradhana Sadasivam. Reversal of burden of proof: a tough nut to crack [J]. Journal of
Intellectual Property Law & Practice 2010, 5 (10): 713-723.

[41] Eng Teong See. Revisiting Anti-commons and Blockings in the Biotechnology Industry:
A View from Competition Law Analysis [J]. The Journal of World Intellectual
Property, 2008, 11 (3): 139-175.

[42] Katherine J. Strandburg. What does the public get? Experimental use and patent bargain
[J]. Wisconsin Law Review, 2004: 146.

[43] Roger Svensson. Commercialization of Patents and External Financing During the R&D-
Phase [J]. Research Policy, 2007, 36 (7): 1052-1069.

[44] Thorgren S, Wincent J, Ortqvist D. Designing interorganizational networks for innova-
tion: An empirical examination of network configuration, formation and governance
[J]. Research policy, 2004, 33 (10): 1477-1492.

[45] Timothy J. Le Duc. The Role of Market Incentives in KSR'S Obviousness Inquiry [J]. Wake Forest Journal of Business and Intellectual Property Law, 2010, 11 (1): 33-54.

[46] Melissa Feeney Wasserman. Divided Infringement: Expanding the Extraterritorial Scope of Patent Law [J]. New York University Law Review, 2007, 82 (1): 281-309.

[47] Zeng S. X., Xie X. M., Tam C. M. Relationship between cooperation networks and innovation performance of SMEs [J]. Technovation, 2010, 30 (3): 181-194.

五、英文著作

[1] Robert A. Choate, etc. Patent Law including trade secrets-copyrights-trademarks [M]. 3rd ed. St. Paul: West Publishing Co., 1987.

[2] Carlos M. Correa. Trade related aspects of intellectual property rights: a commentary on the TRIPS agreement [M]. Oxford: Oxford University Press, 2007.

[3] Iwan Davies. Retention of Title Clauses in Sale of Goods Contracts in Europe [M]. Ashgate: Dartmouth Publishing, 1999.

[4] ThrainnEggertsson. Economic Behavior and Institute [M]. Cambridge: Cambridge University Press, 1991.

[5] Ettlie J. E. . Taking Charge of Manufacturing: How Com-parries are Combining Technogical and Organizational Innovation to Compete Successfully [M]. San Francisco: Jossey-Bass, 1988.

[6] HakenH. Synergetic. Cooperative phenomena in multi-component systems [M]. Stuttgart: B. G. Teubner, 1973.

六、国外案例

[1] Whittemore v. Cutter. 29F. Cas. 1120, 1121 (C. C. D. Mass. 1813).

[2] Bloomer v. McQuewan, 55 U. S. (14 How.) 539, 549 (1852).

[3] Winans v. Denmead, 56 U. S. 343 (1853).

[4] Brwon v. Duchesne, 60 U. S. 183, 195 (1856).

[5] Mitchell v. Hawley, 83 U. S. 544, 548 (1872).

[6] Adams v. Burke, 84 U. S. (17 Wall.) 453 (1873).

[7] Keeler v. Standard Folding Bed Co., 157 U. S. 659 (1895).

[8] Henry v. A. B. Dick, 224 U. S. 1 (1912).

[9] Bauer&Cie v. O'Donnell, 229 U. S. (1913).

[10] Motion Picture Patents Co. v. Universal Film Mfg. Co., 243 U. S. 502, 508, 516 18

(1917).

[11] De Forest Radio Tel. Co. v. United States, 273 U. S. 236 (1927).

[12] Ruth v. Stearns-Roger Mfg. Co., 13F. Supp. 697 (D. Colo. 1935).

[13] Gerenal Taking Pictures Co. v. Western Elec. Co., 305 U. S. 124 (1938).

[14] United States v. Masonite Corp., 316 U.S. 265, 1942.

[15] Ecodyne Corp. v. Croll-Reynolds Eng'g Co. 491 F. Supp. 194, 197 (D. Conn. 1979).

[16] Dawson Chem. Co. v. Rohm & Haas Co., 448 U.S. 176 (1980).

[17] Shields v. Halliburton Co., 493 F. Supp. 1376, 1389, 207 U.S. P. Q. (BNA) 304, 315 (W. D. La. 1980).

[18] Dixson v. United States, 465 U.S. 482 (1984).

[19] Standard Havenx Products, Inc. v. Gencor Industries, Inc., 953 F. 2d 1360, 1374 (Fed. Cir. 1991).

[20] Mallinckrodt, Inc. v. Medipart, Inc. 976 F. 2d 700 (Fed Cir. 1992).

[21] Maxwell v. J. Baker, Inc. United States District Court, D. Minnesota, Fourth Division, March 18, 1993.

[22] Mahurkar v. Bard, 1993 U.S. Dist. LEXIS9259, n. 10 (N. D. III. 1993).

[23] Pioneer Electronics Capital Inc. and anther v. Warner Music Manufacturing Europe GmbH and another [1995] R. P. C. 487.

[24] Warner-Jekinson on Co. Inc v. Hilton Davis Chemical Co. 520 U. S. 17 (1997).

[25] Hewlett-Packard Company v. Repeat-O-Type Stencil Manufacturing Corporation, Inc., 123 F. 3d 1445, 1451 (Fed. Cir. 1997).

[26] Enpat, Inc. v. Microsoft Corp., 6 F. Supp. 2d 537, 538 (E. D. Va. 1998).

[27] B. Braun Medical, Inc. v. Abbott Laboratories, 38 F. Supp. 2d 393 (1999).

[28] Canton Bio-Medical, Inc. v. Integrated Liner Techs, Inc, 216 F. 3d 1367, 1370, 55 U.S. P. Q 2d (BNA), 1387, 1379 (Fed. Cir. 2000).

[29] Waymark Corp. v. Porta Systems Corp., 245 F. 3d 1364 (Fed. Cir. 2001).

[30] Madey v. Duke Universtity. 307 F. 3d 1351 (Fed. Cir. 2002).

[31] Merck and Co. Inc v. Pharmaforte Singapore Pte Ltd, [2002] 3 SLR515.

[32] Byaer AG v. Housey Pharmaceuticals, 340 F. 3d 1367, 1377-78, 68 U.S. P. Q. 2d (BNA) 1001, 1008-09 (Fed. Cir. 2003).

[33] Anton/Bauer, Inc. v. PAG, Ltd., No. 02-1487 (Fed. Cir. May 21, 2003).

[34] Marley Mouldings Ltd. v. Mikron Indus., Inc., No. 02 C 2855, 2003 WL 1989640, at *2 (N. D. Ill. Apr. 30, 2003).

[35] Pellegrini v. Analog Devices, Inc., 375 F. 3d 1113, 1117-18, 71 U.S. P. Q. 2d

（BNA）1630, 1633（Fed. Cir. 2004）.

［36］ Pellegrini v. Analog Devices, Inc., 375 F. 3d 1113, 1117 – 18, 71 U. S. P. Q. 2d（BNA）1630, 1633（Fed. Cir. 2004）.

［37］ Dynacore Holdings Corp. v. U. S. Philips Corp. Nos. 03 – 1305, – 1306（Fed. Cir. Mar. 31, 2004）.

［38］ Monsanto Company v. Homan Mcfarling, 363 F. 3d 1336（Fed. Cir. 2004）.

［39］ Eolas Technologies Inc. v. Microsoft Corp., 399 F. 3d 1325, 1338–1339（Fed. Cir. 2005）.

［40］ NTP, Inc. v. Research in Motion, Ltd. 418 F. 3d 1282（Fed. Cir. 2005）.

［41］ eBay, Inc. v. Merc Exchange L. L. C., 126 S. Ct. 1837（2006）.

［42］ Monsanto Company V. Scruggs, 04 – 1532, 05 – 1120, – 1121（Fed. Cir. 2006）.

［43］ Machine Corp. v. IngramIndustries, Inc., 442 F. 3d 1331（Fed. Cir. 2006）.

［44］ Zoltek Corp. v. United States, 442 F. 3d 1345, 1364（Fed. Cir. 2006）.

［45］ United States v. Hudson, 491 F. 3d 590, 595（Fed. Cir. 2007）.

［46］ BMC Res., Inc. v. Paymentech, L. P., 498 F. 3d 1373, 1380（Fed. Cir. 2007）.

［47］ Microsoft v. AT&T, 550 U. S. 437（2007）.

［48］ Muniauction, Inc. v. Thomson corp. 532 F. 3d 1318; 2008 U. S. App. LEXIS 14858; 87 U. S. P. Q. 2D（BNA）1350.

［49］ Cardiac Pacemakers, Inc. v. St. Jude Med. Inc., 576 F. 3d 1348, 1364（Fed. Cir. 2009）.

［50］ Transocean Offshore Deepwater Drilling, Inc. v. Maersk Contractors, 617 F 3d 1296, 1300（Fed. Cir 2010）.

［51］ Akamai Techs., Inc. v. Limelight Networks, Inc.（Fed. Cir. 2011）.

［52］ Centillion Data Sys. Llc v. Qwest Communications Int'l Inc, 631 F. 3d at 1288（Fed. Cir 2011）.

［53］ Bowman v. Monsanto Co., 133 S. Ct. 1761（2013）.

［54］ Bandag Inc. v. Al Bolse's Tire Stores, Inc., 719 F. 2d 392. 219 U. S. P. Q. 1049.

［55］ Johnson & Johnson Associates Inc., Plaintiff–Appellee, v. R. E. SERVICECO., INC. United States Court of Appeals for the Federal Circuit 99 – 1076, – 1179, – 1180.

［56］ Quanta Computer, Inc. v. LG Electronics, Inc., 128S. Ct. 2109; 170L. Ed. 2d 996.

作者已发表之阶段性成果

[1] 刘强、刘忠优：《协同创新战略与专利制度互动研究》，载《科技与法律》2018年第1期。

[2] 刘强、汪永贵：《协同创新战略背景下的专利权共有问题》，载《武陵学刊》2018年第1期。

[3] 刘强、蒋芷翌：《协同创新战略背景下的技术开发专利法律问题》，载《安阳师范学院学报》2017年第6期。

[4] 刘强、马欢军：《协同创新战略背景下的专利转让纠纷法律适用》，载《大理大学学报》2018年第3期。

[5] 刘强、沈伟：《专利权用尽的售后限制研究——以专利权保留规则的构建为视角》，载《知识产权》2016年第2期。

[6] 刘强、伍凌霄：《专利等同侵权原则的实证研究》，载《清华知识产权评论》（第一卷），法律出版社2015年版。

[7] 刘强：《技术网络化背景下的专利侵权判定——以云计算技术专利权为视角》，载《北方法学》2014年第2期。

[8] 刘强、金陈力：《创业板上市公司专利权评价报告制度的构建》，载《长沙理工大学学报（社会科学版）》2014年第6期。

[9] 刘强：《论专利侵权损害赔偿责任的过错原则》，载《金陵法律评论》2015年秋季卷。

[10] 刘强、沈立华、马德帅：《我国专利侵权损害赔偿数额实证研究》，载《武陵学刊》2014年第5期。

[11] 刘强、陈曙光：《涉及数值范围的选择发明专利等同保护研究》，载国家知识产权局条法司：《专利法研究（2014）》，知识产权出版社2017年版。

[12] 刘强：《3D打印技术专利侵权问题研究》，载《武陵学刊》2014年第1期。

[13] 刘强：《中小企业知识产权担保融资研究》，载《武陵学刊》2010年第6期。

［14］刘强：《上海科创中心建设视野下的高校科技成果转化制度变革——以高校科技成果处置权和收益分配机制为中心》，载马忠法、张建伟主编：《复旦大学法律评论》（第四辑），法律出版社 2017 年版。

［15］沈伟、刘强：《重构抑或调整：我国职务发明权属制度的困境及其破解》，载《净月学刊》2016 年第 2 期。

［16］杨志祥、马德帅、刘强：《知识产权制度的商法性质考辩及其发展趋势》，载《知识产权》2013 年第 12 期。

后 记

在本书即将付梓之际，向近年来对我开展湖南省高校创新平台开放基金项目"协同创新战略与专利制度发展研究"研究工作进行了指导、帮助的各位专家、同人表示衷心的感谢！感谢中南大学党委副书记蒋建湘教授，法学院院长陈云良教授，法学院党委王新平书记，法学院何炼红教授、蒋言斌教授，以及法学院的全体同事。

感谢知识产权出版社为本书出版提供的大力支持。感谢《知识产权》《北方法学》《科技与法律》《金陵法律评论》《武陵学刊》《清华知识产权评论》《安阳师范学院学报》等学术刊物给予本书阶段性成果发表的机会。

感谢我指导的伍凌霄、金陈力、马德帅、沈伟、沈立华、陈曙光、吴晓秋、汪永贵、刘忠优、蒋芷翌、马欢军等同学在资料收集和翻译中提供的协助。

感谢我的家人，父母、岳父母、爱人王乐、一对儿女亮亮及堂堂，家人的关心和照顾让我可以全身心投入研究工作当中。

刘　强

二〇一八年一月

于长沙湘江河畔